사이버 보안 공학

사이버 보안 공학

소프트웨어 공학과 정보 보안

낸시 R. 미드 · 캐롤 C. 우디 지음   서준석 · 송미선 옮김

i!i
에이콘

이 책에 쏟아진 찬사

"이 책은 매우 유용한 자료를 풍부하게 담고 있는 단 한 권의 책이다."

나디아 바톨[Nadya Bartol]

UTC[Utilities Technology Council]의 산업 분야 및 사이버 보안 전략 조직 부의장

"『사이버 보안 공학』은 20년 이상의 응용 연구 및 사용 경험을 바탕으로, 확실하고 안전한 시스템과 소프트웨어 개발을 위한 포괄적인 참조 자료 및 실무 가이드 역할을 한다. 전체 라이프 사이클을 다루며, 관리자 및 실무자 관점, 사람과 프로세스 및 기술 차원을 포함한다."

줄리아 앨런[Julia Allen]

카네기멜론대학교 소프트웨어 공학연구소[SEI, Software Engineering Institute]의 수석 연구원

에이콘출판의 기틀을 마련하신 故 정완재 선생님 (1935-2004)

나의 남편 우디(Woody)에게.
당신은 나의 멘토이자 지적 동반자이며
최고의 친구입니다.

낸시(Nancy)

헌신적인 사랑과 지원을 아끼지 않은 남편 로버트(Robert),
성실함의 가치와 끊임없는 지식 탐구를 가르쳐주신 나의 부모님께
감사의 말씀을 전합니다.

캐롤(Carol)

지은이 소개

낸시 R. 미드^{Dr. Nancy R. Mead}

뉴욕대학교^{NYU}에서 수학 전공으로 학사와 석사 학위를 받았으며, 뉴욕대학교 폴리테크닉대학교^{Polytechnic Institute of New York University}에서 수학 전공으로 박사 학위를 받았다. 카네기멜론대학교 소프트웨어 공학연구소^{SEI}의 수석 연구원이자, 같은 대학에서 소프트웨어공학과 부교수로 재직 중이다. 현재 보안 요구 공학^{security requirements engineering} 및 소프트웨어 보증 커리큘럼 개발 연구에 참여하고 있다. 1991년부터 1994년까지 SEI에서 소프트웨어 공학 교육 감독관으로 근무했으며, 소프트웨어 보안, 소프트웨어 요구 공학, 소프트웨어 아키텍처 분야 연구에 관심이 있다.

SEI에 근무하기 전에는 IBM 연방 시스템에서 선임 기술 연구원으로, 대규모 실시간 시스템 개발 및 관리 업무를 맡았다. 또한 IBM의 소프트웨어 공학 기술 분야에서도 근무한 적 있으며, IBM 연방 시스템의 소프트웨어 공학 교육 부서 관리 업무도 맡았다. 대학과 실무 교육 현장에서 소프트웨어 공학 주제에 대한 다양한 과정을 개발하고 교육했으며, 여러 자문 위원회와 이사회에서 활동했다. 또한 150개가 넘는 출판물을 저술하고 발표했다.

현재 미국의 전기전자기술자학회^{IEEE, Institute of Electrical and Electronic Engineers, Inc}와 IEEE 컴퓨터 보안학회의 회원이며, 미국 컴퓨터 협회^{ACM, Association for Computing Machinery}의 명예 교수직을 맡고 있다. 2015년 소프트웨어 공학 분야의 IEEE 컴퓨터 보안 기술 의회에서 저명한 교육 자상을 받았다. 2010년부터 본인의 이름을 딴 소프트웨어공학 교육분야의 우수 인재에게 수여하는 낸시 미드상^{Nancy Mead Award}을 운영하고 있으며, 카네기멜론대학교 컴퓨터과학과의 매리 쇼^{Mary Shaw} 교수가 최초의 수여자로 선정됐다.

캐롤 C. 우디 ^{Dr. Carol C. Woody}

2001년도부터 SEI의 선임 기술연구원직을 맡고 있다. 현재 고도로 복잡한 네트워크 시스템은 물론, 시스템을 위한 시스템에 필요한 보안 소프트웨어의 정의, 도입, 개발, 측정, 관리 및 유지하는 역량 구축에 중점을 두는 사이버 보안 공학 팀의 관리자를 맡고 있다.

우리가 현재 구축, 구매, 구현해 사용 중인 소프트웨어 제품의 신뢰성을 향상시키기 위해 산업계와 연방 정부와의 협력을 주도하고 있다. 조직이 효과적인 보안 위험 관리 해결책을 찾아내고, 보안 및 생존 유지 능력에 필요한 요구 사항을 식별하는 능력 향상을 개선하기 위한 접근 방법을 개발하고, 소프트웨어와 시스템의 보증 수준을 높일 수 있도록 돕고 있다. 예를 들어 미국 기상청과 미국 통신 회사인 버라이즌^{Verizon} 및 AT&T 같은 상업용 모바일 서비스 공급자가 긴급 정보를 휴대폰에 전송하는 작업의 신뢰성을 확보할 수 있도록, 무선 긴급 경보 체계 구축을 위한 보안 가이드라인을 정의하는 작업을 미국 국토안보부^{DHS}와 함께 수행했다. 그녀가 출간한 자료는 복잡한 네트워크로 얽힌 시스템과 시스템을 위한 시스템에 필요한 사이버 보안 역량을 측정하고, 관리 및 유지하는 기준을 정의했다. 뿐만 아니라 현재 또는 미래에 합류할 인력에게도 보증 역량을 그대로 이전하기 위한 훈련 과정을 개발하고 진행해 왔다.

또한 컨설팅, 전략 수립, 프로젝트 관리 역할을 수행해 왔다. 데이터 마이닝, 인공지능, 문서 이미지 인식, 전자 워크플로 같은 다양한 능력을 활용해 금융, 광산, 의류, 방산, 법원 토지 기록 관리, 금융 관리, 인적 자원 관리, 사회 복지 감독 분야의 기술 솔루션을 성공적으로 구현했다.

현재 미국 IEEE 컴퓨터 보안 부문 및 ACM의 선임 위원을 맡고 있다. 윌리엄 앤 메리[William & Mary] 대학교에서 수학 학사 학위를 받았으며, 웨이크 포레스트[Wake Forest] 대학교의 비즈니스 스쿨[Babcock]에서 MBA 과정을 수료하고, NOVA 사우스이스턴[Southeastern] 대학교에서 정보시스템 전공으로 박사 학위를 받았다.

감사의 글

이 책을 집필하는 과정에 참여한 많은 사람의 격려와 지지에 감사 인사를 전한다. 특히 카네기멜론대학교 소프트웨어 공학연구소[SEI]의 CERT 부서 책임자인 리치 페티아[Rich Pethia]와 빌 윌슨[Bill Wilson]은 집필에 큰 힘을 실어줬고, 지원도 아끼지 않았다. SEI 기술 편집자들은 전체 원고의 편집 및 형식을 가다듬었으며, 질문 사항의 정리뿐만 아니라 전체적인 내용 개선에 도움이 되는 소중한 제안을 했다. 샌디 슈럼[Sandy Shrum]과 바바라 화이트[Barbara White]는 초안 작성을 도와줬다. 홀른 바머[Hollen Barmer]는 초안 편집에 자신의 크리스마스를 반납하기까지 했다. 매튜 페나[Matthew Penna]는 최종 원고를 편집하고 형식을 다듬는 데 많은 도움이 됐다. 편집자 중 한 명인 페니 월터스[Pennie Walters]와 책임 사서인 셰일라 로젠탈[Sheila Rosenthal]은 이전에 출간된 여러 자료 활용에 필요한 권한을 얻는 데 도움을 줬다.

이 책에서 소개하는 대부분 내용은 다른 저자가 출간한 자료를 기반으로 한다. 이 훌륭한 저자들과 협업할 수 있는 기회에 대단히 감사하게 생각하며, 그들이 기여한 자료가 수록된 개별 장에 직간접적으로 관련 저자의 이름을 소개했다. 뿐만 아니라 4장에 도움을 준 마크 아르디스[Mark Ardis]와 앤드류 코넥키[Andrew Kornecki], 5장에 도움을 준 개리 맥그로우[Gary McGraw]의 헌신에 특별한 감사를 표한다.

SEI의 줄리아 앨런은 초기 원고 제출 이전에 내부 검토를 진행했다. 그녀의 검토 결과는 이 책을 수차례 개정하고 개선하는 데 큰 도움이 됐다. 애디슨 웨슬리[Addison-Wesley] 출판사의 검토 위원인 나디아 바톨과 이안 브라이언트[Ian Bryant]의 조언과 사려 깊은 논평에도 감사의 마음을 전한다. 나디아는 우리가 놓친 이 분야의 다양한 표준을 일깨워 줬으며, 이안은 국제적인 관점을 제공해 줬다.

애디슨 웨슬리 출판사의 출판 담당자인 킴 보에디아이머^{Kim Boedigheimer}, 프로젝트 편집자인 로리 리온스^{Lori Lyons}, 제작 담당자인 다야니드히^{Dhayanidhi}의 격려와 지원에도 감사인사를 전한다. 또한 책 표지 디자인과 레이아웃, 그림에 도움을 준 애디슨 웨슬리 출판사 및 SEI 아티스트와 디자이너분들께도 감사드린다.

옮긴이 소개

서준석(nababora@naver.com)

대학교에서 컴퓨터 공학을, 대학원에서는 정보보호를 전공했으며, 한국정보보호교육센터, 삼성SDS, 보안 프로젝트에서 다양한 보안 업무와 기술 분석을 담당했다. 현재는 혁신 IT 교육 프로그램인 구공팩토리를 운영하는 ㈜흥미랩 대표를 맡고 있으며, 초등학생부터 현업 실무자들까지 다양한 수강생을 대상으로 하는, 재미있고 흥미로운 IT 전문 기술 교육 콘텐츠 개발에 힘쓰고 있다. 다양한 분야 중에서도 특히 정보 보안과 인공지능 전문 기술에 관심이 많다. 저서로는 『인공지능, 보안을 배우다』(비제이퍼블릭, 2019)와 공저한 『NMAP NSE를 활용한 보안 취약점 진단』(에이콘출판, 2013)이 있으며, 번역서로는 『Hacking Exposed 7 한국어판』(에이콘출판, 2014), 『해킹의 꽃 디스어셈블링Hacker Disassembling Uncovered』(에이콘출판, 2013)이 있다.

송미선(misun1531@gmail.com)

대학교에서 정보보호학을 전공했으며, NHN I&S 서비스 보안 팀에서 보안관제 및 사내 보안업무 경험을 쌓았다. 이후 고려대학교 정보보호대학원 위험관리 연구실에서 석사과정을 마치고, 삼정회계법인 감사본부 내 보안 컨설팅 업무를 담당하며 관리적 보안 실무를 경험했다. 현재는 ㈜흥미랩에서 이사를 맡고 있으며, IT 전문 교육 프로그램의 전반적인 회계 운영 및 홍보 업무를 담당한다. 또한 클라우드 서비스의 보안 국제표준화 및 인증체계, 위험관리에 관심을 갖고 있다.

옮긴이의 말

정보 보안 분야는 모든 IT 기술과 정책이 녹아 있는 복잡하고 까다로운 분야다. 체계와 기준, 기술과 전략이 오랜 기간 동안 지속적으로 발전해 온 소프트웨어 공학 분야와 달리, 정보 보안 분야는 역사가 깊지 않다. 정보 보안 실패로 인한 기업 가치 하락과 국가 안보 위협 사건이 몇 차례 발생하면서, 미국에서는 국가 차원에서 사이버 보안 전략을 수립해 행정 명령으로 발동한 전례도 있다. 이러한 관심에도 보안 사고가 끊임없이 발생하는 이유는 무엇일까? 보편적인 체계의 미흡과 성과 측정 기준의 모호함이 가장 큰 원인이라고 생각한다. 흔히 보안을 '밑 빠진 독에 물 붓기'로 표현한다. 다시 말해 인력과 자원을 투자한 만큼 눈에 보이는 결과가 확실치 않다는 말이다. 이러한 상황에서 이 책의 사이버 보안 공학 방법론은 조직의 현재 수준을 정확히 파악하고, 적재적소에 자원을 배치해 조직의 보안 수준을 높일 수 있는 아이디어를 제시해 주는 훌륭한 가이드라인이 되어 줄 것이다.

추천사

왜, 왜, 왜?

- 왜 이 주제가 중요하며, 왜 이 책인가?
- 왜 '나'이며, 왜 이 저자들인가?
- 왜 이 책을 읽어야 하며, 이 책을 활용해야 하는가?

정보 기술IT이 문제다. IT 보안이 문제다. IT는 어디에나 존재한다. 우리는 매시 매분 매초를 IT 기술에 의지하며 살아간다. 종종 IT는 깨끗하고, 논란의 여지가 없는 환경을 위해 설계되고 구축된다. 하지만 이것은 우리가 살아가고, 일하고, 즐기는 실제 세계와는 다르다. 현실 세계는 과학적인 '무균실clean room'이 아니다. 경쟁적인 적대 세력이 IT 시스템 내의 알려진 결함을 악용하며, 추후 공격을 위해 새로운 약점을 주입하기도 한다. 우리가 개발하는 IT 시스템에 보안을 구축하는 작업에 더 능숙해질 필요가 있다. 또한 우리가 구매하고 사용하는 IT 시스템의 보안 위험을 더 잘 관리해야 한다. 이 책은 '보안을 구축'하고 이를 통해 IT 시스템 및 기업에 존재하는 위험과 관련해 더 좋은 의사결정을 할 수 있도록 도와준다.

이 세상은 기술 혁명의 늪에 빠져 있다. 첫 번째 혁명은 주로 기계 시스템에 초점을 맞췄다. 다음 혁명은 전자 기계 시스템으로 확장됐다. 지금은 그 관심이 전자 또는 디지털 시스템으로 이전됐다. 마이크로전자 하드웨어와 소프트웨어가 시스템의 유효성과 효율성 극대화를 위해 서로 연결된 형태로 디바이스 내부에 탑재됐다. 우리는 이 혁명의 처음 두 단계를 거의 완료했다. 하지만 우리는 여전히 세 번째 혁명인 디지털 혁명의 중심에 서 있으며, 정보 및 디지털 시스템에 대한 사람들과 도구의 의존성은 더욱 커지는 추세다.

IT 기술 자체는 충분히 성숙됐지만, IT 보안은 그렇지 않다. IT 시스템 보안을 위해 모두가 인정하는 단 하나의 기술은 존재하지 않는다. 이 책은 'IT 보안을 구축'하는 최고의 방법에 대한 다양한 관점을 샘플링하고, 표현하는 현실적인 접근 방식을 채용했다. 이 책은 라이프 사이클 전반에 걸친 IT 시스템 설계 및 위험 트레이드오프 분석에 사용하는 공통 언어를 구축하는 방법을 알려준다. 측정할 수 없는 것은 관리가 어렵다는 점은 누구나 동의하는 사실이다. 안전한 IT 활용과 신뢰성 보장으로 이어지는 일관되고, 반복 가능하며, 이전 가능한 정보를 개발하려면 우선 IT 보안을 측정하는 방법에 대한 합의가 필요하다. 이책은 IT 라이프 사이클 전반에 걸친 신뢰 차이를 좁히는 여러 방법을 소개한다. 책에서 소개하는 측정 기법을 사용해 IT 보안을 예술에서 과학의 단계로 끌어올릴 수 있을 것이다.

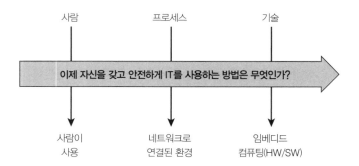

현재 보유 중인 도구와 기술을 사용하는 사람들의 기술을 최대로 활용하는 것을 포함해 조직 차원의 프로세스 개선 분야에서 42년이 넘는 경험을 토대로, 나는 2009년부터 현재까지 미국 국방부의 사이버 보안 최고 정보 책임자$^{DoD\text{-}CIO/Cybersecurity}$ 역할을 담당하고 있다. 나는 IT 시스템을 위한 보안 노력과 IT 보안 과학, 또는 이 책에서 설명하는 '사이버 보안

공학' 업무를 이끈다. 관련 업무를 맡은 지 얼마 지나지 않아 낸시 미드와 캐롤 우디를 만났다. 그들은 '시스템 및 소프트웨어 보증을 위한 실용적인 접근 방법Practical Approach for Systems and Software Assurance'에 기여하는 학문 분야 개선 및 우리 모두의 실질적인 활용을 위한 과학 및 지식 분야 발전을 위해 전문성과 리더십을 지속적으로 발휘해 오고 있다.

쉽게 다루기 어려운 분야임에도 연구 노력을 아끼지 않는 낸시와 캐롤에게 감사하다고 말하고 싶다. 워렌 액설로드Warren Axelrod, 댄 슈메이커Dan Shoemaker 및 이 책에 기여한 모든 깨어 있는 사이버 보안 전문가들의 지속적인 협업에도 감사를 표하는 바이다.

도널드 R. 데이비슨 주니어Donald R. Davidson, Jr
DoD-CIO 사무국 사이버 보안 구현 및 CS/도입 통합 담당 부국장

차 례

7장   사이버 보안 공학의 특별 주제   173

들어가며

이 책의 목표와 목적

보안 문제는 신문의 1면을 장식하는 단골 손님이다. 소프트웨어 설계와 구축이 안전하게 수행되지 않은 것이 보안 문제의 주된 원인이다. 높은 사용성과 유지 가능성, 빠르고 싼 가격 조건을 갖춘 완벽한 소프트웨어 보안은 달성 불가능하지만, 현실적인 보안 선택이 결코 우연히 일어나는 것은 아니다. 보안 선택은 반드시 공학적으로 설계해야 한다. 기존에 개발된 소프트웨어와 현재 구축 단계에 있는 소프트웨어는 모두 현명하게 선택하는 방법을 배워야 한다.

보안은 전통적으로 운영, 생산 환경을 컴플라이언스 준수와 사고 대응에 초점을 맞춘 반응형 프로세스로 간주해 왔다. 공학은 개발과 도입 과정에서 보안을 위한 사전 계획 및 설계 기능을 구성해야 한다. 예산과 일정에 따라 어떤 보안 조치를 취할지 결정하는 것은 효과적이지 않다.

이 책의 대부분은 더 안전한 시스템 및 소프트웨어 구축에 필요한 여러 역량 요소를 독자들이 이해할 수 있도록 참고 자료와 지침을 제공하는 내용으로 구성됐다. 고급 교육 과정 또는 평생 교육 환경의 보조 교재로 활용하는 것도 가능하다. 이 책이 여러 모범 사례와 연구 결과를 담고 있지만, 예측 가능하고 반복 가능한 결과를 제공하도록 설계된 '비법서'는 아니다.

이 책을 읽은 독자들은 다음과 같은 일을 수행할 수 있다.

- 사이버 보안 공학 관리를 위한 메트릭 정의 및 구조화
- 사이버 보안 공학을 위해 기존에 보유 중인 역량 및 능력을 식별하고 평가

- 사이버 보안 공학을 위해 필요한 역량 및 능력 갭 식별
- 사이버 보안 공학 니즈의 정의 및 우선순위 지정
- 사이버 보안 공학 니즈 처리를 위한 다양한 옵션 탐색
- 사이버 보안 공학 성과 개선 계획 수립

책은 소프트웨어 보증의 7가지 원칙을 사이버 보안 공학의 핵심 영역을 다루는 장을 통해 소개하는 것으로 시작한다. 이 책에 제시된 원칙은 가능한 광범위한 조치의 우선순위를 정하는 구조를 제공하며, 일부 조치가 우선순위가 돼야 하는 이유와 조치를 취하는 데 필요한 투자를 정당화하는 방법을 확립하는 데 도움이 된다. 기존에 존재하는 보안 자료는 주로 반드시 수행해야 할 조치에만 초점을 맞추며, 왜 그러한 조치가 필요하고 조치가 효과적으로 수행됐는지 판단할 수 있는 방법을 알려주지는 않는다. 이 책은 조치가 필요한 이유와 해결 방법에 대한 기반을 형성하는 보증 원칙을 사용해 구성된다.

이 책의 대상 독자

이 책은 시스템 및 소프트웨어 공학, 품질 공학, 신뢰성 및 보안을 맡고 있는 관리자와 실무자들에게 도움이 되는 내용을 담고 있다. 그중에서도 시스템 및 소프트웨어가 안전하게 동작함을 보증하는 데에 깊은 관심이 있기 때문에 도입, 소프트웨어, 시스템 공학 및 운영 담당자들을 포함한 학제 간 독자층을 대상으로 한다.

일부 내용은 소프트웨어 공학 또는 시스템 및 도입 라이프 사이클에 대한 배경 지식이 필요하다. 또한 독자들은 사이버 공학의 중요성과 안전한 소프트웨어 공학, 개발, 도입의 어려움을 이해해야 한다. 필수 사항은 아니지만 SEI 소프트웨어 공학 또는 소프트웨어 보안 시리즈에서 소개하는 책을 읽어보면 도움을 받을 수 있을 것이다.

각 장의 구성 및 내용

이 책은 다양한 독자를 대상으로 하는 자료를 제공한다. 필요한 내용만 읽기 원하는 독자를 위해 각 장에서 다루는 내용을 간단히 소개한다.

1장은 시스템 및 소프트웨어 보안 보장에 사이버 보안 공학에 대한 라이프 사이클 접근 방식이 왜 필요한지를 설명하는, 기반이 되는 내용을 소개한다. 1장은 꼭 읽어보기를 권장한다.

2장은 사이버 보안 공학 니즈를 정의하고, 우선순위를 정하는 방법에 초점을 맞춘다. 위협 및 위험 분석은 핵심 역량이며, 2장에서는 니즈를 결정하고 우선순위를 정하기 위해 사이버 보안 공학을 수행하는 사람들이 필요로 하는 구체적인 방법과 실제 사례에 대한 자료를 제공한다. 이 분야의 기술 계발을 원하는 실무진과 학생 모두 2장에서 많은 내용을 배울 수 있다.

3장과 4장은 시스템 및 소프트웨어를 위한 조직적, 계획적, 기술적인 사이버 보안 공학 수행에 필요한 핵심 역량과 능력에 초점을 맞춘다. 이 자료는 기존 역량을 평가하고, 자원 니즈를 설정하는 방법을 배우려는 프로젝트 담당자와 관리자에게 도움을 줄 수 있다. 기술 책임자와 실무진들은 사이버 보안 공학 역량이 장기적인 커리어 성장 전략에 어떻게 도움을 줄 수 있는지 살펴볼 수 있다.

5장은 조직 차원 및 공학 관점에서 갭 분석을 수행하는 예시를 제공한다. 이러한 분석은 성공적인 사이버 보안 공학 수행에 필요한 역량과 능력 갭을 식별하는 데 도움을 준다.

6장은 사이버 보안을 위한 메트릭 정보를 제공한다. 소프트웨어 및 시스템 공학을 관리하고, 모니터링하고, 수행하는 사람들이 활용하면 좋다.

7장은 표준, 모범 사례, 좋은 평가를 받은 자료에서 수집한 사이버 보안 니즈 처리 선택 사항을 설명한다. 사이버 보안 공학 실무자와 학생 모두에게 친숙한 내용을 다룬다.

8장은 현재 사이버 보안 공학 역량을 요약한 내용을 제공하고, 사이버 보안 공학 실제 사례 평가 및 개선 방법을 제안한다. 이 자료는 특히 관련 자료를 관리하는 사이버 보안 실무진을 대상으로 한다.

추가 자료

사이버 보안 공학을 위한 이 책의 관련 사이트는 www.cert.org/cybersecurity-engineering/에서 볼 수 있다.

추가로 이 책을 구매한 독자들을 위해 경영진을 위한 소프트웨어 보증Software Assurance for Executives 온라인 과정을 무료로 제공한다. 이 과정은 바쁜 관리자 및 경영자를 위한 핵심 소프트웨어 보증 주제를 빠르게 살펴볼 수 있는 내용을 소개한다. 해당 과정 수강을 희망하는 독자들은 다음과 같은 제목을 붙여 해당 이메일 주소로 보내기 바란다.

- stepfwd-support@cert.org
- RE: SwA Executive Course

사이버 보안 공학: 시스템 및 소프트웨어 라이프 사이클 보증

워렌 액설로드와 댄 슈메이커 도움

1장에서 다루는 내용

1.1 소개
1.2 라이프 사이클 보증이란?
1.3 소프트웨어 보증 원칙 소개
1.4 라이프 사이클 보증 다루기
1.5 이 책에서 사용한 사례 연구

1.1 소개

어느덧 시스템과 소프트웨어 기술은 우리 일상의 일부가 됐다. 특히 자동차, 비행기, 은행, 레스토랑, 상점, 통신, 전자기기, 오락 분야는 기술 의존도가 가장 높은 분야로 손꼽힌다. 이러한 소프트웨어 중심 시스템의 운영에 필요한 보안은 설계와 개발 단계에 적용한 사례와 기법에 크게 의존한다. 초기 도입acquisition 및 개발 단계에서 내린 많은 결정은 일단 시스템이 구축된 후 보안 옵션에 영향을 미친다. 이러한 관점에서 볼 때, 라이프 사이클 프로세스는 시스템이 배치되는 운영 환경에 내재된 보안 관련 위험을 고려해야 한다. 시스템 도입 및 개발 프로세스 초기부터 운영 보안 위험을 염두에 둘 경우 보안 위험 감소와 동시에 운영 보안 비용을 절감 효과를 기대할 수 있다. 이 책은 개발 및 도입 라이프 사이클 전반에 걸쳐 더 높은 수준의 소프트웨어 및 시스템 보안을 보장하기 위한 핵심 운영 관리 접근법, 방법론 및 사례를 제공한다.

이 책은 소프트웨어 전문가들이 시스템 및 소프트웨어 보안에 필요한 포괄적인 라이프 사이클 프로세스를 생성할 수 있도록 도와주는 권장 사항을 포함한다. 이 프로세스를 통해 널리 인정되고 잘 정립된 보증 방법론을 조직의 특성에 맞는 방법론에 녹여 소프트웨어와 시스템 자산 운영 보안을 보장할 수 있다. 이 책에서 소개하는 내용은 특정 시스템에 국한되지 않으며, 다양한 유형의 시스템에 적용 가능하다. 많은 권고 사항의 대부분은 정보시스템 보안에 관한 실무 경험에서 비롯된 것이지만, 권고 사항은 산업 제어 시스템과 SCADA^{Supervisory Control And Data Acquisition}(감시 제어 및 데이터 취득) 시스템 같은 주요 인프라를 지원하는 시스템에도 동일하게 적용된다. 주로 정보시스템이 아니지만 다른 임무를 위해 존재하는 다른 하드웨어/소프트웨어 시스템도 마찬가지라고 말할 수 있다.

이 밖에도 운영 보안을 다루기 위해 도입과 개발 단계에 필요한 수단과 방법론에 익숙하지 않은 사람들을 위한 학습 도구도 함께 제공한다. 오늘날의 도구와 현존하는 제품은 누구라도 기능적인 요구 사항 충족을 위한 소프트웨어 기반 시스템을 생성할 수 있게 하지만, 안전한 배치 결과를 보장하기 위해선 기술 숙달과 연습이 반드시 선행돼야 한다.

사이버 범죄의 기하급수적인 증가는 사이버 영역이 얼마나 빠르게 변화하며, 운영 보안이 왜 중요한지 보여주는 완벽한 예다. 1990년대의 컴퓨터 범죄는 단순한 침입에 불과했다. 25년이 지난 지금의 컴퓨터 범죄는 연간 수익이 1조가 넘는 기업형 범죄로 변화했다. 범죄자들의 이러한 놀라운 성공의 배경에는 결함을 이용한 소프트웨어 취약점 공격이 있었다. 취약점 문제가 얼마나 만연해 있는지 궁금하지 않은가? 대표적인 소프트웨어 보안 회사인 베라코드^{Veracode}는 "2010년 여러 소프트웨어 공급 업체에서 제공하는 모든 소프트웨어 중 58%가 보안 요구 사항을 충족하지 못했다."는 사실을 공개했다(Veracode 2012).

시스템 복잡성이 증가, 포괄적 상호 연결성 및 널리 분산된 접근 경로로 인해 운영상의 보안 기능을 구축하고 도입하는 데 따른 어려움이 커졌다. 이러한 상황을 고려해 이 책에서는 시스템과 소프트웨어 라이프 사이클 전반에 걸쳐 발생하는 모든 활동에 대해, 지속 가능한 운영 보증 방안을 만들어 내는 방법을 독자들에게 제시하는 것을 목표로 한다.

1.2 라이프 사이클 보증이란?

공격의 가속화와 높은 비율의 취약점 발생 경향은 공격과 데이터 보호 사이의 간극을 넓혀 대응을 어렵게 만들었다. 오늘날 사용하는 대부분의 정보 보호 기법은 1974년 ACM에서 발간하는 월간지 「Communications of the ACM」에서 제롬 솔처[Jerome Saltzer]와 마이클 슈뢰더[Michael Schroeder]가 소개한 원칙인 '컴퓨터 시스템 내의 정보 보호[The Protection of Information in Computer Systems]'를 기반으로 한다. 이들은 보안을 '컴퓨터 또는 컴퓨터에 담긴 정보를 사용하거나 조작하는 사람을 제어하는 기술'이라고 정의하고, 보안의 3대 요소로 기밀성[confidentiality], 무결성[integrity], 가용성[availability]이라는 개념을 도입했다(Saltzer 1974).

보안 문제가 악성코드, 바이러스, SQL 인젝션, 크로스 사이트 스크립팅 등의 영역으로 확장됨에 따라 소프트웨어의 구조와 동작 방식도 변화했다. 이제는 단순히 정보 보호 자체에 초점을 맞추는 것만으로는 부족하다는 점이 증명됐다. 또한 소프트웨어가 대부분 기능을 제어하는 것처럼, 시스템에서 소프트웨어가 차지하는 비중이 커지면서 보안 문제의 영향력 또한 커졌다. 이러한 시스템을 사용하는 사람들은 강화된 보안을 '사이버 보안 보증[cyber security assurance]'으로 부르며, 소프트웨어 도입과 배치를 수행하는 사람들은 '소프트웨어 보증[software assurance]'이라는 용어를 사용하게 됐다. 보증과 관련된 용어는 다음과 같이 다양한 정의로 풀어낼 수 있다.

- 시스템이 예측한 대로 동작하며, 소프트웨어 사용 관련 보안 위험이 수용 가능한 상태를 보장하는 신뢰 수준(Woody 2014)

- 소프트웨어가 의도한 설계 또는 라이프 사이클 동안 우연히 삽입된 취약점에서 자유롭고, 기능이 의도한 방식대로 작동함을 보장하는 신뢰 수준[1]
- 소프트웨어 보증: 소프트웨어가 의도대로 동작하고, 소프트웨어 라이프 사이클 내에서 고의 또는 의도치 않은 설계로 인해 발생한 취약점으로부터 자유로움을 보장하는 신뢰 수준(Woody 2014)

하지만 국가 보안 시스템 위원회(CNSS 2015)에서는 DoD와 NASA의 정의를 빌어 소프트웨어 보증에 대한 다른 관점을 제시했다.

- 소프트웨어 기능이 의도대로 수행되고, 소프트웨어 라이프 사이클 전반에 걸쳐 우연히 또는 의도적으로 삽입된 취약점으로부터 자유로움을 보장하는 신뢰 수준(DoD 2012)
- 요구 사항, 표준, 절차에 부합하는 제품과 소프트웨어 라이프 사이클 프로세스를 보장하는, 계획되고 체계적인 일련의 활동(NASA 2004)

마지막으로 비록 여러 분야의 내용을 내포하고 있으며, 간결하고 명확한 정의를 담고 있지는 않지만 ISO 표준은 관련 주제에 대한 포괄적인 내용을 제공한다(ISO/IEC 2008a, 2008b, 2009, 2011, 2015).

표 1.1에서 보듯이 소프트웨어 보증에 대한 정의는 공통적으로 소프트웨어 기능이 예측 가능하고, 의도된 바대로 동작해야 한다는 요구 사항을 포함한다. 정의에 따르면, 소프트웨어에 결함이 없다고 으스대기보다 수용 가능한 위험 수준을 달성하는 것이(위험 수준이라는 용어가 다소 모호한 감이 있지만) 더욱 현실적이다. 하지만 얼마나 많은 취약점이 남아 있는지 어떻게 알 수 있을까? 실제로 더 이상의 테스팅이 필요 없을 때까지 에러, 약점, 취약점을 지속적으로 찾아내는 과정이 필요하다. 그렇지만 막상 해당 상황에 처하면 명확한 판단 내리기가 쉽지 않다. 소프트웨어 내부에 수많은 하위 기능이 존재하고, 거의 무한대의 사이버 공격이 가능한 상황에서 사이버 보안 취약점을 테스팅하는 상황이라면 문제는 더욱

---

1 미 교통부 연방 항공 행정 명령 1370.109(http://www.faa.gov/documentLibrary/media/Order/1370.109.pdf)

복잡해진다.

보안과 안전이 핵심인 시스템의 통합과 상호 운용이 증가하는 상황에서, 보안과 안전을 모두 포괄하는 소프트웨어 보증의 정의 도출이 필요한 상황이 됐다. 어떤 점에서는 현존하는 정의에서 제안하는 다양한 접근 방식은 현대 시스템과 관련된 위험에서 기인한다고 볼 수 있다.

효과적인 운영 보안을 가로 막는 또 다른 장애물[2]로, 하나의 시스템 내에 상용^{COTS} 및 오픈 소스 소프트웨어를 혼용해서 사용하는 추세를 손꼽을 수 있다. 그 결과로 만든 운영 시스템은 다양한 출처의 소프트웨어를 통합하고, 각 소프트웨어 조각을 개별 제품 형태로 조립한다.

프로젝트 개발 단계에서 배치 단계 전반에 걸친 소프트웨어 중심 시스템을 만드는 것은 대하 소설의 시작에 불과하다. 이로 인해 지속적인 소프트웨어 관리는 혼란스러울 수밖에 없으며, 다각적인 접근이 필요하다. 소프트웨어 중심 시스템의 각 조각은 개별적인 개선 및 수정을 거친 뒤 운영을 위해 재조립해야 한다. 오늘날 시스템이 점차 상용 소프트웨어 의존성이 높아지면서, 유지보수를 둘러싼 쟁점 또한 복잡해지는 추세다. 이러한 문제를 무시한다면 생산 중인 시스템의 안정성, 보안, 수명을 저해할 수 있다.

---

2 이러한 아이디어는 2007년 「Cutter Business Technology Journal(구 Cutter IT Journal)」에서 펴낸 소책자인 「Cyber Security: Strengthening Corporate Resilience」에 등장하는 캐롤 우디 박사의 "Software Intensive Systems-A Complex Security Challenge"에서 채택됐다.

표 1.1 다양한 소프트웨어 보증 정의를 비교한 결과

소프트웨어 보증 정의가 포함하는 용어	Woody 2014	MITRE	CNSS 2009	2015년4월 CNSS		ISO/IEC 15408	ISO/IEC 27034
				DoDI 5200.44	NASA-STD 8739.8	Parts 1,2,3	Part 1,2
신뢰 수준	X	X	X	X		X	X
의도에 부합하는 동작	X	X	X	X	X	X	X
취약점으로부터 자유로움		X	X	X		X	X
의도적 또는 우연히 삽입된		X	X	X		X	
소프트웨어 라이프 사이클 프로세스		X	X	X		X	X
수용 가능한 비즈니스 위험	X					X	X
소프트웨어의 상용화	X					X	X
제품 요구 사항, 표준, 절차에 부합하는 일련의 활동					X	X	X

흔히 상용 제품으로 구성한 시스템은 성숙하고, 안정되며, 일반적인 산업 표준과도 잘 호환된다는 인식이 있다. 실제로는 여러 코드 조각을 기존 구조에 연결하는 루브 골드버그 장치Rube Goldberg 같은 '글루 코드glue code'[3]를 더 많이 찾아볼 수 있다. 이러한 상황에서 공급 회사가 자체 일정에 따라 보안 업데이트를 제공하기 때문에 지속적으로 발생하는 이벤트인 구성 요소 중 하나만 변경해도 전체 구조를 재설계해야 하는 문제가 발생할 수 있다. 기업 환경에서 컴포넌트 시스템의 업데이트를 공통 서비스 형태로 구현하는 것도 유지보수의 큰 장벽으로 작용한다.

시스템 구축 시 보안 위험을 완전히 제거하기 위함이 아니라 위험을 인지, 공격에 대응 및 복구하는 기능을 갖추는 것이 중요하다. 초기 도입 및 설계 단계에서부터 구축과 유지보수를 위한 시스템을 마련해야 한다. 따라서 시간이 지남에 따른 효과적인 운영 보안을 보장하기 위해 라이프 사이클 전반에 걸친 보증 계획을 수립해야 한다.

---

3   글루 코드란 기존에 존재하는 코드와 새로운 코드를 연결해 주는 코드 조각을 의미한다. – 옮긴이

이 책에서는 라이프 사이클 보장을 위한 다음과 같은 소프트웨어 보증 정의 원칙을 따른다 (Mead 2010a).

소프트웨어 시스템과 서비스 기능이 의도한 대로 동작하고, 우발적이거나 고의로 인한 취약점이 없으며, 위협 환경에 적합한 보안 기능을 제공하고, 침입 및 장애로부터 복구하는 데 요구되는 신뢰 수준을 달성하기 위한 기술과 프로세스의 적용

1.3 소프트웨어 보증 원칙 소개

1974년 솔처와 슈뢰더는 '보안 결함이 없는 소프트웨어 구현 설계 가이드'를 목적으로 보호 메커니즘에 초점을 맞춘 소프트웨어 설계 원칙을 제안했다(Saltzer 1974). 오늘날에도 여전히 학생들은 '장기 주기^{macrocycle}' 교실에서 이 원칙을 학습한다(Saltzer 1974).

- **철학**: 설계는 최대한 단순하고 작게 유지
- **기본 안전 원칙**: 배제보다 허가를 기반으로 하는 기본 접근 제어 의사 결정
- **빈틈없는 중재 기능**: 각 객체에 대한 모든 유형의 접근 권한을 철저히 확인
- **개방형 설계**: 설계 내용은 비밀로 해선 안 됨. 잠재적인 공격자를 무시해선 안 되며, 쉽게 보호가 가능하고 확실한 형태를 갖는 키 또는 패스워드를 보유해야 함
- **권한 분리**: 가능하다면 단일 키보다 최소한 두 개 이상의 키를 요구하는, 강력하고 유연한 보호 메커니즘을 갖춰야 함
- **최소 권한**: 모든 프로그램과 시스템 사용자는 최소한의 권한만으로 작업을 수행해야 함
- **공용 메커니즘 최소화**: 여러 사용자가 알고 있거나 모든 사용자가 동시에 영향을 받는 메커니즘을 최소화
- **심리적 수용성**: 사용자가 일상적 또는 자동으로 보호 메커니즘을 올바르게 적용하기 위해 사용자 인터페이스는 사용하기 쉽게 설계돼야 함

이러한 원칙의 가치와 유용성은 시간이 증명해 줬지만, 그리 오래 지나지 않아 새로운 난관에 봉착했다. 1988년 11월 2일, 모리스 웜Morris worm은 6000대가 넘는 유닉스 시스템을 감염시키는 대량의 서비스 거부 공격을 일으켰다(Wikipedia 2011a). 운영체제의 통제 하에 모든 프로그램이 메모리 공유가 가능한 고급 운영체제 시스템인 다중 가상 공간MVS이 같은 해 3월에 개발된 바 있다. 그 결과 운영체제 시스템의 보안은 가장 중요한 영역을 차지하게 됐다. 솔처와 슈뢰더의 원칙이 개별 기술 관점의 보안에는 아직도 충분히 유효하지만, 실제 컴포넌트가 동작하는 복잡하고 정교한 환경을 다루는 데는 역부족이다.

우리는 이상적인 소프트웨어 보증 신뢰 수준 달성을 위해 시스템을 취득, 구축, 배치, 유지보수 시 발생하는 문제에 초점을 맞춘 일곱 가지 원칙을 제안한다.

1. **적절한 보증 의사 결정을 내리기 위해 위험을 정확히 이해해야 한다.** 위험에 대한 인지는 보증 의사 결정을 이끌어낸다. 효과적인 소프트웨어 보증 절차가 없는 조직은 소프트웨어 및 시스템에 대한 성공적인 공격을 기반으로 위험을 인지하고 이를 바탕으로 대응한다. 그들은 보통 자신들이 인지하는 수준 내에서 유사 공격의 위협과 실제 위험이 발생할 경우 예상되는 영향력을 판단하고, 이를 근간으로 하는 정책, 실제 사례, 도구, 제한 같은 보증 기능을 구현한다. 위협과 그 영향력을 제대로 이해하지 못하는 조직은 위험을 적절히 인지할 수 없다. 효과적인 소프트웨어 보증을 위해 모든 이해관계자와 기술자들에게 위험과 관련된 지식을 공유해야 한다. 하지만 많은 조직이 이러한 위험 정보를 민감한 내용으로 간주해 공개를 꺼린다. 이렇게 위험 정보를 보호하는 것은 결국 위험에 대한 잘못된 판단으로 이어질 수 있다.

2. **식별된 위험을 모든 이해관계자 및 관련 기술 부서와 공유해야 한다.** 인터넷처럼 고도로 연결된 시스템에 존재하는 위험은 모든 이해관계자와 연관 기술 부서에서 파악할 수 있어야 한다. 그렇지 않으면 여러 상호작용 지점에서 심각한 위협이 누락되거나 무시될 수 있다. 모든 것이 고도로 연결된 상황이라면 일부 주요 컴포넌트만 고려하는 것으로는 충분하지 않다. 상호작용은 다양한 기술 영역에서 일어날 수 있으며(네트워크, 보안 장비, 아키텍처, 애플리케이션, 데이터 저장소 등), 넓은 범위의 역

할과 관계를 갖는다. 상호작용이 일어나는 모든 지점을 보호해야 하며, 적절한 조정이 없다면 충돌이 발생할 수도 있다. 상호작용으로 인해 효과적인 보증을 수행하려면 모든 기술 영역과 역할을 일관성 있게 고려한 위험 인식 및 대응 전략 수립이 필요하다.

3. **신뢰성이 증명되기 전까지 의존성을 신뢰해선 안 된다.** 넓은 소프트웨어 공급망으로 인해 통합 제품의 보증은 타인의 보증 의사 결정[4]과 이러한 종속성에 대한 신뢰 수준에 따라 달라질 수 있다. 통합 소프트웨어는 각 컴포넌트가 갖는 보증 한계점을 그대로 상속받는다. 게다가 특정 제한 또는 제어 수단이 반영돼 있지 않을 경우 인프라, 보안 소프트웨어, 기타 애플리케이션 또한 각 컴포넌트의 보증 수준에 영향을 받는다. 이러한 경우 조직은 타인의 보증 의사 결정에 전적으로 의존할 수밖에 없다. 조직은 다양한 상호작용으로 나타나는 위협, 영향도 및 기회에 대한 현실적인 평가를 기반으로 의존성 신뢰 수준을 결정해야 한다. 의존성은 언제든지 변화할 수 있으며, 조직은 정기적으로 신뢰 관계를 검토해 신뢰 재검토가 필요한 부분을 찾아내야 한다. 의존성 보증이 실패할 경우 다음과 같은 보증 결함이 발생할 수 있다.

- 예를 들어 운영체제 시스템, 개발 플랫폼, 방화벽 및 라우터 등의 인프라에서 공통으로 사용하는 표준 코드에 결함이 발생할 경우, 인프라에 의존하는 모든 애플리케이션에 위협으로 작용할 수 있다.
- 표준화된 여러 소프트웨어 도구를 사용해 기술을 구축하면, 최종 소프트웨어 제품 보증에 대한 의존성이 확립된다. 이때 도구 개발자가 만든 취약점 또한 제품에 같이 도입될 수 있다.

4. **공격은 예측 가능해야 한다.** 고도화된 기술을 가진 공격자들은 조직 기술 자산의 기밀성, 무결성, 가용성을 위험하게 만들 수 있다. 이 세상에 완벽한 보호 대책은 존재하지 않으며, 공격자 속성 또한 지속적으로 변화한다. 공격자는 기술, 프로세스, 표준, 실제 사례를 이용해 자신들의 목표를 달성한다(사회-기능적 대응으로 알려

---

4 소프트웨어를 구성하는 각 공급망의 보증 주체를 의미한다. - 옮긴이

진). 일부 공격자들은 우리가 일반적으로 기술을 사용하는 것과 동일한 방식을 사용하며, 방어 기술을 우회하기 위해 예외 상황을 발생시키는 방법도 사용한다.

5. **모든 기술진의 효과적인 협업이 성공적인 보증을 이끌어낼 수 있다.** 공격자는 진입로 확보를 위해 수단과 방법을 가리지 않으며, 조직은 이에 대응하기 위해 사람, 프로세스, 기술 전반에 걸친 보호 메커니즘을 적용해야 한다. 참여자들이 소프트웨어 보증 활동에 효과적으로 참여할 수 있도록 이에 상응하는 권한과 책임을 명확히 명시해야 한다. 이는 모든 참여자들이 보증을 인지한다는 전제가 필요하지만, 실제로는 거의 실현이 힘들다. 따라서 참여자들의 소프트웨어 보증 인식 개선을 위한 교육이 필요하다.

6. **보증은 계획적이고 유연해야 한다.** 보증 과정은 소프트웨어 및 시스템 거버넌스, 구축, 운영 사이의 균형을 깨뜨려선 안 되며, 각 영역의 작은 변화에도 영향을 받기 쉬운 특성이 있다. 보증은 끊임없는 애플리케이션, 상호 연결, 운영상 사용, 위협 변화에 능동적으로 대응할 수 있어야 한다. 보증은 일회성 활동이 아니다. 초기 구축 단계부터 유지보수 단계까지 지속적으로 수행해야 한다. 보증은 선택 사항이 아니다. 반드시 조직에서 요구되는 수용 가능한 보증 수준을 토대로 구현해야 한다. 그 누구도 변화하는 모든 위협에 대응하기 위해 시스템을 재설계할 수 없으며, 위협이 실제로 발생한 후에 보증 활동을 하는 것은 무의미하다.

7. **전체적인 보증 수준을 측정하고 감사하는 수단을 마련해야 한다.** 측정하지 못하는 것은 관리할 수 없으며, 책임을 부여하지 않으면 이해관계자와 기술 사용자 중 그 누구도 보증 활동을 하지 않는다. 적절한 모니터링과 측정 없이는 성공을 가늠할 수 없다. 실제 사례, 프로세스, 절차를 포함한 모든 사회-기능적 환경의 모든 요소를 종합적으로 고려해 보증을 평가해야 한다. 성공적인 보증을 수행하는 조직은 공격에 대한 대응과 복구가 빠르며, 대응 과정에서 교훈을 얻고, 다음 공격을 예측하고 발견하는 데 주의를 기울인다. 코드 라인 당 내재된 결함은 코드 품질을 평가하는 일반적인 개발 방법이지만, 해당 코드가 실제 동작 시 수행할 행위에 대한 어떠한 정보도 제공하지 않기 때문에 전체적인 보증에 대한 증거로는 충분하지 않다. 조직은 컴포넌트를 철저한 보안으로 설계하고, 컴포넌트 간의 상호작용이

효과적인 보증을 수립할 수 있도록 집중되고 체계화된 조치를 취해야 한다.

1.4 라이프 사이클 보증 다루기[5]

일반적으로 우리는 '라이프 사이클^lifecycle'이라고 부르는, 사전 정의된 일련의 단계를 포함하는 조정 활동을 통해 운영 시스템을 구축하고 도입한다. 대부분 조직은 특정 유형의 라이프 사이클 모델을 사용하며, 사용하는 모델의 종류는 조직마다 다르다. 이 책에서는 특정 라이프 사이클 활동과 관련된 내용을 설명하지만, 그렇다고 일부 모델에 한정하지는 않는다. 소프트웨어 보증을 위한 지속 가능한 라이프 사이클 관련 추가 내용이 궁금한 독자는 ISO 15288과 NIST SP 800-160 같은 표준을 참고하면 된다.

조직은 특정 수행 능력 지표에 부합하는 기술을 직접 구축하거나 구매하지만, 의도된 배치 환경 내에서 새로운 개발 또는 도입을 수행하는 방식과 혹시 발생할 수 있는 결과를 크게 고려하지 않는 경향이 있다. 예를 들어 보안 결함 또는 '취약점'은 공격자로 하여금 기밀 데이터에 대한 접근 기회를 제공하거나 시스템 기능 접근을 무력화하고, 데이터와 소프트웨어에 허가되지 않은 변화를 일으킨다. 조직은 운영 비용을 늘려 품질과 보안을 강화하지만, 미래에 있을 새로운 절충안 마련에 들어갈 비용을 포함한 장기적 관점의 비용은 고려하지 못하는 경향이 있다. 시스템 또는 소프트웨어가 구축, 운영, 유지되는 방식을 바라보는 포괄적인 전략의 부재는 새로운 문제의 여지를 남긴다.

소프트웨어 시스템의 모든 컴포넌트와 인터페이스는 조직 차원의 위험 인지 상태에서 운영 및 유지돼야 한다. 대응 계획을 수립하고 실행하는 것은 전략적인 요구 사항으로, 포괄적인 라이프 사이클 보호 프로세스에서 고려해야 한다.

소프트웨어 시스템의 실제 동작에는 항상 불확실성이 따른다. 개발 초기 단계에서는 시스템이 배치된 후에 보장되길 바라는 보안 수준과 미래에 발생할지도 모르는 운영 및 보안

---

5   이 절의 내용은 품질 및 신뢰성 측정 기법을 사용한 소프트웨어 보증 예측(Predicting Software Assurance Using Quality and Reliability Measures)을 참고했다(Woody 2014).

문제에 대한 일반적인 지식만 갖는 것이 보통이다. 설계와 구현의 품질 척도는 제공된 시스템이 지정한 대로 실제 작동이 일치할 거라는 신뢰 수준이다.

개발 초기 단계에서는 제한된 근거를 바탕으로 시스템의 행위를 판단한다. 즉 초기 신뢰 수준과 원하는 신뢰 수준 간에는 큰 차이가 존재한다. 그림 1.1에서 보듯이, 개발 단계를 거치면서 신뢰 간극을 줄여 원하는 수준의 신뢰 단계로 도달하려는 노력이 필요하다.

기존 소프트웨어 보안 실제 사례를 따라 라이프 사이클 마지막 단계에서 소스 코드의 정적 분석과 테스팅을 수행할 수 있다. 초기 라이프 사이클 단계에서는 설계 단계의 공학적 결정이 결함 주입과 제거에 미치는 영향을 평가할 필요가 있다. 신뢰성 확보는 잠재 결함을 식별하고 줄이려는 노력에 달려있다. 검증되지 않은 입력 데이터 같은 소프트웨어 보안 실패 유형은 악용 가능한^{exploit} 조건으로 이어질 수 있다. 설계 검토 작업은 특정 설계 기능을 통해 오류, 취약점, 결함과 연결된 비즈니스 위험을 식별하고, 완화할 수 있음을 확실시해야 한다. 소프트웨어 중심 시스템은 복잡한 구조로 이뤄진다. 뛰어난 전문가라고 하더라도 분석이 완벽하지 않을 수 있고, 보안 문제를 간과할 수도 있으며, 잘못된 개발 및 운영상 가정을 하거나 단순화하는 오류를 범할 수도 있다.

소프트웨어 공학에 대한 신뢰는 단순한 의견 이상의 것을 바탕으로 해야 한다. 결과 시스템이 안전할 것이라고 주장하려면 주장을 뒷받침하는 증거의 품질이 좋아야 하며, 증거에 대한 논증의 구조가 주장을 뒷받침하는 데 적절하다는 것이 확실하고, 제공된 증거가 충분해야 한다. 모든 입력 값을 검증해 취약점을 줄였다고 주장한다면, 유효하지 않은 데이터 또는 유효한 데이터를 사용해 광범위한 테스팅한 결과를 주장의 근거로 활용할 수 있다.

우리는 증거와 주장의 조합을 하나의 보증 사례로 간주하며, 이는 다음과 같이 정의할 수 있다.[6]

---

6   원래 보증 사례는 안전에 민감한 시스템 속성이 원하는 수준에 있음을 보여주기 위한 개념이었다. 이때는 보증 사례보다 안전 사례라는 용어를 사용했다. 여기서 사용되는 표기법과 접근 방식은 시스템이 왜 충분히 안전한지를 증명하는 문서로, 유럽에서 10년 넘게 사용된 것이다(Kelly 1998, 2004). 신뢰성 개념의 적용은 SAE 표준에 문서화돼 있다(SAE 2004). 우리는 단지 이를 시스템 보안 주장 영역으로 확장시킨 것뿐이다.

보증 사례는 주어진 환경에서 정해진 애플리케이션에 대해 시스템 속성에 대한 특정한 중요 클레임이 적절하게 정당화된다는, 설득력 있고 유효한 근거를 제공하는 문서화한 내용이다 (Kelly 1998).

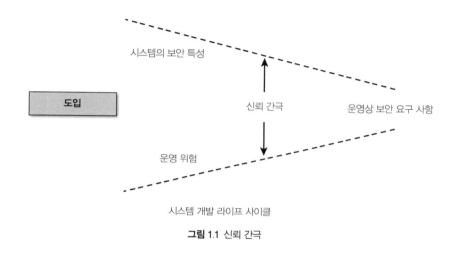

그림 1.1 신뢰 간극

ISO/IEC 15026은 보증 사례를 다음과 같이 정의한다(ISO/IEC 2007).

보증 사례는 시스템 또는 제품 자산에 대한 하나의 최상위 레벨 주장(또는 여러 주장), 이 주장에 대한 체계적인 논거, 이 논거에 내재된 명시적 가정과 증거를 포함한다. 여러 계층에 종속된 주장을 통해 이 구조화된 논거는 최상위 레벨의 주장과 증거 및 가정을 연결시킨다.

보증 사례 분석은 공학적 의사 결정이 이뤄지는 과정을 평가하지는 않는다. 그보다 주어진 정보를 증거 기반으로 하는 예측된 결과의 정당성 판단에 더 가깝다. 보증 사례는 어떠한 형태의 보장과 인증도 내포하지 않는다. 단지 시스템 설계 의사 결정 뒤에 숨겨진 근거를 문서화하는 방법일 뿐이다.

주장의 타당성 검증에 의심을 가지는 것은 매우 중요하다. 검토 과정 중에 보증 사례 개발자는 이전 단계까지 제기된 모든 주장에 대한 증거를 살펴보고, 그 타당성을 분석해야 한다. 일반적인 검토자들은 주장을 의심하는 이유를 찾는 데 초점을 맞춘다. 예를 들어 검토자는 다음과 같은 과정을 통해 검토를 진행한다.

- **주장을 의심**: 주장을 반박하는 정보가 어딘가 존재할 것이다.
- **논거를 의심**: 예를 들어 정적 분석은 특정 취약점이 제거됐거나 분석 과정에서 내부 네트워크 감염 사실을 고려하지 않았다는 주장에 적용할 수 없다.
- **증거를 의심**: 예를 들어 보안 테스팅 또는 정적 분석을 경험이 부족한 직원이 맡거나 테스팅 계획이 사고 발생 후의 복구 절차를 고려하지 않는다고 의심해 볼 수 있다.

품질과 신뢰성은 예측된 소프트웨어 보안에 대한 논의에 통합 가능한 증거로 간주될 수 있다. 표준과 정책 프레임워크는 소프트웨어 업계에 널리 인정되는 우수 사례를 구조화하고 문서화한 결과로, 이러한 주장을 뒷받침하는 중요한 역할을 한다. 프레임워크와 정책은 '실제 세계' 작업의 특정 측면에서 사용하는 접근법을 조정하는 방법뿐만 아니라 완전하고 일관된 논리적 개념을 요약된 형태로 전달해 준다. 정의된 업무 영역을 위한 프레임워크는 소프트웨어 공학연구소[SEI], 국제 표준화 기구[ISO], 미국 국립 표준기술연구소[NIST], 전기전자 기술자협회[IEEE], 컴퓨터 학회[ACM] 같은 조직에서 만들고 보증한다.

각 프레임워크는 일반적으로 라이프 사이클의 특정 측면에 초점을 맞춘다. SEI는 이슈와 관심사에 대한 특정 접근 방식을 설명하는 데 초점을 맞춘 여러 프로세스 모델 관련 문서를 발행한 바 있다. 프로세스 도메인 내에서 일부 SEI 모델은 더욱 효과적인 소프트웨어 조직을 생성하기 위한 모범 사례를 적용하는 데 초점을 맞춘다. 널리 수용된 대부분 프레임워크는 중요한 운영 보안 문제가 발생하기 전에 만들어진 것으로, 보안 이슈를 효과적으로 처리하는 데는 적합하지 않다.

1.5 이 책에서 사용한 사례 연구

이 책의 전반에 걸쳐 조직과 개인이 당면할 수 있는 세 가지 실제 문제를 사례 연구로 다룬다.

- **무선 긴급 경보**[WEA, Wireless Emergency Alert]: 긴급 경보를 처리하는 실제 시스템
- **Fly-By-Night 항공사**: 실제 문제로 구성한 허구의 회사
- **GoFast 자동차 회사**: 실제 문제로 구성한 허구의 자동차 제조사

각 사례 연구에 대한 개략적인 설명은 다음 절에 이어진다. 사례 연구 설명에 나타나는 문맥을 이해하기 위해 숙지하기를 권장한다.

1.5.1 무선 긴급 경보 사례[7]

무선 긴급 경보 서비스는 다음을 포함하는 공동 협력 파트너십을 의미한다.

- 이동통신 산업
- 연방 통신위원회[FCC]
- 연방 재난관리청[FEMA]
- 미 국토안보부[DHS]의 과학 기술 부서[S&T]

WEA 서비스는 지역, 부족, 주, 영토 및 연방 공공 안전 담당 공무원들이 특정 지역에 거주하는 사람들에게 긴급 문자 경보를 전송할 수 있도록 한다.

'긴급 경보[emergency alert]'는 권한을 가진 조직에서 사전에 지정된 사람들에게 현재 발생 중이거나 임박한 긴급 상황의 세부 내용을 제공하는 메시지다. 경보를 만들어 내는 조직은 다양하다. 예를 들면 AMBER[America's Missing: Broadcasting Emergency Response] 경고는 법 집행 기관에서, 날씨 경보는 국립 기상청에서 만들어낸다.

'무선 긴급 경보'는 휴대폰 또는 호출기 같은 모바일 기기에 보내는 텍스트 메시지를 의미한다. 이러한 유형의 경보 메시지를 전달하는 과정은 경보 생성자의(법 집행 기관 또는 국립 기상청) 경보 발령 요청에서 시작된다. 발령 요청은 경보 전파 부서[AO, Alert Originator]라 불리는 조직에 전달된다. AO에 속한 담당 팀은 경보 생성자의 요청을 받아 실제 경보 발령 여부

---

7   이 사례 연구는 크리스토퍼 알버츠(Christopher Alberts)와 오드리 도로피(Audrey Dorofee)가 보안 공학 위험 분석(SERA) 강의를 위해 개발한 결과물이다.

를 판단한다. 경보 발령이 결정될 경우, 텔레비전, 라디오, 도로 표지판, 무선 기술 등 해당 경보를 전파할 채널을 결정한다.

담당 팀이 무선 긴급 경보 채널을 사용하기로 결정했다면, AO 부서의 수행원이 메시지 처리를 담당하는 경보 발령 시스템^{AOS}에 '경보 메시지'를 입력한다. AOS는 메시지를 검증하고 처리하는 FEMA 시스템에 경보 메시지를 보낸다. FEMA 시스템이 경보 메시지를 처리한 뒤에 실제 통신 서비스 공급자에게 메시지를 전달한다(예를 들어 AT&T, 버라이즌. 한국의 경우는 SKT, KT, LGT 등). 마지막으로 통신 서비스 공급자는 사전에 지정된 구역 내에 위치한, 수신 가능한 디바이스를 대상으로 문자 메시지를 전송한다.

1.5.2 Fly-By-Night 항공사 사례[8]

Fly-Florida 항공사는 플로리다 지역을 운항하는 작은 지역 항공사였다. 2013년 하반기에 다른 두 지역 항공사와 합병하면서 Fly-By-Night 항공사라는 이름으로 바뀌었다. 현재는 미국의 남동부 전역의 노선을 운영하며, 플로리다 올랜도에 본사를 두고 있다.

최근 열린 Fly-By-Night 항공사 이사회에서 임원들은 고품질의 서비스를 제공해 승객수를 늘리고, 고객의 충성도를 높이는 방법을 논의했다. 또한 Fly-By-Night 사의 최고 재무책임자^{CFO}는 특정 서비스를 자동화하면 인건비를 현저하게 감소시킬 수 있다는 보고서를 임원들과 공유했다. 논의 끝에 Fly-By-Night의 최고 경영자는 웹 기반 자동 예약 시스템^{ARS}과 우수 고객 관리 프로그램을 개발하기로 결정했다.

승객들은 웹 기반 ARS를 이용해 온라인으로 예약할 수 있다. 예약 내용에는 탑승자 이름, 항공편, 출발 날짜와 시간, 좌석 유형(1등석, 비즈니스. 이코노미), 좌석 번호, 티켓 가격(DOT 지침 1573에 의하면 티켓 가격 변경 주기는 최소 12시간 이상이어야 한다)이 포함된다. 시스템이 예약을 완료하고 신용 카드 정보를 검증한 후에 고객은 티켓을 출력하거나 전자항공권을 이용할 수 있다. 승객들은 ARS를 이용해 예약을 변경 및 취소하거나 항공 마일리지 확인도

---

8   이 사례 연구는 엠브리-리들(Embry-Riddle) 항공대학교의 명예 교수인 톰 힐번(Tom Hilburn)이 개발한 결과물이다.

가능하다. 뿐만 아니라 누구나 항공사의 현재 운항 상태(정시 도착, 지연, 취소)를 확인할 수 있다. ARS 시스템 관리자는 비행 데이터와 티켓 정보를 입력하거나 전체 예약 현황 정보를 보고받는다. 예약에 관한 현황 보고는 반드시 일 단위로 미국 국토안보부에 보내야 한다.

1.5.3 GoFast 자동차 회사 사례

GoFast는 미국의 4대 자동차 제조사 중 하나로 승용차, 세단, 밴, SUV, 픽업 트럭을 생산한다. 한때는 타이거^{Tiger} 스포츠 자동차를 생산한 적도 있다. 타이거는 1965년에 처음으로 선보였고, 2010년에 다시 인기를 끌게 됐다. 최근에는 자율 주행 자동차 기능과 전기 자동차 시장을 선도하고 있다.

타이거 제품의 대시보드는 최신 기술에 민감한 고객들에게 매우 인기가 높다. 앞뒤 창문 와이퍼를 동기화하거나 다른 차량의 접근을 감지하는 센서, 사각 지대를 볼 수 있는 카메라, 주차와 후진을 도와주는 전후방 카메라처럼 운전자에게 필요한 모든 옵션을 대시보드에 집약시켰다. 타이거는 다른 스포츠카 제조업체가 따라올 수 없는 최신 기술을 탑재한 정교한 독점 엔터테인먼트 시스템으로, 자연스럽게 GoFast 사의 경쟁력을 한층 높여줬다.

소프트웨어는 대부분 타이거의 시스템과 GoFast의 다른 모델의 일부 시스템을 지원한다. 소프트웨어는 미끄럼 방지 제동 장치$^{anti-lock\ braking}$ 같은 다양한 안전 기능, 자율 주행 기능과 엔터테인먼트 및 통신 시스템의 기반이 된다. GoFast는 자체 소프트웨어의 대부분을 개발하지만, 일부는 협력 업체에게 의뢰하기도 한다.

GoFast 사는 자체 소프트웨어 개발 조직뿐만 아니라 보안 위험 평가, 보안 요구 사항 및 아키텍처 개발, 소프트웨어 개발 프로세스 전반에 대한 보안 리뷰 수행 책임을 맡는 전문 소프트웨어 보안 팀을 보유하고 있다. 이 보안 팀은 소프트웨어 보안 프로세스 문서와 규정을 개발하고 유지하는 역할도 수행한다. 또한 출시 전에 완성된 소프트웨어의 '윤리적 해킹'을 테스트 및 수행하고, 관리자에게 출시 여부를 조언할 수 있다.

2 장

위험 분석: 요구 사항 식별 및 우선순위 결정

크리스토퍼 알버트(Cristopher Alberts)와 오드리 도로피(Audry Dorofee) 도움

시스템 도입과 개발 단계의 위험 관리는 일반적으로 비용과 일정 문제에 집중되는 경향이 있다. 조직은 비용 산출 결과, 가용 예산, 중요하다고 판단되는 정도를 바탕으로, 필요한 기능과 함수 개발에 비용을 투자한다. 조직은 이 세 영역을 면밀히 모니터링하고 변동이 있을 경우, 위험 평가를 수행해 이를 바탕으로 계획된 일정과 기능을 재조정한다.

위험은 1장에서 언급한 보증 원칙 중 하나에 속하며, 소프트웨어 보증의 효과적인 위험 관리는 도입 및 개발 프로젝트에 일관되게 적용되지 않는 역량이다. 이 능력은 무엇이 잘못될 수 있는지 고민하고, 위험을 인지한 상황에서 원치 않는 결과를 피하기 위해 위험을 줄

이고, 완화하거나 회피할 수 있는 방법 마련을 의미한다. 대부분 프로젝트 참여자는 프로젝트의 성공 방법에만 초점을 맞추고, 프로젝트 목적 자체를 무의미하게 만들 수 있는 문제를 간과하는 경향이 있다. 프로젝트를 성공으로 이끌려면 두 가지 관점을 함께 고려해야 한다.

위험은 여러 방향으로 시스템과 소프트웨어에 결합될 수 있으며, 조직은 효과적인 위험 관리를 위해 반드시 모든 연결점을 고려해야 한다. 도입과 개발은 매우 복잡한 과정으로, 초기 의도와 다른 방향으로 흘러갈 가능성이 있다. 보증을 위한 효과적인 위험 분석을 위해 최소한 다음과 같은 유형의 위험을 고려해야 한다.

- 개발 위험
- 도입 위험
- 임무 위험

통상 위험 관리에 드는 비용과 시간, 노력은 대부분 개발과 도입 단계에 투입된다. 실제로는 단기 우려 사항일 뿐이지만, 그 비중으로 보면 라이프 사이클의 초기 단계 전체에 영향을 준다고 해도 과언이 아니다. 2장에서는 이 세 가지 위험 유형의 소프트웨어 보증을 수행하는 방법을 소개한다.

2.1 위험 관리 개념

위험이 존재하려면 다음과 같은 조건을 반드시 만족해야 한다(Alberts 2002).

- 잠재적인 손실이 존재
- 최종 결과가 확실히 나온다는 보장이 불투명한 상태[1]
- 불확실성과 잠재적 손실을 처리하기 위한 선택과 결정이 필요한 상황

---

1 일부 연구원들은 확실성(의심의 여지가 없음)과 위험(의도하지 않은 결과가 나올 가능성이 존재), 불확실성(결과 자체가 제대로 나오지 않을 가능성이 존재) 개념을 분리해서 사용한다. 하지만 불확실성이 근본적으로 위험의 한 특성이므로 우리는 위험 상황에서의 의사 결정과 불확실한 상황에서의 의사 결정을 따로 분리하지 않는다.

위험의 본질은 도메인에서 말하는 내용과 무관하게 다음과 같은 위험의 정의로 간략히 담아낼 수 있다.

위험은 피해와 손실을 입을 가능성(확률)을 의미한다.[2]

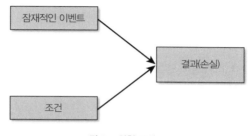

그림 2.1 위험 구성 요소

- **잠재적인 이벤트**: 현재 상태에 변화를 줘 손실로 이어지는 행위 또는 상황의 발생
- **조건**: 위험으로 이어지거나 위험 발생을 가능케 하는 현재의 여러 환경 요소
- **결과**: 잠재적 이벤트로 인한 손실, 손실은 현재 상황과의 관계 내에서 측정

위험 관점에서 볼 때 위험 조건은 수동적인 요소다. 조건은 이벤트 발생으로 인한 손실에 엔티티(예를 들어 프로젝트, 시스템)[3]를 노출시킨다. 하지만 위험 조건은 그 자체만으로는 엔티티에 손실을 안겨주거나 의도치 않은 결과를 일으키지 않는다. 단지 엔티티를 이벤트에 영향을 받는 취약한 상태로 만들어 줄 뿐이다(Alberts 2012a).

다음 상황을 가정해 보자. 프로젝트 팀은 고객을 위한 소프트웨어 시스템을 개발 중이다. 이 팀은 업무 수행에 필요한 능력이 있는 능숙한 개발자들을 충분히 갖췄으며, 다음 단계로 계획된 업무까지 시간과 예산 내에 처리를 완료했다(현 상황). 하지만 팀 구성원 개개인의 기술과 능력이 겹치는 부분이 전혀 없다(조건). 만약 특정 기술을 가진 인원이 팀에서 나

---

2 이 정의는 「보안 공학 위험 관리(SERA) 프레임워크 입문(Introduction to the Security Engineering Risk Analysis Framework)」에서 참고했다(Alberts 2014).
3 엔티티는 위험에 영향을 받는 객체를 의미한다. 2장에서 말하는 엔티티란 상호복잡성이 높은 소프트웨어 의존적인 시스템을 일컫는다. 그 예로 프로젝트, 프로그램, 비즈니스 프로세스, 네트워크로 연결된 기술이 있다.

갈 경우(잠재적인 이벤트) 주어진 업무를 완료할 수 없을 것이다(결과/손실). 이러한 상황은 다음 단계의 업무를 위태롭게 만들 것이며, 현 상황(다음 단계 달성을 위해 지속적으로 관리)과의 관계 측정 시 손실로 잡힌다.

하지만 구성원 중 누구도 팀을 이탈하거나 재배치하지 않는다면, 프로젝트에는 어떠한 차질도 생기지 않을 것이다. 이처럼 조건은 특정 이벤트로 하여금 의도치 않은 결과와 손실을 발생시키는 전제 조건이 된다.

위험 발생 시 의도하지 않은 결과(손실)는 실제로 인지 가능하다. 이 결과는 궁극적으로 엔티티를(프로젝트 또는 시스템) 대면하는 현재의 조건 상태를 변화시킨다. 이 예제에서 인지된 위험이란 프로젝트 팀 구성원에 결원이 생겨 더 이상 해당 작업을 완료할 수 없는 상태가 됐음을 의미한다. 프로젝트는 이제 해결이 필요한 문제 상황에 봉착했다. 다시 말해서 위험이 이제 이슈/문제가 됐다고 볼 수도 있다(손실 또는 의도하지 않는 결과로 직접 이어지는 조건).

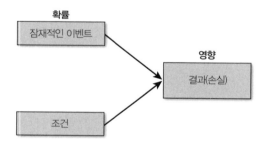

그림 2.2 위험 구성 요소와 위험 측정(요약 관점)

위험과 관련된 세 가지 측정 기준으로 확률, 영향, 위험 노출을 손꼽을 수 있다.[4] 그림 2.2[5]에 확률과 영향, 그리고 위험 구성 요소 간의 상호관계가 표현돼 있다. 이 그림에서 '확률'은 이벤트가 발생할 가능성을 나타내는 척도로 정의하고, '영향'은 위험이 현실화된 경우 예상되는 손실을 나타내는 척도로 정의한다. 위험 노출은 확률과 영향의 현재 가치를 기반으로 위험 규모를 측정한다.

위험 관리는 잠재적인 손실에 대한 노출을 최소화하는 체계적인 접근 방식을 의미하며, 다음과 같은 훈련된 환경을 제공한다.

- 무엇이 잘못될 수 있는지 지속적으로 평가(예: 위험 평가)
- 어떤 위험을 처리할지 결정(예: 완화 우선순위 설정)
- 회피 또는 완화 전략을 통해 우선순위가 높은 위험 조치 방안 구현

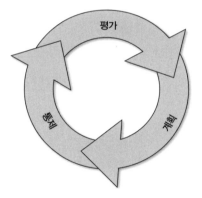

그림 2.3 위험 관리 활동

---

4 네 번째 척도인 시간 프레임(time frame)은 위험이 현실화되기 전까지의 경과 시간, 또는 위험 예방을 위한 대책이 적용되기까지 경과된 시간을 측정하기 위해 사용한다.

5 그림 2.2에서 표현하는 확률과 영향, 위험 구성 요소 사이의 관계는 이벤트 발생으로 인한 손실이 명확하다는 단순 가정을 기반으로 한다. 실제 상황에서는 다양한 변수가 뒤따를 수 있다. 예를 들어 구성원의 이탈로 인한 손실이 우려되는 프로젝트 팀 상황을 생각해 보자. 손실의 규모는 구성원 이탈 시 그 자리를 대체할 사람이 있는지 여부, 기술과 경험 수준을 갖춘 대체자의 존재 여부 등에 따라 달라질 수 있다. 숙련된 사람이 바로 대체 투입될 수 있다면 손실은 미미할 것이다. 반면에 그 누구도 빈 자리를 채울 수 없다면 심각한 결과를 초래할 수 있다. 이처럼 가능한 결과의 범위를 예측하는 것이 가능하다. 여러 유형의 결과가 예상되는 경우, 잠재적인 결과와 확률을 연결시켜 생각해야 한다. 결과적으로 위험 분석은 잠재적 이벤트와 연관된 확률 및 결과와 연관된 확률을 모두 고려해야 한다. 하지만 기본적인 위험 평가에서는 상대적인 확실성을 전제로 하는 손실을 가정하므로(또는 결과에만 초점을 맞추거나), 잠재적 이벤트와 연관된 확률만 고려한다.

그림 2.3은 세 가지 핵심 위험 관리 활동을 표현한다.

- **위험 평가**: 사람들이 가진 우려를 명시적으로 문서화하고 분석하는, 가시적인 위험으로 변환하는 작업을 포함하는 평가 단계
- **위험 통제 계획 수립**: 각 위험을 처리하기 위한 방법을 결정하고, 해당 방법을 구현하기 위한 계획을 수립하는 계획 수립 단계
- **위험 통제**: 사전에 정의된 통제 계획을 통해 각 위험을 처리하고, 추적하는 과정을 포함한 위험 통제 단계

세 가지 주요 활동에서 하위 활동을 고려할 때 잘 알려진 '계획^{plan}, 실행^{do}, 검증^{check}, 개선^{act}'의 PDCA 모델에 대한 연결이 명백하다.

- 프로세스와 도구 전반에 대한 개인 및 상호작용
- 광범위한 문서를 수반하는 동작 중인 소프트웨어
  - 속성^{attributes}
- 다음 계획의 변동 사항에 대응
  - 활동 2.1 위험 평가
  - 2.1.1 위험 식별
  - 2.1.2 위험 분석
  - 2.1.3 위험 프로필 구축
  - 활동 2.2 위험 통제를 위한 계획
  - 2.2.1 통제 방법 결정
  - 2.2.2 통제 계획 설계
  - 활동 2.3 위험 통제
  - 2.3.1 통제 계획 구현
  - 2.3.2 통제 계획 추적
  - 2.3.3 의사 결정 추적

다음과 같이 PDCA와 매칭이 가능하다.

- Plan: 2.2.2 통제 계획 설계
- Do: 2.3.1 통제 계획 구현
- Check: 2.3.2 통제 계획 추적
- Act: 2.3.3 의사 결정 추적

하위 활동 2.2.2 이전의 모든 활동(위험 식별, 위험 분석, 위험 우선순위 선정/위험 프로필, 통제 접근 방법)은 위험 관리 담당자가 PDCA 사이클 구축이 가능하도록 준비하는 것과 관련이 있다. 동일한 매칭 방식을 OODA(Observe: 관찰, Orient: 방위 확인, Decide: 결정, Act: 행동) 의사 결정 프레임워크에도 적용해 볼 수 있다.

필수 위험 조건 중 하나로 발생 자체의 불확실성을 들 수 있다. 어떻게 정의하는지에 따라 위험이 발생할 수도 있고, 그렇지 않을 수도 있다. 이슈가 있는 경우 불확실성은 사라지지만, 문제 상황이 유지될 경우 성능에 부정적인 영향을 미칠 수 있다.[6] 또한 이슈[7]는 다음 과정을 통해 위험으로 이어질 수 있다(또는 위험에 기여).

- 추가 손실을 야기하는 이벤트를 만드는 환경 생성
- 현존하는 이벤트의 발생 가능성을 높임
- 현존하는 위험의 결과를 악화시킴

그림 2.4는 이슈 또는 문제를 구성하는 두 요소를 나타낸다.

- **조건**: 손실 또는 부정적인 결과로 이어지는 현재 환경 요소
- **결과**: 현재 조건이 가져다 준 손실

---

6   대다수의 동일한 도구와 기법을 문제와 위험 관리에 똑같이 적용할 수 있다.
7   사전적 정의로 보면 이슈도 '문제'로 번역될 수 있으며, Problem의 의미와 동일하다고 볼 수도 있다. 저자는 이슈를 문제 또는 문제가 될 수 있는 여러 상황을 가리키는 데 사용했다. – 옮긴이

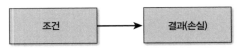

그림 2.4 이슈/문제의 구성 요소

이슈 관점에서 볼 때 조건은 엔티티(예: 프로젝트, 시스템)에 직접적인 손실을 입히거나 불리한 결과를 경험하도록 만든다. 위험과 달리 이슈는 손실이나 불리한 결과를 초래하는 이벤트가 발생할 필요가 없다.

2.2 임무 위험

임무 위험^{mission risk} 관점에서 위험은 임무 실패(즉 핵심 목표를 달성하지 못함) 확률로 정의된다. 임무 위험은 임무 달성을 위해 여러 조건으로 인한 영향과 시스템 능력에 대한 이벤트를 종합한다.

임무 위험 분석은 시스템 이론을 기반으로 한다.[8] 시스템을 개별 컴포넌트로 분해한 뒤 각 컴포넌트를 각각 분석하는 것이 아니라 시스템 전체를 크게 바라보고 분석하는 것이 시스템 이론의 기본 원칙이다(Charette 1990). 실제로 시스템의 일부 속성은 다음 항목을 포함한 전체 시스템을 고려해 분석하는 것이 최선인 경우가 있다.

- 외부 환경적인 요소로 인한 영향
- 원인이 되는 요소 사이의 피드백과 비선형성
- 계통 실패의 원인(근인^{proximate cause}과 반대말)
- 긴급한 속성

---

8   임무 위험 분석이 시스템 이론을 기반으로 하는 관계로, 계통 위험(systemic risk)은 임무 위험과 유사한 의미로 사용할 수 있다. 2장에서는 임무 위험이라는 용어로 통일해 사용한다.

2.3 임무 위험 분석

임무 위험 분석의 목표는 현재 배치된 시스템의 임무와 목적 달성 정도를 측정하는 것이다. 이러한 위험 분석 유형은 시스템이 위험을 얼마나 잘 관리하는지, 일반적인 내용부터 세부적인 사항을 모두 제공한다.

임무 위험 진단^{MRD, Mission Risk Diagnostic}(Alberts 2006)은 이러한 위험 유형을 관리하는 데 사용하는 방법 중 하나다. 이러한 유형의 위험 분석을 수행하려면 우선 분석 목적을 명확히 수립해야 한다. 분석 목적은 원하는 수준의 결과물, 또는 시스템의 '성공적인 모습'을 정의한다. 다음으로 결과물에(목적이 달성될 예정을 나타내는 지표) 지대한 영향을 주는 시스템 구성 요소를 식별한다. 2장에서 '드라이버^{driver}'라 부르는 이런 체계의 요소는 시스템의 성능을 평가하고, 시스템이 핵심 목표를 달성하기에 충분한지 여부를 측정하는 데 사용할 수 있는 작은 요소의 집합을 정의하기 때문에 매우 중요하다. 의사 결정권자들은 드라이버를 통한 평가 및 측정 결과를 분석한 후 시스템 임무에 존재하는 전체적인 위험 수준을 측정할 수 있다.

표 2.1 MRD의 핵심 과제

과제	설명
1. 임무와 목표 식별	의사 결정권자들에게 중요한 시스템의 여러 측면을 분석하는 것에 초점이 맞춰진 작업이다. 이 활동 중에 하나 이상의 목표를 식별하게 된다.
2. 드라이버 식별	목표 달성에 결정적인 영향을 주는 주요 요소의 집합(보통 10개에서 25개 사이)을 설정한다. 이 요소를 '드라이버'라고 부른다.
3. 드라이버 분석	드라이버 분석을 수행하면서 각 드라이버가 성능에 미치는 영향력을 평가한다. 다음으로 각 드라이버를 평가한 이유와 이를 뒷받침할 실질적인 근거 자료를 문서화한다. 마지막으로 현재 평가 중인 임무와 목표와 관련된 모든 드라이버의 현재 가치를 개략적으로 시각화한 결과를 문서로 작성한다.

표 2.1은 MRD의 기본 골격을 구성하는 세 가지 핵심 과제를 간단히 요약한 결과를 보여 준다. MRD에는 반드시 완수해야 할 13가지 과제가 있다(전체 MRD 과제는 「Mission Risk Diagnostic(MRD) Method Description」의 5절(Alberts 2006)에서 자세히 소개한다).

다음 절부터 앞서 소개한 세 핵심 작업을 수행하는 방법을 설명한다.

2.3.1 과제 1: 임무와 목표 식별

임무와 목표 식별 작업은 (1)현재 고려 중인 시스템의 근본적인 사용 의도, 임무를 정의, (2)의사 결정권자들에게 중요한 임무의 여러 주요 측면을 결정하는 것 같은 목적을 갖고 있다. 이러한 과정을 거치고 나서야 임무와 목표를 평가 수행의 기초 자료로 사용할 수 있다.

임무 명시는 분석의 대상, 초점을 명확히 정의해 분석에 드는 노력을 낭비하지 않도록 하는 중요한 부분이다. 각 임무는 다양한 목표로 구성된다. 시스템을 평가할 때 분석가들은 반드시 평가 대상이 되는 특정 목표를 선택해야 한다. 목표 선택을 통해 분석 범위를 명확히 정립해 의사 결정권자들에게 중요하게 작용하는 임무의 특정 측면을 중점적으로 평가할 수 있다.

대부분 의사 결정권자들이 자신들의 목표를 암묵적으로 이해한다고 하지만, 때로는 이러한 목표 달성을 위한 정확한 기준을 설명하지 못하는 경우가 발생한다. 만약 프로그램의 목적이 명확히 명시되지 않는다면, 의사 결정권자들이 해당 프로그램의 성공적인 동작 여부를 평가하기가 어려워질 수 있다.

2.3.2 과제 2: 드라이버 식별

드라이버 식별의 주요 목표는 프로그램의 임무와 목표와 관련된 성능 측정에 사용할 최종 결과에 지대한 영향을 주는, 드라이버라고 부르는 시스템 구성 요소 집합을 설정하는 것이다. 조직이 보유하는 지식을 활용해 표 2.2에 명시된 드라이버의 프로토타입 세트를 검토하고 개선할 수 있다. 드라이버 세트를 설정한 후에 분석가들은 각 드라이버를 분석해 임무와 목표 달성 가능성을 가늠할 수 있다. 분석가들은 효과적인 성능 측정을 위해 반드시 평가 대상이 되는 임무와 목표에 대한 충분한 정보를 드라이버와 함께 제공해야 한다.

각 드라이버는 성공 상태와 실패 상태 중 하나를 가질 수 있다. '성공 상태'는 프로그램의 프로세스가 프로그램이 성공적인 산출물을(평가 중인 목표를 달성) 내도록 돕는다는 것을 의미한다. 이와 반대로 '실패 상태'는 프로그램 프로세스가 프로그램을 실망스러운 산출물을 (평가 중인 목표 달성 실패) 내는 방향으로 이끈다는 의미와 같다.

2.3.3 과제 3: 드라이버 분석

드라이버 분석 시 드라이버의 조건이 주는 영향력과 잠재적인 이벤트를 조사해 드라이버가 동작하는 방식(드라이버의 현재 상태)을 결정해야 한다. 분석을 통해 드라이버 상태가 다음 중 어떤 상태에 속하는지 결정하는 것이 본 과제의 주된 목표다.

표 2.2 소프트웨어 도입과 개발 프로그램을 위한 드라이버 질문 프로토타입

드라이버 이름	드라이버 질문
프로그램 목표	프로그램 목표(제품, 비용, 스케줄)가 현실적이며 달성 가능한가?
계획	시스템 개발 및 배포를 위한 계획이 충분한 수준인가?
프로세스	시스템 개발 및 배포에 사용되는 프로세스가 충분한 수준인가?
과제 수행	과제 관련 활동을 효과적이고 효율적으로 수행하는가?
협업	팀 내부 및 다른 팀과의 활동 및 협업이 적절히 이뤄지는가?
외부 인터페이스	서비스 공급자, 파트너, 협업 업체에서 구입할 제품이 프로그램 품질 및 시기 적절성 요구를 충족할 수 있는가?
정보 관리	프로그램 관련 정보가 적절히 관리되는가?
기술	프로그램 팀이 시스템 개발 및 운영 조직에 시스템을 이전하는 데 필요한 도구와 기술을 보유하는가?
시설 및 장비	시설 및 장비가 프로그램을 지원하기에 충분한가?
조직 환경	기업, 조직, 정치적인 조건이 프로그램 활동 완수에 도움이 되는가?
컴플라이언스	프로그램이 관련 정책, 법령, 규제 항목에 부합하는가?
이벤트 관리	프로그램이 잠재적인 이벤트와 변화하는 주변 상황을 식별하고 관리할 충분한 수용력과 기능을 갖는가?
요구 사항	시스템 요구 사항을 정확히 이해했는가?
아키텍처 및 설계	아키텍처와 설계가 시스템 요구 사항을 충족하고, 원하는 수준의 운영 능력을 제공할 수 있는가?
시스템 수용 능력	시스템이 만족할 만한 수준에서 요구 사항을 충족하는가?
시스템 통합	시스템 배치 시에 이미 운영 중인 다른 시스템과 통합 및 상호운용이 충분히 가능한가?

- 거의 확실한 성공 상태

- 거의 성공한 상태

- 성공과 실패일 확률이 반반인 상태

- 거의 실패한 상태

- 거의 확실한 실패 상태

드라이버 분석 결과를 정량적으로 정의할 때 이 표를 활용 가능하다.

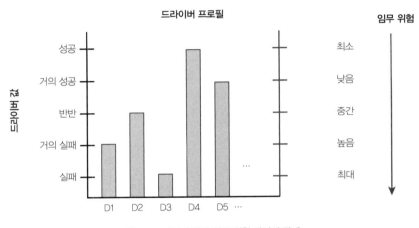

그림 2.5 드라이버 값과 임무 위험 사이의 관계

그림 2.5에서 설명했듯이 드라이버의 성공 상태(드라이버 프로필에 표현된 것처럼)와 임무 위험은 밀접한 관련이 있다. 드라이버 프로필은 해당 드라이버가 성공 상태에 있을 확률을 보여준다. 따라서 높은 성공 상태의 확률을(높은 수준의 임무 완성도) 갖는 드라이버에는 낮은 수준의 임무 위험이 존재한다고 해석할 수 있다. 이처럼 낮은 성공 상태의 확률은(시스템이 실패 상태에 있을 확률이 높음) 높은 수준의 임무 위험이 존재한다는 의미로 해석 가능하다.

따라서 드라이버 프로필은 의사 결정권자가 해당 시스템이 잠재적인 임무 위험 상황에서 어떻게 동작할지 이해하는 데 도움을 줄 수 있다.

2.4 보안 위험

보안 위험은 (1)부정적인 결과 또는 손실을 야기하기 위해 취약점을 공격하는 위협이 발생할 가능성과 (2)손실의 정도를 측정하는 기준을 의미한다. 그림 2.6은 보안 위험의 세 가지 핵심 컴포넌트를 보여준다.

- **위협**: 부정적인 결과 또는 손실을 일으키는 하나 이상의 취약점을 공격하는 사이버 행위, 사건, 이벤트

- **취약점**: 정보 시스템, 시스템 보안 절차, 내부 제어 기능에 존재하는 약점 또는 부정적인 결과, 혹은 손실을 일으키는 공격을 내포하는 위협이 존재하는 상태, 보안 위험으로 이어지는 현재의 상태

- **결과**: 위협이 하나 이상의 취약점을 공격했을 때 발생하는 손실, 손실은 현재 상황을 고려해 측정

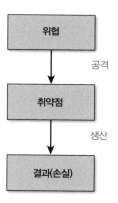

그림 2.6 보안 위험 구성 요소

보안 관점에서 볼 때 취약점은 위험의 수동적인 요소를 의미한다. 취약점은 사이버 기술(예: 소프트웨어 애플리케이션, 소프트웨어 의존 시스템)을 위협과 위협을 일으키는 손실에 노출시킨다. 하지만 취약점 그 자체는 손실을 불러오거나 부정적인 결과를 가져오지는 않는다.

그보다 취약점은 시스템이 위협에 더 취약하도록 만드는 요소에 가깝다.[9]

위험 통제 전략은 위험 평가 중에 수립하는 위험 측정 요소를(가능성, 영향력, 위험 노출 정도) 기반으로 한다. 의사 결정 기준(예: 위험 우선순위화 또는 조직의 위험 수준을 상향 조정하는 시기) 은 위험 통제를 위한 적절한 전략 결정에 도움을 준다. 일반적으로 다음과 같은 통제 방법 이 존재한다.

- **수용**: 위험이 발생할 경우 치명적인 결과를 낳을 수 있다. 위험 처리를 위한 사전 대응을 하지 않은 경우가 이에 해당한다. 위험을 수용해야 할 경우 그 이유와 근 거를 반드시 문서화한다.
- **이전**: 위험 이전으로 위험을 다른 곳으로 보낼 수 있다(예: 보험 또는 아웃소싱 업체). 시스템 소유자는 위험을 이전했다고 하더라도 위험을 관리할 책임을 계속 갖는다.
- **회피**: 위험 발생 가능성을 제거하기 위한 활동을 재구성한다.
- **완화**: 위험 경감 또는 억제를 위한 방안을 구성한다.

보안 분석가는 사전에 고려되지 않은 보안 위험도 통제할 수 있도록 통제 계획을 개발하 고, 문서화한다. 통제 계획은 선택한 통제 방식을 구현할 때 필요한 일련의 조치 사항을 정 의한다. 완화 방식을 선택한 위험의 경우, 통제 계획에 다음과 같은 조치 사항을 포함할 수 있다.

- **식별 및 대응**: 위협을 모니터링하고 위협 발견 시 대응 조치를 취함
- **저항**: 위협을 야기하는 취약점을 완화할 수 있는 보호 조치를 구현하고, 위협이 가 져올 수 있는 부정적인 결과를 최소화
- **복구**: 부정적인 결과 또는 손실을 발견할 경우 복구 작업을 진행

보안 위험을 확실하게 처리하려면 반드시 위험을 둘러싼 환경적인 요소를 이해해야 한다. 환경 요소의 핵심은 바로 위협 주체다. 위협 주체의 공통적인 목표는 임무와 관련된 이해

---

9 해당 내용은 『Managing information Security Risk: The OCTAVE Approach』, Addison Wesley, 2005(Alberts 2002)를 참고했다.

관계자들에게 피해 또는 손실을 입히는 것이다. 목표 달성을 위해 위협 주체는 먼저 워크 플로 또는 임무 스레드[10]를 지탱하는 데이터를 공격 대상으로 삼는다. 위협 주체는 대상 임무 데이터에 접근하기 위해 복잡한 조직의 인맥 관계, 프로세스, 기술을 관찰하면서 소 프트웨어 의존 시스템에 존재하는 취약점과 조직의 보안 정책의 약점을 탐색한다. 임무 데 이터 도입은 쉬운 일이 아니다. 위협 주체는 공격 목표 달성을 위해 여러 컴퓨터를 이동할 필요가 있다. 대부분의 경우 위협 주체는 사이버 공격 수행 시 신뢰하는 파트너, 또는 외부 협력 업체가 소유하거나 유지하는 컴퓨터를 희생양으로 삼는다.

위협 주체는 궁극적으로 임무와 관련된 이해관계자들에게 직간접적으로 부정적인 결과를 안겨줄 수 있는 임무 데이터의 보안 속성 위반을 원한다. 데이터는 크게 기밀성, 무결성, 가용성[11]이라는 세 가지 보안 속성이 있다. 위협 주체는 주어진 위험을 통해 다음과 같은 결과 중 하나 이상을 생성하려고 시도한다.

- 데이터 노출(기밀성 속성 위반)
- 데이터 변조(무결성 속성 위반)
- 가짜 데이터 삽입(무결성 속성 위반)
- 데이터 파괴(가용성 속성 위반)
- 데이터 접근 방해(가용성 속성 위반)
- 시스템 파괴, 불안정화, 성능 저하(가용성 속성 위반)

각 결과를 데이터의 보안 속성과 매핑할 수 있다. 그림 2.7에서도 언급했듯이 보안 속성 위반은 워크플로/임무 위험과 조직의 성공적인 임무 달성에 영향을 미칠 수 있다.

---

10 워크플로는 특정 결과를 달성할 수 있는 상호 연관된 작업의 집합을 의미한다(Leveson 2004). 워크플로는 원하는 목표 수준을 달성하는 데 필요한 모든 과제, 절차, 조직, 사람, 기술, 도구, 데이터, 입출력을 포함한다. 비즈니스 용어 중에는 작업 프로세스, 비즈니스 프로세스, 프로세스 같이 워크플로와 유사한 의미를 가진 단어가 존재한다. 임무 스레드는 군대에서 워크플로 대신 쓰는 용어다. 임무 스레드는 성공적인 군사 작전 수행에 필요한 일련의 연결된 활동과 이벤트를 의미한다.
11 기밀성은 소유주가 있는 민감하고 개인적인 정보에 권한이 없는 사람이 접근할 수 없도록 하는 것을 의미한다. 무결성은 데이터 의 진정성, 정확성, 완전성으로 정의된다. 가용성은 데이터가 존재하거나 사용할 수 있는 상태가 유지돼야 하는 정도와 주기를 정의한다. 이 정의는 『Managing information Security Risk: The OCTAVE Approach』, Addison Wesley, 2005(Alberts 2002) 를 참고했다.

보안 위험의 마지막 환경적 요소는 바로 임무 이해관계자[12]에 대한 영향 정도로, 위협 주체가 임무 수행 능력 저하 또는 임무 실패를 일으킬 경우 여러 이해관계자 그룹에 부정적인 영향을 줄 수 있다.

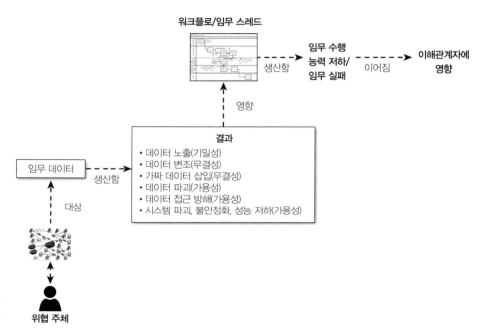

그림 2.7 보안 위험의 환경적 요소

2.5 보안 위험 분석[13]

시스템과 소프트웨어 보안 위험은 보안 공학 위험 분석^{SERA} 프레임워크를 사용해 평가할 수 있다(Alberts 2014). SERA는 브레인스토밍 기법을 기반으로 하는 다른 위험 식별 방식과는 다르다. 브레인스토밍 참가자들은 운영 환경에 대한 자신들의 이해를 바탕으로 위험을

---

12 이해관계자는 워크플로/임무 스레드와 관련 있거나 회사의 제품 또는 서비스와 관련된 사람 또는 그룹을 의미한다.

13 이번 절에서 소개할 내용은 마이크로소프트 자료를 참고했다(Microsoft 2013).

표현한다. 보안 위험 식별 방법론 관점에서 볼 때, 사람들은 자신에게 친숙한 위협만 식별하는 경향이 있다. 또한 개인이 파악하는 조직의 워크플로 지식과 관련 이해관계자들을 토대로 위협의 결과를 설명한다. 브레인스토밍 대신에 SERA는 운영 내용을 수립하기 위해 다중 모델 접근법을 적용한 세부 분석 방법을 구현한다. SERA 평가는 분석 활동 참여자의 지식에 국한되지 않는다.

SERA 프레임워크는 소프트웨어 의존 시스템과 소프트웨어 라이프 사이클 전반에 걸쳐 있는 시스템의 시스템 내에 존재하는 보안 위험을 분석하는 접근 방법을 정의한다. 전통적인 보안 위험 분석 방식은 단일 위협 주체가 단일 시스템 내의 단일 취약점을 공격해 부정적인 결과를 일으키는 단순화한 보안 위험 관점을 기초로 한다. 하지만 실제 상황에서는 다수의 공격자들이 다수의 시스템 내에 존재하는 다양한 취약점을, 복잡하게 얽힌 연속된 이벤트의 일부분으로 간주해 공격을 수행한다.

SERA의 경우 보안이 중요한 시스템의 다양한 측면을 표현할 수 있는 다수의 모델을 사용해, 운영상 또는 생산 환경 맥락에서 시스템의 공통적인 부분을 결합한다. 시스템이 아직 개발 단계에 있다면 개발 환경 또한 분석 대상 환경에 포함한다.

표 2.3에 목록화한 관점을 보여주는 모델을 분석해 다음과 같은 핵심 위협 측면을 도출할 수 있다.

- **주요 데이터:** (데이터 뷰의 하위 항목) 워크플로/임무 스레드, 적용 사례, 네트워크 다이어그램 내에서 강조되는 주요 정보. 분석가들은 이 모델을 조사해 어떤 데이터 요소가 워크플로/임무 스레드와 관련 임무에 가장 중요하게 작용하는지 찾아낼 수 있다.
- **접근 경로:** (워크플로와 네트워크 뷰와 연결) 위협 주체가 데이터에 접근한 뒤 해당 데이터의 보안 속성을 위반하는 방법(데이터 기밀성, 무결성, 가용성 위반 가능성 발굴). 네트워크와 물리 모델은 공격에 사용되는 잠재적인 사이버 및 물리적 접근 방식에 대한 통찰력을 제공해 준다.

- **위협 결과:** (주요 데이터에 영향을 미치는 워크플로 뷰 식별) 위협으로 인한 직접적인 결과. 직접적인 결과는 주요 데이터의 어떠한 보안 속성이 위반됐는지 나타낸다. 결과의 예시로 데이터 노출, 데이터 변조, 가짜 데이터 삽입, 데이터 파괴, 데이터 접근 방해가 있다. 데이터 모델을 사용해 위협의 즉각적인 결과를 식별할 수 있다.

표 2.3 운영 시스템 모델 결합에 사용하는 뷰

과제	설명
워크플로/임무 스레드	특정 결과를 달성하기 위한 일련의 연속된 활동과 이벤트
이해관계자	워크플로/임무 스레드 내에서 동일한 관심사를 갖고, 제품 또는 서비스가 생산해내는 결과물에 관심이 있는 사람들의 모임
데이터	워크플로/임무 및 관련 보안 속성(기밀성, 무결성, 가용성) 실행 시 필요한 데이터 아이템
네트워크	분석 대상 시스템에 계획된 네트워크 구성도
물리	시스템 내에서 특별히 관심이 있는 컴포넌트의 물리적인 시설 배치도
적용 사례	목표 달성을 위해 역할/수행원(사람 또는 외부 시스템)과 시스템 사이에 필요한 상호 작용을 정의한 단계별 설명

위협은 그로 인한 직접적인 영향 또는 결과를 설명하는 것으로 끝난다. 하지만 보안 위험 분석은 반드시 위협 발생으로 인한 간접적인 결과까지 고려해야 한다. 간접적인 결과는 (1)보안 위험 영향력 측정과 (2)의사 결정권자들을 위한 위험 우선순위 결정에 사용된다. 분석가들은 워크플로/임무 스레드와 이해관계자 뷰를 표현하는 모델을 사용해 간접적인 결과를 도출한다. 임무 스레드 분석은 다른 분석 기법과 달리 시스템 그 자체의 기능뿐 아니라, 기술과 사람과의 상호작용까지 고려할 수 있도록 해 준다.

공유 운영 모델을 사용하면 모두가 공감할 만한 위협 시나리오를 개발하고 분석할 수 있다. SERA 프레임워크는 각 위험에 대해 다음과 같은 데이터를 기록해야 한다.

- 보안 위험 시나리오
- 위험 명세
- 위협 컴포넌트

- 위협 순서
- 워크플로 결과
- 이해관계자 결과
- 위협 기여 요소

SERA 프레임워크는 다음 네 가지 과제로 구성된다.

1. 명확한 운영 환경 파악
2. 위험 식별
3. 위험 분석
4. 통제 계획 개발

SERA 프레임워크는 소프트웨어 의존 시스템을 도입 또는 개발할 책임이 있는 개인 및 단체가 자체적으로 적용하거나 책임자를 대신해 외부 협력 업체가 용이하게 사용할 수 있다. 두 경우 모두 대략 세 명에서 다섯 명으로 구성된 소규모 분석 팀[14]을 꾸려 프레임워크를 구현하고, 그 과정에서 발견한 내용을 이해관계자들에게 보고할 필요가 있다.

분석 팀은 다양한 기술을 보유하는 여러 분야의 전문 인력으로 구성해야 한다. 팀 구성 시 반드시 고려할 기술과 경험의 예로 보안 공학, 위험 분석, 시스템 공학, 소프트웨어 공학, 사이버 보안 운영, 물리/시설 보안이 있다. 정확한 구성원 조합은 SERA 프레임워크를 적용하려는 라이프 사이클의 시점과 팀에서 추구하는 공학 활동의 특성에 따라 달라진다. 분석 팀의 업무는 소프트웨어 의존 시스템이 배치될 환경에 초점을 맞추는 것에서 시작한다. 표 2.4는 첫 번째 과제 수행 단계를 보여준다.

두 번째 과제에서 분석 팀은 자세한 설명과 측정이 가능하면서 명확한 보안 고려 사항을 형성하게 된다. 표 2.5에서 두 번째 과제에 필요한 업무 수행 단계를 보여준다.

---

14 향상된 평가를 위해선 관심 대상 시스템 도입 및 개발에 책임이 있는 그룹의 참여가 필요하다. 평가를 관장하는 총괄 책임자는 보안 위험 분석 수행에 전문성을 갖추고 있다. 책임자는 시스템 공학, 소프트웨어 공학, 사이버 보안 운영, 물리/시설 보안 같이 다양한 영역의 기술과 경험을 가진 사람들로 팀을 구성한다.

표 2.4 첫 번째 과제 수행 단계(운영 환경을 명확히 파악)

단계	설명	산출물
1.1 대상 시스템 결정	분석 팀은 분석 대상이 될 시스템을 선별한다. 대상 시스템은 분석의 초점이 되는 소프트웨어 애플리케이션 또는 시스템을 일컫는다. 세부 분석 대상 범위는 대상 시스템 선택 결과에 따라 달라진다.	대상 시스템
1.2 워크플로/임무 스레드 선택	분석 대상 시스템을 선택한 후에 분석 팀은 실제 분석에 포함할 워크플로 또는 임무 스레드를 결정한다. 분석 대상 시스템 운영상 다수의 워크플로 또는 임무 스레드와 연관될 수 있다. 적절한 워크플로 또는 임무 스레드를 선택해 향후 분석 수행 범위를 좁힐 수 있다.	선택된 워크플로/임무 스레드
1.3 운영 관점 수립	첫 번째 과제의 마지막 단계로, 분석 팀은 시스템 동작에 반드시 필요한 운영 환경에 대한 공통 견해를 도출한다. 분석 팀은 하나 이상의 모델을 사용해 다음과 같은 운영 환경 요소를 특징으로 한다. • 워크플로/임무 스레드 • 이해관계자 • 데이터 • 네트워크 • 물리 • 적용 사례 이 요소는 팀원들이 두 번째 과제에서 식별할 위험 시나리오를 구성하는 데 필요한 정보를 제공해 준다.	운영 모델

표 2.5 두 번째 과제 수행 단계(위험 식별)

단계	설명	산출물
2.1 위협 식별	분석 팀은 우선 첫 번째 과제에서 도출한 운영 모델을 분석해 분석 대상 시스템(주요 자산)에서 전송, 저장, 처리되는 주요 데이터를 식별한다. 다음으로, 위협 주체가 주요 데이터의 보안 속성을(기밀성, 무결성, 가용성) 위반하는 방법을 조사한다. 추가 분석이 필요한 위협의 경우, 위협 컴포넌트와 위협 실행에 필요한 일련의 단계를 문서화한다(위협 순서).	위협 컴포넌트 위협 순서
2.2 결과 파악	다음 분석 단계로 이전 단계에서 식별한 각 위협의 결과를 파악한다. 이 단계에서 분석 팀은 첫 번째 과제 수행 시 도출한 워크플로/임무 스레드와 이해관계자를 분석해 어떻게 각 위협이 워크플로/임무 스레드와 이해관계자들에게 영향을 미칠 수 있을지 분석한다.	워크플로 결과 이해관계자 결과
2.3 위험 기여 요소 식별	위험 기여 요소는 위협 주체가 공격 가능한 취약점과 위험 발생을 위해 필요한 조건과 상황을 모두 포함한다. 이 단계에서 분석 팀은 위험 기여 요소를 식별하고 문서화한다.	위험 기여 요소
2.4 위험 시나리오 구축	분석 팀은 2.1 단계에서 2.3 단계에 걸쳐 생성한 정보를 기반으로 보안 위험에 대한 자세한 내용을 문서화한다. 최종적으로 목적 추적을 위해 사용할 보안 위험 시나리오에 대한 간결하고 명확한 설명을 제공하는 위험 명세서를 작성한다.	위험 시나리오 위험 명세

표 2.6 세 번째 과제 수행 단계(위험 분석)

단계	설명	산출물
3.1 위험 발생 가능성 결정	위험 발생 가능성은 위험 발생 가능 정도를 측정하는 기준이다. 3.1 단계에서 분석 팀은 보안 위험 시나리오가 발생할 가능성을 결정하고 문서화한다.	가능성
3.2 영향도 결정	위험 영향력은 위험 발생 시 초래되는 결과의 심각성 정도를 측정하는 기준이다. 분석 팀은 보안 위험 시나리오의 영향력을 분석하고 문서화한다.	영향력
3.3 위험 노출 정도 결정	위험 노출은 현재 위험 가능성과 영향력 값을 기준으로 위험의 크기를 측정하는 기준이다. 분석 팀은 3.1와 3.2 단계에서 문서화한 개별 가능성과 영향력 값을 기초로 시나리오상에서 위험 노출 정도를 결정한다.	위험 노출 정도

세 번째 과제 수행 시 분석 팀은 위험 발생 가능성, 영향력, 노출 정도를 결정하기 위해 사전에 정의한 기준을 활용해 각 위험을 평가한다. 표 2.6은 세 번째 과제 수행 단계를 보여준다.

네 번째 과제에서 분석 팀은 이전 단계에서 선택한 위험을 통제할 계획을 수립한다. 우선 분석 팀은 위험 수준(가능성과 영향력)을 기준으로 보안 위험 시나리오를 우선순위화한다. 우선순위가 나오면 각 사전에 정의한 기준과 현재의 제약을 기반으로, 각 위험을 통제할 기본적인 방법(수용 또는 계획[15])을 결정한다. 수용이 어려운 위험의 경우 다음과 같은 내용을 포함한 통제 계획을 개발하게 된다.

- 어떻게 위협을 모니터링하고, 위협 발생 시(인지와 대응) 어떠한 조치가 필요한가?
- 위협을 일으킨 취약점을 개선하고, 예기치 않은 결과를 최소화할 수 있는 보호 수단은 무엇인가(저항)?
- 위험 발생으로 인한 손실 또는 피해 발견 시 어떻게 복구할 것인가?

---

15 SERA 프레임워크는 4.2와 4.3 단계에서 위험 통제 방법을 설명한다. 4.2 단계 수행 시 분석 팀은 수용할 위험과 더 이상 고려하지 않을 위험, 통제 계획을 적용할 위험을 분류한다. 프레임워크 적용 시점에서 분석 팀은 위험 이전, 회피, 완화 같은 특정 전략을 결정하지는 않는다. 이러한 전략은 4.3 단계에서 수행하게 된다. 보안 위험 시나리오는 여러 위협 단계, 위험 기여 요소, 간접적인 결과로 구성된다. 분석 팀은 주어진 보안 위험 시나리오를 처리하기 위한 여러 전략을 적용해야 할 수도 있다. 예를 들어 위협 순서의 일부 단계를 워크플로/임무 스레드 재구성 또는 네트워크 구성을 변경하는 방법으로 피해갈 수 있다. 특정 경제적인 손실은 보험 가입을 통해 다른 회사로 이전시킬 수 있다. 위협 순서 내의 위험 발생 가능성과 특수한 유형의 파급 결과를 처리하기 위한 일부 단계는 위험 완화 제어를 통해 감소시킬 수 있다. 제어 계획 수립 시 해당 위험의 유형에 맞는 전략(예를 들어 전이, 회피, 완화) 수립이 가능하다.

표 2.7에서 네 번째 과제 수행에 필요한 업무 수행 단계를 보여준다.

표 2.7 네 번째 과제 수행 단계(통제 계획 수립)

단계	설명	산출물
4.4 위험 우선순위화	분석 팀은 영향력, 가능성, 위험 노출 수준에 따라 모든 보안 위험을 우선순위화한다.	우선순위 기반 위험 시나리오
4.2 통제 방식 선택	이 단계에서 분석 팀은 각 위험을 처리할 방법을 결정하게 된다. 위험을 수용할 경우, 그 여파를 감당할 수 있어야 한다. 이 경우 위험을 처리하기 위한 어떠한 사전 예방 행위도 수행하지 않는다. 만약 위험을 통제할 필요가 있다고 판단되면 4.3에 언급된 위험 통제 계획을 개발한다.	통제 방식
4.3 통제 행동 수립	분석 팀은 통제 대상이 되는 모든 위험에 대한 계획을 정의하고 문서화한다. 통제 계획은 다음을 충족하는 여러 행동을 수립한다. • 위협 인지 및 대응 • 위협 및 잠재적인 결과에 대응 • 발생 시 초래되는 결과로부터 복구 자세한 통제 행위는 소프트웨어(시스템) 요구 사항과 설계에 따라 달라진다. 추가 분석을 위해 소프트웨어 요구 사항 또는 설계를 고려한 제어 행위를 별도로 문서화한다.	통제 계획 통제 개발 후보군

무선 긴급 경보 시스템에 SERA 프레임워크를 사용한 실제 사례를 부록 A 'WEA 사례 연구: 임무 스레드를 활용한 보안 위험 평가'에서 찾아볼 수 있다.

2.6 운영 위험 분석 – 계획과 실제 비교

위험 평가는 구현된 시스템이 도입, 설계 및 개발 단계에서 계획된 예상 위험 수준을 충족하고, 시간이 지남에 따라 부합하는지 확인하기 위해 사용한다. 시스템 개발 단계부터 고려한 보안 위험 분석이 효과적으로 작용한다면 이 결과를 토대로 위험 완화 전략이 적절히 위험 수준을 완화했는지, 그리고 위험을 제대로 처리할 수 있는지 검증하는 작업에만 온전히 집중할 수 있다.

기대 위험 수준과 실제 보안 사고 사례에서 도입한 데이터를 비교해 현실 세계 반영을 위한 위험 분석 행위 조정 필요성을 판단할 수 있다.

위험 평가의 최종 목표는 현재 조직에 적용 중인 통제 계획이 위협을 확실하고 정확히 처리할 수 있는지 판단하는 것이다. 또한 위험 평가는 전반적인 비즈니스 목표에 따라 이러한 통제가 지속적으로 효과적임을 입증해야 한다.

위험 평가뿐만 아니라, 실제 사고 사례 또한 지속적으로 수집해 기대 위험 수준과 비교함으로써 향후 적용할 새로운 시스템을 위한 개선 방안을 마련해야 한다.

2.7 요약

위험 관리는 소프트웨어 보증의 핵심 요소 중 하나다. 대부분 조직은 오직 위험을 비용과 일정으로만 바라본다. MRD는 조직의 위험 관리 능력 부재, 시스템 운영 목표 달성에 영향을 주는 정도 같이 조직 차원에서 위험을 분석할 수 있도록 도와준다. SERA 프레임워크는 조직 임무에 부정적인 영향을 주는 보안 위험을 시스템별로 판단할 수 있는 관점을 제공한다. SERA 프레임워크는 이러한 위험을 하나로 구조화하며, 우선순위화를 통해 위험의 특성에 맞는 전략을 수립할 수 있다.

3 장

안전한 소프트웨어 개발 관리 및 조직 모델[1]

줄리아 앨런과 댄 슈메이커 도움

3.1 관리의 딜레마

관리자와 이해관계자들이 소프트웨어 도입 및 개발 프로젝트를 시작할 때, 휘황찬란한 형태의 모델과 프레임워크를 마주칠 것이다. 일부는 범용 소프트웨어 프로세스 모델이며, 또다른 일부는 보안 또는 소프트웨어 보증에 특화된 모델일 것이다. 가끔 등장하는 과대 광고로 포장된 모델은 모델과 실행 규칙 결정을 어렵게 만든다.

---

1   3장에서 소개하는 대부분의 모델은 미드 박사의 연구(Building Assured Systems Framework)에서 먼저 소개됐다(Mead 2010b).

문제에 대한 연구를 진행하면서 보증된 시스템 구축에 초점을 맞춘 연구와 절차를 구성하기 위한 하나의 대표 프레임워크가 존재하지 않는다는 점을 인지했다. 비록 단 하나의 '최적' 프레임워크 정의는 실패했지만, 관리자와 이해관계자들이 다음과 같은 한계에 봉착했을 때 이를 해결할 수 있는 가이드라인 개발은 달성했다.

- 어떤 보안 방법론이 특정 라이프 사이클 활동에 적합한지 어떻게 결정할 수 있을까?
- 특정 보안 모델이 내 프로젝트에 적용할 만큼 충분히 성숙한 모델인지 어떻게 알 수 있을까?
- 아직 널리 사용되지 않는 보안 연구 접근법을 언제 사용할 수 있을까?
- 새로운 연구를 우선순위화하거나 선택하기 위한 접근법, 또는 방식이 없거나 쓸 만한 연구가 다른 연구와 관련이 없는 것이 밝혀진 경우 어떠한 행동을 취해야 할까?

3장에서는 이러한 난관에 부딪혔을 때 관리자와 이해관계자들이 사용할 수 있는 다양한 모델과 프레임워크를 소개한다. 우리는 프레임워크를 바빌론 사전에 담긴 정의를 참고해 정의했다(Babylon 2009).

> 프레임워크는 복잡한 이슈를 다루거나 해결하는 데 사용하는 기본적인 개념 구조를 의미한다. 이 광범위한 정의로 인해 소프트웨어 분야에서는 일종의 유행어처럼 쓰인다. 무언가를 한데 묶고 이를 받쳐주는 구조를 기본 구조라고 말한다.

3.1.1 보증된 시스템 배경 개념

다음 주제는 성숙도의 수준과 사용하는 용어가 상이하지만, 이들 모두 보증된 시스템 구축에 중요한 역할을 한다.

- **회복 탄력성을 가진 시스템 제작**은 요구 공학, 아키텍처, 보안 시스템 및 대규모 시스템, 서비스, 운영 연속성이 요구되는 시스템 설계를 포함한 보안 소프트웨어 공학의 개념을 내포한다

- **억제**[containment]는 올바르지 않은 상태에 대한 잘못된 가정으로부터 회복이 가능한 상태에서, 돌발 행동의 영향을 억제하고 격리하기 위해 구성 요소의 행위를 모니터링하고 감지하는 방식의 문제점에 초점을 맞춘다.

- **보안 시스템 설계**는 보안 속성의 위치, 이러한 속성이 전체 시스템/IT 아키텍처와의 관련성 및 보안 품질 속성의 측정 방법을 설명하는, 필수적이고 시스템에 적절한 설계 아티팩트, 품질 속성 및 적절한 절충 고려 사항을 정의한다.

- **보안 소프트웨어 공학**(시큐어 코딩, 소프트웨어 공학, 하드웨어 설계 개선)은 소프트웨어와 하드웨어 결함에 내재된 취약점을 완화시키는 방향으로 소프트웨어와 하드웨어 개발 방법을 개선한다. 이 작업은 기술 라이프 사이클 보증 메커니즘, 고급 엔지니어링 분야, 표준과 인증 체제, 모범 사례를 포함한다. 보안 소프트웨어 공학의 연구 영역에는 현재 사용 중인 보증 메커니즘을 개선하고, 필요한 부분에 새로운 메커니즘과 인증 체계를 개발하며, 정책과 인센티브 옵션 탐구를 포함한다.

보안 소프트웨어 공학은 보안을 목표로 하는 다양한 활동을 포괄한다. 소프트웨어 보안 공학(Allen 2008) 책은 관련 주제에 대한 가치 있는 토론과 추가 연구 자료를 제공한다.

일부 조직은 다음과 같은 활동을 포함해 보증된 시스템을 구축하는 데 많은 관심을 쏟기 시작했다.

- 일부 조직은 보안 성숙도 모델 구축에 참여한다(McGraw 2015).
- 일부 조직은 마이크로소프트 사의 보안 개발 라이프 사이클[SDL]을 사용한다(Howard 2006).
- 일부 조직은 SAFECode[Software Assurance Forum for Excellence in Code] 컨소시엄의 구성원이다.
- 일부 조직은 오라클 사의 사이버 보안 계획 및 보안 솔루션과 협업한다(Oracle 2016).

- 오픈 웹 애플리케이션 보안 프로젝트^{OWASP}의 구성원은 소프트웨어 보증 성숙도 모델^{SAMM}을 사용한다(OWASP 2015).
- 영국의 TSI$^{Trustworthy\ Software\ Initiative}$는 영국 표준연구소와 공동으로 공표한 규격 754$^{PAS\ 754}$, "Software Trustworthiness–Governance and Management–Specification"을 작성했다(TSI 2014).

소프트웨어 보증 노력은 앞에서 열거한 노력 중 가장 큰 기여를 한 것으로 증명된 소프트웨어 제품 개발 조직에서 매우 강하게 나타난다. 하지만 소프트웨어 보증 노력은 내부 목적으로 시스템을 개발하고, 이를 다양한 벤더의 제품에 적용하는 큰 규모의 조직에서는 약해지는 경향이 있다. 또한 라이선스 활용 목적으로 제품을 개발하는 중소 규모의 조직에서도 약하게 나타난다. 훌륭한 사이버 보안 실제 사례를 가진 중소 규모의 조직이 많이 있는 반면, 오히려 큰 규모의 조직에 이러한 기반이 부족한 사례를 찾아볼 수 있다. 산업 제어 시스템을 생산하는 조직은 대형 소프트웨어 개발 회사보다 뒤쳐졌지만, 최근 몇 년 동안 많은 변화를 이뤘다.

뿐만 아니라 다양한 라이프 사이클 모델이 실제 현장에 적용된다. 보안 소프트웨어 공학 지침을 적용한 대규모 조직에서도 권장 또는 실제 적용 가능한 전체 지침의 일부분만 선택적으로 적용하는 추세다. 보증된 시스템 구축을 위한 불균등한 지침의 적용은 이러한 지침을 사용한 결과 평가를 어렵게 만든다.

보증된 시스템 구축에 적용 가능한 프레임워크와 라이프 사이클 모델을 살펴보자. 문헌에서는 일반적으로 조직이 자신들의 개발 프로젝트에 의미가 있는 지침 선택을 통해 실제 사례의 구조화된 저장소 역할을 하는 라이프 사이클 모델과 접근 방식을 볼 수 있다.

다음 3.2절에서 현재 사용 중인 소프트웨어 개발 및 도입 프로세스 모델에 대한 개략적인 설명을 확인할 수 있으며, 3.3절에서는 소프트웨어 보안을 위한 모델 관련 내용을 소개한다.

3.2 소프트웨어 개발 및 도입을 위한 프로세스 모델

보증된 시스템 구축을 위한 프레임워크는 소프트웨어 개발 및 도입을 위해 잘 알려지고, 널리 수용되며, 일반적으로 통용되는 지침을 기반으로 구축한다. 프로세스 모델은 효과적인 소프트웨어 개발 및 도입 지침의 체계화를 표현하는 대표적인 용어 중 하나다. 프로세스 모델은 구현 시 그런 프로세스를 적용해 개발했거나 도입한 소프트웨어의 품질을 확실히 향상시킬 수 있는 일련의 프로세스 집합을 정의한다. 카네기멜론대학교의 소프트웨어 공학연구소[SEI]는 소프트웨어가 개발되고 도입되는 프로세스를 정의하고, 이를 향상시키는 능력과 성숙도 모델을 개발하는 분야에서 25년 이상 동안 리더 역할을 맡아왔다. 여기에는 실무진들로 구성된 커뮤니티를 구축하고, 이들의 경험과 피드백을 다음 버전의 모델에 반영하는 작업도 포함된다. 이 모델은 수백 개가 넘는 조직에서 실제 관찰되고, 측정되고, 평가된 훌륭한 모범 사례를 반영한다. 이러한 지침은 보증된 시스템 구축의 근간을 이룬다. 개발 프로세스가 정의되지 않고, 구현되지 않으며, 정기적으로 개선되지 않는 상황에서 소프트웨어 보안 지침을 소프트웨어 개발 프로세스 또는 라이프 사이클 모델에 적용하는 것은 이치에 맞지 않는다. 따라서 개발 및 도입 모델은 소프트웨어 보안을 위한 모델과 지침을 고려하는 기준이 된다. 또한 유망한 연구 결과의 활용 여부를 결정하는 근거가 되기도 한다. 이번 절에서 소개하는 모델은 새롭게 개발하거나 도입한 소프트웨어, 레거시 소프트웨어(의 수명을 연장하는 작업)에 모두 적용 가능하다.

이번 절의 내용은 SEI 공개 보고서와 CMMI 사의 웹사이트(https://cmmiinstitute.com/)를 참고했다. 능력 성숙도 통합 모델[CMMI, Capability Maturity Model Integration]의 목적, 개발을 위한 CMMI, 도입을 위한 CMMI 관련 내용을 요약 소개한다. 보증된 시스템 구축에 필요한 소프트웨어 보안 지침 구현과 배치 방법을 더 잘 이해하기 위해 소프트웨어 개발과 도입 프로세스 모델에(CMMI 기반 모델 포함) 익숙해지기를 바란다.

3.2.1 CMMI 모델 소개

다음 글은 CMMI 모델에 대한 설명으로, CMMI 사의 자료를 발췌했다(CMMI Institute 2015).

능력 성숙도 통합 모델(CMMI®)은 고성능 운영 달성을 원하는 경쟁력 있는 조직을 위한 세계적인 수준의 성과 향상 프레임워크다. 조직의 비즈니스 성과 목표를 기반으로 구축되는 CMMI는 프로세스 개선을 위한 일련의 지침을 제공해, 개선된 운영과 성능의 발판을 마련해 주는 성능 개선 시스템을 구축할 수 있도록 해 준다. 다른 접근 방법과 달리 CMMI는 단지 조직 프로세스 향상뿐만 아니라 어떠한 성능 향상 접근 방법도 활용할 수 있는, 방법 개선에 도움을 주는 내부 지침을 통해 투자 수익을 극대화할 수 있도록 도와준다.

CMMI는 단일 프로세스를 제공하지 않는다. 대신 CMMI 프레임워크는 프로세스 자체를 정의하기보다 프로세스를 개선하기 위해 무엇을 해야 하는지를 모델링한다. CMMI는 조직에 현존하는 프로세스를 비교해 해당 프로세스가 사업, 정부, 학계가 함께 개발한 모범 사례에 부합하는지 검증하고, 개선의 여지를 도출해 내며, 진척 상황을 측정하는 방법을 제공하기 위해 설계됐다.

결론은? CMMI는 조직의 특수한 환경에 적합한 성능 개선 시스템을 구축하고 관리하도록 도와준다.

CMMI은 소프트웨어 개발 영역에만 국한되지 않는다. CMMI는 다양한 산업 영역에 걸친 소프트웨어와 서비스 조직이 비용, 일정, 생산성, 품질, 고객 만족을 위한 비즈니스 및 엔지니어링 목표에 부합하는 의미 있는 프로세스 개선을 달성할 수 있게 돕는다.

CMMI는 기업이 개발, 생산, 판매 비용을 절감해 운영 효율을 향상시킬 수 있도록 돕는다. CMMI는 고객이 필요할 때 그들이 원하는 제품과 서비스를 일관성 있고 예측 가능한 수준으로 제공할 수 있도록 돕는 프레임워크를 제공한다.

CMMI는 특정 비즈니스 요구 사항 개선을 돕는 세 가지 패턴, 즉 도입을 위한 CMMI, 개발을 위한 CMMI, 서비스를 위한 CMMI를 제공한다. 추가적으로 관리자의 선택을 돕기 위해 조직이 직원들을 관리하고 개발하는 것을 도와주는 토대로써, 프로세스 프레임워크를 사용하는 인적 능력 성숙도 모델(People CMM)도 제공한다. 이 세 패턴과 인적 CMM 전반에 걸쳐 CMMI는 항공, 재무, 의료 서비스, 소프트웨어, 국방, 교통, 통신을 포함한 다양한 규모의 산업 조직을 위해 측정 가능한 결과를 도출한다.

3.2.2 개발 업무를 위한 CMMI(CMMI–DEV)

SEI의 개발 업무를 위한 CMMI 보고서는 다음 내용을 설명한다(CMMI Product Team 2010b).

> 기업은 제품과 서비스를 더 좋게, 빠르게 만들면서 비용 최소화를 원한다. 첨단 기술이 넘쳐 나는 21세기 기업 환경에서, 거의 모든 조직은 자신들이 만든 제품과 서비스가 복잡하게 얽혀 있다는 사실을 발견하게 된다. 이러한 이유로 단일 조직이 이러한 복잡한 제품, 또는 서비스를 구성하는 모든 컴포넌트를 개발하는 것은 드문 일이다. 그보다는 일부 컴포넌트만 내부적으로 개발을 진행하고, 일부는 외주를 통해 개발한 후 최종 제품 또는 서비스 형태로 결합하는 경우가 더 비일비재하다. 조직은 이러한 복잡한 개발 및 유지보수 프로세스를 적절히 관리하고 통제해야 한다.
>
> 오늘날 이러한 조직에서 제기하는 문제점은 통합된 접근 방식을 필요로 하는 전사적인 솔루션이 포함된다. 조직 자산의 효율적인 관리는 사업 성공에 중요하다. 본질적으로 이런 조직은 비즈니스 목표 달성의 일환으로 그들의 개발 활동을 관리할 방법이 필요한 제품 또는 서비스 개발자들이 여기에 해당된다.
>
> 현재 소프트웨어 시장에서는 조직의 비즈니스 능력 향상에 활용 가능한 성숙도 모델, 표준, 방법론, 가이드라인이 이미 존재하는 상황이다. 하지만 대부분의 경우 특정 비즈니스 영역에만 초점을 맞출 뿐 대부분 조직이 처한 문제를 근본적으로 해결하지는 못한다. 특정 비즈니스 영역에 초점을 맞추면 조직 내에 존재하는 정보 흐름의 저해 요소와 장애물을 처리할 수 없다.
>
> 개발 업무를 위한 CMMI®(CMMI-DEV)는 이러한 장애물과 방해 요소를 회피하고 제거할 수 있는 수단을 제공한다. 개발 업무를 위한 CMMI는 실제 제품과 서비스에 적용 가능한 개발 활동을 관장하는 모범 사례로 구성된다. 또한 제품 구상단계에서 시작해 유지보수를 수행하는 단계까지 전 단계에 걸친 사례를 포함한다.
>
> CMMI-DEV는 최종 제품을 개발하고 유지하는 데 필요한 작업에 중점을 둔 모델이다.

프로세스 영역이란 무엇인가?
프로세스 영역은 제품 및 서비스를 통합하는 형태로 구현할 경우 해당 영역의 성능 향상을 위해 중요하게 간주되는, 일련의 목표를 충족시키는 영역에서 관련된 실제 사례의 집합을 의미한다.

CMMI-DEV는 다음 22가지 프로세스 영역을 포함한다(CMMI Product Team 2010b). 모든 프로세스 영역을 약자의 알파벳 순서로 나열했다.

- 임의 분석 및 결론 도출^{CAR}
- 구성 설정 관리^{CM}
- 의사결정 분석 및 결론 도출^{DAR}
- 통합 프로젝트 관리^{IPM}
- 측정 및 분석^{MA}
- 조직 차원의 프로세스 정립^{OPD}
- 조직 차원의 프로세스 주안점^{OPF}
- 조직 차원의 성능 관리^{OPM}
- 조직 차원의 프로세스 성능^{OPP}
- 조직 차원의 훈련^{OT}
- 제품 통합^{PI}
- 프로젝트 모니터링 및 제어^{PMC}
- 프로젝트 계획 수립^{PP}
- 프로세스 및 제품 품질 보증^{PPQA}
- 정량적 프로젝트 관리^{QPM}
- 요구 사항 개발RD
- 요구 사항 관리^{REQM}
- 위험 관리^{RSKM}
- 공급 계약 관리^{SAM}
- 기술적 해결책^{TS}
- 승인^{VAL}
- 검증^{VER}

3.2.3 도입 업무를 위한 CMMI(CMMI-ACQ)

SEI의 도입 업무를 위한 CMMI 보고서는 다음 내용을 설명한다(CMMI Product Team 2010b).

> 오늘날의 조직은 점점 더 많은 기능을 제품 및 서비스 공급자들에게 의존하며, 자체 개발 업무는 최소화하고 있다. 이는 낮은 가격과 동시에 해당 분야의 전문성을 더하면서 빠르게 공급 업체의 기술을 도입해, 조직 운영 효율성을 향상시키는 일종의 사업 전략으로 널리 알려진 방법이다.
>
> 필요한 역량 획득은 공급자가 솔루션을 개발하고 제공하기 위해 필요한 작업을 수행할 수 있도록 하면서, 최종 사용자를 만족시킬 전반적인 책임이 있기 때문에 어렵다.
>
> 관리 미흡, 고객 요구 사항 파악 능력 부재, 잘못된 요구 사항 정의, 적절하지 않은 공급자 선택 및 계약 프로세스, 불충분한 기술 선택 절차, 요구 사항 변경 처리 능력 부족 같은 요소가 프로젝트 실패의 주된 원인이 될 수 있다. 책임은 공급자와 해당 계약을 의뢰한 조직에서 공동으로 분담한다. 조직 차원에서 공급자를 적절히 선택하고, 활용하고, 관리하면 이러한 프로젝트 실패의 주된 원인을 피할 수 있다.
>
> 이러한 과제와 더불어 의뢰 주체와 공급자 간의 성공적인 관계를 만드는 핵심은 바로 의사소통이다.
>
> 하지만 불행히도 대부분 조직은 기능 도입 단계에서 효과적으로 프로젝트를 관리하는 데 필요한 역량 확보에 투자하지 않는 편이다. 한번 공급자를 고용한 후에는 프로젝트에 거의 관심을 갖지 않는다. 프로젝트 일정 지연, 맞추지 못한 마감 시간, 선택한 기술이 유효하지 않고 프로젝트가 실패했다는 사실을 뒤늦게 발견한다.
>
> 의뢰 주체는 집중 관리가 필요한 핵심 목표를 갖고 있다. 여기에는 최종 사용자와 지속적으로 관계를 유지하면서 그들의 요구 사항을 수용한다는 내용도 포함된다. 의뢰 주체는 프로젝트를 총괄하고, 전체 프로젝트 관리를 수행하며, 최종 사용자들에게 제품 또는 서비스를 전달할 의무가 있다. 이처럼 공급자들이 제공한 제품 또는 서비스에 전체 제품 또는 서비스 통합 같은 활동이 포함되는지 확인하고, 이 작업이 제대로 이행되는 것을 확인하며, 고객의 요구 사항을 지속적으로 충족하기 위해 해당 과정의 적절성과 타당성에 대한 확인 과정도 책임 영역에 포함한다.
>
> 도입 업무를 위한 CMMI®(CMMI-ACQ)은 조직이 개별 부서나 그룹의 이익을 초월하는 실무 및 용어를 제공해 도입 과정의 장벽을 피하거나 제거할 수 있다.

CMMI-ACQ는 22가지 프로세스 영역이 있으며, 이 중 6개가 도입 사례에 해당되고, 16개는 다른 CMMI 모델과 공유된다. 도입 사례에 직접적으로 관련된 프로세스 영역은 다음과 같다.

- 도입 요구 사항 개발
- 제안 및 공급자 계약 내용 개발
- 계약 관리
- 도입 기술 관리
- 도입 검증
- 도입 확인

추가적으로 모델은 다음 내용에 대한 가이드라인도 포함한다.

- 도입 전략
- 전형적인 공급자 제품
- 운영 부서로 이전 및 운영 지원
- 통합 전담 팀

16개의 공유 프로세스 영역은 프로젝트 관리, 조직 차원의 프로세스 관리, 인프라 및 지원 관련 내용을 포함한다.

3.2.4 서비스 업무를 위한 CMMI(CMMI-SVC)

SEI의 서비스 업무를 위한 CMMI 보고서는 다음 내용을 담고 있다(CMMI Product Team 2010b).

> 서비스 산업은 세계 경제 성장의 핵심 원동력이다. 성숙한 서비스 업무 개발 및 향상을 위한 가이드는 서비스 공급자의 업무 능률 향상과 고객 만족에 중요한 역할을 한다. 서비스 업무를 위한 CMMI®(CMMI-SVC) 모델은 이러한 요구 사항을 충족하기 위해 설계됐다.
>
> 모든 CMMI-SVC 모델은 서비스 공급자의 활동에 초점을 맞춘다. 일곱 가지 핵심 프로세스 영역으로 서비스, 수용 능력 및 가용성 관리, 서비스 지속성, 서비스 제공, 사고 해결 및 예방, 서비스 이전, 서비스 시스템 개발, 전략적 서비스 관리 프로세스가 있다.

CMMI-SVC는 24가지 프로세스 영역을 포함하며, 16개의 프로세스 핵심 영역, 1개의 공유 영역, 7개의 서비스 특화 프로세스 영역으로 구성된다. 프로세스 영역에 대한 자세한 정보는 서비스 업무를 위한 CMMI, 버전 1.3(CMMI for Services, Version 1.3, CMMI Product Team 2010c)에서 확인할 수 있다. 다음은 24개의 프로세스 영역을 약자의 알파벳 순서로 나열한 목록이다.

- 수용력 및 가용성 관리^{CAM}
- 인과 관계 분석 및 해결^{CAR}
- 구성 설정 관리^{CM}
- 의사 결정 분석 및 해결^{DAR}
- 사고 대응 및 예방^{IRP}
- 통합 작업 관리^{IWM}
- 측정 및 분석^{MA}
- 조직 차원의 프로세스 정의^{OPD}
- 조직 차원의 프로세스 초점^{OPF}
- 조직 차원의 성능 관리^{OPM}
- 조직 차원의 훈련^{OT}
- 프로세스와 제품 품질 보증^{PPQA}
- 정량적 작업 관리^{QWM}
- 요구 사항 관리^{REQM}
- 위험 관리^{RSKM}
- 공급 계약 관리^{SAM}
- 서비스 연속성^{SCON}
- 서비스 전달^{SD}
- 서비스 시스템 개발^{SSD}
- 서비스 시스템 이전^{SST}
- 전략적 서비스 관리^{STSM}

- 작업 관리 및 통제[WMC]
- 작업 계획 수립[WP]

3.2.5 CMMI 프로세스 모델 활용

CMMI 모델은 소프트웨어 개발, 도입, 서비스 과정이 잘 관리되고 정의될 수 있도록 도와 주는 기반이 될 수 있다. 실제로 업계에서는 프로세스 개선, 개선이 필요한 영역 식별, 체 계적인 개선 관리 프로그램 구축에 CMMI 모델을 다년간 활용해 왔다. 프로세스 모델은 경영자와 중간 관리자에게 매우 유용한 도구다. 필요한 경우 이 분야에 능통한 컨설턴트와 다양한 자가 개선 프로그램을 활용하는 것도 가능하다.

학계에서는 소프트웨어 공학 학위 프로그램과 개별 소프트웨어 공학 과정 중에 프로세스 모델을 정기적으로 교육해, 해당 교육을 이수한 학생들이 실제 업무 수행 시 큰 어려움 없 이 모델을 적용하도록 할 수 있다. 기말 프로젝트로 학생들이 직접 여러 모델 중 하나를 선 택해 과제를 수행하는 방식을 주로 사용한다.

다음 절에서는 소프트웨어 보안을 위한 프로세스와 실제 사례 정의를 도와주는 선진 모델 과 프레임워크를 설명한다. 보통 안전한 소프트웨어를 만들어야 할 책임이 있는 조직의 규 모가 커질 때 이러한 모델과 실제 사례 정의를 사용한다.

3.3 소프트웨어 보안 프레임워크, 모델, 로드맵

소프트웨어 개발 및 도입을 위한 프로세스 모델뿐만 아니라 보증된 시스템 구축을 위한 프 레임워크 또한 널리 알려지고 인정된 공통 업무를 토대로 구축한다. 더 안전한 소프트웨어 구축에 사용되는 프레임워크의 개수는 점차 증가하는 추세다. 예를 들어 마이크로소프트 는 자신들의 환경에 맞는 SDL을 정의한 후 이를 공개했다. 가장 최근에 공개된 버전6 'Building Security In Maturity Model'(McGraw 2015)의 저자들은 78개의 조직에서 사용 하는 소프트웨어 보안 실제 사례를 수집하고, 분석한 결과를 토대로 문서를 작성했다.

다음 절에서 모델, 프레임워크, 로드맵을 간략히 소개하고, 공개 웹사이트에서 수집한 설명과 함께 관련 내용과 목표를 개략적으로 서술한 보고서를 제공한다. 안전한 소프트웨어 구축에 적용 중인 내부 실제 사례의 현재 상태를 파악하고, 간격을 메우기 위한 연구 과제를 도출하려면 다음에 소개할 모델과 해당 모델의 프로세스 및 실제 사례를 대략적으로 이해할 필요가 있다.

3.3.1 성숙도 모델 내 보안 구축(BSIMM)

다음은 BSIMM 웹사이트에 있는 소개 글이다(McGraw 2015).

BSIMM의 목적은 실제 소프트웨어 보안 구축 계획에 따른 활동 수행 내용을 수량화하는 것이다. 이러한 계획은 다양한 방법론과 기술을 사용하므로, BSIMM에서는 모든 활동을 일관성 있게 표현할 수 있도록 도와주는 프레임워크가 필요하다. 우리의 소프트웨어 보안 프레임워크(SSF)와 관련 활동 설명은 소프트웨어 보안 계획의 핵심 요소를 설명해 주는 공통 용어집을 제공해 서로 다른 용어 사용, 상이한 운영 규모, 서로 다른 기업 시장 환경 및 제품을 사용하는 계획을 비교할 수 있도록 도와준다.

소프트웨어 보안 수준을 향상시키는 것은 하루 아침에 이뤄낼 수 없는 조직의 업무 방식 자체를 바꾸는 것을 의미하기 때문에 우리는 이 작업을 성숙도 모델로 분류한다. 모든 조직이 동일한 보안 목표를 갖고 있지는 않지만, 동일한 잣대를 사용하는 과정 자체는 분명 조직에 도움이 되는 일이라고 굳게 믿는다.

BSIMM6은 BSIMM 모델의 여섯 번째 버전이다. 해당 버전은 다양한 업종에 속하는 78개의 회사의 데이터와 횡적 연구를 토대로 얻은 개선된 활동 명세를 포함한다.

BSIMM은 소프트웨어 보안 계획을 수립하고 실행하는 책임이 있는 모든 사람이 활용 가능한 모델이다. 우리는 조직의 높은 위치에 있는 사람에게 직접 보고를 하는 관리자급 인원이 소프트웨어 보안 계획을 실행할 경우 가장 성공적이라는 사실을 관찰해 왔다. 이러한 역할을 했던 임원들은 소프트웨어 보안 그룹(SSG)라고 부르는 내부 조직을 총괄하고, BSIMM에 소개된 활동을 직접 수행하고 촉진하는 책임을 지고 있었다. 성공적인 BSIMM 작성에는 SSG와 SSG 리더십이 반드시 필요하다.

우리가 BSIMM 모델로 수행한 작업을 통해 기업의 소프트웨어 보안 계획을 측정하는 것이 충분히 가능하며, 매우 유용하다는 사실을 밝혀냈다. BSIMM 측정은 소프트웨어 보안 계획의 준비, 구조화, 실행 전 단계에 적용이 가능하다. 시간이 지나면서 BSIMM에 참여하는 기업은 그들의 소프트웨어 보안 계획이 측정 가능한 수준으로 향상됐다는 사실을 발견하게 된다.

소프트웨어 보안 수준을 향상시키는 것은 곧 조직이 소프트웨어를 개발하는 방식 자체에 변화를 주는 과정으로, 성숙도 모델은 보증된 시스템을 구축하는 핵심 컴포넌트이자 안전한 소프트웨어 구축에 적합한 모델이라고 할 수 있다.

BSIMM은 소프트웨어 보안 계획을 수립하고 수행하는 사람들을 위한 모델이다. 대부분 성공적인 계획은 이사회나 최고 정보 책임자[CIO] 같이 조직의 최고 수준에 보고하는 고위 경영자에 의해 운영된다. 이러한 역할을 했던 임원들은 소프트웨어 보안 그룹[SSG]이라고 부르는 내부 조직을 총괄하고, BSIMM에 소개된 활동을 직접 수행하고 촉진하는 책임을 맡고 있다. 성공적인 BSIMM 작성에는 SSG와 SSG 리더십이 반드시 필요하다.

BSIMM은 다음 역할을 포함한다.

- SSG(코드 작성, 설계, 아키텍처 관련 경험이 풍부한 소프트웨어 보안 담당 직원으로 구성)
- 기업 내부 조직(단일 제품 또는 특정 제품군에 초점을 맞춘) 대표와 제품 관리자를 포함한 경영진 또는 중간 관리자
- 개발자, 테스터, 운영 업무 담당 직원
- 관리자
- 기업 내부 조직 대표
- 벤더

관찰한 내용을 구조화할 때, BSIMM은 표 3.1에 소개된 소프트웨어 보안 프레임워크[SSF]를 사용한다.

3.3.2 CMMI 보증 프로세스 참조 모델

미국 국토안보부[DHS] 소프트웨어 보증 프로세스 및 프랙티스 작업 그룹[SwA process and practice working group]은 2008년 7월 보증 업무를 위한 프로세스 참조 모델[PRM] 초안을 개발했다(DHS 2008). 이 PRM은 소프트웨어 보증 업무를 위해 CMMI-DEV v1.2와 v1.3을 추가로 적용할 것을 권장한다. 라이프 사이클 중 보증된 시스템 측면을 다루는 데 유용한 '보증 스레드'

명세[2]를 그림 3.1에서 확인할 수 있다.

표 3.1 BSIMM 소프트웨어 보안 프레임워크(McGraw 2015)

거버넌스 목표: 투명성, 책임, 견제와 균형	인텔리전스 목표: 감사 가능성, 관리, 표준화	SSDL* 접점 목표: 품질 통제	배치 목표: 품질 통제, 변경 관리
전략 및 메트릭 계획 수립, 역할과 책임 부여, 소프트웨어 보안 목표 식별, 예산 결정, 메트릭과 진입로 식별	공격 모델 공격자처럼 생각하기 위한 정보 수집, 위협 모델링, 오용 사례 개발 및 정제, 데이터 분류, 공격 패턴	아키텍처 분석 소프트웨어 아키텍처 수집, 위험 및 위협 적용, 아키텍처 리뷰 프로세스 채용, 평가 및 개선 계획 수립	침투 테스팅 최종 구성 설정 단계에서 발생 가능한 취약점 테스트, 관리 및 완화 기능 결함 발견을 위한 입력 값 도출
컴플라이언스 및 정책 컴플라이언스 통제 수단 식별, 외주로 개발된 소프트웨어 계약(서비스 수준 계약) 통제 수단 개발, 소프트웨어 보안 정책 수립, 정책 감사	보안 기능 및 설계 핵심 보안 통제에 사용 가능한 보안 패턴 생성, 통제를 위한 미들웨어 프레임워크 구축, 보안 가이드라인 생성 및 문서화	코드 리뷰 코드 리뷰 도구 사용, 사용자 맞춤 정책 개발, 역할별 도구 사용 방식 개발, 수동 점검 수행, 결과 추적/측정	소프트웨어 환경 운영체제 시스템(OS) 및 플랫폼 패치, 웹 애플리케이션 방화벽, 설명서 설치 및 설정, 애플리케이션 모니터링, 구성 설정 변경, 코드 서명
교육 보안 의식 교육, 신규 직원 교육, SSG 근무 시간, 소셜 네트워크 구축, 역할 기반 교육, 에러의 근본 원인에 대한 특정 정보 제공, 연간 교육, 요청 교육, 벤더/협력사 교육	표준 및 요구 사항 보안 요구 사항 도출, 상용 기성품(COTS)[3] 여부 결정, 핵심 보안 통제를 위한 표준 구축, 보안 표준 생성, 표준 검토 이사회 조직	보안 테스팅 표준 품질 보증(QA) 프로세스에 보안 결합, 블랙 박스 테스팅, 퍼징(fuzzing), 위험 기반 화이트박스 테스팅, 공격 모델 적용, 코드 커버리지 분석, 구축 단계에서 발생 가능한 취약점에 초점 맞추기	구성 설정 및 취약점 관리 애플리케이션 패치 및 업데이트, 버전 관리, 결함 추적 및 완화, 사고 대응

* 소프트웨어 보안 개발 라이프 사이클

DHS SwA 프로세스 및 실제 사례 작업 그룹이 추가한 내용과 CMMI-DEV v1.2 및 v1.3 버전 개선은 다음 CMMI-DEV 프로세스 영역[PAs]만을 위한 특수한 실제 사례[SP] 수준에 초점을 맞췄다.

- 프로세스 관리
  - 조직 차원의 프로세스 초점

---

2 https://bhildsecurityin.us-cert.gov/swa/procwg.html

3 상용 기성품(COTS): 미국에서 상용 기성품이란 정부와의 계약 하에 상업 시장에서 구매 및 사용 가능한 상품을 의미하는 연방 구매 시행령 용어

○ 조직 차원의 프로세스 정의

○ 조직 차원의 훈련

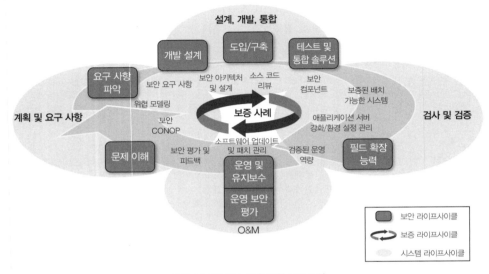

그림 3.1 CMMI 노력을 위한 보증 요약

- 프로젝트 관리
  - 프로젝트 계획 수립
  - 프로젝트 모니터링 및 통제
  - 공급 계약 관리
  - 통합 프로젝트 관리
  - 위험 관리
- 엔지니어링
  - 요구 사항 개발
  - 기술적 해결책
  - 검사
  - 검증

- 지원
- 측정 및 분석

최근에는 CMMI 기관에서는 기존 CMMI에 통합 가능한 일련의 추가 프로세스 영역을 소개하는 '개발 업무를 위한 CMMI를 활용한 설계 보안, 버전 1.3'(CMMI 2013)을 발간한 바 있다.

3.3.3 오픈 웹 애플리케이션 보안 프로젝트(OWASP) 소프트웨어 보증 성숙도 모델(SAMM)

OWASP 웹사이트는 소프트웨어 보증 성숙도 모델SAMM에 대한 다음과 같은 정보를 제공한다(OWASP 2015).

소프트웨어 보증 성숙도 모델(SAMM)은 조직이 당면한 특정 위험에 특화된 소프트웨어 보안 전략 수립 및 구현을 도와주는 공개 프레임워크다. SAMM이 제공하는 자료는 다음과 같은 내용을 지원하기 위해 제공된다.

- 조직의 현재 소프트웨어 보안 실제 사례를 평가
- 체계적으로 정립된 반복 형식으로 균형 잡힌 소프트웨어 보안 보증 프로그램 구축
- 소프트웨어 보증 프로그램을 위한 명확한 개선 사항 설명
- 조직 전반에 걸친 보안 관련 활동을 정의 및 측정

SAMM은 중소기업, 대기업 등 회사 규모와 개발 방식에 구애받지 않고 유연하게 사용할 수 있게 정의됐다. 뿐만 아니라 이 모델은 사업 라인 전반에 걸쳐 적용하거나 개인 프로젝트에도 활용 가능하다. 이러한 특성에 더해 SAMM은 다음과 같은 원칙 하에 구성됐다.

- 조직 행동은 오랜 시간에 걸쳐 느리게 변화한다. 성공적인 소프트웨어 보안 프로그램은 확실한 보증 이익을 제공하면서 장기 목표를 향해 점진적으로 노력하는 작은 반복 형태로 지정돼야 한다.
- 모든 유형의 조직에 적용 가능한 유일한 비결은 존재하지 않는다. 소프트웨어 보안 프레임워크는 유연해야 하고, 조직 내부의 위험 수용 방식과 소프트웨어 구축 및 사용 방식에 맞출 수 있어야 한다.
- 보안 활동과 관련된 가이드는 명확하게 표현돼야 한다. 보증 프로그램 구축 및 평가와 관련된 모든 실천 단계는 단순하고, 잘 정의되고, 측정 가능해야 한다. 또한 이 모델은 일반적인 유형의 조직을 위한 템플릿 로드맵을 제공해야 한다.

모델은 각 보안 사례와 연결된(표 3.2 참고) 소프트웨어 개발 핵심 비즈니스 기능을 토대로 구축한다. 모델은 각 열두 개 보안 사례를 위해 정의된 세 단계 성숙도 단계로 구성된다. 이러한 방식은 조직이 보안 위험을 낮추고, 소프트웨어 보증 수준을 높이는 데 활용 가능한 다양한 활동을 정의한다. 성공적인 활동 성과를 측정하고, 관련 보증 이익을 이해하고, 개인 및 비용을 예측할 수 있는 세부 사항도 여기에 포함된다.

소프트웨어 보증 및 정보 보안을 위한 실용적인 측정 프레임워크는 조직, 프로그램, 프로젝트 수준의 소프트웨어 보증 목표 달성의 효과를 측정하는 방법을 제공한다. 프레임워크는 정량적이고 정성적인 방법론 및 기술을 사용해 소프트웨어가 제공하는 보증 수준을 평가하는 방법을 설명한다. 이 프레임워크는 기존에 존재하는 측정 방법론을 포함하며, 조직 및 프로젝트가 기존 프로그램에 SwA 측정 기능을 통합할 수 있도록 돕는 데 목표를 둔다.

표 3.2 OWASP SAMM 비즈니스 기능 및 보안 사례(OWASP 2015)

거버넌스	구성	검사	배치
전략 및 메트릭 소프트웨어 보증 프로그램의 전반적인 전략적 방향 및 조직의 보안 현황에 대한 메트릭을 수집하기 위한 프로세스 및 활동의 계측	위협 평가 위험을 이해하고 위험 관리 역량 향상을 위해 소프트웨어에 대한 잠재적인 공격 방법을 식별하고 분류	설계 검토 적절한 보안 메커니즘 준비 및 보안 기대 수준 충족 보증을 위해 설계 단계에서 생성한 아티팩트 조사	취약점 관리 보안 보증 프로그램 강화를 위한 데이터 수집 및 취약점 노출 최소화를 위한 일관된 내/외부 취약점 보고서 관리 프로세스 수립
정책 및 컴플라이언스 구축 및 운영 중인 소프트웨어 보증 수준 향상을 위한 프레임워크 감사, 보안 및 컴플라이언스 통제 수단 구성	보안 요구 사항 소프트웨어 개발 프로세스 진행 중에 보안 관련 요구 사항을 포함시켜 초기 단계부터 정확한 기능을 지정하도록 촉진	코드 리뷰 최소한의 시큐어 코딩 기대 수준 수립 뿐만 아니라 취약점 발견 및 취약점 관련 위험 완화 활동을 돕기 위한 소스 코드 평가	환경 강화 배치가 완료된 애플리케이션의 보안 수준 강화를 위한 소프트웨어 운영 환경 통제 수단 구현
교육 및 안내 개별 직무 기능 관련 보안 주제를 교육하고, 안내하는 과정을 통해 소프트웨어 개발 참여 인원의 보안 역량 개선	안전한 아키텍처 보안 기능이 기본으로 탑재된 설계 장려 및 소프트웨어 구축 관련 기술과 프레임워크에 대한 통제 확보 활동으로 설계 프로세스 강화	보안 테스팅 취약점 식별 및 소프트웨어 배포에 대한 최소한의 표준을 설정하기 위해 런타임 환경에서 소프트웨어를 테스트	운영 지원 운영자가 소프트웨어를 적절하게 구성, 배포, 실행하는 데 필요한 보안 관련 정보를 식별하고 수집

SAMM은 총 4개의 핵심 비즈니스 기능을 위한 12가지 범주에 포함된 모든 상세 활동 내용의 성공 메트릭을 제공한다. 각 범주는 세 가지 목표가 있으며, 각 목표는 2개의 활동으로 구성돼 총 72개의 활동이 있다.

3.3.4 DHS SwA 측정 업무

DHS SwA 측정 작업 그룹의 핵심 역할을 담당한 나디아 바톨[Nadya Bartol]과 미셸 모스[Michele Moss]는 여러 주요 메트릭 문서를 개발하는 팀을 이끌었다. 이 문서의 초기 버전은 오래 전에 공개됐다. 6장에서 SEI가 만든 최신 측정 방법을 자세히 다룬다.

DHS SwA 측정 작업 그룹에 따르면 다음과 같이 설명한다(DHS 2010).

> 소프트웨어 보증 및 정보 보안을 위한 실용적인 측정 프레임워크는 조직, 프로그램, 프로젝트 수준의 소프트웨어 보증 목표 및 목적을 달성하는 업무의 효율성을 측정하는 접근 방법을 제공한다. 이 프레임워크는 정량적이고 정성적인 방법론과 기술을 사용해 소프트웨어가 제공하는 보증의 수준을 평가할 수 있도록 돕는다. 뿐만 아니라 이 프레임워크는 기존 측정 방법론을 통합하고, 조직과 프로젝트가 기존 프로그램에 SwA 측정을 통합할 수 있도록 돕기 위한 것이다.

다음은 소프트웨어 보증 및 정보 보안을 위한 실용적인 측정 프레임워크에 언급된 내용이다(Bartol 2008).

> 소프트웨어 보증의 영역은 여러 학술 분야를 넘나들며 프로젝트 관리, 프로세스 개선, 품질 보증, 훈련, 정보 보안/정보 보증, 시스템 엔지니어링, 안전, 테스트 및 평가, 소프트웨어 도입, 신뢰성, 의존성을 포함한 다른 규약에서 생성된 방법론과 기술에 의존한다(그림 3.2 참고).
>
> 실용적인 측정 프레임워크는 광범위하지는 않지만 SwA 관점의 정보 보안에 초점을 맞춘 프레임워크다. 프레임워크 구축에 많은 기여를 한 SwA 규약은 품질 보증, 프로젝트 관리, 프로세스 개선, 안전 같은 잘 정립된 프로세스 개선과 측정에 관한 지식을 활용할 수 있게 된다. SwA 측정은 이러한 규약에 이미 명시돼 있고, SwA에도 적용된 측정 방법과 기술을 사용할 수 있다. 실용적인 측정 프레임워크 보고서는 SwA 측정 측면의 역량 향상을 돕기 위해 SwA의 정보 보증/정보 보안 측면에 초점을 맞춘다.

그림 3.2 여러 학문 분야에 걸쳐 있는 SwA(Bartol 2008)

이 프레임워크는 다음과 같이 측정 항목 개발 및 구현을 위해 유사 프로세스를 사용하는 현존하는 대표적인 다섯 가지 방법론을 모두 반영한 통합된 측정 수단을 제공한다.

- Draft National Institute of Standards and Technology(NIST) Special Publication(SP) 800-55, Revision 1, Performance Measurement Guide for Information Security
- ISO/IEC 27004 Information technology—Security techniques—Information security management measurement
- ISO/IEC 15939, System and Software Engineering—Measurement Process, also known as Practical Software and System Measurement(PSM)
- CMMI Measurement and Analysis Process Area
- CMMI GQ(I)M—Capability Maturity Model Integration Goal Question Indicator Measure

실용적인 측정 프레임워크 저자는 소프트웨어와 시스템 개발 커뮤니티 및 정보 보안 커뮤니티에서 널리 사용된다는 이유로 이 방법론을 선택했다고 밝혔다. 프레임워크는 프레임워크 생성에 사용한 앞의 다섯 가지 업계의 접근 방식에서 제공하는 개별 특정 방법을 문서화하는 형식 및 기타 수단, 명세, 템플릿을 비교 분석한 범용 측정 명세 테이블을 포함한다.

측정의 주된 목적은 다음 다섯 가지 질문에 대한 답변을 돕기 위한 것이다.

- 잠재적으로 익스플로잇 가능한 설계와 코드상의 결함은 무엇인가?
- 해당 결함은 어디에 위치하는가?
- 결함에 어떻게 접근할 수 있는가?
- 결함을 어떻게 완화할 수 있는가?
- 결함을 어떻게 회피할 수 있는가?

프레임워크는 서로 다른 이해관계자 그룹이 프로젝트 진행 도중에 그들의 SwA 상태를 평가할 수 있도록 도와주는 대표적인 핵심 측정 방법을 포함한다.

- **공급자(supplier)**: 다른 조직에 소프트웨어 및 시스템 관련 제품과 서비스를 제공하는 개인 또는 조직. 여기에는 소프트웨어 개발자, 프로그램 관리자뿐만 아니라 소프트웨어 개발 및 공급을 지원하는 직원들이 모두 포함된다.

- **도입자(Acquirer)**: 다른 조직으로부터 소프트웨어 및 시스템 관련 제품과 서비스를 공급받는 개인 또는 조직. 여기에는 도입 업무 담당자, 프로그램 관리자, 시스템 통합 담당자, 시스템 소유주, 정보 소유주, 운영 인력, 지정 승인 담당자(DAAs), 인증 담당자, 독립 검사 및 검증 수행원(IV&V) 및 소프트웨어 도입 업무를 위해 일하는 모든 직원이 포함된다.

공급자와 도입자 조직 내부에 있는 다음 이해관계자들도 고려할 필요가 있다.

- **경영진**: 의사 결정 권한이 있으며, 의사 결정 프로세스 지원을 위해 소프트웨어와 관련된 위험 수준을 이해할 수 있도록 도와주는 정량적인 정보 요구를 할 수 있는 임원
- **현업 전문가**: 업무의 일환으로 SwA 구현을 책임지는 개인

프레임워크는 각 이해관계자 그룹에 필요한 목표와 정보를 모두 설명한다. 그런 다음 공급자 측정 값의 예를 표로 제시하고, 프로젝트 활동, 측정, 필요 정보, 혜택에 대한 열을 제공한다. 프레임워크는 요구 사항 관리(다섯 가지 측정 기준), 설계(세 가지 측정 기준), 개발(여섯 가지 측정 기준), 테스트(아홉 가지 측정 기준)와 전체 소프트웨어 개발 라이프 사이클SDLC(세 가지 측정 기준)로 구성된 공급자 프로젝트 활동을 포함한다.

프레임워크 내에는 도입자를 위한 측정 예시 또한 포함돼 있으며, 다음과 같은 질문에 대답하는 것을 목표로 한다.

- SwA 활동이 조직의 도입 프로세스에 적절히 통합되는가?
- SwA 고려 사항이 SDLC와 공급자가 제공하는 최종 제품에 잘 통합되는가?

도입 활동은 계획 수립(두 가지 측정 기준), 계약(세 가지 측정 기준), 구현과 수용(다섯 가지 측정 기준)으로 구성된다.

경영진을 위한 10가지 특정 예시도 제공된다. 이 예시는 "소프트웨어에서 기인한 이 위험이 조직에서 수용 가능한 것인가?"에 대한 대답을 담고 있다. 다음 목록은 이 중 몇 가지 측정 예시를 소개한다.

- 발표일에 공개된 패치의 개수와 비율
- 공급자가 결함을 수정하기까지 소요된 시간

- 유형과 영향력 별로 정리한 알려진 결함 개수

- 운영 중 취약점을 수정하는 데 드는 비용

- 시스템 구동 전에 결함을 개선하는 데 드는 비용

- 개별 데이터 유출로 인한 손실 비용

- SDLC 전반에 걸친 SwA 활동 비용

현업 전문가를 위한 15가지 측정 예시도 제공되는데, 이 예시는 "현재의 SwA 프로세스와 기술이 소프트웨어 관련 위험을 잘 완화해 주는가?"에 대한 대답을 담고 있다.

3.3.5 마이크로소프트 보안 개발 라이프 사이클(SDL)

마이크로소프트 보안 개발 라이프 사이클[SDL4]은 업계를 선도하는 소프트웨어 보안 프로세스다. 2004년부터 전사에 의무 정책으로 적용한 SDL은 마이크로소프트의 소프트웨어와 문화에 보안과 프라이버시를 포함시키는 데 큰 역할을 담당했다. 전체적이며 실용적인 접근 방식을 결합한 SDL은 개발 프로세스의 모든 단계에 걸쳐 초기 단계부터 보안과 프라이버시를 고려한다.

더욱 안전한 소프트웨어를 신뢰성 있게 전달하려면 더 포괄적인 프로세스가 필요하므로, 마이크로소프트는 보안 도입이 필요한 분야 결정에 도움을 주기 위해 설계상 보안, 기본설정 보안, 배치 및 의사소통 단계의 안전함[SD3+C]으로 불리는 일련의 원칙을 정의했다 (Microsoft 2010b).

설계상 보안(Secure by Design)
아키텍처, 설계, 구조를 안전하게 만드는 작업을 의미. 개발자들은 보안을 소프트웨어 개발의 기본적인 구조적 설계의 일부로 간주한다. 구체적으로 발생 가능한 보안 이슈를 도출하기 위해 세부 설계 명세를 검토하고, 식별한 모든 위협을 완화하는 방향으로 소프트웨어를 설계 및 개발한다.

---

4   보안 개발 라이프 사이클(Howard 2006)에 대한 더 자세한 내용은 마이크로소프트 보안 개발 라이프 사이클 웹사이트(Microsoft 2010a)의 마이크로소프트 보안 개발 라이프 사이클 버전 5.0(Microsoft 2010b) 문서에서 확인 가능하다.

- **위협 모델링 및 완화**: 위협 모델을 생성하고, 모든 설계와 기능 명세 내의 위협을 완화하는 전략을 수립한다.
- **취약점 제거**: 검토 작업 이후 코드 내에 잔존하는 취약점으로 인해 소프트웨어 사용에 심각한 위험을 초래하는 보안 취약점이 없도록 한다. 이 검토 작업에는 다양한 유형의 취약점을 제거하는 분석 및 테스트 도구 사용이 포함된다.
- **보안성 향상**: 더이상 사용되지 않는 안전성이 떨어지는 프로토콜 및 코드 사용을 최소화하고, 가능한 경우 사용자들은 산업 표준에 부합하는 안전한 대체 수단을 제공받을 수 있어야 한다.

기본설정 보안(Secure by Default)

- **최소한의 특권**: 모든 컴포넌트는 가능한 최소한의 권한으로 동작해야 한다.
- **심층 방어**: 컴포넌트는 공격 방어에 실패할 경우 사용자들을 위험에 노출시키는 단일 위협 완화 솔루션에 의존해선 안 된다.
- **보수적인 기본 설정**: 개발 부서는 제품에 대한 공격 벡터를 인지하고 있어야 하며, 기본 설정으로 공격 가능성을 최소화할 수 있어야 한다.
- **위험한 기본 설정 변경 방지**: 애플리케이션은 기본 설정에서 호스트 컴퓨터의 보안 수준을 낮추는 운영체제 시스템 또는 보안 설정으로 변경하지 못하도록 강제해야 한다. 보안 제품 같이 특수한 경우에는 호스트 컴퓨터의 보안 설정을 강화하는 방향으로 설정을 변경하도록 허용하는 것이 가능하다. 이러한 원칙을 위반한 가장 일반적인 사례로 사용자에게 변경 사실을 알리거나, 사용자가 발생 가능한 위험을 인지한 상태에서 직접 선택할 수 있도록 하지 않고 방화벽 포트를 여는 게임 프로그램을 들 수 있다.
- **일반적으로 사용되지 않는 서비스를 기본으로 중단**: 80% 이하의 프로그램 사용자만 사용하는 기능이라면 기본적으로 비활성화 상태로 둬야 한다. 하지만 다양한 사람들이 사용하는 프로그램의 경우 80 퍼센트의 사용량 자체를 측정하기가 힘든 경우가 있다. 모든 사용자에 대해 해당 기능이 핵심/주 사용 시나리오에 포함될 수 있는지 판단하는 방법이 존재한다. 이러한 작업이 가능하다면, 해당 기능을 P1 기능으로 부를 수 있다.

SW 배치 보안(Secure in Deployment)

- **배치 가이드**: 기본 기능이 아닌 옵션을 활성화하는 보안 위험을 평가할 수 있는 정보를 사용자에게 제공하는 기능처럼 프로그램의 각 기능을 안전하게 배치하는 방법에 대한 배치 가이드를 제공해야 한다.
- **분석 및 관리 도구**: 보안 분석 및 관리 도구는 관리자로 하여금 소프트웨어 출시를 위한 최적의 보안 수준을 결정하고 변경할 수 있도록 해 준다.
- **패치 관리 도구**: 패치 적용을 도와주는 관리 도구가 필요하다.

의사소통(Communication)

- **보안 대응**: 개발 부서는 보안 취약점 발견 시 즉각 대응해야 하며, 보안 업데이트에 대한 정보를 빠르게 전달해야 한다.
- **커뮤니티 개입**: 개발 부서는 사용자에게 보안 취약점, 보안 업데이트, 보안 기능 변경 사항에 대해 지속적으로 질문하고 소통해야 한다.

그림 3.3은 보안 소프트웨어 개발 프로세스 모델의 예시를 보여준다.

그림 3.3 마이크로소프트의 보안 소프트웨어 개발 프로세스 모델(Shunn 2013)

마이크로소프트 SDL 문서에서 각 라이프 사이클 단계 수행 중에 아키텍처 설계자, 소프트웨어 설계자, 개발자, 테스터들이 수행할 작업을 자세히 설명한다. 서론에서는 "안전한 소프트웨어 개발은 모범 사례, 프로세스 개선, 메트릭이라는 세 가지 핵심 요소로 구성된다. 이 문서는 주로 앞의 두 요소에 중점을 두며, 메트릭은 이 두 요소의 적용 결과를 측정하는 것으로 유도해낼 수 있다(Microsoft 2010b)."라고 소개돼 있다. 이 설명은 해당 문서가 구체적인 측정 관련 정보를 담고 있지 않음을 나타낸다. 측정 작업은 각 라이프 사이클 단계 실무 영역에서 유도해낼 필요가 있다.

3.3.6 보증된 시스템 설계를 위한 SEI 프레임워크

보증된 시스템 프레임워크[BASF] 구축 과정에서 우리는 가용 모델, 로드맵, 프레임워크를 모두 연구했다. 카네기멜론대학교의 소프트웨어 아키텍처 석사 학위의 핵심 지식을 기반으로 하는 MSwA2010 Body of Knowledge[BoK]에 대한 우리의 깊은 지식을 바탕으로, 이를 BASF의 초기 토대로 사용하기로 결정했다.

---

5   https://softwareengineering.stackexchange.com/questions/232425/what-is-the-process-of-creating-a-bug-bar

성숙도 단계

우리는 다음 성숙도 단계를 MSwA2010 BoK의 각 요소에 할당했다.

- L1: 이 접근 방법은 이미 검증됐거나 널리 수용되는 접근 방법이 없는 상황에서 주제에 대해 생각하는 방법을 제공한다. 이 영역의 의도는 문제와 가능한 해결책에 대해 생각하는 것을 돕고 의식을 제고하기 위함이다. 또한 비공개 세션에서 소개됐을 법한 관련 유망 연구 결과 설명도 포함한다.
- L2: 이 접근 방법은 초기 시범 운영 단계의 사례와 일부 성공 사례를 설명한다.
- L3: 이 접근 방법은 성공적으로 배치됐으나(자리를 잡은) 산업계 또는 정부 조직에서만 제한적으로 사용 중인 사례를 설명한다. 이것은 특정 시장 영역에서는 이미 널리 활용 중인 사례일 수도 있다.
- L4: 이 접근 방법은 성공적으로 배치됐고 널리 사용 중인 사례를 설명한다. 이 사례를 그대로 업무에 적용하는 것도 가능하다. 경험 보고서와 사례 연구 자료를 받아볼 수 있다.

우리는 소프트웨어 보안 공학 영역 내의 업무를 지원하기 위해 이 성숙도 단계를 개발했다 (Allen 2008). 특정 지식 체계 요소에 대한 관련 자료, 사례, 커리큘럼, 교육과정이 존재하는 정도와 실제로 조직 내의 사례에서 관찰한 요소를 평가해 지식 체계 요소와 역량 수준을 연관시켰다.

결과와 성숙도 단계로 알아보는 MSwA2010 지식 체계

우리는 MSwA2010 지식 체계에서 제안하는 성숙도 관련 자료가 지속적으로 변화한다는 사실을 찾아냈다. 예를 들어 학생들은 모든 역량 단계의 학습 자료를 배우게 된다. 실제로 적용해 보는 연습이 미흡하다고 하더라도, MSwA 프로그램을 이수했다면 충분히 성숙도 단계를 이해하고 적절하게 활용할 수 있을 것이다. MSwA 커리큘럼을 소프트웨어 보증 사례의 성숙도를 평가하는 기초로 활용할 수도 있지만, 경험에 의하면 실제 프로젝트에서 커리큘럼을 이러한 목적으로 사용하는 것은 본 적이 없는 가설일 뿐이다. 다음 표는 MSwA

에서 위험 관리 부분을 소개한 내용이다. 전체 표는 부록 B의 '성숙도가 추가된 MSwA 지식 체계'에서 확인할 수 있다.

---

2. 위험 관리

산출물: 해당 과정을 수료한 사람은 위험 분석과 트레이드오프 평가, 그리고 보안 측정 우선순위화를 수행할 능력을 갖게 될 것이다.

2.1 위험 관리 개념

    2.1.1   유형과 분류[L4]

           다양한 위험 유형(예: 비즈니스, 프로젝트, 기술)

    2.1.2   확률, 영향, 심각도[L4]

           기본적인 위험 분석 요소

    2.1.3 모델, 프로세스, 메트릭[L4][L3-메트릭]

           위험 관리에 사용되는 모델, 프로세스, 메트릭

2.2 위험 관리 프로세스

    2.2.1   식별[L4]

           프로젝트와 관련된 위험 식별 및 분류

    2.2.2   분석[L4]

           식별한 각 위험의 발생 가능성, 영향도, 심각성 분석

    2.2.3   계획 수립[L4]

           위험 회피와 완화를 위한 위험 관리 계획 수립

    2.2.4   모니터링 및 관리[L4]

           위험 발생 모니터링 및 위험 완화 관리 평가

2.3 소프트웨어 보증 위험 관리

    2.3.1   취약점 및 위협 식별[L3]

           취약점 및 위협 분석을 위한 위험 분석 기술 적용

    2.3.2   소프트웨어 보증 위험 분석[L3]

           신규 또는 기존에 사용 중인 시스템 위험 분석

    2.3.3   소프트웨어 보증 위험 완화[L3]

           소프트웨어 보증 위험 관리 계획 수립 및 완화

    2.3.4   소프트웨어 보증 프로세스 및 실제 사례 평가[L2/3]

           위험 회피 및 완화의 일부로, 위험 식별 기능 평가 및 적절한 소프트웨어 보증 프로세스 및 실천 사례 활용

3.3.7 마이크로소프트 SDL 관련 SEI 연구 결과

최근에 SEI의 CERT 부서에서 CERT 분야의 연구와 마이크로소프트 SDL 사이의 연결점을 조사한 바 있다. 다음은 보고서의 일부를 발췌한 내용이다.

> 우리의 연구 결과 신규 소프트웨어와 소프트웨어 기반 시스템의 도입 및 개발 과정 내 의사 결정이 운영 보안에 중요한 영향을 미치는 것을 확인했다. 문제는 소프트웨어 요구 사항을 적절히 명시하고, 보안을 명확하고 실용적인 관점에서 정의하는 것부터 어려움이 시작된다. 이것은 효과적으로 안전한 시스템을 개발하고 적용하는 기반이 되는 작업이다. 이러한 시스템이 서로 다른 시간과 보안 수준으로 구축된 이종 시스템과의 상호 호환이 필요한 경우, 효과적인 운영 보안은 훨씬 더 복잡해진다. 운영 보안을 고려한 도입, 설계, 개발 과정을 거친 소프트웨어와 시스템은 의도적인 공격과 의도치 않은 실패 모두에 저항력을 가진다. 최종 목표는 다음과 같은 작업이 가능한 더욱 더 안정적이고 최소한의 결함을 갖는 소프트웨어와 시스템을 개발하고 도입하는 것이다.
>
> * 테스팅과 분석을 통해 최소한의 취약점을 보증할 수 있는 측정 가능한 단계 보유
> * 소프트웨어 내의 취약점 공격에 대응하거나 익스플로잇 공격의 결과로 인한 실패를 견뎌내는 방법을 통해 대부분의 공격에 적절히 대응할 수 있는 운영 능력
> * 공격 인지 및 저항과 복구를 토대로 하는 예측된 단계에 맞춰 대응
> * 공격이 초래한 실패 또는 예기치 못한 결함과 이벤트로 인한 손실 발생을 억제하고, 가능한 한 빨리 복구하는 능력
>
> 복잡성 관리와 생존력 보장은 탄탄한 기반과 현재 및 새롭게 떠오르는 시스템의 현실을 바탕으로 하는 공학 방법론을 필요로 한다. 가장 좋은 보안 대응 방법은 바로 즉각 대응, 즉 공격이 발생하는 즉시 대응해 보안 문제를 처리하는 것이다. 더 효과적인 접근 방법으로 애초에 시스템 무력화로 이어질 수 있는 취약점을 제거해 공격의 가능성을 줄일 수도 있다. 우리는 다음 핵심 영역을 중심으로 보안 문제 발생 자체를 예방하는 방법에 초점을 맞출 것이다.
>
> '시큐어 코딩'으로 소프트웨어 개발 인력과 관련 조직이 제품을 적용하기 전에 코딩 에러로 인한 취약점을 제거하는 데 필요한 도구, 기법, 표준을 마련할 수 있다.
>
> '취약점 분석'은 현재 배치 중이거나 운용 중인 소프트웨어에 존재하는 다양한 취약점을 모두 찾아내 소프트웨어 취약점으로 인한 보안 위험을 줄일 수 있다. 우리의 취약점 분석 작업은 크게 두 가지 영역으로 나뉜다. 소프트웨어 배치 이전에 신규 취약점을 식별하고 전체 개수를 최소화하는 첫 번째 영역은 취약점 발견 노력에 초점을 맞춘 방법이며, 이미 배치된 소프트웨어에 존재하는 취약점을 처리하는 영역은 취약점 완화에 초점을 맞춘 방법이다. 우리는 정기적으로 CERT/CC 블로그를 통해 취약점 분석과 보안 커뮤니티의 주요 이슈를 정리해 올리고 있다.

'사이버 보안 공학'은 설계 및 도입 라이프 사이클 전반에 걸쳐 보안, 생존 가능성 및 소프트웨어 보증을 해결하기 위해 대규모, 복잡한 네트워크 시스템의 도입자, 관리자, 개발자 및 운영자를 준비하는 데 필요한 조사를 다룬다. 이 연구는 크게 소프트웨어 보증, 보안 요구 사항, 소프트웨어 공급망 위험 관리(SSCRM), 소프트웨어 위험 관리의 네 가지 영역을 포함한다. DoD 소프트웨어의 대다수는 벤더가 개발한 것으로, 연구 범위는 내부 개발과 도입한 소프트웨어를 모두 포함해야 한다.

이 보고서 샘플은 CERT 연구 결과의 일부와 SDL과의 밀접한 연관성을 강조한다. 표 3.3에서 CERT 연구 결과와 마이크로소프트 SDL 활동을 매핑한 내용을 확인할 수 있다.

3.3.8 CERT 회복력 관리 모델의 회복력을 갖춘 기술 솔루션 공학 프로세스 영역

소프트웨어 보안과 소프트웨어 보증 분야의 경우에서 살펴봤듯이, 회복력은 소프트웨어와 시스템의 자산이다. 회복력[6]을 갖춘 소프트웨어 및 시스템을 개발하고 도입하려면 소프트웨어 및 시스템 라이프 사이클을 아우르며, 오직 이 자산에만 초점을 맞춘 별도의 프로세스가 필요하다.

---

6 보증된 소프트웨어(또는 소프트웨어 보증)과 회복력을 갖춘 소프트웨어(또는 소프트웨어 회복력)의 정의는 많은 부분에서 겹친다. 회복력 있는 소프트웨어란 비즈니스 연속성 요구 사항에 차질을 주는 이벤트 발생 상황에서도 소프트웨어가 의도된 방향으로(기대 운영 수준으로의 복구를 포함) 지속적인 운영이 가능하여, 기밀성, 가용성, 무결성 조건을 충족하는(운영 및 보안 요구 사항을 반영하는) 소프트웨어를 의미한다(Caralli 2010).

표 3.3 요약 매핑 및 권장 사용

CERT 솔루션			CSIRT 관리	Java, C, C++ 시큐어 코딩	소스 코드 분석 연구소 (SCALe)	취약점 식별 및 퍼징	보안 요구 사항 및 도구를 위한 SQUARE 방법론	보안 위험 분석 툴킷	공급망 보증 가이드라인과 자가 평가
마이크로소프트 SDL	훈련	핵심 보안 훈련	X	X			X		
	요구 사항	보안 요구 사항 수립	X	X	X		X	X	X
		품질 게이트/버그 바 생성		X	X		X		
		보안 및 프라이버시 위험 평가					X	X	X
	설계	설계 요구 사항 수립						X	X
		공격 벡터 분석						X	
		위협 모델링					X	X	X
	구현	승인된 도구 사용		X					
		지원이 만료된 위험 함수		X	X				
		정적 분석			X				
	검증	동적 분석			X	X			
		퍼징			X	X			
		공격 벡터 검토				X		X	
	출시	침해 사고 대응 계획	X						X
		최종 보안 검토			X			X	X
		제품 출시							
	대응	침해 사고 대응 계획 실행	X						

CERT 회복력 관리 모델[CERT-RMM's7]의 회복력을 갖춘 기술 솔루션 공학[RTSE] 프로세스 영역 1.1 버전은 회복력을 갖춘 소프트웨어와 시스템(Caralli 2010)을 개발하기 위해 필요한 내용을 정의하고 있다(1.2 버전을 무료로 다운로드할 수 있다. 신규 개정 정보는 업데이트된 기능에 명시돼 있다).[8]

- 조직의 (또는 공급자) 정기적인 개발 라이프 사이클의 일부로 회복력을 다루는 계획을 수립하고, 이 계획을 조직 내에서 필요한 개발 프로세스에 통합한다. 계획 개발 및 실행 계획은 프로젝트 성공에 방해가 되는 위험을 식별하고 완화하는 작업을 포함한다.
- 특정 라이프 사이클 단계에 적용된 모델링 방법론과 위협 분석 같은 모든 단계에 적용된 사례 기반 가이드라인을 확보한다.
- 보증 및 회복력 요구 사항 유도, 식별, 개별, 검증(예를 들어 공격자와 방어자의 관점을 표현하는 방법론을 사용해)한다. 이러한 프로세스, 방법론 및 도구는 기능적 요구 사항 충족을 위한 유사 프로세스와 나란히 수행된다.
- 아키텍처를 보안, 지속 가능성, 운영 제어를 포함한 회복력 및 보증 초점을 반영하는 설계의 바탕으로 사용한다.
- 소프트웨어 시큐어 코딩, 소프트웨어 결함 탐지 및 제거, 설계 사양을 기반으로 한 회복력 및 보증 제어 개발을 포함하는 프로세스를 통해, 안전하고 회복력을 갖춘 소프트웨어 및 시스템을 개발한다.
- 소프트웨어 및 시스템을 위한 보증 및 회복력 통제 기능 테스트와 문제 해결을 위해 설계 및 개발 단계에서 발생한 이슈를 참고한다.
- (보증의 한 측면에서) 회복력이 우선시되고 있으며, 적절한 주의와 배려를 제공되도록 보증하기 위한 개발 라이프 사이클 전반에 걸쳐 검토를 수행한다.
- 시스템 특성에 맞는 연속성 계획 수행과 함께 서로 의존 관계에 있는 소프트웨어, 시스템, 하드웨어, 네트워크, 전기 통신, 기타 기술 자산이 지속 가능한 상태임을 보증하기 위한 관련 서비스 연속성 계획을 통합한다.
- 회복력 보장 요구 사항이 초기에 의도했던 대로 잘 충족되는지 보장하기 위해 이미 배치된 시스템에 대한 검토 작업을 수행한다.
- 운영 중에 위협 또는 취약점의 영향을 주는 요소가 존재하는지 판단하고, 통제 기능이 적절히 동작하는지 확인하기 위해 소프트웨어와 시스템을 모니터링한다.
- 새롭게 발견된 취약점 및 결함(특히 공급업체에서 도입한 제품 및 컴포넌트)을 처리하고, 악성코드 또는 익스플로잇 가능한 취약점이 고의 및 실수로 유입되는 것을 방지하기 위해 소프트웨어 및 시스템이 최신 상태로 유지되도록 환경 설정 관리 및 변경 제어 프로세스를 구현한다.

---

7 www.cert.org/resilience/
8 회복력을 갖춘 관리 모델 문서 1.2 버전은(Caralli 2016) CERT 웹사이트(www.cert.org/resilience/products-services/cert-rmm/index.cfm)에서 다운로드할 수 있다.

표 3.4는 RTSE 실행 과제를 보여준다.

조직은 보증과 회복력 요구 사항 충족을 위한 소프트웨어와 시스템 개발 및 도입 시 RTSE 뿐만 아니라 다음과 같은 목표도 함께 고려해야 한다(Caralli 2010)

개발 프로세스의 품질 특성 요구 사항에 영향을 미칠 수 있는 요소를 포함해 운영 중인 소프트웨어 및 시스템 기술 자산을 위한 회복력 보장 요구 사항을 회복력 요구 사항 개발(RRD) 및 회복력 요구 사항 관리(RRM) 프로세스 영역에서 각각 개발 및 관리한다.

자산 정의 및 관리(ADM) 프로세스 영역에서 담당하는 자산 목록에 새롭게 개발하고, 도입한 소프트웨어 및 시스템 자산을 식별하고 추가한다.

전체적 관점에서 보는 기술 자산을 위한 회복력 관리, 특히 이미 배치된 운영 자산의 경우 기술 관리(TM) 프로세스 영역에서 다룬다. 예를 들어 이것은 자산 대체 작동, 백업, 복구 및 복원 작업을 포함한다.

조직 외부에서 소프트웨어 및 시스템을 도입하고, 이러한 자산이 외부 의존성 관리 프로세스 영역에서 처리하는 자산 라이프 사이클을 통한 회복력 요구 사항을 만족하는지 보장한다. 이러한 과정을 거치더라도 반드시 RTSE 명세 목표와 실행 과제를 사용해 소프트웨어 및 시스템을 개발 중인 외부 협력업체를 평가 및 선택하고(EXD:SG3.SP3), 외부 협력업체와의 관계를 형식화하고(EXD:SG3.SP4), 개발 진행 시 업무 성과를 관리한다(EXD:SG4).

소프트웨어 및 시스템 운영에 영향을 미칠 수 있는 이벤트, 침해 사고, 취약점을 모니터링하는 작업은 모니터링(MON) 프로세스 영역에서 처리한다.

서비스 연속성 계획은 서비스 지속성(SC) 프로세스 영역에서 식별하고 생성한다. 이러한 계획은 현재 계획을 수행 중인 서비스를 지원하는 소프트웨어 및 시스템의 일부로 포함될 수 있다.

표 3.4 RTSE 실행 과제

목표	실행 과제
RTSE:SG1 회복력을 갖춘 기술 솔루션 개발을 위한 가이드라인 수립	RTSE:SG1.SP1 일반적인 가이드라인 식별
	RTSE:SG1.SP2 요구 사항 가이드라인 식별
	RTSE:SG1.SP3 아키텍처 및 설계 가이드라인 식별
	RTSE:SG1.SP4 구현 가이드라인 식별
	RTSE:SG1.SP4 조합 및 통합 가이드라인 식별
RTSE:SG2 회복력을 갖춘 기술 솔루션 개발 계획 수립	RTSE:SG2.SP1 회복력 확보 가이드라인 선택 및 조정
	RTSE:SG2.SP2 사전에 정의한 소프트웨어 및 시스템 개발 프로세스에 따라 선택한 가이드라인을 통합
RTSE:SG3 계획 실행	RTSE:SG3.SP1 개발 계획 실행 모니터링
	RTSE:SG3.SP2 회복력을 갖춘 기술 솔루션을 제품으로 출시

RTSE는 조직이 회복력 통제와 활동을 통합할 수 있는 소프트웨어 및 시스템 개발을 위해 최소한 하나 이상의 정의된 프로세스를 갖고 있다고 가정한다. 이러한 경우가 아니라면 조직은 RTSE에서 설명하는 목표와 실행 과제, 또는 앞서 소개한 다른 CERT-RMM 프로세스 영역을 구현하지 않는 것이 좋다.

3.3.9 국제 프로세스 연구 컨소시엄(IPRC) 로드맵

2004년 8월부터 2006년 12월까지 SEI의 프로세스 프로그램은 현재, 가까운 미래 및 예측할 수 없는 앞날에 필요한 프로세스를 발굴하기 위해 28명의 국제적인 리더들로 구성된 연구 컨소시엄의 후원자로 활동했다. 당시 떠오르던 연구 주제는 '보안, 사용성, 유지 가능성 같은 이상적인 제품(서비스) 품질에 영향을 줄 수 있는 특정 프로세스 특성이 있는지, 그리고 그것이 무엇인지를 이해하는' 것으로 정의된 프로세스와 제품 품질 사이의 관계를 파악하는 것이었다(IPRC 2006). 예를 들어 해당 주제가 주목받기 시작한 지 얼마 지나지 않은 시점에, 줄리아 앨런[Julia Allen]과 바바라 키체넘[Barbara Kitchenham]은 제품 품질 관점의 보안을 위한 연구 작업과 질문지를 개발했다. 이 내용은 BASF 문맥 내에서 조사가 가능한 연구 주제와 갭[gap]을 식별하는 데 도움을 준다.

프로세스 연구 프레임워크에서 일부를 참고한 자세한 내용 예시를 표 3.5에서 확인할 수 있다(IPRC 2006).

표 3.5 제품 품질 관점의 보안을 위한 IPRC 연구 작업 및 질문지

연구 작업	연구 질문지
보안을 시스템 또는 소프트웨어 개발 라이프 사이클 내부에 구축: 각 SDLC 단계에 필요한 보안 제품 품질 속성을 정확히 반영하고, 인스턴스화하는 데 사용할 수 있는 프로세스의 범위를 결정하는 작업	• SDLC의 각 단계에 표현된 보안은 어떠한가? 보안 관점과 시스템 사용 방식에 맞게 적절히 표현됐는가? • 잘 수립된 보안 원칙의 인스턴스화를 최적으로 보장하는 프로세스는 무엇인가? • SDLC의 각 단계에 고려하지 않은 보안 취약점의 알려진 원인을 파악하는 효과적인 프로세스와 방법은 무엇인가? • 낮은 결함율을 보장하는 소프트웨어 개발을 위해 잘 알려진 방법 적용 가속화에 사용할 수 있는 프로세스와 방법은 무엇인가? • 보안 수준 향상을 위해 이러한 프로세스와 방법론을 사용하는 데 있어 비용/이익 측면에서 논쟁이 될 만한 요소가 있는가? • 애자일(agile) 방식을 사용해 안전한 소프트웨어 및 시스템을 구축하고 검증할 수 있는가? • 기존에 존재하는 컴포넌트로 구성된 시스템 또는 확장 가능한 시스템에 적합한 보안 요구 사항 보장에 사용할 수 있는 프로세스에는 어떤 것이 있는가?
제품 품질 관점에서 프로세스와 보안 사이의 관계를 정립: 제품 품질 관점에서의 보안과 제품 개발에 사용된 프로세스 사이에 직접적인 연관이 있는지를 파악한다.	• 소프트웨어 및 시스템이 악성 공격, 실패, 사고 상황에서도 정상적으로 연속성 있게 작동하도록 설계하는 과정에서 프로세스의 역할은 무엇인가?
보안 성능 측정 및 모니터링: 모든 SDLC 단계에서 시스템이 보안 요구 사항을 얼마나 잘 충족하는지 결정하는 데 도움을 주는, 의미 있는 측정 정보를 정확히 포착할 수 있는 프로세스를 수립한다.	• 가치 있으며 많은 정보를 제공하는 보안 측정 수단의 정의는 무엇인가? 이러한 정보를 신뢰성 있게 수집하기 위해 필요한 프로세스는 무엇인가? • 시스템이 각 SDLC 단계를 위한 보안 요구 사항을 충족하는지 나타내는 측정 기준은 무엇인가? 이러한 측정 기준을 수집, 분석, 보고하는 프로세스는 무엇인가? • 다양한 보안 소프트웨어 개발 프로세스의 영향력 결정에 사용 가능한 측정 및 평가 프로세스는 무엇인가?

표 3.5 제품 품질 관점의 보안을 위한 IPRC 연구 작업 및 질문지(계속)

연구 작업	연구 질문지
보안 검사 및 검증: 관리자가 적절한 진단, 평가, 검사, 검증 프로세스를 직접 선택해 보안 요구 사항 달성을 확정할 수 있도록 지원한다. 프로세스 선택은 현재 구축 중이고 운용 중인 시스템의 특성과 복잡성을 따른다. 여기에는 시나리오를 기반으로 하는 잘못된 사용 및 남용 사례 사용을 포함한다.	• 확정되고 테스트를 거친, 검증되고 인증을 받은 적절하고 수용 가능한 보안 수준은 무엇인가? • 소프트웨어 및 시스템(서드파티가 개발한 내용도 포함) 보안을 진단, 평가, 검증, 인증하는 가장 효과적인 프로세스는 무엇인가? • 각 SDLC 단계, 서드파티 프로그램, 오픈 소스, COTS 또는 다른 컴포넌트에서 보안 이슈, 결함, 취약점을 찾아내기에 적합한 프로세스와 방법은 무엇인가? • 이러한 프로세스가 이미 존재하고, 해당 프로세스 사용이 경험적으로 정당하다고 판단된 경우, 프로세스 채택을(현재 수준과 실제 사례 사이의 갭) 조금 더 촉진시킬 수 있는 방법은 무엇인가? • 보안 제품 품질이 보장된다는 증거를 예측한 대로 제공해 줄 수 있는 오용 및 남용 사례 구축을 가능하게 하는 프로세스와 방법은 무엇인가?
적합한 보안 수준을 유지: 관리자가 전체 제품 라이프 사이클에 걸친 적합한 보안 수준을 갖추고, 유지하며, 발전시킬 수 있도록 해 주는 프로세스를 선택할 수 있도록 지원한다.	• 어떻게 하면 갈수록 증가하는 정교한 공격(공격 진화), 기술 진보, 기업 환경 변화, 공급망 진보 등과 같은 변화에(시스템 개선을 필요로 하는 모든 변화 원인) 대비해 적합한 보안 수준을 정의하고, 그 수준을 지속적으로 유지할 수 있을까?
사용 가능한 보안 지원: 사용자가 눈으로 확인할 수 있는 범위만큼 요구되는 보안 메커니즘을 효과적으로 적용하고 사용할 수 있도록 지원한다.	• 정기적이고, 자동으로, 정확한 보호 대책과 보안 메커니즘을 사용자에게 제공해 줄 수 있는 사용자 인터페이스 프로세스 및 방법은 무엇인가? • 사용자의 보안 기능에 관여하는 것을 최소화할 수 프로세스는 무엇인가?

3.3.10 NIST 사이버 보안 프레임워크

주요 기반시설 사이버 보안 수준 향상을 위한 NIST 프레임워크는 당시 버락 오바마 대통령이 2013년 '주요 기반시설 사이버보안 개선Improving Critical Infrastructure Cybersecurity'(White House 2013)이라는 제목으로 시행한 행정 명령의 결과물이다. 행정 명령은 "본 행정명령은 국가 주요 기반시설의 보안과 회복력을 보장하며 안전, 보안, 비즈니스 기밀성, 프라이버시, 시민 권리를 촉진하는 동시에 효율성, 혁신, 경제적 번영을 고무하는 사이버 환경을 유지하기 위한 미국의 정책이다."라는 사실을 강조했다(White House 2013).

NIST 프레임워크는 조직이 자신들의 현재 사이버 보안 능력을 파악하고, 목표 상태를 위한 개별 목표를 세우고, 사이버 보안 프로그램 향상 및 유지를 위한 계획 수립을 도와주는 진단 메커니즘이다(NIST 2014). 다음 참고문헌에서 언급된 것처럼(NIST 2014) 이것은 크게 코어, 프로필, 구현 단계의 세 가지 컴포넌트로 구성된다.

코어는 사이버 보안 활동 및 결과를 경영진부터 실무진까지 커뮤니케이션을 허용하는 방식으로 산업 표준, 가이드라인 및 관례의 권장 사항을 제시한다.

코어는 계층적인 구조로 크게 다섯 가지 사이버 보안 위험 기능으로 구성된다. 각 기능은 하위 범주로 세분화할 수 있다.

범주에는 다음과 같은 프로세스, 절차, 기술이 포함된다.

- 자산 관리
- 비즈니스 전략에 맞춘 조정
- 위험 평가
- 접근 제어
- 임직원 훈련
- 데이터 보안
- 이벤트 로깅 및 분석
- 침해 사고 대응 계획

각 하위 범주는 조직이 개별 비즈니스 요구 사항, 위험 수용력, 가용 자원을 기반으로 하는 사이버 보안 능력에 맞춰 업무를 조정하고, 능력 자체를 향상시킬 수 있도록 도와주는 사이버 보안 위험 관리 모범 사례를 제공한다(NIST 2014).

코어 기준을 조직 전체의 보안 업무 능력 향상을 위해 필요한 결과물을 정의하는 데 사용할 수 있다. 다음으로 업계, 고객, 파트너 사의 고유한 요구 사항을 대상 프로필에 맞춘다. 현재 상태와 목표 프로필을 비교해 사이버 보안 향상 이상 수준과의 갭을 찾아낼 수 있다. 개선 업무를 돕기 위한 우선순위 기반 로드맵을 구축하기 위해 반드시 갭을 우선순위화해야 한다.

구현 단계는 조직이 NIST 프레임워크에 명시된 이상적인 특성과 자신들의 현재 사이버 보안 위험 관리 능력을 비교해 보는 방법을 이해할 수 있도록 돕는 문맥을 생성하는 역할을 한다. 단계는 일부만 구현하는 1단계부터 조정하는 4단계까지 존재한다. NIST는 조직이 3단계에서 4단계로 넘어가는 효과적이고 방어 가능한 사이버 보안 프로그램 진전을 모색해 보기를 권장한다.

3.3.11 소프트웨어 보안 프레임워크, 모델, 로드맵 사용

소프트웨어 보안이 상대적으로 새로운 분야인 탓에 프레임워크, 모델, 로드맵이 아직 활발하게 적용되지 않는다. 평균적으로 볼 때 CMMI 모델만큼이나 오랫동안 사용되지 않았으며, 활용 범위 또한 그리 넓지 않은 편이다. 그럼에도 불구하고 몇 가지 주목할 만한 프레임워크가 있다.

안전한 개발 프로세스 모델은 보안이 최우선인 일부 조직에서 실제로 활용된다.

- 마이크로소프트 SDL과 유사 모델이 상대적으로 널리 쓰이고 있다.
- BSIMM은 많은 조직이 참여하며, BSIMM6에는 78개의 조직이 참여했다. 2008년 처음 모델을 공개한 이래, BSIMM은 현재 104개의 조직에서 활발히 연구하고 있다.
- CERT-RMM 요소 또한 널리 사용된다.

일반적인 소프트웨어 프로세스 모델보다 안전한 소프트웨어 프로세스 모델의 데이터 활용 빈도가 더 낮은 탓에 실제 활용 범위를 판단하기는 쉬운 일이 아니다. 기업 및 정부 조직은 점차 소프트웨어 보안의 필요성을 중요하게 생각하고 있으며, 우리는 이러한 모델의 활용이 증가하고 해당 분야의 연구가 조금 더 활발해져 새로운 모델이 등장하기를 기대해 본다.

전통적인 소프트웨어 프로세스 모델에 더해, 학계에서는 하나 이상의 안전한 개발 모델 및 프로세스 교과목을 소프트웨어 보안 과정에서 다루기 시작했다. 이러한 교육 과정은 모든 수준의 교육에서 가능하나, 특히 석사 과정 수준에서 듣기에 적합하다. 개별 및 팀 단위 학생 프로젝트에서 모델 또는 일부 컴포넌트를 사용하며, 학생들이 안전한 소프트웨어 개발에 대해 배울 수 있는 훌륭한 환경을 제공한다.

3.4 요약

3장은 사이버 보안 의사 결정 지원에 사용 가능한 다양한 프레임워크와 모델을 소개했다. 이러한 프레임워크와 모델은 문헌상의 프로세스 모델, 보안 프레임워크 및 모델, 해당 분야의 SEI 성과물을 포함한다. 우리는 3장에서 소개한 일부 주제를 7장에서 더 자세히 살펴보고, 사이버 보안 공학 도입 시 보안 요구 공학 및 표준에 대해 거버넌스 고려 사항과 관련한 자세한 논의를 제공한다.

3장의 앞부분에서 언급했듯이 우리는 소프트웨어 보안 공학 분야의 업무를 지원하기 위한 성숙도 모델을 개발했다(Allen 2008). 2008년도부터 전체 실행 과제 영역의 일부가 성숙도 단계로 성장했다. 그럼에도 불구하고 우리는 특정 접근 방법이 사이버 보안 목표 달성에 충분히 도움을 주는지 판단할 때 성숙도 단계를 활용할 수 있을 것으로 본다. 우리의 초기 성과에는(Allen 2008) 추천 전략과 실행 과제 구현 순서를 포함하고 있다. 이 작업은 오늘날에도 활용 가능하며, 성숙도 단계와 함께 검토가 가능하다. 해당 내용은 이 책의 전반에 걸쳐 소개한 다양한 성숙도 단계 구현 방법 평가를 담고 있는 8장에서도 다룬다.

다시 한번, 성숙도 단계

- L1: 이 접근 방법은 이미 검증됐거나 널리 수용되는 접근 방법이 없는 상황에서 주제에 대해 생각하는 방법을 제공한다. 이 영역의 의도는 문제와 가능한 해결책에 대해 생각하는 것을 돕고 의식을 제고하기 위함이다. 또한 비공개 세션에서 소개됐을 법한 관련 유망 연구 결과 설명도 포함한다.
- L2: 이 접근 방법은 초기 시범 운영 단계의 사례와 일부 성공 사례를 설명한다.
- L3: 이 접근 방법은 성공적으로 배치됐으나(자리를 잡은) 산업계 또는 정부 조직에서만 제한적으로 사용 중인 사례를 설명한다. 이 사례는 특정 시장 영역에서는 이미 널리 활용 중인 사례일 수도 있다.
- L4: 이 접근 방법은 성공적으로 배치됐고, 널리 사용 중인 사례를 설명한다. 이 사례를 그대로 업무에 적용하는 것도 가능하다. 경험 보고서와 사례 연구 자료를 받아볼 수 있다.

우리는 성숙도 단계를 사용해 3장에서 소개한 모델을 평가해 보고, 조직 내의 사이버 보안 목표 달성에 가장 적합한 모델이 무엇인지 직접 찾아보기를 권장한다. 조직은 하나 이상의 모델을 직접 사용하거나 조직 고유의 사이버 보안 문제 및 목표 향상에 맞게 모델을 일부 변경해야 할 수도 있다.

4 장

공학 역량

톰 힐번(Tom Hilburn)과 댄 슈메이커 도움

4.1 보안 역량과 소프트웨어 공학 직종[1]

현대 사회는 품질과 신뢰성에 부가 가치를 더해 주는 소프트웨어에 더욱더 의존하고 있다. 인터넷과 분산 컴퓨팅의 광범위한 사용은 소프트웨어 보안을 더욱 중요하고 심각한 문제로 만들었다. 이에 따라 소프트웨어 보안 전문가에 대한 관심과 수요는 최근 몇 년간 급격히 성장하는 추세다. 미국 국토안보부[DHS], 국방성[DoD], 소프트웨어 공학연구소[SEI], 기타 정

---

1   이번 절은 소프트웨어 보증 역량 모델: 개인의 전문 능력 향상을 위한 로드맵(원문: The Software Assurance Competency Model: A Roadmap to Enhance Individual Professional Capability)을 참고했다(Mead 2013a).

부 기관, 기업, 교육 회사들은 소프트웨어 보안 전문가 교육과 발굴의 절실함을 인지하고 있다.

하지만 이러한 폭발적인 수요를 해결하려면 몇 가지를 반드시 짚고 넘어가야 한다. 소프트웨어 보안 전문가가 가져야 할 배경 지식과 능력에는 어떠한 것이 있는가? 소프트웨어 보안 직무에 종사를 희망하는 개인이 자신의 능력과 준비 정도를 어떻게 평가할 수 있는가? 어떻게 하면 소프트웨어 개발 분야의 높은 능력과 발전 요구 사항을 충족할 수 있는 경력을 개발할 수 있을까?

이번 절에서는 이러한 질문에 대답하고, 소프트웨어 보안 공학 분야에서 직업을 찾으려는 사람들을 위한 가이드를 제공한다. 제시하는 답변은 고용주 입장에서 필요한 소프트웨어 보안 요구 사항을 결정하고, 구직자의 보안 능력을 평가 및 향상시키는 방법으로 활용할 수도 있다.

소프트웨어는 포트란Fortran 언어의 탄생 이전부터 우리와 함께해 왔다(Backus 1957). 하나의 전문 영역으로 소프트웨어 공학의 뿌리는 구조화된 프로그래밍, 구조화된 설계, 폭포수 모델 같은(Royce 1970) 프로세스 모델이 등장한 1960년대 후반에서 1970년대 초반으로 거슬러 올라간다. 즉 최소로 잡아도 42년이라는 시간 동안 소프트웨어 공학 분야가 전문 영역으로 그 자리를 지켜왔다.

지난 40년 동안 숙련된 소프트웨어 전문가가 갖춰야 할 모습을 정의하려는 수많은 시도가 있었다. 비록 소프트웨어 공학 전문성 자체에 대한 정의까지는 아니었지만, 대표적인 예로 소프트웨어 공학 지식 체계(Abran 2004)와 인력관리 국제 품질평가모델People Capability Maturity Model(Curtis 2002)과 함께 성숙도에 대한 논문을 처음으로 발표한 험프리Humphrey의 논문을 들 수 있다(Humphrey 1989).

이러한 노력의 성공 여부는 아직 논쟁 대상이지만, 확실한 한 가지 사실이 있다. 그전까지는 안전한 소프트웨어 제품 개발에 필요한 전문 능력을 정의하는 아주 협소한 시도만 이뤄졌다는 점이다. 소프트웨어 보증SwA 역량 모델은 지금까지 간과했던 부분을 해결하기 위해 개발됐다.

이 모든 선행 작업에 비춰볼 때 분명한 질문은 "우리는 왜 전문 역량 모델이 더 필요한가?" 이다. 해답은 작업 코드를 생성하는 데 필요한 역량과 악용할 수 있는 약점이 없는 소프트 웨어를 제작하는 데 필요한 역량 간의 중요한 차이에 있다. 그 차이는 적의 존재에 의해 두드러진다.

1990년대에는 소프트웨어 결함이 프로그램의 효율성에 영향을 주지 않거나 사용자의 요구 사항만 만족한다면 크게 문제로 삼지 않았다. 그렇다 보니 개발과 보증 기법은 요구 사항과 관련된 에러가 발생하지 않도록 프로그램을 만드는 데 초점이 맞춰졌다. 하지만 현재의 악의적인 공격자들은 의도하지 않은 결함을 이용해 프로그램에 다양한 문제를 발생시킬 수 있다. 따라서 비록 어느 정도 연관이 있긴 하지만, 보안 소프트웨어 보증과 관련된 전문 능력은 해당 프레임워크의 특수성을 고려해야 한다.

소프트웨어 보증 역량에 특화된 모델은 전반적인 전문 영역 입장에서 두 가지 장점을 제공한다. 첫 번째이자 가장 중요한 점은 표준 모델이 유망한 고용주로 하여금 업무 환경에 필요한 기본적인 능력을 정의할 수 있도록 도와준다는 점이다. 이와 동시에 조직 내의 구성원들이 일반적으로 갖춰야 할 최소한의 역량 요구 사항 항목을 수립하는 데도 도움이 된다. 무엇보다 중요한 점은 조직이 당면 과제 수행에 필요한 역량 요구 사항 항목에 정확히 맞출 수 있는 기준을 제공한다는 것이다.

개별 작업자의 관점에서 역량 모델은 소프트웨어 보증 전문가에게 높은 직위를 얻고, 자신의 직무를 위한 역량 사다리를 오르는 데 필요한 특정 기술을 추가해, 업무 수행 능력을 향상시킬 수 있는 표준 로드맵을 제공한다. 예를 들어 갓 졸업한 신입 사원은 이 모델을 활용해 소프트웨어 보증 전문가로서 자신의 경력을 설계하고 역량을 계발할 수 있다. 많은 부분에서 이 로드맵 기능은 미래의 개발 환경에 중요한 역할을 하는 전문 역량 모델을 보장해 주므로, 공학 교육 및 훈련을 수행하는 사람들이 한 번쯤 관심을 가져야 할 분야임에 틀림없다.

4.2 소프트웨어 보증 역량 모델[2]

이번 절에서는 SEI의 소프트웨어 보증 역량 모델을 자세하게 다룬다. 본격적인 시작에 앞서 이 분야에 영향력이 크거나 유용한 자료를 소개한다. 다음에 소개된 모델 중 일부와 관련 자료는 SEI의 SwA 역량 모델 관련 부서에서 연구 및 분석한 결과물이다.

- **소프트웨어 보증 전문 역량 모델**[DHS] — 10가지 SwA 전문 분야와(예를 들어 소프트웨어 보증, 보안 공학, 정보 보증 컴플라이언스) 각 전문 분야에 필요한 네 가지 수준의 행동 지표 설명에 초점이 맞춰져 있다(DHS 2012).

- **정보 기술 역량 모델**(미 노동부) — 비 기술 및 기술 역량 영역의 단계별 목록에 초점을 맞춘 피라미드 모델을 사용한다(예를 들어 1단계로는 개인 수준의 효과적인 역량, 4단계로 산업 전반에 걸친 기술 역량). 특정 직업군과 역할은 다루지 않았다(DoLETA 2012).

- **전문 자문위원회 역량 모델 프레임워크**[PAB, Professional Advisory Board, IEEE Computer Society] — 역량 모델 소개와 함께 IEEE의 전문 자문위원회[PAB]가 개발한 역량 모델 중 일관성 확보 방안에 대한 가이드라인을 소개한다. 특정 컴퓨팅 전문 분야(예를 들어 소프트웨어 공학 전문직)에 필요한 지식, 기술, 역량 단계 설명을 토대로 전문성을 위한 범용 프레임워크를 소개한다(IEEE-CS 2014).

- **'소프트웨어 공학 교육과 산업 요구 사항 사이의 균형 조정'** — 소프트웨어 공학 프로그램을 이수한 학부생 및 대학원생의 능력과 실제 공학 전문 업무 수행에 필요한 능력 사이의 관계 관점에서 학계와 산업계 모두에 필요한 내용을 연구한 내용을 소개한다(Moreno 2012).

- **역량 라이프 사이클 로드맵: 성능 준비도 관점**[SEI] — 노동력 준비도 이해와 구축을 위한 로드맵 소개를 제공한다. 로드맵에는 준비 상태에 도달하기 위한 평가 계획, 도입, 검증, 테스트 준비도 같은 활동도 포함된다(Behrens 2012).

---

2   이 절은 소프트웨어 보증 역량 모델(Software Assurance Competency Model)을 참고했다(Hilburn 2013a).

물론 학계 및 정부 기관 내의 업무와 관련된 역량 모델 관련 자료도 존재한다(Khajenoori 1998, NASA 2016). SEI의 소프트웨어 보증 역량 모델 개발 시에는 검토되지는 않았지만, 정보화 시대에 필요한 기술 프레임워크[SFIA]와 IT 분야의 역량과 관련된 국제적 노력과 관련된 자료를 찾아보는 것도 도움이 된다.[3]

> **IEEE 소프트웨어 공학 역량 모델**
>
> SEI의 소프트웨어 보증 역량 모델 자료가 출간된 후에 IEEE도 소프트웨어 공학 역량 모델(SWECOM) 자료를 공개했다(IEEE-CS 2014). 더 거시적인 관점에서 소프트웨어 공학 역량을 다룬 SWECOM 읽어보기를 권장한다.

4.3 DHS(국토안보부) 역량 모델[4]

DHS 역량 모델은 SEI와는 독립적으로 개발된 모델이다. DHS 모델의 구조는 모델 개발자와 대상에 따라 역량 모델이 어떻게 달라질 수 있는지 알 수 있는 좋은 사례다. '정답'이 되는 소프트웨어 보증 역량 모델은 존재하지 않지만, 역량 모델의 사용이 조직과 프로젝트, 개개인에 도움을 준다는 사실은 분명하다.

4.3.1 목적

DHS 모델(DHS 2012)은 다음 요구 사항을 충족하기 위해 설계됐다.

- 관계 부처 간 또는 공공 부문과 민간 부문 간 협업은 라이프 사이클 전반에 걸친 소프트웨어 보안과 내구성을 향상시킨다.
- 모델은 공격 가능한 보안 약점을 줄이고, 내구성이 높은 소프트웨어 제품을 개발, 도입, 배치하는 능력을 향상시키는 수단이 된다.

---

3 www.sfia-online.org/en
4 이 절은 소프트웨어 보증 역량 모델(Software Assurance Competency Model)을 참고했다(Hilburn 2013a).

- 소프트웨어 보안 컨텐츠와 SwA 교육 프로그램 개발 및 출판은 소프트웨어 보안 콘텐츠를 관련 교육 및 훈련 프로그램과 결합하는 부분에 초점을 맞춘다.
- 소프트웨어 보안 자동화와 측정 능력을 가능하게 해 준다.

4.3.2 Competency Areas 조직

DHS는 자체적으로 관심이 있거나 책임이 있는 분야의 범위에 해당하는 사이버 보안 교육 국가 계획[NICE, National Initiative for Cyber Security Education]에 맞춘 '전문 영역'을 중심으로 모델을 구성했다.

- 소프트웨어 보증과 보안 공학
- 정보 보증 컴플라이언스
- 엔터프라이즈 아키텍처
- 기술 설명(입증)
- 전략적 계획 및 정책 개발
- 지식 관리
- 사이버 위협 분석
- 취약점 평가 및 관리
- 시스템 요구 사항 계획

4.3.3 SwA 역량 단계

DHS 모델은 각 전문 영역에 필요한 역량을 표현하기 위해 역량 정도를 네 단계로 구분한다.

- **1단계 초급**[Basic] — 업무 관련 주요 안건을 이해하고, 전문성 도입에 필요한 기본적인 수준의 업무를 수행할 수 있는 사람
- **2단계 중급**[Intermediate] — 업무 관련 주요 안건을 처리할 수 있으며, 전문성 적용에 요구되는 전반적인 업무를 처리할 능력이 있는 사람

- **3단계 고급**Advanced — 업무 관련 주요 안건을 분석할 수 있으며, 전문성 도입 관련 업무를 성공으로 끌어낼 수 있는 사람
- **4단계 전문**Expert — 업무 관련 여러 안건을 결합하고 평가할 수 있으며, 해당 분야의 전문가로 불릴 정도의 역량을 갖춘 사람

표 4.1 소프트웨어 보증 및 보안 공학 전문 분야의 숙련도 대상

숙련도 대상		
프로젝트 리더(GS 13)	시니어(GS 14)	디렉터(GS 15)
3-고급	4-전문	4-전문

4.3.4 행동 지표

각 전문 영역에 대해 DHS는 단계별로 관찰 가능한 실무 행동 내에서 역량이 어떻게 나타나는지를 설명한다. 이러한 설명을 행동 지표behavioral indicator라고 부른다.

각 전문 영역의 설명은 숙련도 대상과도(특정 경력 수준을 가진 사람이 갖춰야 할 숙련 단계를 나타낸다) 연결돼 있으며, 각 영역에 필요한 행동 지표 설명과 함께 제공된다. 예를 들어 표 4.1 같이 소프트웨어 보증 및 보안 공학 전문 분야를 표현할 수 있다.

4.3.5 사이버 보안 교육 국가 계획(NICE)

앞서 언급했듯이 DHS는 사이버 보안 교육 국가 계획NICE에 맞춘 '전문 영역'을 중심으로 모델을 구성했다. 사이버 보안 직업 기술, 교육, NICE를 지원하는 사이버 보안 커리어 및 연구 국가 계획NICCS에 포함된 핵심 국가 계획은 다음과 같은 관점을 시사한다.[5]

---

5   https://niccs.us-cert.gov/home/about-niccs

사이버 보안 커리어 및 연구 국가 계획(NICCS)은 사이버 보안 정보의 핵심 자원이다. NICCS는 인지 능력 강화, 파이프라인 확장, 보안 영역의 진화로 구성된 세 가지 구성 요소에 초점을 맞춘 사이버 보안 교육 국가 계획을 직접적으로 지원한다. NICCS는 정부, 산업, 학계뿐만 아니라 사이버 보안에 대해 궁금하거나 해당 분야에 종사하고 싶은 누구나 접근할 수 있는 국가 데이터베이스다.

가장 중요한 계획 요소는 바로 국가 사이버 보안 인력 관리 프레임워크다.[6]

국가 사이버 보안 인력관리 프레임워크는 사이버 보안 업무를 전문 영역, 작업, 지식, 기술, 능력(KSAs) 범위로 범주화, 조직화, 설명하는 청사진을 제공한다. 인력관리 프레임워크는 사이버 역할과 직업에 대한 공통 언어를 제공하며, 사이버 보안의 전문 요구 사항 정의를 도와준다.

인력관리 프레임워크는 사이버 보안을 7단계 범주로 구분하며, 각 범주는 다시 일곱 개의 전문 영역으로 나뉜다. 일곱 개의 범주는 안전한 준비, 운영 및 유지보수, 보호 및 방어, 조사, 수집 및 운영, 분석, 관리감독 및 개발이다.

SEI의 보안 보증 커리큘럼 모델은 NICE 프레임워크의 안전한 준비 섹션에 크게 영향을 받았다. 안전한 준비는 정보 보증 컴플라이언스, 소프트웨어 보증 및 보안 공학, 시스템 배치, 시스템 요구 사항 계획, 시스템 보안 아키텍처, 기술 연구 및 개발, 테스트 및 평가의 전문 영역을 포함한다.

프레임워크는 추가적으로 지식, 기술, 능력, 역량, 작업을 검색 가능한 데이터베이스 형태로 제공한다. NICE는 정기적인 워크샵을 개최하며, 다양한 훈련 과정을 보유하고 있다.[7]

---

6   https://niccs.us-cert.gov/training/tc/framework
7   https://niccs.us-cert.gov/training/tc/search

NICCS 훈련 과정 목록은 미국에서 제공되는 사이버 보안 및 사이버 보완 관련 교육 과정 목록을 제공한다. 훈련 과정 목록에는 이미 2000개가 넘는 과정이 등록돼 있으며, 매일 새로운 내용이 추가되고 있다! NICCS 훈련 과정 목록은 사이버 보안 분야 직무 수행에 필요하거나 관심이 있는 사람들이 다양한 과정 정보를 쉽게 찾을 수 있도록 도와주는 중앙 데이터베이스 역할을 한다. 사람들은 키워드, 숙련도 단계, 교육 방식, 인력관리 프레임워크 전문 영역을 기준으로 과정을 검색할 수 있다.

4.4 SEI 소프트웨어 보증 역량 모델[8]

SEI 소프트웨어 보증 역량 모델에서 역량는 하나 이상의 역할과 관련된 직무 활동 수행에 필요한 지식, 기술, 효율성을 표현하는 용어다(IEEE-CS 2014).

- 지식은 개인이 알고 있거나 설명할 수 있는 내용을 의미한다(예를 들어 다양한 위험 도메인을 정의하거나 설명할 수 있다).

- 기술은 개인이 직무 수행을 위한 지식을 실무에 적용할 수 있는 능력을 의미한다(예를 들어 프로젝트 관련 위험을 식별하고 분류할 수 있다).

- 효율성은 소질, 진취성, 열정, 의욕, 커뮤니케이션 능력, 팀 참여도, 리더십 같은 행동 속성으로 구분되는 생산적인 방식으로, 지식과 기술을 적용할 수 있는 능력과 관련이 있다.

앞서 언급한 것처럼 SEI의 소프트웨어 보증 역량 모델을 개발하는 과정에서 모델 제작자는 다양한 역량 모델과 관련 자료를 함께 연구하고 분석했다. SwA 역량 모델의 핵심 참고 자료는 소프트웨어 보증 참조 교육과정 총람Master of Software Assurance Reference Curriculum(Mead 2010a)이다. 교육과정은 내부 검토와 공개 검토를 모두 거쳤으며, ACM과 IEEE 컴퓨터 협회에서 소프트웨어 보증 분야의 석사 학위로 적합하다는 인정을 받았다. 교육과정 문서에는 소프트웨어 보증 주제와 GSwE2009Stevens Institute of Technology 2009를 매핑한 내용이 담겨

---

8 이 절은 소프트웨어 보증 역량 모델(Software Assurance Competency Model)을 참고했다(Hilburn 2013a).

있다. 따라서 소프트웨어 공학 지식 분야에 대한 비교도 함께 확인할 수 있다. 교육과정이 만들어진 후로 공군 사관학교, 카네기멜론대학교, 스티븐스 공과대학교, 특히 훈련 및 인증 기관인 (ICS)[29]를 포함한 다양한 대학에서 이를 도입했다. 뒤에서 별도로 설명하겠지만, 다양한 전문 숙련 단계를 위한 역량 모델에 사용된 대부분 지식과 기술은 MSwA 교육과정을 기반으로 한다.

소프트웨어 보증 역량 모델은 소프트웨어 보증 수행 업무를 수행하는 조직의 책임자가 현재 및 미래에 고용할 직원들의 소프트웨어 보증 역량을 평가할 수 있는 수단을 제공한다. 게다가 MSwA 참조 교육과정은 소프트웨어 보증 전문가를 고용하고 개발하는 조직의 요구 사항을 충족해 줄 교육 및 훈련 과정 개발 시 가이드 역할을 해줄 수 있다.

SwA 역량 모델은 유능한 보안 전문가에 대한 기대 수준과 산업계의 요구 사항에 대한 정보를 제공해 주는 과정을 통해 소프트웨어 공학 교육 과정을 향상시킬 수 있다(Mead 2010a, 2010c, 2011b). 또한 이 모델은 개발 진행과 경력 개발 방향과 함께 소프트웨어 보증 전문가를 제공해 줄 수 있다. 마지막으로 표준 역량 모델은 전문가 인증 활동을 지원할 수도 있다.

4.4.1 모델 기능

전문가 역량 모델은 기본적으로 신입 수준에서 기대되는 능력과 관리자 수준에서 필요한 능력을 구분할 수 있는 역량 단계를 특징으로 구분한다.

소프트웨어 보증 역량 모델에서 다섯 단계의 역량 단계[L1-L5]는 지식, 기술, 역량과 관련된 다양한 수준의 전문 능력을 구별한다(IEEE-CS 2014). 개개인은 역량 단계를 사용해 자신의 능력 수준을 평가하고, 소프트웨어 보안 업무 수행을 위한 준비에 도움을 얻을 수 있다.

---

9 (ICS)[2]: International Information Systems Security Certification Consortium의 약어로, 정보 보호 전 분야에 걸쳐 전문가 양성 교육 및 자격 인증 분야에서 선도적 역할을 수행하는 국제적인 비영리 단체다. 국제 공인 정보 시스템 보안 전문가(CISSP) 등 정보 보호와 관련한 다양한 자격 시험을 시행하며, 정보 보호 표준 프레임워크인 CBoK(The Common Body of Knowledge)를 제정해 정보 보호 산업에 기여하고 있다(IT 용어사전, 한국정보통신기술협회)

- L1: 기술자 C
  - 자격증, 관련 학위 프로그램 또는 동등한 수준의 지식과 경험을 통해 얻은 전문 지식과 기술을 보유한 사람
  - 높은 지위에 있는 담당자가 할당한 개별 작업과 함께 시스템 운영자, 개발자, 테스터, 유지보수 업무를 수행하는 자리에 배치될 수 있다.
  - 주요 역량 영역으로 시스템 운영 보증[SOA], 시스템 기능 보증[SFA], 시스템 보안 보증[SSA]이 있다.
  - 주요 업무: 낮은 수준의 구현, 테스팅, 유지보수
- L2: 전문가 진입 단계
  - 컴퓨팅 분야 학사 학위 또는 동등한 수준의 전문 경험을 통해 얻은 '애플리케이션 기반' 지식과 기술, 초보 수준의 전문 역량을 보유한 사람
  - L1 단계가 수행하는 모든 작업뿐만 아니라 소규모 내부 프로젝트를 관리하고, L1 기술자의 업무를 감독하거나 일을 할당해 주며, 시스템 운영을 감독 및 평가하고, 일반적인 보증 작업을 구현하는 일을 한다.
  - 주요 역량 영역으로 SFA, SSA, 보증 평가[AA]가 있다(표 4-2 참고).
  - 주요 업무: 요구 사항 토대, 모듈 설계 및 구현
- L3: 실무진
  - L2 단계를 넘어서는 수준의 넓고 깊은 지식, 기술, 역량을 보유하며, 보통 2년에서 5년 정도의 실무 경험을 가진 사람
  - L2 단계가 수행하는 모든 작업을 포함하며, 추가로 사내 프로젝트를 위한 계획, 작업, 일정을 수립해 프로젝트 자체를 정의하고 관리한다. 팀을 관리하고, 관리자에게 업무를 보고하며, 시스템의 보증 품질을 평가하고, 일반적인 소프트웨어 보증 작업을 구현하고 촉진하는 일을 한다.
  - 주요 역량 영역으로 위험 관리[RM], AA, 보증 관리[AM]이 있다(표 4-2 참고).
  - 주요 업무: 요구 사항 분석, 아키텍처 설계, 트레이드오프 분석 및 위험 평가

- L4: 숙련된 실무진
  - L3를 넘어선 다양한 실무 경험과 깊고 넓은 지식, 기술을 가진 5~10년차 전문가이자 석사에 준하는 학위를 보유하고 있거나 이에 상응하는 교육/훈련 경험이 있는 사람
  - L3 단계가 수행하는 모든 작업을 포함하며, 소프트웨어 구현 단계에 필요한 효과적인 소프트웨어 보증 절차를 식별하고 탐색할 수 있고, 대규모 프로젝트를 관리하고 외부 관계자들과 업무 처리를 담당
  - 주요 역량 영역으로 RM, AA, AM, 보증 라이프 사이클에 걸친 보증 활동[AALC]이 있다(표 4-2 참고)
  - 주요 업무: 라이프 사이클 전반에 걸친 보증 평가, 보증 관리, 위험 관리
- L5: 전문가
  - L4를 넘어선 역량를 보유, 다양한 업무 방식과 절차를 개발하고, 수정하고, 새롭게 추가할 수 있으며 보통 조직의 관리자 이상의 역할을 담당, 업계에서 인정하는 전문성을 보유한 사람
  - 보통 전체 SwA 전문 조직 인력의 2퍼센트 미만의 인력이 여기에 해당

4.4.2 SwA 지식, 기술, 효과

SwA 역량 모델 수립에 활용한 주요 개념과 기술은 Software Assurance Curriculum Project, Volume 1: Master of Software Assurance Reference Curriculum(Mead 2010a)에 포함된 핵심 지식 체계[CorBoK]를 기반으로 한다. CorBok는 표 4.2에 소개된 지식 영역으로 구성된다. 각 지식 영역은 다음 절의 표 4.5에서 보는 것처럼 하위 유닛으로 다시 나눠진다. 각 유닛에서 역량 활동을 L1-L5 단계에 맞춰 서술한다.

표 4.2 CorBoK 지식 영역과 역량

지식 영역(KA)	KA 역량
AALC: 라이프 사이클 전 단계에 걸친 보증 L3, L4, L5	보증 기술과 방법론을 라이프 사이클 프로세스 및 개발 모델에 녹여 혁신적인 시스템 개발과 시스템 및 서비스 도입을 가능하도록 하는 능력
RM: 위험 관리 L2, L3, L4, L5	위험 분석과 트레이드오프 분석을 수행하고, 보안 수준 측정 우선순위를 결정할 수 있는 능력
AA: 보증 평가 L1, L2, L3, L4	보증 작업의 효과를 분석 및 검증하고, 보안 대책에 대한 감사 가능한 증거를 생성할 수 있는 능력
AM: 보증 관리 L3, L4, L5	소프트웨어 보증을 위한 사례를 만들고, 보증 작업을 주도하며, 표준을 이해하고, 규정을 준수하며, 사업 연속성 계획을 수립하고, 최신 보안 기술을 지속적으로 학습할 수 있는 능력
SSA: 시스템 보안 보증 L1, L2, L3, L4	효과적인 보안 기술과 방법론을 신규 시스템 또는 기존에 존재하는 시스템에 적용할 수 있는 능력
SFA: 시스템 기능 보증 L1, L2, L3	새롭게 개발되거나 기존에 존재하는 소프트웨어 시스템 기능을 검증해 요구 사항 준수 여부를 확인하고, 악성 콘텐츠를 찾아낼 수 있는 능력
SOA: 시스템 운영 보증 L1, L2, L3	시스템 운영 보안 수준을 모니터링하고 평가하며, 새로운 위협에 대응할 수 있는 능력

CorBoK는 다른 항목보다 KA를 더 자세히 설명하는데, 시스템 보안 보증 KA의 자세한 명세는 표 4.3에서 확인할 수 있다.

CorBoK는 표 4.3에서 소개된 보안 보증 지식 영역의 '윤리와 무결성' 유닛을 제외한 모든 유닛에 효율성과 관련된 역량을 설명하지 않는다. 효율성에 대한 자세한 내용은 표 4.4에서 확인할 수 있다(IEEE-CS 2014를 적용). 표 4.4에서는 주어진 특성에 대한 역량 단계별 항목을 별도로 구분하지 않는다. 하지만 진정한 전문가라면 커리어를 쌓고 높은 역량 단계로 나아가는 과정에서 효율성 영역에 대한 깊고 넓은 능력도 간과해선 안 된다.

표 4.3 시스템 보안 보증 KA 세부 내용

유닛	주제	설명
새롭게 개발되거나 도입 예정인 다양한 시스템용 소프트웨어	컴퓨터 기반 주요 시설의 보안과 안전 측면	은행 및 금융, 에너지 생산 및 공급, 통신, 운송 시스템 같은 기반 시설과 관련된 안전 및 보안 위협에 대한 지식
	잠재적인 공격 방법	시스템 설계 및 구현 단계에서 발생 가능한 취약점을 공격해 소프트웨어 또는 해당 소프트웨어 관련 데이터를 공격하는 다양한 방법에 대한 지식
	소프트웨어에 대한 위협 분석	특정 운영 환경 또는 도메인에서 소프트웨어의 가장 취약한 부분에 대한 위협 분석
	방어 방법	레이어, 접근 제어, 권한, 침입 탐지, 암호화, 코드 리뷰 체크리스트 같은 적절한 대응 방안에 대한 친숙 정도
(현존하는) 다양한 운영 시스템	과거에 발생했거나 잠재적인 운영 공격 방법	애플리케이션 또는 시스템 운영 방해에 사용된 공격을 재현할 수 있는 능력 또는 관련 지식
	운영 환경에 대한 위협 분석	특정 운영 환경 또는 도메인에서 소프트웨어의 가장 취약한 부분에 대한 위협 분석
	접근 제어, 권한, 인증을 위한 계획 수립	레이어, 접근 제어, 권한, 침입 탐지, 암호화, 코드 리뷰 체크리스트 같은 적절한 대응 방안에 대한 친숙 정도
	물리적, 인적 환경에 적용 가능한 보안 수단	물리적 접근 제한, 경비, 신원 조회, 개인 신상 모니터링으로 위험 요소를 처리하는 방법을 이해하는 것
소프트웨어 시스템 생성, 도입, 운영에 필요한 윤리와 무결성	윤리, 윤리 코드, 법적 제한 사항 개요	공격과 방어 방법에 해박한 사람이 자신의 능력을 윤리 및 전문 행위를 위한 소프트웨어 공학 코드(Software Engineering Code of Ethical and Professional Conduct)에 따라 윤리적이고 법적으로 활용할 수 있을지 이해하는 것
	컴퓨터 공격 사례 학습	다양한 과거의 보안 사고 및 조사 사례를 분석하는 작업 수행 시 고려해야 할 법적, 윤리적인 사항에 대한 지식

이 표는 'Building Security In: A Road to Competency'(Hilburn 2013b)을 참고했다.

표 4.4 효율적인 역량 속성

역량 특성	설명	역량 단계
소질	특정 역량 단계에서 특정 소프트웨어 보증 활동을 할 수 있는 능력으로 확인. 소질은 지식과 기술보다 지식을 기술적인 방법으로 적용하는 능력을 의미	L2-L5
열정	소프트웨어 보증 업무 활동을 수행에 관심과 흥미를 보이는 태도	L1-L5
의욕	열정이 없다고 하더라도 업무가 주어지면 책임감 있게 수행하려는 정도	L1-L5
커뮤니케이션	팀원, 매니저, 프로젝트 이해관계자 등과 상호작용하면서 구두 또는 문서 형태로 자신의 생각과 아이디어를 명확하고 간결하게 전달하는 능력	L2-L5
팀워크	업무 활동에 있어 협업을 기본으로 팀원들과 열정적이고 의지가 넘치는 태도로 일할 수 있는 능력	L1-L5
리더십	팀원, 매니저, 프로젝트 이해관계자 등이 인정하고, 공유할 수 있도록 비전, 전략, 기법을 전달할 수 있는 능력	L3-L5

4.4.3 역량 업무 할당

표 4.5는 각 역량 수준 및 효율성 속성에 대한 적절한 지식과 기술 설명과 함께 CorBoK의 지식 영역과 2단계 유닛의 일부분을 보여준다. 전체 내용은 역량 보고서(Hulburn 2013a)에서 확인할 수 있다. L1에 지정된 내용은 L1에서 L5까지 모두 적용이 가능하며, L2에 지정된 내용은 L2에서 L5까지만 적용이 가능한 식으로 동작한다. 단계 설명은 각 단계에 해당하는 역량 활동을 의미한다.

표 4.5 SwA 역량별 업무 할당

지식/기술/효율성		
KA	유닛	역량 활동
라이프 사이클 전반에 걸친 보증	소프트웨어 라이프 사이클 프로세스	L1: 자신에게 주어진 업무에 적용 가능한 정의된 프로세스의 일부분을 이해하고 실행
		L2: 소규모 내부 프로젝트를 위해 정의된 라이프 사이클 소프트웨어 프로세스 적용 업무를 관리
		L3: 중소 규모 프로젝트를 위한 신규 개발, 도입, 운영, 개선 같은 다양한 라이프 사이클 활동을 이끌고 평가
		L4: 라이프 사이클 단계에 맞는 기존 SwA 업무를 선택하고, 적용하는 업무를 포함해 대규모 프로젝트를 위해 사전에 정의된 라이프 사이클 소프트웨어 프로세스를 관리
		L5: 특정 조직 환경 또는 도메인 요구 사항과 제한 요소에 부합하는 라이프 사이클 프로세스를 분석하고, 설계하며, 개선하는 업무
	소프트웨어 보증 프로세스 및 절차	L1: 보증 프로세스와 업무 평가에 사용하는 방법, 절차, 도구에 대한 일반적인 내용을 학습
		L2: 보증 프로세스와 업무 평가를 위한 방법, 절차, 도구를 적용
		L3: 보증 업무를 라이프 사이클 단계에 통합하는 작업을 관리
		L4: 조직 내에서 수행 중인 모든 프로젝트의 라이프 사이클 보증 프로세스와 업무를 선택하고 통합하는 것을 관리
		L5: 보증 평가 결과를 분석해 여러 라이프 사이클 단계에 적용 가능한 최적의 실행 과제를 결정
위험 관리	위험 관리 개념	L1: 위험 분석의 기본 요소를 이해
		L2: 위험 분석 수행 방법을 설명
		L3: 소규모 내부 프로젝트를 위한 위험 관리에 사용되는 모델, 프로세스, 측정 기준을 결정
		L4: 모든 규모의 프로젝트를 위한 위험 관리에 사용되는 모델, 프로세스, 측정 기준을 개발
		L5: 조직 전반에 걸쳐 위험 관리 개념 적용 시 효용성을 분석
	위험 관리 프로세스	L1: 조직 차원의 위험 관리 프로세스를 설명
		L2: 프로젝트와 관련된 위험을 식별 및 분류
		L3: 프로젝트 수행 과정에서 발생 가능한 잠재적이고, 영향력이 있으며, 심각한 위험을 분석. 중소 규모 프로젝트의 위험 관리를 계획하고 모니터링
		L4: 대규모 프로젝트를 위한 위험 관리를 계획하고 모니터링
		L5: 조직 전반에 걸친 위험 관리 업무를 분석하고 강화하는 프로그램을 개발
	소프트웨어 보증 위험 관리	L1: 취약점과 위협 위험 대응을 위한 위험 분석 기법 설명
		L2: 취약점과 위협 위험에 위험 분석 기술을 적용
		L3: 소규모 시스템을 위한 소프트웨어 보증 위험 분석 및 위험 완화 계획 수립
		L4: 신규 또는 기존에 존재하는 시스템을 위한 소프트웨어 보증 위험 분석 및 완화 계획 수립
		L5: 조직 전반에 걸친 소프트웨어 보증 프로세스와 업무를 평가하고 개선 사항을 제안

4.4.4 능력 향상과 경력 개발[10]

SwA 역량 모델은 전문성 향상과 경력 개발의 올바른 방향성을 제공한다. 각 역량 단계는 가장 낮은 역량을 전제로 한다. 모델 또한 CorBoK(KA와 유닛)와 역량 단계 사이의 종합적인 매핑 정보도 함께 제공한다. 완전한 매핑 목록은 부록 D '소프트웨어 보증 역량 모델 할당'에서 확인할 수 있다. 표 4.6은 시스템 보안 보증 KA를 위한 매핑 목록을 보여준다.

4.4.5 모델 적용 예시[11]

소프트웨어 보증 역량 모델을 실제 업무에 적용하는 다양한 방법이 존재한다. 소프트웨어 보증이 중요한 조직이라면 표 4.6에서 소개하는 정보 유형을 활용해 다음과 같은 작업을 수행할 수 있다.

- 소프트웨어 보증 요구 및 기대 사항을 구조화
- 소프트웨어 보증 수행원의 능력을 평가
- 직원들의 능력 향상을 위한 로드맵을 제공
- 소프트웨어 보증 전문성 개발 계획에 기초 자료로 활용

예를 들어 소프트웨어 보증 초급 전문가를 고용할 계획이 있는 조직이라면, L1-L2 단계를 검토한 후 필요한 부분을 직무 명세에 포함하면 된다. 해당 단계에서 요구하는 내용을 인터뷰 과정에서 활용해 고용주와 직원들이 구직자의 전문성을 평가할 수 있다.

소프트웨어 보증 과정을 개발하거나 소프트웨어 공학 과정에 소프트웨어 보증 관련 내용을 도입하려는 교수진들도 하나의 사례가 될 수 있다. 교수진들은 단계별로 잘 분류된 깊이 있는 설명을 토대로 전문 대학, 대학교 및 대학원 수준에 맞는 과정을 적용할 수 있다. 예를 들어 학부생들의 성과는 L1 및 L2 단계와 연결할 수 있으며, 대학원 과정의 학생들은

---

10 이 절은 '조직에 보안을 구축: 역량 확보를 위한 로드맵(Building Security In: A Road to Competency)'을 참고했다(Hilburn 2013b).

11 이 절은 소프트웨어 보증 역량 모델: 개인 전문 능력 향상을 위한 로드맵(The Software Assurance Competency Mode: A Roadmap to Enhance Individual Professional Capability)을 참고했다(Mead 2013a).

표 C.1에 나열된 과정은 구현 단계에서 시큐어 코딩과 SwA를 넘어선 내용이다. 이 과정은 요구 사항 분석, 아키텍처 및 모듈 설계, 구현, 테스트 그리고 운영 및 유지 관리의 일환으로 라이프 사이클 전반에 걸친 보안 문제를 다룬다. 대학원 과정에서는 관리 및 프로세스, 요구 공학, 디자인, 설계, 테스트 및 유지 같은 전통적인 분야의 SwA 주제가 포함된다. 여기에는 보안 정책 및 보안 기능 요구 사항 같은 SwA 주제(소프트웨어를 손상시키는 공격 방법, 소프트웨어에 대한 위협 분석, 접근 제어, 권한, 침입 탐지 및 암호화 같은 적절한 대응책, 접근 제어, 권한 및 인증을 위한 설계 및 계획)가 포함된다.

기존에는 SwA의 지식 체계가 존재하지 않았기 때문에, 새로운 체계를 수립하는 것이 프로젝트 팀의 첫 임무 중 하나였다. 소프트웨어 보안 보고서, 서적 및 기사를 광범위하게 검토한 후 기업 및 정부 SwA 전문가와의 설문 조사 및 토론을 거쳐 SwA 핵심 지식 체계^{CorBoK}를 개발했다. CorBoK는 소프트웨어 시스템 도입, 개발, 운영 및 진화와 관련된 SwA 실제 사례의 다양한 범위를 포함한다. CorBoK는 표 C.1의 제Ⅱ권, 제Ⅲ권 및 제Ⅳ권에 열거된 교육 과정의 핵심 내용을 담고 있다. 표 C.2는 CorBoK의 주요 구성 요소 및 지식 영역^{KAs}을 나열하고, 각 KA와 관련된 주요 MSwA 학생 성과를 보여준다.

표 C.2 SwA CorBoK 지식 영역

지식 영역	MSwA 학생 성과
라이프 사이클 전반에 걸친 보증	신규 또는 진화된 시스템 개발, 시스템 또는 서비스 도입을 위해 보증 기술과 방법을 라이프 사이클 프로세스 및 개발 모델에 통합할 수 있는 능력
위험 관리	위험 분석 및 트레이드오프 평가를 수행하고, 보안 방법의 우선순위를 매길 수 있는 능력
보증 평가	보증 운영의 효율성을 분석 및 검증하고, 보안 대책에 대한 감사 증거를 생성할 수 있는 능력
보증 관리	소프트웨어 보증을 위한 비즈니스 사례를 작성, 보증 노력을 이끌어 내고, 표준 이해, 규정 준수, 비즈니스 연속성 계획 및 보안 기술에 대한 최신 정보 제공하는 능력
시스템 보안 보증	효과적인 보안 기술 및 방법론을 신규 및 기존 시스템에 통합할 수 있는 능력
시스템 기능 보증	신규 및 기존 소프트웨어 시스템 기능이 요구 사항에 일치하는지 확인하고, 악성 콘텐츠를 파악하는 능력
시스템 운영 보증	시스템 운영 보안 업무를 모니터링 및 평가하고, 새로운 위협에 대처할 수 있는 능력

이미 관련 교육 과정을 교육 중인 교수진들도 현재 교육 과정이 학생들의 수준에 잘 맞는지 평가 시 모델 활용이 가능하다. 4장의 저자는 현재 소프트웨어 보증 교육 과정을 강의하고 있으며, 이 모델을 사용해 강의 요강을 다시 검토하고 재구성한다.

4.4.6 SEI 소프트웨어 보증 역량 모델의 핵심 내용[12]

소프트웨어 보증 역량 모델은 소프트웨어 보증 전문가의 능력을 평가하고 향상시키는 기반을 만들기 위해 개발됐다. L1에서 L5에 걸친 역량 단계와 이를 SwA CorBoK(Mead 2010a)에 명시된 지식과 기술을 기반으로 하는 개별 역량에 적용한 결과는 조직 또는 개인이 광범위한 지식 영역과 유닛 범위에서 SwA 역량을 결정하는 데 필요한 세부 내용을 제공한다. 또한 모델은 조직의 특수한 도메인, 문화, 구조에 맞는 기능 적용을 위한 프레임워크를 제공한다.

모델은 산업계의 자문 위원들의 검토를 거친 후 실제 산업 환경에 매핑한 결과다. 전체 매핑 목록은 SEI 보고서에 포함돼 있다. 뿐만 아니라 정식 출간 전에 공개 검토 과정 또한 거쳤다. IEEE 컴퓨터 단체[IEEE-CS] 전문가 활동 위원회[PAB]의 소프트웨어 및 시스템 공학 분야 의장인 딕 페어리[Dick Fairley]는 SEI 소프트웨어 보증 역량 모델을 'PAB 역량 모델을 위한 프레임워크에 부합하며 소프트웨어 보증 역할에 적합한'[13]것으로 평가했다. 소프트웨어 보증 분야의 저자가 진행한 발표와 인터넷상의 세미나인 웨비나[webinar]에 따르면, 오직 절반의 참가자만이 자신이 속한 조직에 맞는 SwA 역량 모델을 개발한 적이 있다고 밝혔다. 하지만 80%가 넘는 참가자들이 프로젝트 인력 확보 시 SwA 역량 모델을 사용할 수 있었다고 말했다.

이 모델의 가장 중요한 산출물은 바로 숙련되고 잘 훈련받은 직원을 보유하게 되는 것이다. 소프트웨어 업계가 더 안전한 애플리케이션 상태가 지속적으로 유지되기를 바라는 만큼, 이 모델을 추천하는 것이 조직의 소프트웨어 자산을 개발하고 유지하는 프로세스를 더

---

12 이 절은 소프트웨어 보증 역량 모델: 개인 전문 능력 향상을 위한 로드맵(The Software Assurance Competency Mode: A Roadmap to Enhance Individual Professional Capability)을 참고했다(Mead 2013a).

13 http://www.cert.org/news/article?assetid=91675&article=156&year=2014

욱 신뢰할 수 있게 만들어 준다는 보장이자 약속으로 받아들일 수 있을 것이다. 이 가이드라인은 향후에 신뢰할 수 있는 시스템을 개발하는 모든 노력에 있어 핵심 요소로 자리 잡을 것이며, 조직과 개인이 사이버 보안 목표를 달성할 수 있도록 돕는 필수 참고 자료를 제공해 줄 것이다.

사례 연구1: SwA 역량 모델을 사용해 프로젝트 팀원을 구성

샘(Sam)은 신규 개발 프로젝트를 맡게 된 프로젝트 매니저다. 그는 자동차 회사에 근무하며 엄청난 양의 소프트웨어와 외부 통신 기능을 포함한 '스마트' 기능을 새로운 모델에 추가하는 역할을 맡았다. 카메라와 GPS 기능을 사용하는 것뿐만 아니라, 중앙 프로세서에 차량의 위치 정보를 송수신해야 하는 새로운 소프트웨어가 필요한 조금은 특수한 상황이었다. 샘은 주요 정계 인사들의 차량처럼 특정 차량을 추적하기를 원하는 악의적인 해커에 의해 민감한 통신 정보가 탈취될 수 있음을 염려했다. 최악의 상황에서는 이 정보가 경제적 이득을 위해 악용되거나 테러리스트의 공격에도 활용될 수 있다는 사실 또한 인지했다. 당연한 이야기처럼 들리겠지만, 자동차 업계에서 보안뿐만 아니라 안전은 반드시 고려돼야 하는 주요 위험 영역이다.

이러한 이유로 샘은 적절한 소프트웨어 보증 역량을 가진 팀원들로 프로젝트 팀을 꾸리길 원했다. 이를 통해 소프트웨어 보증, 특히 사이버 보안과 안전을 착수 단계부터 고려해 소프트웨어에 담고 싶어했다. 다행히도 회사의 다양한 프로젝트 내에서 위협과 실패에 대한 분석이 진행 중에 있었던 터라 사전 작업 수행과 새로운 분석 방법 개발을 고민할 필요가 없었다. 이 말은 곧 성공적인 프로젝트를 위해 5단계(전문가) 역량 기술이 필요하지 않다는 의미와 같다. 반대의 경우도 함께 생각해 본 결과 1단계 기술을 가진 직원(기술자)들이 할 수 있는 일 또한 별로 없다는 사실을 알아냈고, 따라서 2~4단계에 해당하는 전문가 진입 단계, 실무진, 숙련된 실무진들 위주로 팀을 꾸리기로 결정했다. 이제 팀원들이 원래 갖고 있던 기술과 성공적인 프로젝트 수행을 위해 필요한 기술을 비교할 차례다.

불과 몇 년 전에 회사에서 개별 직원들의 기술 프로필을 작성한 적이 있다는 사실을 발견했고, 이 덕분에 필요한 기술과 현재 기술 수준을 비교하는 작업을 생각보다 쉽게 처리할 수 있었다. 하지만 이를 토대로 샘이 갭 분석을 수행한 결과 팀원들의 현재 소프트웨어 보증 기술 수준과 프로젝트 수행에 필요한 기술 사이에 틈이 있음을 발견했다. 일부 기술은 훈련을 통해 쉽게 좁힐 수 있지만, 위협 모델링 작업에는 단순 훈련으로는 메우기 힘든 깊은 수준의 이해와 경험이 필요하다고 생각했다. 따라서 회사 내에서 해당 기술을 가진 다른 직원을 영입하거나 새로운 직원을 고용해 기술 간극을 해결해야 했다. 다행히 회사 내에는 소프트웨어 보안에 특화된 부서가 있었고, 프로젝트 팀원으로 영입할 숙련된 기술자가 있기를 바랐다.

샘이 초기에 갭 분석을 통해 틈을 찾아준 덕분에, 신규 프로젝트가 성공적으로 소프트웨어 보증 문제를 해결할 가능성이 높아졌다. 그렇지 않았다면 그가 신규 인력의 필요성을 느끼기 전에 이미 프로젝트가 너무 많이 진행됐거나, 최악의 경우 소프트웨어가 악의적인 공격에 취약하도록 만들어졌을 것이다.

4.5 요약

4장에서는 SEI의 소프트웨어 보증 역량 모델을 자세히 다뤘다. 또한 DHS 역량 모델을 소개하고, 이를 NICE와 관련해 설명했으며, 그 밖에 다른 역량 모델도 다뤘다. 역량 모델은 다양한 분야에서 유용하게 활용 가능하다. 소프트웨어 보증 분야에서 이러한 모델은 특히 현재 보유 중인 소프트웨어 보증 기술을 평가 및 향상을 원하는 회사 또는 개인이 유용하게 활용할 수 있다. 다양한 모델을 꼼꼼히 살펴본 후 독자들이 속한 조직 또는 개인 용도에 적합한 하나 이상의 모델을 직접 적용해 볼 것을 권장한다. 역량 모델은 갭 분석과 전반적인 소프트웨어 보증 향상 계획 개발에 필수 요소로 작용한다.

새로운 방법이 개발된다면 반드시 역량 모델 또한 이에 맞춰 개선을 해야 한다. 새로운 기법은 7장에서 자세히 다룰 예정이다. 이러한 주제에는 개발 및 운영 커뮤니티 모두의 관심사가 통합된 데브옵스[DevOps]와 향후 시스템에 포함될, 간과된 보안 요구 사항을 식별하는 데 도움이 되는 악성코드 분석(운영 기술)을 사용하는 연구 프로젝트 등이 포함된다.

갭 분석

톰 힐번 도움

5장에서 다루는 내용

5.1 소개
5.2 SEI의 SwA 역량 모델 활용
5.3 BSIMM활용
5.4 요약

5.1 소개

4장까지 다양한 관리(조직)와 공학 능력 및 역량 모델을 소개했다. 이러한 모델은 관리 및 공학 수준에서 효과적으로 활용해 갭 분석Gap Analysis을 수행하고, 프로젝트 개선 계획을 제시할 수 있다.

가장 먼저 수행해야 할 작업은 목적에 부합하는 단일 또는 다수의 모델을 선택하는 것이다. 관리 수준에서 하나의 모델을 선택하고, 공학 수준에서 두 번째 모델을 선택하는 전략을 활용할 수 있다. 이와 유사하게 조직 차원에서 하나의 모델을 선택하고, 개인이 사용할 목적으로 두 번째 모델을 선택하는 것도 가능하다.

비즈니스 프로세스 모델링 수행 시, 보통 현재 프로세스를 'as-is(현재)'로 두고, 미래에 달성하려는 상태를 'to-be(미래)'로 정의하는 관행이 있다. 이 접근 방법은 다양한 프로세스에서 활용이 가능하며, 그 활용 방법 또한 여러 가지가 존재한다. 조직은 프로세스와 관련된 이해관계자들을 파악하고, 문서 참고 및 토론과 브레인스토밍을 통해 'as-is' 상태를 문서화해야 한다. 조직에 따라 이미 다른 활동의 결과물로 관련 문서를 보유하고 있을 수도 있고, 새롭게 문서화 작업을 수행하는 경우도 있다. 다음 업무 순서는 'to-be' 상태를 문서화하는 것이다. 이 작업에도 관련 이해관계자들과 브레인스토밍 활동이 필요한 경우가 종종 발생한다. 비록 인력과 계산이 프로젝트 후반부로 갈수록 중요한 역할을 차지하지만, 초기 단계부터 이러한 고려 사항이 'to-be' 상태의 장애물이 돼선 안 된다. 'as-is'와 'to-be' 문서를 소프트웨어 보증 갭 분석 전에 최우선적으로 수행하는 것이 좋다.

갭 분석을 수행하는 한 가지 방법으로, 앞서 선택한 모델을 사용해 현재 상태를 평가하고, 동일한 모델을 사용해 미래에 달성하려는 상태를 식별한 후 현재 상태와 원하는 상태 사이의 갭을 분석할 수 있다. 일단 갭을 파악한 후에는 전략을 수립하고 이에 맞는 계획을 개발하면 된다.

5장에서는 SEI의 소프트웨어 보증[SwA] 역량 모델과 Cigital의 성숙도 모델에 보안을 적용한 모델[BSIMM]을 사용해 갭 분석을 수행한 예시를 제공한다. 앞서 언급했듯이 조직, 프로젝트, 개인 차원에서 소프트웨어 보증 목표 달성 지원에 필요한 소프트웨어 보증 성숙도에 초점을 맞춘 SwA 역량 모델을 사용할 수 있다. BSIMM은 조직 차원 및 여러 프로젝트에 걸쳐 적용한 소프트웨어 보증 절차를 평가하도록 만들어진 모델이다. 평가 결과를 비교해 산업계의 소프트웨어 보증 모범 사례를 벤치마킹할 수 있다. 다음으로 이미 보유한 소프트웨어 보증 절차에 갭 분석을 적용할 계획을 수립하고, 향상 수준을 측정할 수 있는 후속 BSIMM 평가에 참여할 수 있다. BSIMM은 조직의 특정 소프트웨어 개발 프로세스와는 무관한 강력한 접근 방법을 제공하므로 프로세스에 독립적이다.

5.2 SEI의 SwA 역량 모델 사용

우리는 이미 4장에서 SEI의 소프트웨어 보증 역량 모델을 살펴봤다. 이 역량 모델을 실제로 활용하려면 가장 먼저 모델과 사이버 보안 직무를 매핑해야 한다.

우리는 앞서 모델 개발 시 DHS 역량 모델 수준과 매핑 작업을 수행했다. 또한 (ISC)² 애플리케이션 보안 자문 위원회 측에 자문을 구해 (ISC)²에서 사용하는 소프트웨어 보증 직무와 역량 모델 수준에 맞는 역할을 매핑한 자료를 제공받았다. 이 매핑 자료는 넓은 범위의 직무를 포함하고 있어 역량 모델의 내용을 검증하고, 조직 내의 역량 갭이 어디에 존재하는지 파악하는 데 도움을 주는 매우 유용한 도구다. 게다가 비슷한 직무 타이틀을 가진 개인들이 자신의 현재 역량과 기대 역량을 비교해볼 수도 있는 기회도 제공한다. 표 5.1은 매핑 결과의 일부분을 재현하는데, 역량 모델의 지식 영역과 유닛을 조직의 직무와 매핑했다. 매핑 결과에서 볼 수 있듯이 조직은 전문성을 구분하는 네 가지 행동 지표 단계를 추가했다. 전체 매핑 결과와 포괄적인 직무 목록을 포함하는 세부 매핑 결과는 부록 E에서 확인할 수 있다.

가장 먼저 조직 내의 소프트웨어 보증 직무를 위한 매핑 테이블 개발, 또는 직무 반영을 위한 표 5.1을 수정하는 것으로 작업을 시작한다.

표 5.1 (ISC)² 애플리케이션 보안 자문 위원회가 수행한 SwA 역량 매핑 결과(요약본)

지식/기술/효율성			행동 지표
KA	유닛	직무 타이틀	
라이프 사이클 전반에 걸친 보증	소프트웨어 라이프 사이클 프로세스	L1: 애플리케이션 보안 분석가	2 — 중급 3 — 고급
		L2: 애플리케이션 보안 엔지니어	2 — 중급 3 — 고급
		L3: 소프트웨어 아키텍트	3 — 고급
		L4: 애플리케이션 보안 아키텍트, 선임 소프트웨어 아키텍트, 정보 보증 아키텍트	3 — 고급 4 — 전문가
		L5: 소프트웨어 팀 리더, 수석 보안 아키텍트	4 — 전문가
	소프트웨어 보증 프로세스 및 실제 사례	L1: QA 분석가	2 — 중급 3 — 고급
		L2: QA 엔지니어	2 — 중급 3 — 고급
		L3: 선임 QA 엔지니어	3 — 고급 4 — 전문가
		L4: 책임 QA 엔지니어	3 — 고급 4 — 전문가
		L5: 수석 QA 엔지니어, QA 엔지니어 관리자	4 — 전문가

이 표에 다음과 같은 내용을 보충하는 방식으로 표 5.1의 정보를 특정 프로젝트에 적용할 수 있다.

- 직무 타이틀 및 현재 직원들의 관련 행동 지표로 표현하는 as-is 상태. 물론 해당 직무 타이틀에 대한 세부 직무 명세가 함께 제시돼야 한다.
- 프로젝트에 필요한 직무 타이틀 정보를 활용해 직원 관리에 갭이 존재하는지 가늠하는 to-be 상태. to-be 직무 타이틀 또한 세부 직무 명세가 필요하다.

as-is 상태가 현재 근무 중인 직원과 그들의 기술을 나타내는 관계로, 이를 문서화하는 것은 비교적 쉽다. 하지만 프로젝트 수행에 필요한 직무 타이틀의 to-be 상태에 도달하는 것은 그리 간단한 문제가 아니다. 이러한 결정을 내리는 데 유용한 입력 값은 프로젝트 일정, 규모 및 복잡도를 포함할 수 있으며, 이는 프로젝트 비용 예측 활동의 일환으로 간주된다. 2장에서 언급한 프로젝트 위험 평가는 소프트웨어 보증 관련 직무를 이야기할 때 프로젝트 진행에 필요한 직무 타이틀을 결정하는 주요 입력 값이 될 수 있다. 관리자가 프로젝트 완수에 필요한 기술을 간과했거나 조직 내부 또는 외부 영입을 통해 필요한 기술을 가진 직원을 확보하는 데 실패할 경우 프로젝트가 실패로 이어진다.

이러한 경우에 우리는 프로젝트 관리자와 책임자로 하여금 프로젝트에 필요한 직무, 관련 기술, 필요한 직원의 기술 수준을 결정하는 데 우리가 제시한 내용이 도움이 되기를 기대한다. 프로젝트의 규모와 중요도에 따라 임원급 관리자가 직접 프로세스에 관여할 때도 있다. 이러한 경우 표 5.1의 내용을 조금 수정할 필요가 있다. 표 5.2는 표를 활용하는 예시를 포함하는 방법으로 표 5.1의 내용을 추가한 결과를 보여준다. 이 예제에서 조직은 프로젝트 수행에 불필요한 직무를 결정할 수 있다. 해당 직무는 오른쪽 두 개의 열에 N/A 표시를 했다. '현재 직원' 열이 N/A이고, '프로젝트에 필요한 직원' 열에 필요한 직무 타이틀이 있는 경우 프로젝트 수행을 위해 신규 직원을 영입해야 한다는 의미와 같다. 이와 반대로 '현재 직원' 열에 직무 타이틀이 있고, '프로젝트에 필요한 직원' 열 값이 N/A인 경우, 현재 직무 배치가 적절하고, 해당 역할 수행을 위한 추가 채용이 필요 없다는 의미가 된다.

표 5.2 예시에서 현재 보유한 인력의 기술은 소프트웨어 아키텍트 수준이지만, 프로젝트 진행을 위해 선임 소프트웨어 아키텍트 기술이 필요하다는 것을 보여준다. 조직은 기존 인력이 필요한 직무 기술을 도입하기까지 충분한 시간이 있는지, 그렇지 않으면 선임 기술자를 새롭게 영입할지를 결정해야 한다.

표 5.2 같은 내용을 개발하는 것은 프로젝트 계획 수립에 아주 중요한 부분이지만, 많은 조직은 프로젝트 참여 인원이 필요한 기술을 보유하는지, 프로젝트 진행에 필요한 기술 습득까지 충분한 시간이 있는지를 고려하지 않고, 그 당시에 확보 가능한 인력으로만 팀을 꾸리는 경우가 종종 발생한다.

표 5.2 (ISC)[2] 애플리케이션 보안 자문 위원회가 수행한 SwA 역량 매핑 결과에 프로젝트 요구 사항을 반영(요약본)

지식/기술/효율성			행동 지표	현재 직원	프로젝트에 필요한 직원
KA	유닛	직무 타이틀			
라이프 사이클 전반에 걸친 보증	소프트웨어 라이프 사이클 프로세스	L1: 애플리케이션 보안 분석가	2 — 중급 3 — 고급	N/A	N/A
		L2: 애플리케이션 보안 엔지니어	2 — 중급 3 — 고급	애플리케이션 보안 엔지니어	애플리케이션 보안 엔지니어
		L3: 소프트웨어 아키텍트	3 — 고급	소프트웨어 아키텍트	N/A
		L4: 애플리케이션 보안 아키텍트, 선임 소프트웨어 아키텍트, 정보 보증 아키텍트	3 — 고급 4 — 전문가	N/A	선임 소프트웨어 아키텍트
		L5: 소프트웨어 팀 리더, 수석 보안 아키텍트	4 — 전문가	소프트웨어 팀 리더	소프트웨어 팀 리더
	소프트웨어 보증 프로세스 및 실제 사례	L1: QA 분석가	2 — 중급 3 — 고급	N/A	N/A
		L2: QA 엔지니어	2 — 중급 3 — 고급	QA 엔지니어	QA 엔지니어
		L3: 선임 QA 엔지니어	3 — 고급 4 — 전문가	선임 QA 엔지니어	선임 QA 엔지니어
		L4: 책임 QA 엔지니어	3 — 고급 4 — 전문가	책임 QA 엔지니어	책임 QA 엔지니어
		L5: 수석 QA 엔지니어, QA 엔지니어 관리자	4 — 전문가	N/A	N/A

표 5.1을 활용하는 다른 방법으로, 해당 직무 타이틀을 가진 직원이 직무에 할당된 역량을 보유하고 있다는 가정 하에 역량의 as-is 상태 개발이 가능하다. 그 다음에 달성을 원하는 to-be 상태에 도달하기까지 다양한 조치를 취할 수 있다.

조직은 가장 먼저 추가 직원 영입이 필요한 자리를 식별해야 한다. 예를 들어 중급 수준의 역량을 가진 직원들은 많이 보유하고 있으나, 원활한 프로젝트 수행을 위해 고급 수준의 역량을 가진 직원들이 필요한 상황을 생각해 보자. 이 경우 조직은 고급 수준의 역량을 가진 직원을 채용하거나, 중급 수준의 직원들을 훈련시켜 높은 수준의 역량을 달성하거나, 중급과 고급 역량 역할을 모두 수행하도록 만들 수 있다. 조직은 해당 직원 영입의 긴급 정도에 따라 적절한 전략을 선택할 수 있다.

사례 분석: SwA 역량과 커리큘럼 모델을 사용해 조직의 요구 사항을 충족한 사례

GoFast 자동차 회사는 매년 최신 자동차 모델을 구동할 신규 소프트웨어를 개발해야 하는 상황이다. 벤더 측에서 소프트웨어의 많은 부분을 제공하지만, GoFast 직원들이 일부 기능을 자사의 환경에 맞게 변경해야 하는 번거로움이 있다. 회사 측에서는 자동차 시스템에 탑재되는 소프트웨어의 안전이 보장되길 원한다. GoFast는 미끄럼 방지 제동 장치(ABS)로 인한 실패 또는 기타 안전 장치 시스템이 악의적인 조작 가능 상태에 놓이는 상황을 원치 않는다.

GoFast 임직원들의 기술 수준은 매우 뛰어나지만, 관리 부서는 자신들의 보안 위험 분석 수준이 그리 강력한 정도는 아니라고 생각하며, 조직 내 보안 전문성을 높이기를 원한다. 그들은 기존 직원의 전문성을 높이거나 새로운 직원을 채용하는 방법 중 하나를 고민하기 시작했다.

한편으로 특별한 위기 상황이 아니라면 매년 소프트웨어의 아주 일부분에만 변경이 일어난다. 따라서 GoFast는 자체 개발에 충분한 여유가 있는 상황이다. 반면에 새로운 요구 사항이 들어온다면 이제 막 고급 기술을 습득한 누군가가 단독으로 관련 업무를 수행하기를 기대할 수는 없다.

래리(Larry)는 위험 분석 경험을 보유한 GoFast 사의 보안 전문가다. 그는 학위 이수의 일부로 소프트웨어 공학과정을 수강했으며, 몇 가지 자격증 또한 보유하고 있다.

래리와 함께 탐구 및 논의 끝에 팀은 그에게 도움을 줄 수 있는 고급 위험 분석 교육과정을 찾아냈다. 전문 자료로 활용할 책과 블로그 또한 찾았다. 래리는 그의 커리어 성장 기회에 열정적이었으며, 추가 전문성을 도입해 미래에 진행할 프로젝트에 자신이 배운 내용을 적용할 계획을 세웠다.

긴급한 필요성을 해결하기 위해 팀은 향후 몇 달 동안 고급 위험 분석이 필요한 프로젝트를 도와줄 자문위원을 알아봤다.

개별 직원 수준에서 직원들은 표 5.1에 소개된 역량 모델을 사용해 자신들의 갭 영역을 파악하고, 그들의 관리자와 커리어 성장 전략에 대해 논의를 시작할 수 있다.

또한 표 5.3의 내용을 활용해 자신의 현재 기술 수준과 커리어 성장에 필요한 영역을 평가할 수 있다. 표 5.3은 소프트웨어 보증 레퍼런스 커리큘럼 마스터를 위한 핵심 지식 체계BoK의 내용을 참고한 것으로, 지식 유닛, 관련 주제, Bloom 단계를 포함한 설명을 보여준다.

개별 직원들은 자신이 특정 주제 또는 유닛과 관련해 필요한 지식을 보유하는지 평가하고, 이를 통해 갭 영역을 식별할 수 있다.

표 5.3 시스템 보안 보증 지식 영역 명세(Hilburn 2013b)

유닛	주제	설명
다양한 시스템을 위해 새롭게 개발했거나 도입한 소프트웨어	컴퓨터 집약 주요 기반 시설의 보안 및 안전 측면	금융, 에너지, 전자통신 운송 시스템 같은 주요 기반 시설 관련 안전 및 보안 위험 지식
	잠재적인 공격 방법	공격자가 시스템 설계 또는 구현상에 존재하는 약점을 공격해 소프트웨어 자체 또는 소프트웨어와 관련된 데이터를 공격하는 다양한 방법 지식
	소프트웨어에 대한 위협 분석	특정 운영 환경 및 도메인 특성 내에 존재하는 취약점을 공격하는 소프트웨어에 대한 위협 분석
	방어 방법	레이어, 접근 제어, 특권, 침입 탐지, 암호화, 코드 리뷰 체크리스트 같은 적절한 대응 방안에 익숙한 정도
다양한 운영(기존) 시스템	과거 또는 앞으로 일어날 수 있는 운영 공격 방법	애플리케이션 또는 시스템 운영 방해에 사용된 공격을 재현하는 능력 및 지식
	운영 환경에 대한 위협 분석	특정 운영 환경 및 도메인 특성 내에 존재하는 취약점을 공격하는 소프트웨어에 대한 위협 분석
	접근 제어, 특권, 인증 설계 및 계획	레이어, 접근 제어, 특권, 침입 탐지, 암호화, 코드 리뷰 체크리스트 같은 효과적인 대응 방안 설계 및 계획 수립
	물리적 및 인적 환경을 위한 보안 방법	위험을 처리할 수 있는 물리적인 접근 제어, 경비원, 신원 조회 및 조사 방법에 대한 지식
소프트웨어 시스템 생성, 도입, 운영에 대한 규범 및 무결성	규범, 코드 규범, 법적 제한 사항 개요	소프트웨어 공학 코드 규범 및 전문 수행(Software Engineering Code of Ethical and Professional Conduct)을 참고해 공격 및 방어 방법에 대한 지식이 있는 사람들의 능력 사용을 위해 법적 윤리적으로 강제할 수 있는 방법에 대한 지식
	컴퓨터 공격 사례 연구	다양한 과거 이벤트 및 조사 분석에 수반되는 법적 윤리적 고려 사항에 대한 지식

물론 모든 소프트웨어 보안 직무가 지식 체계 전반에 걸친 지식 및 역량을 요구하는 것은 아니다. 예를 들어 특정 직무에서는 하나 이상의 영역에 걸친 깊은 역량을 요구하는 반면, 많은 영역에 걸친 넓은 지식이 필요할 수도 있다. 또한 다양한 애플리케이션 도메인(예를 들어 금융 및 운송 시스템) 및 애플리케이션 유형(예를 들어 웹 또는 임베디드 시스템)에서는 일반

적으로 소프트웨어 보안 전문가들이 지식 체계를 넘어서는 수준의 역량을 갖추도록 요구한다.

핵심 지식 체계는 소프트웨어 보증 지식을 조직화 및 구조화하는 것 뿐만 아니라, 이러한 지식을 이해하고 사용하는 방법을 자세히 설명한다. 예를 들어 표 5.3에서 SwA 전문가는 '특정 운영 환경 및 도메인 특성 내에 존재하는 취약점을 공격하는 소프트웨어에 대한 위협 분석'을 수행할 수 있어야 하며, '애플리케이션 또는 시스템 운영 방해에 사용된 공격을 재현하는 능력 및 지식'을 갖춰야 한다고 상세히 설명한다. 이러한 구체적인 설명은 개개인이 자신의 지식 수준을 결정하고, 전문성 개발을 위한 계획을 수립할 수 있도록 도와준다.

예시 사례 연구: SwA 역량 및 커리큘럼 모델을 사용해 개별 역량 향상

조안(Joan)은 몇 년 전 컴퓨터 과학 학사 학위를 받았으며, 현재는 Fly-By-Night 항공사의 소프트웨어 엔지니어로 근무한다. 시스템 설계 담당자가 이끄는 팀의 일원으로, 그녀는 승객 및 승무원들을 위한 서비스를 제공하는 소프트웨어 시스템에 사용하는 중소 규모의 모듈을 개발하고 유지하는 역할을 담당한다.

대학교 시절 조안은 SwA 커리큘럼 보고서(Mead 2010a) 제2권에 수록된 컴퓨터 과학1과 2과정에 명시된 대부분 SwA 기술과 지식을 학습했다. 이러한 기술 및 지식에는 정보 보안 기초, 설계 개념 및 원칙, 계약에 의한 설계(design by contract)[1], 예외 처리, 시큐어 프로그래밍, 코딩 표준, 알고리즘 및 코드 리뷰, 단위 테스트 설계, 침투 테스팅, 프로그램 메트릭, 품질 평가가 포함된다. 조안은 현재 직무에서 고용주가 지원하는 워크샵 및 교육 세션에 참여해 이 기술을 연습해 왔다.

하지만 조안은 자신의 SwA 지식 및 기술을 고도화하고, 새로운 기술을 습득하기를 원했다. 그녀는 SwA 역량 모델(Hilburn 2013a)을 꼼꼼히 살펴봤고, 추가 전문성 개발이 필요한 분야를 찾아냈다. 모델에 포함된 여러 주제 영역을 살펴보는 도중, 그녀는 현재 진행 중인 프로젝트를 대상으로 위협 분석, 위험 분석, 위험 관리 계획 수립 및 모니터링을 수행하고 싶다고 생각했다. 게다가 그녀는 자신이 아키텍처 수준의 보안 분석 방법을 모호하게 알고 있다는 사실도 알아냈다. 그래서 SwA 커리큘럼 보고서 1부와 3부를 (Mead 2010a, 2011a) 검토해 자신이 공부해야 할 분야를 살펴봤다.

조안은 보증된 소프트웨어 개발1(Assured Software Development) 과정이 그녀가 취약한 여러 주제를 다룬다는 사실을 발견했으며, 소프트웨어 프로세스, 요구 공학, 소프트웨어 아키텍처, 보증 위험 평가, 공격 트리, 오용 또는 남용 사례 같은 소프트웨어 보안 주제에 대해 더 배우고 싶다고 생각했다.

---

1   계약에 의한 설계에 대한 내용은 해당 사이트(http://kevinx64.net/198)를 참고하자.

1부와 3부를 분석한 내용을 토대로, 조안은 지역 대학에서 그녀가 관심 있는 교육과정을 제공하는지 조사했다. 조사 결과 소프트웨어 프로세스, 요구 사항 공학, 소프트웨어 아키텍처를 다루는 과정을 찾아냈다. 하지만 그녀는 자신의 희망 수강 목록에 있는 다른 주제를 다루는 과정은 찾을 수가 없었다.

조안은 다시 한번 보증된 소프트웨어 개발1을 펼쳐 책에서 추천하는 핵심 자료의 설명을 검토했다. 추천 목록에 소개된 모든 책을 구매한 뒤 이 책을 그녀의 학업 계획의 일부에 포함시켰다. 그녀는 지역 대학의 해당 과정 수강과 구매한 책을 활용한 독학 계획을 자신의 상급자와 의논했다. 그녀의 상급자는 몇 가지 사소한 제안과 함께 흔쾌히 그녀의 학업 계획을 진행을 허락했다.

조안의 학업이 진행됨에 따라, 그녀의 소프트웨어 보안 지식 및 역량이 점차 향상돼, 이를 자신의 업무에 적용할 수 있게 됐다. 그녀의 상급자는 이를 알아채고 그녀의 향상된 SwA 역량을 칭찬했다.

앞서 언급한 것처럼, 역량 모델은 다양한 방법으로 활용될 수 있다. 조직 및 프로젝트는 모델을 활용해 조직 전반에 걸쳐 필요한 역할과 이에 상응하는 기술을 결정할 수 있다. 개별 직원들은 이를 활용해 커리어 성장 및 개발 계획을 수립할 수 있다. 연간 정기 계획의 일부로 모델을 사용한 비공식적인 평가를 관리 및 개별 직원 수준에 적용하는 것도 가능하다. 이렇게 수행한 계획을 해당 연도에 걸쳐 주기적으로 되짚어 볼 수 있다. 뿐만 아니라 새로운 프로젝트의 시작 시 프로젝트에 필요한 기술과 역할을 평가하는 용도로 활용할 수도 있다. 이러한 작업은 여러 기술 분야에 적용이 가능하지만, 우리의 주 관심사는 소프트웨어 보증 기술에서의 활용 측면이다.

5.3 BSIMM 활용

5.3.1 BSIMM 배경

3장에서 우리는 조직 전반에 걸친 소프트웨어 보안 계획 평가에 BSIMM 모델을 활용하는 방법을 설명했다. 이 작업은 2008년 BSIMM 버전1 생성을 위해 9개 회사를 평가한 것으로 시작됐다. 현재 BSIMM 버전6에는 총 78개의 회사가 참여했다. 결과적으로 BSIMM은 평가 수행 시 활용 가능한 방대한 양의 실제 사례 데이터베이스를 확보하게 됐다. BSIMM

은 조직의 보안 실제 사례와 모델에 참여한 다른 조직의 수준을 비교한 외부 평가 결과를 제공한다. BSIMM은 12개의 실제 사례로 구성되고, 각 항목은 여러 활동을 포함하며, 전체 112개의 활동을 담고 있다.

BSIMM6에 참여한 78개의 조직에는 다음과 같은 영역이 포함된다(일부는 겹칠 수 있음): 금융 서비스(33), 독립 소프트웨어 벤더(27), 전자제품(13), 헬스케어(10)(McGraw 2015)

평가 시점 기준으로 78개의 회사는 평균 3.98년(2015년 10월 기준 1년 미만에서 15년까지) 동안 소프트웨어 보안 실제 사례를 적용해 왔다. 모든 78개 회사는 자신들의 계획 성공은 소프트웨어 보안을 전담하는 내부 조직인 SSG(소프트웨어 보안 그룹)에 달려있다는 것에 모두 동의했다. SSG는 평균 13.9명(최소 1, 최대 130, 중간 6), 다른 조직(개발자, 아키텍트, 소프트웨어 프로그래밍에 직접적으로 관여하는 조직의 담당자들) 내의 '위성satellite' 조직 형태를 띄는 경우 27.1명(최소 0, 최대 400, 중간 3)으로 구성됐다.

분석 대상 조직 내의 평균 개발자 수는 3,680명으로(최소 23, 최대 35000, 중간 1200), SSG 인원은 개발 인원 대비 평균 1.51% 정도의 비중을 차지했다(중간 값 0.7%).

모두 합해 BSIMM은 287,006명의 개발자가 개발한 소프트웨어를 안전하게 만들기 위해 2,111명의 위성 조직과 함께 근무하는 1,084명의 SSG 구성원들의 작업을 서술했다.

"우리의 관찰 결과에 따르면, 소프트웨어 보안 계획의 첫 단계는 바로 SSG 조직을 형성하는 것이다."(McGraw 2015)라는 내용에 주목할 필요가 있다.

예시 사례 연구: BSIMM을 사용해 소프트웨어 보안 수준 향상

사라(Sarah)는 GoFast 자동차 회사의 소프트웨어 보안 조직을 이끌기 위해 고용됐다. 비록 그녀가 풍부한 소프트웨어 보안 경험이 있고, GoFast 사에 SSG가 있다는 사실에 기뻤지만, SSG의 모든 활동 처리에는 어려움이 있었다. 또한 현재 SSG의 활동과 전략이 회사의 비용-효율 측면에서 최적임을 확신할 수 없었다. 자동차 분야에서는 한 번도 일해본 적이 없었고, 회사 내에서 SSG에 주어진 중요성과 가시성을 고려할 때 현재 소프트웨어 보안 실제 사례 및 영역 이해 수준을 높이고, 다른 자동차 회사와 비교해 GoFast 사 내에서 개선이 가능한 부분을 찾고 싶었다. 또한 그녀는 일부 직원들이 조직에 좋지 않은 소식으로 이어질 수 있는 내용을 거리낌 없이 말할 의사가 있다는 사실을 관찰했으며, 이를 토대로 독립적인 소프트웨어 보안 실제 사례 평가를 진행할 생각을 했다. 조사 결과 BSIMM 평가를 통해 그녀가 원하는 결과를 얻을 수 있다는 사실을 발견했다. 이와 동시에 객관적이고 경험이 많은 외부 조직으로부터 얻은 개선(변화) 제안을 수용해 변화가 필요한 영역을 지적하는 '악당' 역할을 자처하지 않을 수 있게 됐다. 그녀는 직접 보고를 통해 BSIMM 평가 아이디어를 논의했다. 그들은 BSIMM을 함께 살펴봤고, BSIMM 평가가 매우 유용하다는 결론을 내렸다. 그들은 평가 진행 및 후속 조치 계획을 세웠다. 이제는 모든 사람의 참여가 필요한 팀 빌딩 프로세스가 됐고, 사라의 협업 리더십 방식은 직원들로부터 좋은 평가를 받았다.

BSIMM 데이터 수집 중에 인터뷰를 진행 및 문서 검토를 진행할 수도 있다. 보통 소프트웨어 보안 계획[SSI] 활동에 참여하는 사람들과 SSG 책임자 및 일부 직속 보고 대상자들을 함께 인터뷰를 진행한다. Cigital의 전문가들은 인터뷰 진행과 문서 검토를 수행한다. 활동을 통해 얻은 결과를 BSIMM 도구의 입력으로 전달한다. 이렇게 되면 BSIMM 도구는 BSIMM 벤치마크 데이터와 비교해 조직의 현재 소프트웨어 보안 계획 수준에 대한 통찰력을 제공해 준다. 벤치마킹은 잘 알려진 훌륭한 관리 프로세스(대상 비즈니스 프로세스 및 성능 메트릭과 업계 최고 회사 또는 타 조직에서 얻은 모범 사례를 비교하는 프로세스)다.[2] 이 경우 소프트웨어 보증 분야의 업계 최고 및 모범 사례를 BSIMM 데이터베이스에서 찾아볼 수 있다.

결과 BSIMM 보고서에는 요약, 데이터 수집 논의, 최고점, BSIMM 실제 사례, BSIMM 평가표, 종적 분석, 결론이 포함된다. 데이터 수집 섹션은 인터뷰를 수행한 사람들의 이름과 역할을 포함한다. 최고점[high-water mark]은 각 12개 BSIMM 실제 사례 중 가장 높은 수준으로 관찰된 활동을 지칭한다. 보고서의 최고점 섹션은 각 실행 과제 영역에 대해 BSIMM에 참

---

2   https://en.wikipedia.org/wiki/Benchmarking

여하는 모든 회사의 평균 최고점 대비 조사 대상 회사의 최고점 수준을 보여준다. 다음으로 더 자세한 BSIMM 실제 사례를 관찰한 결과가 제공된다. BSIMM 평가표 절은 회사의 소프트웨어 보안 계획[SSI] 내의 각 활동에 대한 세부 정보를 제공한다. 종적 섹션 내의 비교 결과는 조사 대상 회사와 동종 업계 내의 다른 회사들을 비교한 결과를 제공한다. 동종 업계(예를 들어 금융) 내의 회사를 위한 BSIMM 데이터는 BSIMM 데이터를 종적으로 분리한 내용을 제공한다. 결론 절에서는 결과 요약 및 회사가 초점을 맞춰야 할 소프트웨어 보안 향상 활동이 무엇인지를 보여준다. 부록에서는 BSIMM의 배경과 BSIMM 활동에 대한 논의를 찾아볼 수 있다.

5.3.2 BSIMM 샘플 보고서

BSIMM6 데이터를 기반으로 하는 BSIMM 평가 최종 보고서의 완전한 예시는 부록 F에서 찾아볼 수 있다. 이 예시에서는 가상의 회사와 가짜 인터뷰 데이터를 사용했다. 하지만 보고서 섹션과 비교에 사용한 벤치마크 데이터는 실제 데이터다.

그림 5.1은 부가 설명과 함께 보고서에 담긴 BSIMM 평가표를 보여준다(참고: 실제 BSIMM 보고서는 컬러로 돼 있는데, 책에서는 회색톤을 사용해야 하는 관계로 그림을 약간 수정했다). 이 평가표는 FakeFirm을 대상으로 만들었다. 예시 평가 중 이 가짜 조직에서는 총 37개의 소프트웨어 보안 활동이 관찰됐다.

그림 5.1은 FakeFirm의 세부 SSI 내용을 제공한다. 주로 세부 내용은 네 개의 열과 평가 중에 평가 팀이 'FakeFirm'에서 관찰한 37개의 활동을 목록화한다. 'BSIMM6 FIRMS' 열에서, 평가표는 평가 팀이 각 활동을 관찰한 회사의 개수(전체 67개수 대비)를 보여준다. 더 자세한 설명은 부록 F의 그림 F.8을 참고하기 바란다. 이 밖에도 부록 F의 'BSIMM 활동' 절에서 각 BSIMM 활동과 관련된 약어를 찾아볼 수 있다(예를 들어 SM1.3은 '경영진 교육'을 의미).

그림 5.1에 담긴 평가표는 다음과 같은 열을 포함한다.

- **활동 열**: BSIMM에 포함된 112개의 각 활동을 목록화. 각 활동의 이름은 부록 F 또는 긴 설명과 대화형 차트를 포함한 http://bsimm.com 사이트를 참고하기 바란다.
- **BSIMM6 회사 열**: 현재 데이터 풀 내의 활동 분포에 대한 단서와 함께 활동이 관찰된 BSIMM6 참여 조직 개수를 제공
- **FakeFirm 열**: 숫자 '1'은 이 평가 기간 동안 관찰된 각 활동을 나타냄

평가표는 다음과 같은 공통 활동 및 실제 사례도 함께 목록화한다.

- 각 BSIMM6 실제 사례에서 가장 일반적으로 볼 수 있는 활동
- 다음을 포함해 FakeFirm에서 관찰한 공통 활동
  - SM1.4: 게이트 위치를 파악, 필요 아티팩트 수집
  - T1.1: 인식 개선을 위한 훈련 제공
  - SR1.1: 보안 표준 생성
  - AA1.1: 보안 기능 검토 수행
  - CR1.4: 자동화된 도구와 수동 도구를 함께 사용
  - ST1.3: 보안 요구 사항 및 보안 기능 테스트 수행
  - PT1.1: 문제 발견을 위해 외부 침투 테스터 고용
  - SE1.2: 호스트 및 네트워크 보안 기본 장치의 적용 보장
- 다음을 포함해 FakeFirm에서 관찰하지 못한 공통 활동
  - CP1.2: PII[3] 의무사항 식별
  - SFD1.1: 보안 기능 구축 및 게시
  - CMVM1.2: 운영 모니터링 및 배치 결과 피드백에서 발견된 소프트웨어 버그 식별

---

3 PII(Personally Identifiable Information): 개인 식별 정보

BSIMM6 평가표: FakeFirm — 관찰: 37

전략 및 메트릭 / 공격 모델 / 구조 분석 / 침투 테스트

거버넌스			인텔리전스(정보)			SSDL 접점			배치		
활동	BSIMM6 회사	FakeFirm	활동	BSIMM6 회사	FakeFirm	활동	BSIMM6 회사	FakeFirm	활동	BSIMM6 회사	FakeFirm
전략 및 메트릭			**공격 모델**			**구조 분석**			**침투 테스트**		
[SM1.1]	41	1	[AM1.1]	17	1	[AA1.1]	67	1	[PT1.1]	69	1
[SM1.2]	40		[AM1.2]	61		[AA1.2]	29	1	[PT1.2]	47	1
[SM1.3]	36	1	[AM1.3]	31		[AA1.3]	22	1	[PT1.3]	47	
[SM1.4]	66	1	[AM1.4]	8	1	[AA1.4]	46		[PT2.2]	20	1
[SM2.1]	36		[AM1.5]	46	1	[AA2.1]	12		[PT2.3]	17	
[SM2.2]	29		[AM1.6]	11		[AA2.2]	9	1	[PT3.1]	10	1
[SM2.3]	30		[AM2.1]	6		[AA2.3]	13		[PT3.2]	8	
[SM2.5]	17		[AM2.2]	8	1	[AA3.1]	6				
[SM2.6]	29		[AM3.1]	4		[AA3.2]	1				
[SM3.1]	15		[AM3.2]	2							
[SM3.2]	7										
컴플라이언스 및 정책			**보안 기능 및 설계**			**코드 검토**			**소프트웨어 환경**		
[CP1.1]	45	1	[SFD1.1]	61		[CR1.1]	18		[SE1.1]	37	
[CP1.2]	61		[SFD1.2]	59	1	[CR1.2]	53	1	[SE1.2]	69	1
[CP1.3]	41	1	[SFD2.1]	24		[CR1.4]	55	1	[SE2.2]	31	1
[CP2.1]	19		[SFD2.2]	39		[CR1.5]	24		[SE2.4]	25	
[CP2.2]	23		[SFD3.1]	8		[CR1.6]	27	1	[SE3.2]	10	
[CP2.3]	25		[SFD3.2]	11		[CR2.2]	7		[SE3.3]	5	
[CP2.4]	29		[SFD3.3]	2		[CR2.5]	20				
[CP2.5]	33	1				[CR2.6]	16				
[CP3.1]	18					[CR3.2]	3	1			
[CP3.2]	11					[CR3.3]	5				
[CP3.3]	6					[CR3.4]	1				
훈련			**표준 및 요구 사항**			**보안 테스팅**			**환경 설정 및 취약점 관리**		
[T1.1]	59	1	[SR1.1]	57	1	[ST1.1]	61		[CMVM1.1]	71	1
[T1.5]	26		[SR1.2]	50		[ST1.3]	66	1	[CMVM1.2]	73	
[T1.6]	17	1	[SR1.3]	52	1	[ST2.1]	24	1	[CMVM2.1]	64	1
[T1.7]	36		[SR2.2]	27	1	[ST2.4]	8		[CMVM2.2]	61	
[T2.5]	10		[SR2.3]	21		[ST2.5]	10		[CMVM2.3]	31	
[T2.6]	15	1	[SR2.4]	19		[ST2.6]	11		[CMVM3.1]	4	
[T2.7]	6		[SR2.5]	20		[ST3.3]	4		[CMVM3.2]	6	
[T3.1]	3		[SR2.6]	23	1	[ST3.4]	4		[CMVM3.3]	6	
[T3.2]	3		[SR3.1]	6		[ST3.5]	5		[CMVM3.4]	3	
[T3.3]	3		[SR3.2]	11							
[T3.4]	8										
[T3.5]	4										

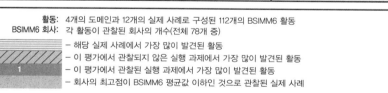

활동: 4개의 도메인과 12개의 실제 사례로 구성된 112개의 BSIMM6 활동
BSIMM6 회사: 각 활동이 관찰한 회사의 개수(전체 78개 중)

범례:
– 해당 실제 사례에서 가장 많이 발견된 활동
– 이 평가에서 관찰되지 않은 실행 과제에서 가장 많이 발견된 활동
– 이 평가에서 관찰된 실행 과제에서 가장 많이 발견된 활동
– 회사의 최고점이 BSIMM6 평균값 이하인 것으로 관찰된 실제 사례

그림 5.1 전체 BSIMM 데이터베이스(Earth Data)[4]로 만든 BSIMM 평가표

---

4 BSIMM 샘플 보고서에서 가져온 데이터

- FakeFirm의 실행 과제 중 최고점이 현재 참여자들의 평균에 미치지 못한 항목
  - 전략 및 메트릭
  - 컴플라이언스 및 정책
  - 보안 기능 및 설계
  - 환경 설정 관리 및 취약점 관리

이 평가표는 BSIMM의 측정 대상인 소프트웨어 보안 활동에 특화된 Cigital 사의 관찰이라는 점을 기억해야 한다. 주어진 활동을 관찰(또는 부족한 관찰하는 것)은 본질적으로 좋거나 나쁜 것을 의미하지 않는다. 관찰된 활동의 충분성과 효과성을 판단하려면 FakeFirm 사의 비즈니스 목표, 프로세스, 소프트웨어에 대한 깊은 분석이 필요하다. 이러한 분석 결과는 현재 SSI 수준을 전략적으로 넓고 깊게 확장하는 초석이 될 수 있다.

BSIMM이 다양한 영역의 회사에서 정보를 수집하는 관계로, 보고서는 FakeFirm 사의 계획 성과와 BSIMM6에 참여한 다른 금융 분야 회사를 비교한 내용을 포함한다. 그림 5.2는 이러한 결과를 설명한다. 이 그림은 실제 사례별 FakeFirm 사가 도달한 현재 수준과 함께 금융 산업[F] BSIMM6 참여자들의 수준을 보여준다.

그림 5.2에서 어두운 선은 BSIMM6 참여 회사가 달성한 평균 최고점을 0점에서 3점 수직선 내에서 표현한 것이다. 회색 선은 FakeFirm이 달성한 0점에서 3점 범위로 표현한 최고점을 묘사한다. 금융 산업 BSIMM6 참여자의 평균 최고점과 비교해볼 때, FakeFirm의 점수는 훈련, 공격 모델, 코드 리뷰, 침투 테스팅 영역에서 평균치를 웃돌았다. 표준 및 요구 사항, 아키텍처 분석, 보안 테스팅, 소프트웨어 환경, 환경 설정 관리 및 취약점 관리 영역의 점수는 평균치에 근접했다. 전략 및 메트릭, 컴플라이언스 및 정책, 보안 기능 및 설계 영역에서는 업계 평균 점수에 미치지 못했다.

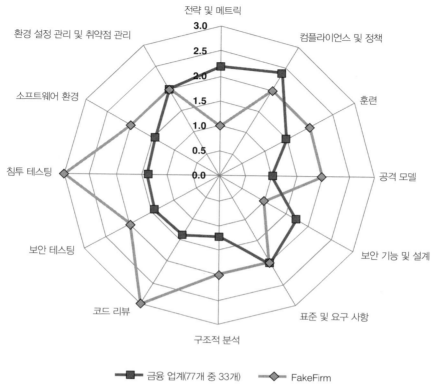

전략 및 메트릭

컴플라이언스 및 정책

훈련

공격 모델

보안 기능 및 설계

표준 및 요구 사항

구조적 분석

코드 리뷰

보안 테스팅

침투 테스팅

소프트웨어 환경

환경 설정 관리 및 취약점 관리

3.0
2.5
2.0
1.5
1.0
0.5
0.0

■— 금융 업계(77개 중 33개)   ◆— FakeFirm

그림 5.2 참여 회사와 비교한 실제 사례별 최고점을 수직선 위에 표현한 그래프

그림 5.2의 평균과 전체 BSIMM 데이터 풀을 비교해 볼 때, 가장 주목할 만한 차이를 보이는 영역은 다음과 같다.

- **표준 및 요구 사항, 컴플라이언스 및 정책, 훈련, 전략 및 메트릭, 코드 리뷰**: 전체 데이터 풀보다 금융 업계 조직의 최고점 평균이 더 높다.
- **환경 설정 관리 및 취약점 관리**: 평균치가 낮은 수준이다.

BSIMM 보고서의 결론은 조직의 SSI 수준 강화 노력이 필요한 영역을 제안한다. 우리는 BSIMM 결과에 대한 더 나은 이해 위해 부록 F에 담긴 전체 보고서를 꼼꼼하게 살펴보기를 권장한다. 이 결과는 매우 강력한 정보를 제공하며, 다년간의 경험과 벤치마크 데이터를 토대로 만들어진 증명된 방법이다. 단일 조직이 실제 사례로 112개의 모든 활동을 포함하는 것을 기대해선 안 된다. 앞서 언급했듯이 Cigital은 FakeFirm에서 총 37개의 활동만을 관찰했다.

다음은 FakeFirm을 위한 권장 개선 조치 중 일부를 보여준다.

- **안전한 소프트웨어 개발 라이프 사이클**[SDLC] — FakeFirm은 두 개의 보안 게이트를 포함하는 SDLC 오버레이를 만들어냈다. 하나는 '구축 허가'이며, 다른 하나는 '배치 허가'다. 하지만 소프트웨어 보안 그룹[SSG]은 모든 배치 프로젝트에 참여하지 않는다. 게다가 소프트웨어 보안 게이트는 자발적으로 이뤄지며, 큰 규모의 주요 프로젝트에서만 사용한다. 12개월이 넘는 기간 동안 FakeFirm은 SSG가 모든 개발 및 소프트웨어 도입 프로젝트를 인지할 수 있도록 보장하는 프로세스 개선 작업을 시작했다. 그와 동시에 SDLC 보안 게이트의 다양한 측면에 대한 의무 준수 항목을 도입했다. 예를 들어 FakeFirm은 여러 달을 거치면서 중급 이상의 결함을 완화하는 작업을 수행함과 동시에 핵심 보안 결함 완화 대책을 즉각 요구했다. 이와 유사하게 정적 분석 및 침투 테스팅을 모든 핵심 애플리케이션을 대상으로 수행하고, 향후 12~18개월 동안 개발할 모든 애플리케이션에 의무 사항으로 지정해야 한다.

- **인벤토리** — FakeFirm은 확실한 애플리케이션 목록, 개인 식별 정보[PII], 또는 오픈 소스 소프트웨어를 갖고 있지 않다. 자산 목록이 불확실한 상황이라면 모든 소프트웨어가 다양한 SDLC 게이트를 통해 적절하게 흘러가도록 보장하는 과정은 매우 복잡해진다. 데이터 분류 전략이 없다면, 프로젝트를 우선순위화하고 PII 목록을 효과적으로 만드는 것은 불가능하다. FakeFirm은 SSG의 권한 범위 내에 있는 모든 애플리케이션을 설명하는 목록 확보 계획을 즉각 개시하고, 각 애플리케이션에 중요도 점수를 책정하고, 데이터 단계와 연관 지어야 한다. 향후 12개월 동안 조직에서 사용 중인 모든 오픈 소스 소프트웨어와 각 애플리케이션의 현재 보안 수준을 포함할 수 있도록 목록의 영역을 확장해야 한다. 뿐만 아니라 FakeFirm은 각 애플리케이션을 대상으로 소프트웨어 보안 포기 정보 포함 작업을 시작해야 한다.

- **훈련** — FakeFirm은 보안 인식 개선을 위한 소프트웨어 보안 훈련 프로그램을 보유하고 있다. 하지만 오직 현장 교육, 개발자만을 대상으로 하며, 정해진 시간에만 교육을 운영하고 있었다. 향후 6개월 동안 FakeFirm은 요구 시 교육, 역할 기반 소프트웨어 보안 훈련을 SDLC에 참여하는 모든 담당자를 대상으로 진행해야 한다. 이러한 계획은 전반적인 보안 인식 개선 뿐만 아니라 요구 사항 분석, 아키텍처, 개발, 테스팅 같은 주요 공학 역할에 필요한 기술 수준을 높이는 데 도움을 준다. FakeFirm은 통합 개발 환경IDE 기반 도구를 사용해 개발자 환경에 맞는 훈련 프로그램을 제공할 수 있는지 조사해야 한다.

5.4 요약

5장은 갭 분석 수행을 통해 조직, 프로젝트, 개별 직원 수준의 개선 계획을 식별 및 구현하기 위해 3장과 4장에서 소개한 두 가지 모델을 조직이 활용하는 방법을 소개했다. SEI SwA 역량 모델이 개별 역량과 특정 프로젝트 지원에 필요한 역량에 초점을 맞춘 반면, BSIMM은 조직 차원의 실제 사례 개선에 초점을 맞춘다.

이러한 유형의 분석은 브레인스토밍 또는 신뢰도가 다소 떨어지는 방법으로 갭을 찾는 것과 달리 실제 데이터를 기반으로 하는 개선 방향 식별에 도움을 준다.

3장과 4장에서는 5장에서 다루지 않은 많은 모델을 소개한다. 조금만 조사를 해 본다면 이러한 다른 모델을 개선 작업에 활용할 수 있다는 사실을 발견할 수 있다. 뿐만 아니라 현재 SEI에서 개발 중인 새로운 모델 및 프레임워크도 일단 이 분야에서 한 번만이라도 검증을 거치면, 개선 작업에 충분히 활용할 수 있을 것이다.

메트릭

6.1 사이버 보안 공학 관리를 위한 메트릭 정의와 구조화 방법

측정[measure1]은 '셀 수 있는 양 또는 단위'로 정의되며, 특정 대상에 값을 할당하는 작업을 의미하기도 한다. 메트릭은 '측정 표준'으로 정의되며, 할당된 값을 해석하는 기준을 의미한다.[2] 과학자 로드 켈빈[Lord Kelvin]은 "당신이 말하는 대상을 측정해서 그 결과를 수치화할 수 있다면, 그 대상을 이해한다고 볼 수 있다. 하지만 측정이 불가능하고, 그 결과도 수치

---

1   www.merriam-webster.com/dictionary/measure
2   www.merriam-webster.com/dictionary/metric

화할 수 없다면 대상에 대한 당신의 지식이 빈약하고 만족하지 못하는 수준이라고 말할 수 있다. 이것은 지식의 새로운 시작점이 될 수도 있겠지만, 당신이 그 생각을 과학의 수준으로 이끌어낼 가능성은 매우 희박하다."[3]라고 말했다.

소프트웨어 보증 측정은 시스템 또는 소프트웨어 항목이 이상적인 특성을 갖는 정도를 평가하는 작업을 의미한다(NDIA 1999). 이 '이상적인 특성'은 요구 사항, 표준, 컴플라이언스, 지시 사항, 운영 품질, 관리된 위협, 회피한 위험 중 하나 또는 전체가 될 수 있다. 소프트웨어 보증 측정의 목적은 '소프트웨어가 일관적으로 하나 이상의 이상적인 속성을 보유하고 있음을 입증할 수 있는, 타당하고 근거 있는 확신(신뢰)을 얻는 토대를 마련하는 것'이다 (Bartol 2009). 이 토대는 품질, 신뢰성, 정확성, 의존성, 사용성, 상호 운용성, 안전, 고장 허용한계, 보안을 포함한다(Bartol 2009).

6.1.1 좋은 메트릭을 구성하는 요소는 무엇인가?

자퀴스Jaquith는 좋은 메트릭은 다음과 같은 세 가지 특성이 있다고 가정했다(Jaquith 2007).

- 설명이 간단하고 그 의미를 널리 이해할 수 있도록 결정하기 위해 직설적이다.
- 시간, 돈 또는 이와 같이 쉽게 수용되는 매개변수로 변환할 수 있는 것으로 표현 가능하다.
- 변경 사항을 신속하게 식별하고 평가할 수 있도록 벤치마킹을 위한 구조화한다.

뿐만 아니라 좋은 메트릭은 일관되게 측정이 가능하고, 저비용으로 수집 가능하며(자동화가 가능하다면 더 좋음), 정량화 가능하며(수치 또는 퍼센트 형태로 표현), 문맥상으로 의사 결정자들이 결정을 내리는 데 도움을 줄 수 있어야 한다.

자동차가 일상이 된 현 시대에서 보험회사가 연간 자동차 보험료를 책정할 때 사용하는 메트릭은 수십 년간 쌓아온 운전자들의 실제 교통사고 비율을 통계적으로 분석한 데이터를 기반으로 한다. 이와 유사하게 의사들은 나이, 비정상 체중, 흡연 여부, 여러 분야에 걸친

---

3 https://en.wikiquote.org/wiki/William_Thomson

인구 자료를 바탕으로 하는 실제 심장병 발생 데이터 같은 건강 정보 메트릭을 살펴보고 심장병 위험을 예측한다.

사이버 보안 분야는 표준화된 메트릭을 구조화할 필요가 있는 이러한 유형의 과거 데이터를 갖고 있지 않지만, 그렇다고 이것이 의사 결정을 위한 좋은 메트릭을 구축할 수 없다는 의미는 아니다. 우리는 바실리[Basili]와 롬바흐[Rombach]가 소개하고 설명한 목표-질문-메트릭[GQM, Goal-Question-Metric]이라고 불리는 잘 정립된 방법론을 살펴볼 것을 제안한다(Basili 1984, 1988). 의미 있는 메트릭을 이끌어 내는 이 프로세스는 목적/목표 정의, 목표와 관련된 질문 형성, 질문에 대한 대답을 담고 있는 데이터 및 지표 수집, 메트릭 정의, 대상 청중에 맞춘 메트릭 보고를 목표로 한다.

소프트웨어 보증 메트릭 데이터가 유용성을 가지려면 일관성 있게 유효하고, 언제든지 검색 가능하고, 관련성이 있으며, 비용 효율성이 보장돼야 한다. 데이터가 실용적인 효율성을 가지려면 데이터 검색이 가능하고, 이해할 수 있으며, 관련성이 있어야 한다. 데이터는 반드시 명확한 값을 제공해야 한다. 따라서 데이터 수집은 일반화가 가능한 일관된 측정 유닛을 기반으로 진행해야 한다. 뿐만 아니라 데이터를 수집한 후에는 반드시 데이터의 유용성을 유지한 상태로 저장해야 한다. 다음은 측정 기반 보증에 요구되는 일반적인 요구사항이다.

- 보증 정의를 위한 메트릭에 대한 합의
- 각 메트릭에 필요한 데이터를 과학적인 방법으로 도입
- 데이터 추가 수집 비용 이유를 설명할 수 있는 타당한 근거

조직에서는 평가자가 데이터 수집을 위해 사용할 특정 메트릭을 선택하기 전에 반드시 참조 프레임을 정의하거나 채택해야 한다. 참조 프레임은 실제로 사용할 메트릭을 선택하는 논리(이유)를 의미한다. 예를 들어 누구나 동의하는 보안 평가 측정 기준은 존재하지 않는다. 하지만 결함 개수, 순환 복잡도처럼 널리 표준으로 사용되는 메트릭을 측정 기준으로 활용하는 방법이 있다. 선택한 메트릭은 의도한 사용 상황에 따라 달라진다.

메트릭 선택과 채택 프로세스에서 염두에 둘 한 가지 규칙은 바로 메트릭이 객관적으로 측정 가능하고, 의미 있는 데이터를 생산하고, 앞서 적용한 참조 프레임에 부합해야 한다는 것이다.

6.1.2 사이버 보안 공학을 위한 메트릭

사이버 보안은 높이, 너비, 길이, 무게처럼 일련의 메트릭 표준을 더해 달성할 수 있는 분야가 아니다. 보안 요구 사항, 검증된 코드, 코드 분석가들이 찾은 취약점, 보안을 고려할 프로세스 단계, 보안 버그 수정에 필요한 시간, 데이터 검증 테스트 통과 및 실패 같이 사이버 보안 메트릭 목록을 나열하자면 끝이 없다. 이러한 메트릭을 수집하는 일에는 엄청난 시간과 노력이 수반되며, 수집이 조직, 프로젝트, 개별 인원에게 줄 수 있는 혜택이 명확해야 한다. 사이버 보안 수준을 가늠해 볼 수 있는 관련 메트릭을(예를 들어 품질, 안전, 신뢰성, 사용성, 전체 시스템 및 소프트웨어 품질을 위한 데이터) 이미 수집하고 있을지도 모른다.

비록 시스템 및 소프트웨어 공학은 개별 평가가 가능한 다양한 측면으로 구성됐지만, 전체적인 관점에서 판단할 필요가 있다. 우리는 제품, 제품을 만들고 유지하기 위해 사용하는 프로세스, 구축 수행 및 벤더 도입을 위한 기술자의 역량, 제품과 다른 제품 및 연결된 다른 통제 수단과의 신뢰 관계, 제품이 실행될 운영 환경을 위한 별도의 보안 측정 기준이 필요하다. 뿐만 아니라 우리가 수행하는 공학 단계가 조직에서 원하는 사이버 보안 결과로 발전되도록 끌어갈 필요가 있다.

그렇다면 이러한 일이 왜 힘든 것일까? 이러한 다양한 영역의 책임 소재는 여러 팀, 부서, 개발 조직에 걸쳐 있으며, 공학 노력을 구축한 방식에 크게 의존한다. 각 영역에 대한 우리의 통제권과 정보 접근 권한은 광범위하며, 개별 요소가 측정 방식에 큰 영향을 미칠 수 있다. 보안에 필요한 요소와 가용 해결책 또한 변수가 많고, 운영 목표, 제품 개발에 사용한 언어와 프레임워크, 운영 인프라 선택에 크게 의존한다. 이러한 다양한 영역의 책임 소재를 명확히 할 수 있도록 도와주는 체계적인 표준은 아직까지 개발되지 않았다.

그렇다면 범위를 조금 넓혀 일반적인 소프트웨어 평가 영역을 한 번 고려해 보자. 소프트웨어가 부정확하더라도 안전할 수는 있지만, 보통 부정확한 소프트웨어는 보안 취약점을 내재하고 있을 가능성이 매우 높다. 조직은 단편적인 소프트웨어 보증 측정을 적용하는 것보다 넓은 영역을 다루는 소프트웨어 측정 프로그램을 수립하고, 여기에 보증 기능을 더하는 방법을 고려해야 한다. 소프트웨어 제품 측정은 서로 연관됐지만 명확히 개별 특성을 갖는 두 가지 관점, 즉 기능 정확성과 구조 정확성을 평가한다. 기능 정확성은 소프트웨어가 배치된 환경에서 소프트웨어 기능이 잘 동작하는지를 측정한다. 구조 정확성은 실제 제품 및 프로세스 구현 과정을 평가한다.

소프트웨어 기능 정확성은 소프트웨어가 기능적 설계 요구 사항 또는 명세에 얼마나 부합하는지, 또는 이를 준수하는 정도를 설명한다. 실제로 기능 정확성은 일반적으로 소프트웨어 테스팅 과정을 거치면서 구현, 강화, 측정된다. 정확성 테스팅은 논리적인 비교 지표를 기준으로 소프트웨어의 행동을 평가하는 방식으로 진행된다. 본질적으로 논리적 비교 지표는 특정 의사 결정권자들이 결론을 내리는 바탕이 된다(IEEE 2000). 논리적 비교 지표에는 '명세서, 계약서, 비교 가능한 제품, 동일한 제품의 구 버전, 의도했거나 기대한 목적에 대한 추론, 사용자 또는 고객 기대치, 관련 표준, 적용 가능한 법, 또는 다른 기준'(Shoemaker 2013) 같은 다양한 항목을 포함한다.

구조 정확성 측정은 소프트웨어가 실제 기능적 요구 사항 충족을 지원하는 환경적 또는 비즈니스 요구 사항을 어떻게 만족하는지를 평가하는 작업을 의미한다. 예를 들어 구조 정확성은 소프트웨어가 제대로 만들어졌는지 여부, 소프트웨어의 내구성과 유지보수 가능성 같은 품질을 특징화한다. 구조 정확성은 소프트웨어의 근간을 이루는 인프라를 분석하고, 유닛, 통합, 시스템 수준에서 사전에 정의된 용인 요구 사항을 대상으로 코드를 검증하는 과정을 통해 평가한다. 뿐만 아니라 구조 정확성 측정은 아키텍처가 소프트웨어 구조적 설계의 신뢰 원칙을 얼마나 충실히 준수하는지를 평가한다(OMG 2013).

메트릭이 선택과 적용 과정을 보여주는 예시를 함께 살펴보자.[4] SEI는 100개가 넘는 소프

---

4   이 예제는 품질 및 신뢰성 측정 방법을 사용한 소프트웨어 보증 예측(Predicting Software Assurance Using Quality and Reliability Measures)에서 참고했다(Woody 2014).

트웨어 개발 프로젝트의 세부적인 크기, 결함, 프로세스 데이터를 별도로 유지한다. 프로젝트는 넓은 영역의 애플리케이션 도메인과 프로젝트 규모를 포함한다. 이 중 다섯 개의 프로젝트는 특정 보안과 안전에 중요한 결과에 초점을 맞췄다. 이 프로젝트의 보안 결과를 자세히 살펴보자. 다섯 개 중 네 개의 프로젝트는 출시 후 안전상 중요한 결함이나 보안상 하자가 없는 것으로 나타났지만, 나머지 하나의 프로젝트에서는 20개의 사소한 결함이 보고됐다. 안전성 또는 보안 결함이 없는 프로젝트 중 하나에서 추가 연구 결과, 담당 직원이 개발 과정에서 발생 가능한 공통적인 보안 문제를 인식하도록 교육을 받았고, 교육에서 얻은 지식을 실제 개발 프로세스에 적용하도록 지시 받았다는 사실을 밝혀냈다. 이러한 메트릭은 담당자가 실제로 발생한 과거의 데이터를 사용해 미래에 고려할 컴포넌트에 필요한 노력과 품질을 정확히 예측할 수 있도록 한다.

팀은 예정된 코드 출시 주기에 대한 세부 계획 수립과 전체 일정을 위한 확정 계획을 수립한다. 규모가 큰 코드를 다루는 프로젝트의 경우, 팀은 몬테 카를로^{Monte Carlo} 시뮬레이션을 수행해 완료 날짜를 84퍼센트의 정확도 내에서 식별해낼 수 있다. 즉 시뮬레이션 대상 프로젝트의 84%가 이 완료 날짜보다 빨리 종료된다. 팀은 다음과 같은 예측 값을 사용한다.

- 매주 접수된 소프트웨어 변경 요청^{SCR}
- SCR의 분류 비율
- 종료된 SCR 비율
- 주기에 대한 (SCR 할당된) 개발 작업
- 매주 개발자 당 SCR^{SRC/Dev}
- 개발자 인원수
- 테스트 프로토콜 개발까지 걸리는 시간
- 매주 발생하는 보안 검증 및 검사 담당자별 소프트웨어 변경 요청
- 검증 인원수

다음으로 팀은 사이클에 필요한 합의된 작업 완료를 위해 전념하고, 어떤 작업을 다음 단계로 연기시킬지 계획하며, 남은 모든 작업 처리가 전체 전달 일정을 넘어서지 않도록 조

율한다. 팀은 프로젝트가 모든 단계를(인젝션, 탐지, 데이터 수정) 거치면서 발생하는 모든 결함을 추적한다. 개발자들은 자신들이 갖고 있는 실제 데이터를 사용해 뒤에 이어질 작업을 계획하고, 일정, 내용, 실제 사용된 프로세스, 필요 자원에 대해 관리 차원의 합의를 이끌어 내 계획이 전체 전달 일정 내에서 원활하게 끝마칠 수 있도록 한다.

이 예제에서는 의사 결정에 활용 가능한 과거 정보로부터 구축된 신뢰를 기반으로 공학의 다양한 측면에서 수집한 여러 측정 방식을 사용한다. 개별 측정 자체만으로는 부족하지만, 한데 모으면 유용하게 쓸 수 있다. 수집한 메트릭은 특정 목표(업무량 조정 계획 수립) 달성을 지원하고, 작업을 수행하는 자원의 생산성 및 예상되는 작업 부하workload의 예상 이탈 수준 같은 목표와 관련된 여러 질문을 처리하기 위해 필요한 정보를 바탕으로 선택한다. 다음으로 GQM 방법론이 이어진다(Basili 1984, 1988).

측정 가능한 또 다른 요소로 사이버 보안 처리를 위한 조직 차원의 역량을 꼽을 수 있다. 미국 표준기술연구소NIST는 주요 기반시설 사이버 보안 수준 향상을 위한 프레임워크를 개발했다(NIST 2014). NIST 프레임워크는 사이버 보안 책임 수준에 영향을 미치는 운영 환경에 초점을 맞춘 내용으로, 필요한 내용을 그대로 시스템과 소프트웨어에 반영하는 것과 정반대로, 조직이 사이버 보안 지원을 위한 인프라의 기능과 특성을 파악할 수 있게 한다. 프레임워크는 조직이 자신들의 사이버 보안 역량을 확인하고, 목표 상태를 위한 개별 목표를 설정하며, 사이버 보안 프로그램을 향상시키고 유지하기 위한 계획을 수립할 수 있도록 돕는다. 사이버 보안을 위한 목표와 계획을 결정하기 위한 평가 메커니즘을 사용한 후에는 메트릭을 사용해 해당 결과를 모니터링하고 평가할 수 있다. 의사 결정 지원을 위해 메트릭을 수집하고 분석한 후 분석 결과를 통해 조직의 행동을 결정한다(Axelrod 2012).

보안 측정 프레임워크 자체는 새로운 개념이 아니지만, 인증과 인가 요구 사항을 넘어서는 보안 분야의 부족한 시스템 및 소프트웨어 공학 환경으로 인해 실제로 라이프 사이클 내에서 활용 가능한 표준을 사용하는 것은 여러 가지 한계에 부딪혀 왔다. 보안에 영향을 미치는 공학 의사 결정 방식에 대한 관심이 높아지는 만큼, 이러한 염려 사항을 모니터링하고 관리할 수 있는 메트릭 또한 라이프 사이클 내에 잘 녹아들 수 있게 해야 한다.

NIST의 정보 보안 분야를 위한 성능 측정 가이드[Performance Measurement Guide for Information Security](Chew 2008)에서는 정보 보안 측정 노력을 지원하는 넓은 범위의 메트릭을 제안한다. 이 메트릭은 조직이 선택한 보안 통제 항목이 적절히 구현됐는지, 그리고 연방 입법 명령을 적절히 준수했는지 여부를 검증할 수 있도록 도와준다. 국제 표준 ISO/IEC 27004는 개발 업무에 활용 가능한 가이드라인 제공과, 이미 구현한 정보 보안 관리 시스템[ISMS]의 효과성을 평가하기 위한 기준과 측정 수단을 사용하는 방법을 제시한다.[5]

6.1.3 측정을 위한 모델[6]

조직에서는 이미 선택한 목표를 다루는 메트릭을 구조화하는 측정 방법을 보유하고 있을지도 모른다. 측정 모델은 크게 기술적인 모델, 분석적인 모델, 예측 모델 세 가지 범주로 분류할 수 있다.

공식 또는 소프트웨어에 대한 실질적인 우려를 나타내는 방정식 또는 변수 집합의 분석에 기초해 모든 유형의 측정 모델을 만들 수 있다. 우수한 측정 모델은 사용자로 하여금 단순히 주요 인자뿐만 아니라 제품이나 프로세스의 결과에 영향을 미치는 모든 요인의 영향력을 완전히 이해할 수 있게 한다. 또한 우수한 측정 모델은 예측 능력을 갖는다. 즉 현재 변수 수준이 주어지면 수용 가능한 수준의 확실성을 바탕으로 이러한 속성의 미래 가치를 예측한다.

보증 모델은 주어진 제품 또는 프로세스의 보증 수준을 측정하고 예측한다. 이러한 부분에 있어 보증 모델은 주어진 소프트웨어 조각을 위한 보증 상태를 나타낸다. 모델은 "어느 정도 보안이 적합한가?"와 "충분한 보안이 갖춰졌다는 것을 어떻게 확신할까?" 같은 질문에 대한 합리적인 답변을 제공한다. 여기에 더해 보증 측정 모델로 소프트웨어 보증 프로세스 자체의 정합성 검증도 가능하다. 개별 보증 모델은 에러 탐지 효율에서부터 내부 프로그램

---

5   www.iso.org/iso/catalogue_detail?csnumber=42106
6   이 절은 소프트웨어 보증 측정-실제 사례의 현 주소(Software Assurance Measurement-State of the Practice)을 참고했다 (Shemaker 2013).

실패, 소프트웨어 신뢰성 측정, 필요한 가용 테스팅 수준까지 평가하기 위해 구축한다. 또한 보증 모델을 사용해 소프트웨어 관리, 프로세스, 조직 인프라의 효과성과 효율성을 평가할 수 있다.

보증 모델은 최대 가능성 예측, 수치 모델, 신뢰 구간을 토대로 추정을 내린다. 따라서 반드시 모델의 정합성을 평가해야 한다. 검증에는 모델을 과거 데이터에 적용해 보고, 실제 데이터와 모델이 예측한 값을 비교하는 과정이 포함된다. 모델에서 얻은 데이터는 메트릭으로 사용해야 하며, 다른 모델의 입력 값으로 사용할 수 있어야 한다.

보증 모델링은 시스템을 위한 신뢰 단계의 정량적인 예측 값을 제공한다. 시스템의 가용성과 신뢰성을 예측하는 모델은 내부 에러 개수와 에러 생성, 가동 시간을 포함한 에러 모델, 소프트웨어 에러 보고까지 걸리는 시간 예측을 포함한다.

소프트웨어 에러 탐지 모델은 시스템 디버깅 상태를 특징으로 한다. 여기에는 시스템 운영 시 주어진 시간에 수정되는 소프트웨어 에러가 발생 가능한 개수와 에러 내용이 적은 프로그램 개발 방법 및 프로그램 복잡성 측정 개발 방법 같은 우려를 포함한다.

내부 프로그램 구조 모델에는 통과한 경로(모듈)의 개수, 경로를 통과한 횟수, 실패 가능성 뿐만 아니라 모든 프로그램 경로 실행에 필요할 수도 있는 자동화된 테스트에 대한 조언도 포함된다.

테스팅 효과성 모델 및 기술은 모든 프로그램 경로 실행에 필요한 테스트 개수와 통계적 테스트 모델에 대한 추정 값을 제공한다. 소프트웨어 관리 및 조직 차원의 구조 모델은 프로세스 성능을 위한 통계 수치를 포함한다. 이러한 모델은 에러 발생 가능성과 프로그램 테스팅 프로세스, 에러 증가를 야기하는 디버깅 습관과 에러 발생 가능성 사이의 수학적 연관성을 찾아낼 수 있다.

일반적으로 보증은 실패를 대상으로 판단하며, 소프트웨어 보증을 위한 측정 모델을 사용하려면 특정 측정 환경에서 무엇이 '실패'로 이어지는지에 대한 포괄적이고 종합적인 정의가 필요하다. 이 정의에는 모든 심각도 수준에서 실패의 모든 유형에 대한 우려를 포함할 필요가 있다. 하지만 불행하게도 결함이 유일한 실패 유형이 아님에도 불구하고, 지금까지 소프트웨어 보증 연구의 대부분은 결함 식별 자체에 초점이 맞춰져 왔다. 이러한 좁은 의미의 정의는 결함 데이터가 다른 데이터 유형보다 손쉽게 구할 수 있다는 사실이 배경이 되기도 하지만, 그보다 소프트웨어의 실패 원인과 결과를 모델링할 수 있는 유명한 대체 모델의 부족이 가장 큰 원인이다. 정확히 동작하고 본연의 목적을 완벽히 수행해 내는 소프트웨어 제품을 대상으로 하는 익스플로잇이 등장한 이 시대에, 이제는 '실패'에 대한 정의를 확장할 필요가 있다. 이러한 확장은 단순히 악성 객체가 코드에 존재하는 것뿐만 아니라 상대방에 의해 악용될 수 있는 의도적인(백도어), 또는 의도하지 않은(결함) 취약점과 실패의 정의에 통합되는 것을 포함할 것이다.

보안 표준을 확보하는 과정을 통해 이러한 관리 요구를 충족할 수 있다(ISO/IEC 2007). 소프트웨어 보증 및 정보 보안을 위한 실용적인 측정 프레임워크Practical Measurement Framework for Software Assurance and Information Security(Bartol 2008)에서는 측정에 사용 가능한 다섯 가지 서로 다른 모델의 유사점과 차이점을 비교한 내용을 제공하며, 이를 통해 조직의 사이버 보안 공학 목표 달성에 적합한 측정 모델 선택에 도움을 받을 수 있다.

사이버 보안에 대한 어떠한 결정이 메트릭 지원에 필요한가?

6장에서 우리는 사이버 보안 결과의 기대 수준을 바탕으로 개발 계획을 수립할 때 필요한 메트릭에 초점을 맞춰 내용을 설명했다. 이제 새롭게 개발된 소프트웨어가 아닌 재사용 중인 소프트웨어로 관심을 돌려 보자. 상용 제품, 오픈 소스, 다른 목적으로 개발한 코드처럼 소프트웨어 재사용을 계획 중일 때, 다른 제품을 제쳐 두고 굳이 특정 소프트웨어 제품을 고집할 만한 매력 있는 보안 기능이 내재된 제품이 과연 존재할까? 코드 스캔이 가능하다면 소프트웨어 도구를 이용해 코드에 존재하는 취약점을 찾아내고, 공통 취약점 목록CWE, Common Weakness Enumeration에서 수립한 메트릭 표준에 따라 각 취약점의 심각성을 판단할 수 있다. 악성코드 바이너리 평가가 필요한 경우 그에 맞는 도구를 사용하는 것도 가능하다. 여기에서 얻은 모든 정보를 선택에 반박하는 근거 자료로 활용할 수 있다.

개발 주기의 시작 지점에서 우리는 전달된 시스템의 행위에 대한 신뢰 수준을 결정하는 기반을 제한해 왔다. 즉 초기의 신뢰 수준과 원하는 신뢰 수준 사이에 큰 격차가 존재한다. 그림 6.1에서 보는 것처럼 개발 라이프 사이클 과정을 거치면서 전달된 시스템이 원하는 신뢰 수준에 도달할 수 있도록 신뢰 격차를 줄어야 한다(Woody 2014).[7]

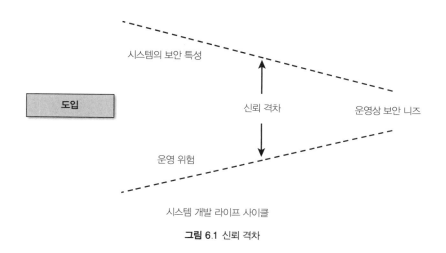

그림 6.1 신뢰 격차

1장에서 우리는 소프트웨어 공학의 신뢰도를 논의한 바 있다. 다시 한번 정리하자면, 시스템이 안전하다고 주장하려면 근거가 필요하다. 보증 사례는 시스템 속성이 주어진 환경의 주어진 애플리케이션에 대해 충분히 적합하다는 핵심 의견이 설득력을 갖추고 있고, 타당한 주장이라는 사실을 증명해 주는 근거를 문서화한 것이다. 품질과 신뢰성을 예측된 소프트웨어 보안에 대한 주장의 근거로 포함시킬 수 있다. 보증 사례 구조와 보증 사례 구축 방법은 품질 및 신뢰성 측정을 활용한 소프트웨어 보증 예측Predicting Software Assurance Using Quality and Reliability Measures(Woody 2014) 자료를 참고하기 바란다.

---

7 이 절은 품질 및 신뢰성 측정을 활용한 소프트웨어 보증 예측(Predicting Software Assurance Using Quality and Reliability Measures)의 내용을 참고했다(Woody 2014).

6.2 사이버 보안 평가를 위한 증거 수집 방법

6.2.1 프로세스 증거

표 6.1은 소프트웨어 수준의 필요 단계를 설명하는 데 도움을 주는 몇 가지 라이프 사이클 단계 측정의 예시를 보여준다. 시간이 갈수록 그 비율이 증가하는 이러한 측정은 보안 자체와 보안 분석 수행을 위한 프로세스 개선에 대한 관심 영역이 확대됐음을 나타내긴 하지만, 실제 제품에 대한 그 어떠한 증거 데이터도 제공하지 않는다.

더 광범위한 목록을 부록 G에서 찾아볼 수 있다. 조직 전반에 걸친 효과적인 측정 데이터 생산을 위해 처리할 데이터의 양이 방대한 관계로, 데이터 수집 과정의 일관된 자동화와 모니터링 및 관리 과정의 효과성은 아주 중요하다고 볼 수 있다. 자동화가 없다면 작업에 필요한 노동 비용이 엄청나게 증가하며, 시기에 맞는 입력 데이터 확보 능력이 현저하게 감소될 것이다.

알버트[Alberts], 앨런[Allen], 스토다드[Stoddard](Alberts 2010)는 보안 위험 영역의 핵심 라이프 사이클 평가에 사용하기 위한 여러 질문 항목을 제안했다. 보안 전문가들은 라이프 사이클 전 단계에서 보안에 중요한 17개 프로세스 관련 영역을 찾아냈다. 관련 보안 질문은 보안 위험을 평가할 수 있는 수단을 제공한다. '충분한' 같은 모호한 용어를 내포한 질문은 완전한 문장이 아니며, 반드시 조직의 기준에 맞게 재정의해야 한다. 예를 들어 자주 발생하는 보안 문제를 처리하는 것은 조직의 업무에 따라 1년에 한 번일 수도 있고, 또는 1분에 한 번일 수도 있다. 표 6.2에서는 부록 G에 소개된 전체 표의 일부분을 참고한 내용을 보여준다.

표 6.1 라이프 사이클-단계 측정 예시

라이프 사이클 단계	소프트웨어 보안 측정 예시
요구 공학	특정 요구 사항 행동에 반영된 관련 소프트웨어 보안 원칙의 비율(주어진 개발 프로젝트에 반드시 필요한 보안 원칙이 선택됐다는 가정 하에)
	명세에 포함하기 전에 분석(위험, 실행 가능성, 비용-이익, 성능 트레이드오프)해야 하는 보안 요구 사항의 비율
	공격 패턴, 오용/남용 사례, 특정 위협 모델링 및 분석 수단을 바탕으로 하는 보안 요구 사항 비율
아키텍처 및 설계	공격 벡터 분석 및 측정 종속 아키텍처/설계 컴포넌트의 비율
	아키텍처상의 위험 분석 종속 아키텍처/설계 컴포넌트의 비율
	보안 설계 패턴을 바탕으로 하는 고 가치(high value) 보안 통제 항목 비율

표 6.2 소프트웨어 보안을 위한 질문 항목 예시(Albert 2010)

	보안 위험 초점 영역	원칙
1	프로그램 보안 목적	프로그램의 보안 목표가 현실적이고 실현 가능한가?
2	보안 계획	시스템 개발 및 배치 계획이 보안을 충분히 고려하는가?
3	계약	파트너, 합작회사, 협력업체, 공급자와의 계약 메커니즘이 보안을 충분히 고려하는가?
4	보안 프로세스	시스템 개발 및 배치에 사용 중인 프로세스가 보안 요소를 충분히 포함하는가?

표 6.3 보안 위험 초점 영역과 소프트웨어 보안을 위한 원칙 사이의 매핑(Mead 2013b)

	보안 위험 초점 영역		지원 원칙
1	프로그램 보안 목적	6	잘 계획되고 역동적인지: 원칙1과 4에도 영향을 받음
2	보안 계획	6	잘 계획되고 역동적인지: 원칙1에도 영향을 받음
3	계약	2	상호작용: 원칙1과 3에도 영향을 받음
4	보안 프로세스	6	잘 계획되고 역동적인지: 원칙 1과 3에도 영향을 받음

앞서 설명한 업데이트된 보안 원칙에 프로세스 관련 영역을 매핑할 수 있다. 표 6.3은 부록 G에 포함된 전체 매핑 테이블의 일부 내용을 보여준다.

공통 취약점 목록(MITRE 2014)에 정의된 일곱 가지 증거 원칙과 연결된 측정 프레임워크는 조직이 보안 위험 분야에 효과적으로 대응한다는 증거를 제공할 수 있다(Mead 2013b). 표 6.4는 부록 G에 포함된 전체 테이블의 일부를 보여준다.

표 6.4 일곱 가지 증거 원칙에 근거한 측정 예시(MITRE 2014)

원칙	설명
위험	분류된 활성 및 잠재적 위협의 수
	위협 범주별로 보고된 사고
	각 위협 범주에 대한 발생 가능성
	각 위협 범주에 대한 영향의 재정적/인적 안전도 예측
신뢰 의존성	공급망 내의 하도급 단계 수(다시 말해 하도급 계약자와 하위 계약, 이 활동의 깊이 수준을 차례로 나열)
	제공되는 수준의 수
	단계별 공급자 사이의 계층 및 동종 업계 의존성
	공급망 내의 신뢰 가능한 단계별 공급자 수

예시 사례 연구: 신뢰 의존성 평가를 위해 하도급 측정 사용

GoFast 자동차 회사는 타이거(Tiger) 스포츠카에 사용할 새로운 엔터테인먼트 시스템을 계획 중이다. 전통적인 엔터테인먼트 시스템은 스포츠카의 좁은 공간에 바로 적용하기가 힘들었으며, GoFast 관리자들은 새롭게 개발한 시스템이 회사에 경쟁 우위(금전적 이득도 함께 따라올)를 가져다 줄 것을 직감했다. 프로젝트에 대한 위험 분석을 수행한 후, 경영진들은 이 시스템의 보안에 조금 더 신경을 써야 한다는 결론을 내렸다.

자동차 엔터테인먼트 시스템에 전문성을 보유한 협력업체인 트래블링 오디오 비디오(TAV)는 소프트웨어 하위 시스템의 일부를 개발하고 있다. 자연스럽게 GoFast는 산업 스파이 행위를 걱정했으며, 경쟁사들이 회사의 계획과 설계에 대한 회사 기밀 정보에 접근하는 행위, 또는 최악의 상황에서 소프트웨어 자체를 훔쳐 사용하는 것을 방지하고 싶어했다.

프로젝트 내에서 작업의 일부를 담당하는 보안 그룹은 신뢰 의존성 원칙을 검토해 보기로 결정했다. 유감스럽게도 TAV가 자신들의 공급망 내에 또 다른 협력업체를 두고 있다는 사실과, 이에 따라 GoFast 사가 전체 공급망의 신뢰성을 보증하기 위해 모든 협력업체를 전수조사해야 한다는 사실을 밝혀냈다. 더욱 놀라운 사실은 TAV의 협력업체 중 한 곳이 GoFast의 경쟁사와 계약 관계에 있다는 것이다. 다행히 GoFast는 이러한 관계를 빠르게 찾아내 위험을 평가할 수 있었고, 위험 경감을 위해 공급망을 조정 또는 해당 업체의 과거 이력과 자체 보안 측정 수준 확보 사실을 기반으로 공급망이 안전하다는 결론을 내릴 수 있었다.

협력업체가 조직에 필요한 특유의 기술을 보유할 경우, 적절한 비밀 유지 서약을 통해 필요한 신뢰 수준을 확보할 수 있다. 반면 협력업체가 의심이 되는 행위에(극단적인 사례로 경쟁 업체로부터 뇌물을 받고 고객의 기밀 정보를 넘긴 경우를 예로 들 수 있음) 참여한 것으로 판단된 경우, 제품 개발에 필요한 경험이 부족한 회사라고 하더라도 기존 업체를 변경하는 것이 최선의 해결책이 될 수 있다. 차선책으로 해당 업체가 맡던 부분을 내부 개발로 전환해 산업 스파이 위험을 감소시킬 수도 있다. 물론 이 마지막 옵션은 담당 임직원의 신원이 확실하고 신뢰할 수 있다는 가정을 전제로 한다.

6.2.2 표준에서 증거 수집

조직에 적용 중인 보안 표준의 내용을 통해 효과적인 사이버 보안 공학의 증거를 수집할 수 있다. NIST 특별 발행 800-53(NIST 2013)은 넓은 범위의 보안 및 프라이버시 통제 항목을 제공한다. 이 통제 항목은 보안 요구 사항 충족을 위한 메커니즘 구현에 널리 사용된다. NIST 800-53A(NIST 2014a)는 통제 항목 준수 여부에 대한 증거 수집에 감사를 수행하는 방법을 설명하는 NIST 800-53의 안내 자료다. 감사 작업은 조직이 구현을 선택한 통제 항목의 범위를 결정하는 데 초점을 맞춘다. 구현 작업이 얼마나 잘 수행됐는지 결정하기 위한 정보는 제공되지 않는다. 앞서 언급했듯이 NIST 800-55(NIST 2008)는 라이프 사이클 전반에 걸쳐 적용 가능한 특정 보안 측정 기준을 소개한다.

알버트, 앨런 및 스토다드(Alberts 2012b)는 통제 항목의 효율성 평가를 위해 수집 가능한 NIST-800-53(NIST 2013)에 명시된 보안 통제 항목에서 파생된 측정 방법에 대한 설명을 제공한다. 또 다른 유용한 표준으로 통제 항목 목록을 포함하는 NIST 800-53[8]과 동등한 수준의 ISO 문서인 ISO/IEC 227002 소프트웨어 보증 및 정보 보안을 위한 실용적인 측정 프레임워크Practical Measurement Framework for Software Assurance and Information Security(Bartol 2008)에 자세히 설명돼 있다.

---

[8] www.iso27001security.com/html/27004.html

제품 증거

프로세스 관점과 제품 초점을 결합하면 사이버 보안 요구 사항이 충족된다는 자신감을 뒷받침하는 강력한 증거를 수집할 수 있다. 소프트웨어 보증 및 정보 보안을 위한 실용적인 측정 프레임워크(Bartol 2008)는 조직, 프로그램, 또는 프로젝트 수준의 소프트웨어 보증 목표 및 목적 달성의 효율성을 측정하는 접근 방법을 제공한다. 이 프레임워크는 기존에 존재하는 측정 방법론을 포함하며, 조직과 프로젝트가 SwA 측정을 기존 프로그램에 통합하는 데 도움을 주기 위해 만들어졌다(3장 참고).

우디[Woody], 앨리슨[Ellison], 니콜스[Nichols](Woody 2014)가 보여준 가장 최신 공학 프로젝트에서는 품질 결함 식별과 및 제거 실제 사례와 코드 분석 도구를 결합한 라이프 사이클 접근 방식이 소프트웨어 및 시스템에 보안을 구축하는 데 가장 강력한 결과를 제공한다고 입증한다. 결함 예측 모델은 일반적으로 특정 시간에 소프트웨어를 측정한 값, 제품의 종적 측정값, 또는 제품 빌드에 사용된 개발 프로세스 측정 값을 통해 알아낼 수 있다. 품질 문제 분석에 일반적으로 사용되는 메트릭에는 다음과 같은 내용이 포함된다

- 신규 또는 변경된 LOC, 순환 복잡도[9], 특성 개수, 방법 및 클래스, 모듈 통합 같은 정적 소프트웨어 메트릭
- 테스팅 또는 제품화 과정에서 발견되는 크기, 노력, 시간으로 표준화된 결함 개수
- 변화 빈도, LOC 변경 또는 수정 개수, 수정 빈도, 변경된 모듈 개수 또는 수정한 버그 개수 같은 종적 제품 변경 사항을 포함한 소프트웨어 변경 메트릭
- 수행한 활동 또는 활동에 든 노력 또는 개발 단계 같은 프로세스 데이터

현재 사용 중인 많은 모델은 코드 변동[code churn] 같은 정적 또는 종적 제품 측정 값에 의존한다. 그림 6.2에서 보듯이 다른 접근 방법은 개발 프로세스 동안 발생하는 결함 모니터링 및 모델링을 위해 유사 성능과 결함 주입 및 제거를 기반으로 하는 경험 자료를 사용한다(일반적으로 '탱크와 필터' 은유를 사용해 설명). 일반적으로 품질 및 보안 취약점과 관련이 있는

---

9   http://en.wikipedia.org/wiki/Cyclomatic_complexity

결함 사이의 연결 고리는 아직 활발한 연구가 필요한 분야다. 대부분 공통 취약점 목록CWE 은 품질 이슈와 밀접한 관련이 있는 보안 실패의 주요 원인을 참고했다. 데이터는 보고된 결함의 1%에서 5% 정도만 취약점이라는 점을 보여준다(Woody 2014). 품질 문제가 보안 문제를 위한 가장 강력한 증거가 된다는 것은 이미 널리 합의가 된 사실이다.

하지만 제품에 결함이 있다는 확신을 위해 단지 제품 자체에 초점을 맞추는 것 또한 충분 하지 않다. 결함 제거는 조직이 결함 제거 능력을 보증하는 정도에 따라 달라진다. 보안 테 스팅 및 정적 코드 분석 결과는 종종 보안 취약점이 감소했다는 증거 자료로 제공되나, 이 자료를 결함 식별의 주요 수단으로 간주하는 것은 실수다. 검사 결과와 같은 품질 실제 사 례의 누락은 기존 코드 분석 도구의 능력을 넘어서는 결함 발생으로 이어질 수 있다 (Woody 2014).

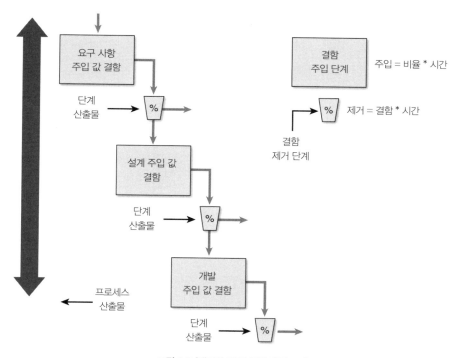

그림 6.2 '탱크와 필터' 품질 추적 모델

사이버 보안에 메트릭을 적용하기 전에 조직은 반드시 제품 타당성을 수립해야 한다. 앞서 소개한 연구에서 대상 제품은 의료 장비로, 평가 중인 보안 요구 사항은 전체 디바이스에 할당된다. 이 동일한 측정 수단을 이 디바이스에서 실행 중인 단일 소프트웨어 애플리케이션을 대상으로 수행하는 것도 가능하다. 컴포넌트에서 수집한 메트릭을 전체 구성에 적용하는 작업의 효용성을 관찰하기 전에 우선 컴포넌트와 전체 시스템의 관계를 결정해야 한다. 예를 들어 디바이스의 데이터 입출력을 처리하는 컴포넌트는 디바이스에 대한 사이버 보안 우려 사항의 중요한 부분을 차지한다. 디바이스의 USB 드라이버에서 수집한 측정 값은 구성을 대표하는 값이 될 수는 없다.

증거 평가

다음으로 우리는 일관되고 반복 가능한 사용을 위해 사용하는 단어의 정의를 명확하게 할 필요가 있다. 예를 들어 '가끔^often'이라는 단어를 생각해 보자. 동일한 문맥 내에서도 이 단어가 매일 또는 주간을 지칭하거나 1초에 여러 번을 의미할 수도 있다. 표 6.5는 설정한 일관성 빈도와 관련된 용어를 구조화한 예시를 보여준다.

표 6.5 예시 빈도 구조

용어(가치)	정의	가이드라인/문맥/예시
자주(5)	시나리오는 여러 상황 또는 빠르게 연속되는 상황에서 발생한다. 발생 빈도가 높거나 간격이 매우 짧은 상황에서 발생하는 경향이 있다.	한달에 한 번 이상 (1년에 12번 이상)
거의(4)	시나리오는 여러 경우에 발생한다. 꽤 자주 나타나지만, 빠르게 연속되는 상황이나 짧은 빈도로 발생하지 않는 경향이 있다.	
때때로(3)	시나리오는 때때로 발생한다. '가끔 가다가 한 번' 발생하는 경향이 있다.	6개월에 한 번 이상 (1년에 두 번 이상)
희박한(2)	시나리오가 발생할 수는 있지만, 그 가능성은 매우 낮다. '희박하게' 발생한다.	
드문(1)	시나리오는 드물게 발생하며, 흔하지 않거나 드문 상황으로 간주된다. 거의 찾아보기 힘들다.	3년에 한 번 미만 (1년에 0.33번 미만)

측정은 정량적 또는 정성적인 방법으로 수행할 수 있다. 두 방법 모두 유용하지만, 할당된 값은(표 6.5의 괄호 안) 화두로 던진 질문과 측정 값이 의사 결정[10]을 얼마나 잘 지탱해 주는지에 달려 있다. 상대적인 발생 빈도가 충분한 수준인가? 또는 의사 결정에 특정 개수가 필요한가? 이러한 결정을 할 때 고려하는 트레이드오프가 존재한다. 더 정확한 정보를 얻으려면 더 많은 비용을 투입해 데이터를 수집해야 한다.[11]

사례 연구: 무선 긴급 경보를 위한 위험 분석(1장 1.5.1 참고)

무선 긴급 경보(WEA) 사례 연구에서 참고한 평가 예시에 표 6.5의 용어를 적용해 보자.

위험 명세

- 악의적인 의도를 가진 외부 공격자가 사회 공학 기법을 통해 유효한 인증서를 입수한 후, 경보 발생 시스템(AOS)을 위장(spoofing)하고, 앞서 입수한 인증서를 사용해 불법 공통 경보 프로토콜(CAP)에 해당하는 메시지를 보낼 경우 건강, 안전, 법, 금융 및 국가 핵심 분야에 영향을 미칠 수 있다.

가능성 수치

- 드문

근거

- 이 위험은 복잡하게 연결된 일련의 이벤트 발생이 필요하다.
- 공격자의 공격 동기는 매우 강력하다.
- 공격은 많은 대중이 모여 있는 이벤트와 일치해야 한다.

영향도

- 최대

근거

- 공격의 영향력은 사람들의 WEA 서비스 신뢰 정도와 불법 WEA 경고 메시지에서 권장하는 행위를 실제로 수행하는가에 달렸다.
- 건강 및 안전 분야의 경우 심각한 손실이 발생할 수 있으며, 잠재적으로 큰 법적 책임 문제로 이어질 수 있다.
- WEA의 평판이 회복될 수 없을 만큼 손실될 수 있다.

그림 6.3은 이 시나리오의 위험을 보여준다.

---

10 NIST 800–55 [NIST 2008]은 여러 의미로 해석될 수 있는 '충분한(sufficient)' 같은 용어를 명확하게 하는 데 도움을 주는 용어 구조도 제공한다.

11 자신의 저서인 『Engineering Safe and Secure Software System』(Artech House, 2013)에서 액설로드(Axelrod)는 표 7.1에 소개된 자동차 회사를 위한 정량적이고 정성적인 측정 방법을 비교한 흥미로운 자료를 소개한다(Axelrod 2012).

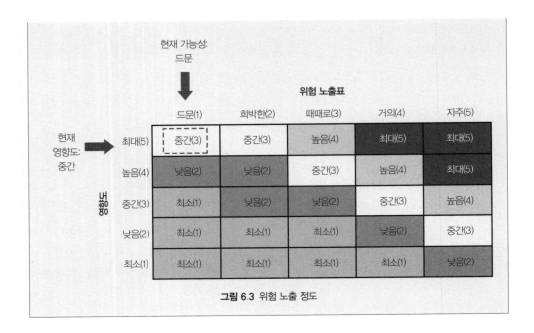

그림 6.3 위험 노출 정도

6.2.3 측정 관리[12]

소프트웨어를 한 번 만들고 변경 없이 그대로 두지는 않으므로, 측정 또한 한 번으론 부족하며, 진행 중인 모든 요구를 반영할 수 있도록 충분하게 수행해야 한다. 소프트웨어를 위한 사이버 보안 정보에도 동일한 원칙을 적용할 수 있다. 시간이 지나면서 변화하는 내용을 보여주고 싶다면, 측정 데이터를 수집한 후 향후 사용을 위해 구조화한다. 측정 관리는 측정 수단의 존재 여부와 소프트웨어 또는 시스템의 라이프 사이클에 필요한 측정의 적절한 적용 여부를 보장한다. 측정 관리는 제품 특성과 라이프 사이클 관리 필요 사항을 정확히 반영하는 일관된 특정 기준 형성이 필요하다. 측정 기준은 반드시 제품의 라이프 사이클과 다른 제품과의 관계 평가를 거치면서 발생하는 모든 필요 사항에 맞춰 수정이 가능해야 한다. 적절한 기준 값을 사용한다면 측정 관리 프로세스는 원하는 측정 결과 생산에 필요한 정확한 메트릭이 적용될 수 있도록 보장한다. 이 접근 방법은 소프트웨어 보증 및 정

---

12 이번 절은 운영 회복력 관리 수준 측정(Measures for Managing Operational Resilience)에서 내용을 참고했다(Allen 2001).

보 보안을 위한 실용적인 측정 프레임워크(Bartol 2008) 같은 보안 측정 가이드라인, ISO/IEC 27004, ISO/IEC 15939 같은 국제 보안 측정 표준과도 부합한다.

측정 관리 프로세스는 프로젝트의 개별 측면 및/또는 제품에 대한 운영 및 전략적 의사 결정을 뒷받침하는 데이터를 수집한다. 측정 관리 프로세스는 반드시 실시간 또는 거의 실시간에 가까운 수준으로 데이터 기반 피드백을 프로젝트 관리자, 개발 관리자, 기술 담당자에게 제공해야 한다. 국가 취약점 데이터베이스[13]는 사이버 보안에 대한 리소스 기준을 제공해 주는 사이트 중 하나다. 이 데이터베이스는 자동화 도구가 소프트웨어 제품 구현 기준 준수 여부를 검증하는 데 활용 가능한 표준 기반 취약점 데이터를 포함한다.

측정 기준을 통한 관리

통제 항목 관리는 보통 측정 기준을 통해 시행된다. 측정 기준은 측정 대상의 관심 부분을 나타내는 개별 메트릭의 집합을 의미한다. 측정 기준을 사용하면 관리 및 운영 의사 결정을 뒷받침하는 의미 있는 제품 및 프로세스 성능 비교를 할 수 있다. 이러한 비교는 의사 결정을 위한 예측 및 확률 모델 사용을 통해 제품 및 프로세스를 지속적으로 개선시키는 핵심 자료가 될 수 있다. 이러한 노력을 뒷받침해 주는 메트릭에는 결함 데이터, 생산성 데이터, 위협/취약점 데이터 같은 기본 측정이 포함된다. 진화하는 기준 모델은 관리자들에게 어떠한 프로세스 또는 제품에도 적용 가능한 필수 보증 관점, 비용 통제, 비즈니스 정보를 제공하며, 이를 통해 보증 프로세스를 추적할 수 있다.

측정 기준을 구축하는 작업은 네 단계로 이뤄진다.

1. 측정 대상을 식별하고 정의한다(앞서 언급했듯이 GQM 모델의 목표 측면).

2. 조직은 달성을 원하는 측정 목표를 보장하기 위해 필요한 메트릭을 정의하는 필수 질문을 수립한다. 조직은 관련 측정 기준을 구조화되고 통제된 기준 형식으로 관련 측정치를 모은다.

---

13 ww.nist.gov/itl/csd/stvm/nvd.cfm

3. 성능 추적을 위한 비교 기준을 수립한다. 이러한 기준은 시간이 흐르면서 변화하는 각 메트릭에서 얻은 데이터에서 분석해야 하는 내용을 정립한다.

4. 기준 메트릭을 사용해 정기적인 측정 데이터 수집, 분석 활동을 수행한다.

운영 탄력성에 대한 접근 방식의 결과를 보여주는 예는 조직의 전략적 목표를 지원하기 위한 10가지 전략적 측정을 정의하는 '운영상의 탄력성 관리 방안'(Allen 2011)[14]에서 찾을 수 있다. 다음은 조직 목표를 지원하는 측정 방법과 조직 목표 사례다.

- 목표: 실현된 위험에 직면한 운영 탄력성 관리ORM, operational resilience management 시스템은 고부가가치 서비스 및 관련 자산의 필수 운영의 연속성을 보장한다. 실현된 위험에는 사건, 서비스 연속성 중단 또는 인간이 만든 재해나 위기가 포함될 수 있다.
- 측정 9: 중단 위험이 높은 이벤트를 통해 전달된 서비스의 중단 확률
- 측정 10: 서비스 연속성 계획으로 중단된 가치가 높은 서비스의 경우, 운영 중단 이벤트 동안 의도된 대로 서비스를 제공하지 않은 서비스 비율

향후의 성공적인 중단의 예측 변수로, '니어 미스near miss'[15]와 '회피된 사고incidents avoided' 사례 활용을 고려해 보기 바란다.

---

14 이 보고서와 SEI의 탄력성 측정 및 분석 컬렉션과 관련된 내용은 http://resources.sei.cmu.edu/library/asset-view.cfm?assetid=434555에서 확인할 수 있다.

15 https://en.wikipedia.org/wiki/Near_miss_(safety)

사이버 보안 공학의 특별 주제

줄리아 앨런, 워런 액설로드,
스테파니 벨로모(Stephany Bellomo), 호세 모랄레스(Jose Morales) 도움

7.1 소개

특정 영역의 더 깊은 내용에 관심이 있는 독자들을 위해 1장부터 6장에 걸쳐 특별 주제를 다뤘다. 7장에서는 다음과 같은 주제를 다룬다

- 7장은 보안이 단순히 기술과 관련된 용어 그 이상임을 전제로 하는 거버넌스 논의를 시작으로, 조직이 비즈니스 업무 수행을 위해 명확한 기대 수준을 설정하고, 이를 충족하기 위한 절차를 진행하는 방법을 설명한다.
- 사이버 보안 표준과 지금도 끊임없이 변화하는 주요 영역을 설명한다.

- 신규 개발보다 도입을 주로 하는 조직은 소프트웨어 도입을 위한 보안 품질 요구 공학[A-SQUARE]을 사용해 보안 요구 사항 업무를 강화할 수 있다. 계약 주체 또는 협력업체에게 사이버 보안 역할을 위임한 후 도입부터 실제 운영 시까지 보안을 거의 신경 쓰지 않는 상황이 빈번하게 발생한다. 우리는 조직이 도입 라이프 사이클 단계부터 사이버 보안을 고려하고, 보안 요구 사항 명세로 해당 작업을 시작하기를 기대한다.
- 다음으로 7장에서는 데브옵스[DevOps]를 다룬다. 데브옵스는 연결된 프로젝트 환경 내의 서로 다른 활동으로 간주되는 활동을 다년간 지켜보면서 개발과 운영 업무의 시너지를 목격해 온 분야다.
- 마지막으로 7장에서는 조직이 악성코드 분석을 사용해 시스템을 취약하게 만드는 보안 요구 사항을 식별하는 작업과 관련된 최근의 연구 결과를 소개한다. 많은 조직이 쉽게 간과하는 이 요구 사항을 미래에 도입할 시스템에 필요한 보안 요구 사항 항목에 포함하는 것도 가능하다.

각 주제는 다소 특별한 주제로, 모든 항목에 흥미를 느끼지 않을 수도 있다. 그렇다고 하더라도 한 번쯤은 7장에서 소개하는 사이버 보안 공학의 특정 영역을 심도 있게 살펴보기를 권장한다.

7.2 보안: 단순한 기술 용어가 아니다[1]

7.2.1 소개

이번 절은 거버넌스를 보안에 적용할 때 고려할 내용의 범위를 정의한다. 보안 인식 문화의 지표로 활용하고, 효과적인 프로그램 적용 여부를 판단하기 위해 최고 관리자가 고려할 사항과 특성 설명한다.

---

1 이번 절은 줄리아 앨런이 작성을 많이 도와줬다.

보안을 단지 기술의 영역으로 생각하던 시대는 끝이 났다. 보안은 이제 많은 기업과 정부 조직의 최고 수준에서 지도자들의 핵심 관심사가 되고 있으며 국경을 초월한다. 오늘날의 조직은 운영을 방해하고, 민감한 정보를 노출시키는 심각한 보안 사고 위험에 끊임없이 노출되고 있다. 고객들은 조직이 개인 프라이버시 위반, 개인 식별 정보 노출, 개인정보 유출을 근거로 더욱 강화된 보안 수준을 요구한다. 비즈니스 파트너, 공급자, 벤더 회사 또한 높은 보안 수준을 요구하며, 특히 상호간의 네트워크 및 정보 접근에 민감하게 대응하고 있다. 조직화된 경쟁사 정보 유출과 탈취 활동이 점차 만연하고 있다. 공격자들은 경제적 이득과 국가 전략 차원의 국가-지원 공격에 힘입어 보안 위반과 데이터 유출 활동에 박차를 가하고 있다.

조직의 시스템과 네트워크에 대한 접근 권한이 있는 현/전직 임직원과 협력 업체들은 공격에 악용될 수 있는 내부 정책, 절차, 기술에 익숙하며, 심지어는 외부 공격자와 공모해 공격을 감행하기도 한다. 조직은 내부자에 의한 방해 행위, 사기, 기밀 정보 및 자산 정보 유출, 국가 기반 시설에 대한 잠재적 위협 같은 악성 행위 발생 위험을 완화해야 한다. 최근 CERT 연구 문서에서는 소프트웨어 개발 라이프 사이클 수행 중에 악의적인 내부자의 악성 행위를 성공적으로 막은 사례를 소개한다.[2]

미국에서는 사이버 보안 위험 관리를 국가 차원의 핵심 과제로 간주한다. 2013년 2월, 미 대통령은 행정 명령[3]을 발효해 국가 기반 시설에 대한 보안 강화를 지시했으며, 이를 토대로 미 국립표준기술연구소 사이버 보안 프레임워크NIST Cybersecurity Framework(NIST 2014)를 개발했다. IT 거버넌스 기관에 따르면 "이사회는 다른 주요 조직 리소스 통제를 위해 이미 사용 중인 프로세스를 통합한 정보 보안을 거버넌스의 정식 영역으로 지정하기를 매우 고대하고 있다."(ITGI 2006)고 밝혔다. 미국기업이사협회NACD는 사이버 보안 전쟁이 기업의 가장 중요한 자산을 보호하고, 공격의 영향과 결과에 대한 법적 규제 요구 사항에 대응하는 두 영역에서 활발히 진행 중이라고 밝혔다(Warner 2014). NACD 매거진에는 "사이버 보안

---

2   CERT 내부자 위협 웹사이트(www.cert.org/insider-threat/publications) 내의 발표 자료와 팟캐스트를 참고했다.

3   www.whitehouse.gov/the-press-office/2013/02/12/executive-order-improving-critical-infrastructure-cybersecurity

은 기업 전반에 걸친 보안 인식 문화 정착을 맡은 상급 관리자의 책임 영역이다."(Warner 2014)라고 명시돼 있다. 범국가 수준에서는 인터넷 거버넌스 포럼IGF4이 인터넷 관련 보안을 포함한 여러 공공 정책 이슈를 다루는 토론의 장을 제공한다. 궁극적으로 임원 및 고위 관리자들은 소프트웨어 보안을 포함한 기업 보안이 어떻게 인식되고, 우선순위를 정하며, 관리하고, 구현하는 모든 영역을 포함해 기업의 전반적인 보안 수준 강화 방향을 결정한다. 이것이 실행 중인 거버넌스다.

비즈니스 라운드테이블(미국 선진 기업의 최고경영자협회)은 더욱 지능적이고 효과적인 사이버 보안 보호 보고서에서 다음과 같은 내용을 언급했다(Business Roundtable 2013).

> CEO는 사이버 보안 위협과 위험 관리를 CEO 위험 관리 영역으로 통합하는 데 필요한 역량을 개발해야 한다.
>
> 이사회는 자신들의 위험 관리 감독 기능의 일환으로 주기적으로 관리자의 사이버 보안을 포함한 비즈니스 회복 계획을 검토해야 하며, 사이버 보안 분야에 적용 가능한 위험 평가와 위험 관리 프로세스를 감독해야 한다.

이러한 추세를 보여주는 또 다른 자료로, 컨설팅 회사인 딜로이트가 2014년 발표한 이사회 실행 과제 보고서Board Practices Report: Perspective from the Boardroom(Deloitte 2014)에서 다음과 같은 내용을 찾아볼 수 있다.

> 사이버 보안은 회사와 이사회에 있어 중요한 주제로 빠르게 자리잡고 있으며, 특히 최근에 발생한 데이터 유출 사건을 토대로 그 중요성은 더욱 커지는 상황이다. 소규모 회사를 제외한 모든 회사를 대상으로 조사한 설문 조사에 따르면 이사회의 사이버 보안 인식이 보통(32%) 수준에서 높음(49%) 수준으로 향상됐다. 또한 전체 이사회 또는 감사위원회가 사이버 보안 문제를 총괄하는 것으로 밝혀졌다.

---

4   www.intgovforum.org/cms/home-36966

"Building Security In Maturity Model"(McGraw 2015) 보고서에는 다음과 같이 언급됐다.

> 이사회, 제품 관리자를 포함한 임원 및 중간 관리자들은 보안 설계 및 분석에 대한 초기 투자가 사용자의 제품 신뢰성을 얼마나 올릴 수 있을지를 반드시 이해해야 한다. 비즈니스 요구 사항은 명시적으로 보안 니즈를 반영해야 한다. 오늘날 소프트웨어는 기업 규모와 상관없이 모든 기업에 적용된다. 소프트웨어 보안은 비즈니스 필수 요소다.

고위 관리자들이 잘못된 또는 적절하지 않은 보안 거버넌스 관련 비즈니스 영향과 위험에 더 많은 관심을 가진다는 사실을 뒷받침하는 자료가 많아지는 반면, 최근 카네기멜론대학교의 연구는 아직까지 개선의 여지가 많이 남아 있다고 언급했다(Westby 2012).

- 이사회는 여전히 예산 검토, 보안 프로그램 평가, 조직 차원의 정책, 프라이버시 및 보안을 위한 역할과 책임 부여, 보안 사고 및 IT 위험 내용을 담은 정기 보고서 수신 같은 사이버 위험 관련 활동을 감독하는 핵심 작업에는 본격적으로 개입하지 않고 있다.
- 응답자의 57%는 적절한 사이버 보안 보험 처리 가능 영역을 분석하거나, 기밀 또는 특허 데이터 탈취 및 보안 유출과 관련된 평판 및 경제적 위험을 관리하는 데 도움을 주는 사이버 위험 관리 관련 핵심 활동을 이행하지 않고 있다.

거버넌스와 보안

거버넌스는 비즈니스 업무 수행을 위한 명확한 기대 수준을 설정하고, 조직이 이러한 기대 수준 충족할 수 있도록 보증하는 활동을 지속적으로 관리하는 과정을 의미한다. 거버넌스 활동은 조직의 최상단에서 시작해 모든 사업부 및 프로젝트까지 영향을 미친다. 제대로 수행하면 거버넌스는 보안 영역을 포함한 거의 모든 비즈니스 문제에 대한 조직의 접근 방식을 강화한다. 모든 조직 및 지도자들에 통용되는 국가 및 국제 규정은 바로 보안에 대한 법적 의무 결정 기준을 수립하는 것이다. 이때 거버넌스를 유용하게 활용할 수 있다.

뿐만 아니라 명확하고 일관적인 거버넌스를 통한 기업 보안 강화로부터 이득을 얻을 수 있는 주체는 조직에 국한되지 않는다.[5] 궁극적으로는 국가 전체가 그 혜택을 받게 된다. "미국의 국가 보안 및 경제 보안은 중요한 인프라의 안정적인 기능에 달려 있다. 사이버 보안 위협은 주요 인프라 시스템의 복잡성과 연결성의 취약 부분을 노려 국가의 보안, 경제 및 공공 안전과 건강을 위험에 빠뜨린다."(NIST 2014)

보안 거버넌스의 의미

모든 주제에 적용되는 거버넌스는 광범위한 해석과 정의를 가질 수 있는 용어다. 7장의 목적에 부합하는 용어 사용을 위해 기업 보안[6]을 위한 거버닝governing이라는 용어를 다음과 같이 정의했다(Allen 2005).

- 조직의 행동(가치, 신념, 원칙, 행동, 능력 및 활동)에서 보안 문화를 수립하고 유지하기 위해 조직을 지휘 및 통제
- 적절한 보안을 비즈니스 영역에서 타협이 불가능한 요구 사항으로 간주

NIST 사이버 보안 프레임워크는 정보 보안 거버넌스를 다음과 같이 정의한다.

조직의 규제, 법규, 위험 환경 및 운영 요구 사항을 관리하고 모니터링하기 위한 정책, 절차 및 프로세스를 이해하고, 관리 조직에 사이버 보안 위험을 알린다(NIST 2014).

보안 문맥에서 보는 거버넌스는 위험 관리에 큰 비중을 둔다. 거버넌스는 책임감 있는 위험 관리를 표현한 용어이며, 효과적인 위험 관리를 위해 효율적인 거버넌스가 필요하다. 거버넌스로 위험을 관리하는 한 가지 방법은 의사 결정을 위한 프레임워크를 명시하는 것이다. 이렇게 하면 누가 실질적인 의사 결정 권한이 있는지, 어떤 요소가 올바른 의사 결정을 가능하게 하는지, 그리고 누가 결정에 대한 책임을 지는지를 명확하게 해 준다. 기업, 사업부, 프로젝트 전반에 걸친 일관된 의사 결정은 신뢰를 높여주고 위험을 감소시킨다.

---

5 우리는 동일한 의미를 전달하기 조직과 기업이라는 용어를 사용했다.

6 여기에서 말하는 보안에는 소프트웨어 보안, 정보 보안, 애플리케이션 보안, 사이버 보안, 네트워크 보안, 정보 보증이 모두 포함된다. 시설, 주요 인물 보호, 범죄 조사 같은 물리 보안 영역은 포함하지 않는다.

주의 의무

일정한 유형의 유의미한 거버넌스 구조와 기업 보안을 관리하고 측정할 방법이 없는 상황이라면, 다음과 같은 질문이 자연스럽게 수면 위로 떠오를 것이다(이때 조직에는 전체 기업, 비즈니스 또는 운영 유닛, 프로젝트, 소프트웨어 공급망에 참여하는 모든 엔티티를 포함).

- 조직이 가질 수 있는 가장 큰 보안 위험 노출은 무엇인지 어떻게 알 수 있는가?
- 어떻게 하면 조직이 다음과 같은 조건을 충족하는 안전한 상태임을 확신할 수 있는가?
  - 비즈니스 연속성, 위기 관리, 재난 복구를 필요로 하는 보안 사건을 탐지하고 예방할 수 있는가?
  - 이해관계자들의 이익을 보호하고 그들의 기대치를 충족시킬 수 있는가?
  - 규정과 법적 요구 사항을 준수하는가?
  - 애플리케이션 소프트웨어 및 소프트웨어-핵심 시스템을 개발, 도입, 배치, 운영, 사용하는가?
  - 기업의 생존을 보장할 수 있는가?

ANSI는 조직의 신탁 의무에 대해 다음과 같이 언급했다(ANSI 2008).

> 사이버 보안의 재정적 위험 측면을 이해하려면 여러 분야에 걸친 보안의 내재적 특성을 받아들여야 한다. 사이버 위험은 회사의 최고 기술 경영자가 해결할 수 있는 단순한 기술적 문제가 아니다. 회사의 최고 법률 자문가가 감당할 수 있는 법적 문제도 아니다. 회사의 커뮤니케이션 담당자가 해결할 고객 관계 문제도 아니다. 규정과 관련된 컴플라이언스 문제, 위험 관리 문제도 아니다. 사이버 위험은 이 모든 범위 이상을 포함하는 분야다.

결과적으로 정보 및 사이버 보안을(소프트웨어 보안을 포함) 감독하는 감독관 및 관리자는 기업의 주주와 이해관계자들의 주의 의무 영역에 포함된다고 할 수 있다. 정부 기관, 비영리 조직, 교육 기관에서 동일한 역할을 담당하는 최고 경영자(관리자)들도 반드시 기업의 사례와 유사한 책임 영역을 검토해야 한다.

모범 사례로 이끄는 보안

보안과 관련된 주의 의무를 설명하는 것은 무리한 요구일지도 모르지만, 최고 경영자들이라면 반드시 이 어려운 장벽을 극복하기 위한 도전을 감행해야 한다. 보안을 위해 그들이 하는 모든 행동과 언행은 조직 전체에 영향을 미친다. 경영진이 보안에 많은 시간과 노력을 투자하는 모습을 직원들이 본다면, 그들 또한 보안이 자신들의 시간을 투자할 만한 가치가 있다고 판단할 것이다. 이렇게 조직 전체의 보안 문화가 성장하게 된다.

효과적인 기업 보안을 위한 경영 사례를 만들어내고 강화하기 위해 임원, 고위 관리자, 사업부, 운영 조직 관리자, 프로젝트 매니저 모두가 나름의 역할을 수행하는 것이 매우 중요하다. 신뢰, 평판, 브랜드, 이해관계자의 가치, 고객 확보, 운영 비용은 모두 적절한 보안 거버넌스와 관리에 달렸다. 최고 경영자가 보안을 사업 성공의 핵심 요인으로 간주하고, 보안 문제에 대해 지속적으로 관심을 갖는 조직은 보안을 적용해 위험을 줄이는 데 훨씬 더 능숙하다.

효과적인 보안 거버넌스 및 관리의 특성

조직이 보안을 거버넌스 및 관리 영역으로 간주한다는 것을 나타내는 가장 좋은 지표는 바로 일관되고 지속적으로 보안 모범 사례 및 표준에 부합하는 가치, 신념, 원칙, 행동, 능력, 행동을 강화하는 행위를 찾아보는 것이다. 이러한 척도는 보안을 중요하게 생각하는 문화 정착에 도움을 준다(Coles 2015). 척도의 실제 내용은 조직의 현재 행동 및 상태에 대한 문장 형태로 표현할 수 있다.[7]

거버넌스 수준에서 보안을 다뤄야 하는 최고 경영자들은 다음 목록을 활용해 현재 조직의 보안 인식 수준(인식 개선에 필요한 부분)을 판단할 수 있다.

---

[7] 효과적인 거버넌스 실행 과제를 적용한 조직과 그렇지 않은 조직을 비교하는 11가지 특성표를 '효과적인 보안 거버넌스의 특성 (Characteristics of Effective Security Governance)'(Allen 2007)에서 찾아볼 수 있다.

- 조직은 보안을 기업 차원의 문제로 간주하고, 조직 전반을 수직적, 수평적, 다기능 관점으로 살펴보고 파트너사, 벤더 회사, 공급사들과의 관계도 함께 고려한다. 최고 경영자는 조직, 이해관계자, 인터넷 커뮤니티, 주요 인프라 및 경제, 국가 보안 조직을 포함한 여러 커뮤니티의 보안에 있어 자신들의 책임과 의무를 이해한다.

- 조직은 보안을 비즈니스 요구 사항의 일부로 간주한다. 조직은 보안을 단순한 비용 지출과 자유 재량으로 적용하는 예산 항목이 아닌 사업 비용과 투자의 개념으로 바라본다. 조직의 최고 경영자는 핵심 이해관계자들의 요구를 반영해 보안 정책을 수립한다. 사업부와 소속 직원들은 자신들이 원하는 보안 수준을 일방적으로 결정할 수 없다. 적절하고 유지 가능한 예산 지원과 적절한 수준의 보안 인력 및 자원 배분이 제공된다.

- 조직은 보안을 전형적인 전략, 자산, 프로젝트, 운영 계획 주기 내에 통합하는 것을 고려한다. 전략 및 프로젝트 계획은 달성 가능하고 측정 가능한 보안 목표와 이러한 목표를 구현하기 위한 효과적인 통제 및 메트릭을 포함한다. 계획 검토 및 감사 과정을 통해 보안 약점을 식별하고, 운영 연속성 확보에 필요한 요구 사항과 결함 내용을 식별할 수 있다. 이러한 작업은 계획 진행 과정과 핵심 단계의 진척도를 측정하는 기준이 된다. 어느 정도의 보안이 조직에 적합한 수준인지는 조직이 감당할 수 있는 위험 노출의 크기와 직접적인 관련이 있다.

- 조직은 보안을 새로운 프로젝트 착수, 도입의 일부분 또는 현재 진행 중인 프로젝트 관리의 일부 및 해당 프로젝트와의 관계 차원에서 판단하고 처리한다. 조직은 도입, 착수, 요구 공학, 시스템 아키텍처 및 설계, 개발, 테스팅, 출시, 운영/제품화, 유지보수, 사용 종료를 포함한 모든 시스템/소프트웨어 개발 라이프 사이클 단계에 걸친 보안 요구 사항을 처리한다.

- 조직에 속한 관리자들은 보안이 성공적인 비즈니스를 견인(반대 용어로 방해)하는 핵심이 될 수 있다는 점을 이해한다. 그들은 보안이 자신들의 책임 영역임을 인지하고, 보안과 관련된 팀원들의 성과가 전체 성과 측정 기준에 포함된다는 사실을 이해한다.

- 디지털 자산과 기업 네트워크에 대한 접근 권한이 있는 모든 직원은 조직에서 사용 중이거나 개발하는 시스템 및 소프트웨어를 포함한 조직의 전반적인 보안을 보호하고, 그 수준을 유지하는 것과 관련된 개별 책임이 자신들에게 있음을 이해한다. 의식, 동기 부여, 컴플라이언스가 문화 규범 형태로 정착한다. 조직은 보상, 인정, 성과를 통해 보안 정책 컴플라이언스를 일관되게 적용하고 강화한다.

각 항목의 상대적 중요성은 조직의 문화와 사업 특성에 따라 달라질 수 있다. ISO/IEC 27001(ISO/IEC 2013)을 사용하는 것이 익숙한 독자라면 이와 유사한 주제를 상위 단계에서 찾아볼 수 있다.

7.2.2 두 가지 보안 거버넌스 사례

지불 카드 산업

지불 카드 산업PCI, Payment Card Industry 데이터 보안 표준DSS, Data Security Standard(PCI Security Standards Council 2015)의 개발, 관리, 강화는 회원사와 도매상들을 대상으로 설명 가능한 거버넌스 행동을 제시한다. 이 표준은 지불 계좌 데이터 보안을 강화하기 위한 12가지 포괄적인 요구 사항을 제시하며, "전 세계적으로 일관된 데이터 보안 조치를 광범위하게 채택할 수 있도록 촉진하기 위해 개발했다."고 말한다. 이 표준은 "상인, 소비자, 발행인, 서비스 제공자를 포함해 지불 카드 처리에 관련된 모든 주체에 적용한다."(PCI Security Standards Council 2015)고 설명한다.

PCI DSS 표준 모음집 중 추가로 살펴볼 표준은 바로 지불 애플리케이션 데이터 보안 표준PA-DSS, Payment Application Data Security Standard이다(PCI Security Standards Council 2013). PA-DSS는 소프트웨어 보안 분야를 명확하게 표현한다. 이 표준은 지불 애플리케이션 소프트웨어 벤더 회사가 더 안전하며, 카드 소유주 데이터를 보호하고, 여러 PCI 표준에 부합하는 제품을 개발하고, 공급할 수 있도록 지원하는 것을 목표로 한다. 전체 14개의 PA-DSS 실행 과제 설명서는 세부 하위 실행 과제 목록과 함께 실행 적절한 배치 여부를 검증할 수 있는 테스트 절차를 포함한다. PCI 표준 협회는 이러한 표준에 부합하는 검증된 지불 애플리케이션 목록을 별도로 보유하고 있다. 지불 카드 소매업체는 이를 사용해 카드 소유자 데이터를 더 잘 보호할 수 있는 응용 프로그램을 선택할 수 있다.

미국 에너지 산업 분야

2013년 미국 행정 명령이 발효된 이후, 미국 에너지부[DOE]는 미국의 에너지 산업 분야의 사이버 보안 특성을 이해하고, 그 수준을 향상시키기 위한 전력 분야 사이버 보안 성숙도 역량 모델[ES-C2M2]을 개발했다. 모델을 구성하는 10개의 도메인과 자가 평가 방법은 "조직이 사이버 보안 역량을 평가하고, 우선순위를 정하며, 향상시키는 데 도움을 주는 방법을 제공한다(DoE 2014a). 미국의 에너지 산업 분야 소유주와 운영자들은 이 모델을 사용해 사이버 보안 침해 사고를 발견하고, 대응하고, 복구하는 능력을 향상시킬 수 있다. ES-C2M2의 성공적인 활용에 힘입어, DOE는 미국의 정유 및 가스 산업에 동일하게 적용 가능한 모델을 추가로 개발했다(DoE 2014b). 이러한 모델을 개발, 사용하고, 관리하는 과정을 두 개의 국가 주요 인프라에 보안 거버넌스를 적용한 대표적인 사례로 꼽을 수 있다.

7.2.3 결론

대부분 경영진과 관리자들은 거버넌스 자체와 이에 상응하는 자신들의 책임 영역을 잘 이해한다. 이 절의 목적은 조직을 총괄하는 최고 경영자들의 시야를 보안 영역까지 확장하고, 기업 전반에 걸친 자신들의 보안 관심사를 조직에 녹여 내는 거버넌스 및 관리 행동을 돕는 것이다. 적절한 보안 수준을 달성하고 유지하는 조직의 능력은 경영진들의 지원과 확신을 바탕으로 한다. ISO 27001(ISO/IEC 2013) 같은 표준을 산업 전반의 보안 수준을 강화하고 보조하는 도구로 활용할 수 있다.

7.3 사이버 보안 표준

7.3.1 추가 사이버 보안 표준이 필요한 이유[8]

보안 표준 준수 여부를 증명하려면 우선 업계에서 널리 사용 중인 명확한 표준 목록을 확보한다. 업계 통용 정보 보안 표준을 수립하려는 시도는 많았지만, 지속적으로 활용되는 핵심 표준은 아직까지 나오지 않았다.

전 세계 정부는 ISO/IEC 15408로도 잘 알려진 정보 기술 보안 평가를 위한 공통 평가 기준Common Criteria for Information Technology Security Evaluation 적용을 장려한다. PCI DSS(PCI Security Standards Council 2015)와 PA-DSS(PCI Security Standards Council 2013) 또한 지불 카드 정보 처리와 해당 정보를 처리하는 소프트웨어 벤더 회사에 이 기준을 적용했다.

소프트웨어 시스템의 일부 기능만 신규 도입 또는 사용 허가를 위해 공통 표준 기술 또는 PCI 표준 규격 준수가 필요할 수도 있다. 이 두 가지 경우 모두 구매력과 영향 범위PCI 관점에서 표준 수립 기관(다양한 정부 기관 및 지불 처리 회사)의 권한이 상대적으로 강력한 편이다.

일반적으로 국제표준화기구ISO 또는 국제전기기술위원회IEC 표준에 대한 감사 및 특정 감사 검토 같은 다른 컴플라이언스 또는 인증 검토는 보통 조직 내의 특정 부서 및 프로세스를 대상으로 하며, 인증 또한 특정 시점에(예를 들어 SAS 70 Type 1 및 Type 2 리뷰를 대체한 SSAE 16 리뷰) 검사된 프로세스에만 적용된다. 이러한 검토는 보통 운영에 필요한 특정 기술을 깊게 파고들지 않으며, 이러한 기술이 특정 품질 수준을 충족하는지 확인하지도 않는다. 하지만 특정 유형의 기술 감사에서는 프로그램 코드, 플랫폼, 네트워크 등을 조사하는 경우도 있다.

---

8   이번 절은 워렌 액설로드가 작성에 도움을 줬다.

일부 규제 기관에서는 더 넓은 '정책과 절차' 컴플라이언스 검토를 요구하기도 한다. 예를 들어 전미증권업협회의 독립된 자회사인 나스닥 레귤레이션NASDR, National Association of Securities Dealers Regulations에서는 미국 내의 보안 회사에 백오피스[9]와 IT 정책, 절차의 존재 여부, 문서화, 거버넌스 요구 사항 준수 여부에 대한 광범위한 검토를 수행하고 보고하기를 요구한다. 이러한 경우에는 적용 가능한 표준에 무엇이 있는지, 그리고 이러한 표준이 특정 지침, 정책, 가이드라인, 절차 등과 어떤 연관이 있는지를 이해해야 한다. 표 7.1은 이러한 다양한 범주를 비교한 내용을 보여준다.

표 7.1은 여러 출처에서 서술 내용을 참고했다. 이 설명이 모두 사전적 정의가 아니며, 일부 설명은 유사한 의미를 포함하기도 하고, 전체가 일관된 내용을 표현하지 않는다는 점을 주목해야 한다.

표 7.1 원칙, 정책, 표준 등에 대한 설명과 특성

범주	설명	특성/예시
지침	경영진들의 기대 수준 표현	지시는 일반적이고, 간략한 핵심 내용을 의미한다. 내용 변경은 거의 이뤄지지 않는다.
원칙	표준, 실제 사례, 메커니즘(ISSA 2004) 거버넌스와 관리를 가능하게 하는 요소: 기업의 가치와 기본 이념, 기업의 의사 결정의 기준이 되는 신념, 기업 내/외부에서의 커뮤니케이션, 그리고 다른 기업이 소유한 자산에 대한 관리 책임으로 구성된다(ISACA 2014).	원칙은 컴퓨터 보안을 매우 높은 수준의 관점에서 바라본다. 기업은 컴퓨터 보안 프로그램 및 원칙을 개발하고, 새로운 시스템, 실행 과제, 정책을 개발할 때 이 원칙을 사용해야 한다(Swanson 1996). 원칙은 광범위한 영역을 포함하는(예: 책임, 비용 효율성, 통합) 높은 수준에서 표현된다(Swanson 1996). GAISP V3.0(ISSA 2004)에는 원칙을 다음과 같은 세 단계의 계층으로 조직화했다. • 널리 적용되는 원칙 • 넓은 영역을 포함하는 원칙 • 세부 원칙

---

9   회사 내에서 고객을 직접 상대하지 않는 부서 - 옮긴이

표 7.1 원칙, 정책, 표준 등에 대한 설명과 특성(계속)

범주	설명	특성/예시
정책	조직이 수립하고 적용 가능한 법, 업계 표준, 경영진들의 결정에 부합하는 관리 차원에서 정한 규칙과 규정 (Bosworth 2002) 컴퓨터 보안 정책의 경우 컴퓨터 보안 프로그램 개발, 목표 수립, 책임 할당을 위한 상급 관리자의 지침 (Swanson 1996) 보통 특정 요구 사항 및 규칙을 서술하는 문서를 지칭 (SANS 2015) 일반적으로 고수준 원칙 또는 이미 결정된 일련의 행동 절차를 기록하는 문서를 말한다. 정책은 기업의 관리 부서에서 수립한 원칙, 목표, 전략적 계획에 부합하는 현재 또는 미래의 의사 결정에 명확한 기준을 부여하기 위해 사용(ISACA 2014) 근로자들의 현재 또는 미래의 의사 결정에 기준이 되는 고수준 설명서(Wood 1999) 관리 조직에서 발표한 전반적인 관리 의도와 방향 (ISACA 2014) 조직에서 사용할 일련의 보안 규정, 절차, 가이드라인 (CCRA 2012)	정책은 의무사항이다. 정책은 명확한 언어로 표현되며 준수를 요구한다. 정책을 준수하지 않으면 징계를 받을 수 있다(Bosworth 2002). 정책은 특정 운영 환경과 관련이 있다(CCRA 2012). 정책은 의무사항이며 '무조건'이라는 단어를 사용한다 (Wood 1999). 정책은 표준보다 더 높은 수준의 요구 사항이 내재돼 있으며, 일반적인 지시 사항을 제공한다(Wood 1999). 정책은 최대 5년간 유효하도록 만든다(Wood 1999). 다음 내용을 포함하는 예시(SANS 2015; Acelrod 2004) • 애플리케이션 보안 정책 • 전자 메일 및 메시징 정책 • 인터넷 사용 정책 • 원격 접속 정책 • 네트워크 보안 정책 • 서버 보안 정책
표준	일반적으로 시스템 특화 또는 절차에 특화된 요구 사항 모음(SANS 2015) 특정 가능하고, 충족 또는 달성이 가능한 특성을 나타내는 공표 문서(Kissel 2013) 의무 요구 사항, 직업 규약 또는 공인 표준 기구(예: ISO)에서 승인한 명세서(ISACA 2014)	표준은 절차, 조직 구조, 비즈니스 프로세스, 정보 시스템 기술 변화로 인해 수년 정도 유효하게 사용할 수 있다. 표준 준수는 조직이 기능 변경 및 긴급 업데이트 같은 소프트웨어와 하드웨어 구성에 대한 통제를 일정 수준 유지할 수 있도록 보장해 준다(Axelrod 2004).
기준	표준 항목 중 별도의 주의가 필요한 특정 항목(Axelrod 2004) '보안 기준' 관점에서 볼 때, 주어진 서비스 또는 시스템에서 반드시 준수해야 하는 기본적인 목표 목록(CERN 2010) 주어진 시점의 정보 시스템에 필요한 하드웨어, 소프트웨어, 데이터베이스, 관련 문서(Kissel 2013)	기준은 표준보다 더 기술적인 의미를 내포하며, 특정 환경 및 소프트웨어 버전에 한정된다(Axelrod 2004). 기준은 벤더 회사의 소프트웨어 수정 및 신규 버전 출시로 인해 개정이 빈번하게 일어난다(Axelrod 2004). 실용적이고 완전하지만 기술적인 지침을 강요하지는 않도록 일련의 기본 목표 목록을 선택한다(CERN 2010).
지침	표준을 따르기 위해 제안된 방법, 좋은 접근법으로 제안됐지만 시행되지는 않음 절차보다는 덜 절차적인 것을 성취하기 위한 특별한 방법(ISACA 2014)	지침은 선택적이고 권장 사항이며, '해야 한다(should)'라는 단어를 사용(Wood 1999)

표 7.1 원칙, 정책, 표준 등에 대한 설명과 특성(계속)

범주	설명	특성/예시
프로세스	조직 내의 정책 준수를 위해 설계된 상대적으로 높은 수준의 일련의 작업(Axelrod 2004) 일반적으로, 여러 출처에서(다른 프로세스를 포함) 내용을 받아와 수정하고 결과물을 만들어 내는 기업의 정책 및 절차에 영향을 활동 집합(ISACA 2014)	없음
실행 과제	경험과 연구를 통해 원하는 결과를 안정적으로 이끌어 내는 기술 또는 방법(TechTarget 2015) 효과적인 IT 보안 프로그램을 구성하는 통제, 목표, 절차 유형을 설명하는 조직의 지침(Swanson 1996)	실행 과제는 기존에 보유 중인 컴퓨터 보안 프로그램을 강화하고 측정하거나, 신규 프로그램 개발 시 반드시 적용해야 하는 업무 또는 조직 보안 의사결정을 위한 공통 지침을 나타낸다(Swanson 1996).
절차	프로세스의 특정 측면 또는 일부 컴포넌트를 설명하는 저수준 프로세스(Axelrod 2004) 적용 가능한 표준에 따라 특정 활동 수행에 필요한 단계를 자세히 설명한 문서, 프로세스의 일부분으로 정의된 절차(ISACA 2014)	없음

부정확성에도 불구하고 이 내용을 소개하는 이유는 여러 설명을 통해 공통점과 차이점을 보여주기 위함이다. 내용의 불일치는 정의 또는 용어의 잘못된 사용과, 용어의 의미에 대한 혼돈, 결과 착오가 주된 원인일 수 있다. 이러한 문제는 상당 부분 정보 보안 표준[10]의 일관성 없는 사용으로 설명할 수 있다.

이러한 설명의 불일치는 의무 사항과('무조건') 일부 선택 사항('권장되는') 사이의 규칙 우선순위의 혼선이라는 결과를 낳는다. 이러한 규칙은 조직 내의 다양한 단계에서 수립되고, 보통 낮은 지위에 있는 조직에 적용되며, 조직 외부의 다른 인원들이 강제하고 감독하게 된다.

우리는 소프트웨어 사이버 보안 보증의 보편적인 측정 기준을 지원하기 위해 널리 수용되는 표준과 풍부한 기준 목록이 필요하다. 표준이 사용되지 않을 경우 대비책은 업계에서 일반적으로 적용하는 도구와 기법보다 더 강력하거나 유사한 수준일 경우 문제가 발생하지 않는다는 전제 하에 보통 가장 많이 쓰이고, 필수적이거나 '모범' 사례로 대체하는 방법

---

10 결과의 규모가 더 큰 사이버 전장을 위한 정책 표준과 절차 정의에도 동일한 초점과 명확성 부족 현상이 발생한다. 다양한 정책의 확산에도 불구하고, 사이버 보안 표준의 부재는 경제적, 사회적으로 엄청나게 큰 비용 손실을 야기할 수 있다.

이다.[11]

이러한 방식을 사용하면 보통의 수준으로 귀결될 확률이 높은 관계로 다소 신뢰성이 떨어진다고 말할 수 있다. 하나의 조직이 취약한 상태라면, 동일한 수준의 보안을 적용한 다른 조직도 취약한 상태에 놓일 가능성이 크다. 우리는 유사한 방식을 적용한 조직이 유사 공격에 피해를 입은 실제 사례를 목격한 바 있다.

전문가들은 줄곧 단일 소프트웨어 문화가 시스템 환경의 보안 수준을 낮춘다는 주장을 펼쳐왔다. 우리는 이 주장을 소프트웨어 사이버 보안 보증 프로세스 문맥에서 해석해 볼 수 있다. 동종 업계의 많은 조직이 유사 시스템과 유사한 보안 측정 기준을 사용할 경우, 이 조직은 더 취약하게 된다. 가능하다면 사이버 보안 보증을 위한 다양한 접근 방식을 적용하는 것이 좋다.

7.3.2 사이버 보안 표준을 바라보는 낙관적인 관점

이번 절에서는 앞서 7.3.1절에서 언급했던 것보다 긍정적인 결과를 낳는 사이버 보안 표준의 등장에 주목하자. 예를 들어 최근 진행된 인터뷰[12]에서 다음과 같은 사이버 보안 표준을 강조한 바 있다.

- NIST SP 800-160(시스템 보안 공학): 신뢰 가능하고 회복력을 갖춘 시스템 구축을 위한 통합 접근법
- IEEE/ISO 15288(시스템 및 소프트웨어 공학): 시스템 라이프 사이클 프로세스
- 시스템 보안 공학을 위한 NIST TACIT 접근 방법: 위협, 자산, 복잡성, 통합, 신뢰성[13]

---

11 돈 파커(Donn Parker)는 사이버 보안 위험 수준을 정량화하는 것은 불가능하며, 측정 자체가 의미가 없다고 주장했다(Parker 2009). 스티븐 리프너(Steven Lipner)는 소프트웨어 품질을 위한 메트릭은 이 세상에 존재하지 않는다고 말했다(Lipner 2015). 파커는 동종 업계에 종사하는 조직의 모범 사례를 활용할 것을 권장했다. 최초로 안티 바이러스 제품을 개발한 피터 티펫(Peter Tippet)은 '모범 사례'란 것은 애초에 존재하지 않으며, 대신 '주요 사례'라는 용어를 사용해 널리 수용되는 접근 방법을 표현해야 한다고 말했다(Tippett 2002).

12 www.forbes.com/sites/peterhigh/2015/12/07/a-conversation-with-the-most-influential-cybersecurity-guru-to-the-u-s-government/

13 관련 내용을 슬라이드 형태로 요약한 자료를 http://csrc.nist.gov/groups/SMA/fisma/documents/joint-conference_12-04-2013.pdf에서 찾아볼 수 있다.

또 다른 중요한 문서는 NIST SP 800-53으로, 이는 연방 정보 시스템 및 조직에 권장되는 보안 제어에 대한 내용이다. 이 문서는 최근 여러 차례 개정됐으며, 정부 소프트웨어 시스템 도입 및 개발에 광범위하게 사용된다. 또한 ISO/IEC 27001, ISO/IEC 27002, ISO/IEC 27034 및 ISO/IEC 27036 같은 표준이 모두 유용한 지원을 제공하며, NIST 특별 간행물 800-161은 공급망 위험을 처리한다.

7.4 도입 단계를 위한 보안 요구 공학

보안 요구 공학 연구의 대부분 성과가 내부 개발에 초점을 맞추긴 하지만, 많은 조직에서 다른 업체가 개발한 소프트웨어를 도입해서 사용하는 경우를 찾아볼 수 있다. 이러한 조직도 내부 개발을 진행하는 조직과 동일한 보안 고려 사항에 당면하지만, 개발 공정을 원하는 대로 통제하기가 어려운 것이 일반적이다. 따라서 소프트웨어 도입 전에 개발 과정과 상관없이 초기의 보안 요구 사항이 적절히 반영되는지 확신할 수 있는 방법을 마련해야 한다.

안전한 소프트웨어 도입과 관련한 노력의 흔적을 찾아볼 수 있는 성과가 존재한다. 오픈 웹 애플리케이션 보안 프로젝트^{OWASP} 그룹은 도입 시에 활용 가능한 계약 언어 가이드 guidance for contract language를 제공한다. 해당 가이드는 요구 사항에 대한 간략한 설명을 포함한다(OWASP 2016). COTS 소프트웨어 선택에 도움을 주는 SEI 체계도 존재한다(Comella-Dorda 2004). 공통 표준 접근 방식은 보안을 위해 시스템을 평가하는 방법에 대한 자세한 가이드를 제공한다(Comon Criteria 2016). 이 밖에도 SQUARE(Mead 2005), SREP(Mellado 2007), Secure Tropos(Giorgini 2006) 같은 보안 요구 공학 체계도 존재한다. 이들 중 일부는 안전한 소프트웨어 도입 관련 내용을 다룬다. 최신 NIST 특별 발행 800-53, 개정 4판은 보안 통제 항목을 선택하는 방법을(NIST 2014), NIST 특별 발행 800-161은 공급망 위험을 처리하는 방법을(NIST 2015) 소개한다.

이번에는 SQUARE 프로세스 모델을 기준으로 사용해 보안 요구 공학에 맞는 다양한 도입 사례를 살펴보자.

7.4.1 신규 개발을 위한 SQUARE

표 7.2에서 신규 개발을 위한 SQUARE 프로세스를 확인 가능하다. 이 프로세스는 이미 문서화를 마쳤으며(Mead 2005), 다양한 서적, 논문, 웹사이트에서 찾아볼 수 있고(Allen 2008), 여러 프로젝트에서도 활용된다(Chung 2006). 도입을 위한 SQUARE[A-SQUARE] 내용 작성 시 이 프로세스를 기반 자료로 활용했다.

7.4.2 도입을 위한 SQUARE

다양한 도입 사례 및 관련 SQUARE 적용 사례를 함께 살펴보자.

사례1: 도입 회사가 새롭게 개발된 소프트웨어에 대한 전형적인 고객 역할만 하는 경우

이번 예제에서 도급업자[14]는 요구 사항 식별의 책임이 있다. 우리는 SQUARE를 기반 방법론으로 사용했지만, 도급업자는 다른 방식을 사용해 보안 요구 사항을 식별했다. 식별 과정 전반에 걸쳐 SQUARE를 사용했다면 도급업자는 단계 3-9 부분(표 7.3의 밑줄 친 부분)을 수행했을 것이다. 이 때 계약 체결은 이미 끝난 상태이며, 도급업자는 이행 단계에 진입한 시점이라고 가정한다. 이번 예제에서 도입 측 조직은 전형적인 고객의 역할만 한다. 고객 참여는 1, 2, 10 단계에서만 이뤄진다는 점을 주목해야 한다. 또한 도입 조직이 도급업자와 함께 업무를 진행할 경우, 이전 단계에서 고객의 요구 사항이 고려되므로 10단계에서 수행하는 별도의 검토 과정은 생략한다.

도급업자의 보안 요구 사항 공학 프로세스가 명확하지 않을 경우 활용 가능한 축약 프로세스를 표 7.4에서 찾아볼 수 있다.

사례2: 도입 회사가 새롭게 개발한 소프트웨어에 대한 요구 사항을 RFP의 일부에 명시한 경우

도입 측 조직이 RFP 내에 요구 사항을 명시한 경우, 개발을 위한 SQUARE 방법을 그대로

---

14 도급업자: 어떤 일을 완성하고 그 일의 결과에 대해 보수를 받는 일을 하는 주체로, 보통 하청업체 또는 협력업체로 불리는 회사 및 조직을 일컫는다. - 옮긴이

사용해야 한다(표 7.2 참조). 도입 측 조직에서 넓은 시스템 문맥을 배제한 채로 요구 사항을 개발할 것이므로, 이러한 작업을 통해 상대적으로 높은 수준의 보안 요구 사항을 도출할 수 있다. 또한 도입 측 조직은 도급업자의 한계를 과도하게 넘어서는 수준의 세세한 요구 사항 도출은 피하는 것이 좋다.

표 7.2 SQUARE 단계

단계		입력	기법	참여자	결과
1	용어 정의에 대한 합의	IEEE 및 다른 표준에 포함된 후보 용어 정리 목록	구조화한 인터뷰, 포커스 그룹[15]	이해관계자, 요구 사항 담당 부서	용어 정의에 대한 합의
2	자산 및 보안 목표 식별	정의, 후보 목표 목록, 비즈니스 동인, 정책 및 절차, 예시	특별 작업 세션, 설문 조사, 인터뷰	이해관계자 요구 사항 엔지니어	자산과 목표
3	보안 요구 사항 정의를 뒷받침할 아티팩트 개발	잠재적인 아티팩트(예: 시나리오, 오용 사례, 템플릿, 형식)	작업 세션	요구 사항 엔지니어	필요한 아티팩트: 시나리오, 오용 사례, 모델, 템플릿, 형식
4	위험 평가 수행	오용 사례, 시나리오, 보안 목표	위험 평가 방법, 조직의 위험 수용 가능 수준 대비 예상되는 위험의 분석(위협 분석 포함)	요구 사항 엔지니어, 위험 전문가, 이해관계자	위험 평가 결과
5	유도 기법 선택	목표, 정의, 후보 기법 목록, 이해관계자의 전문 지식, 조직 성향, 문화, 요구되는 보안 수준, 비용–이익 분석 등	작업 세션	요구 사항 엔지니어	선택된 유도 기법
6	보안 요구 사항 도출	아티팩트, 위험 평가 결과, 선택한 기법	합동 애플리케이션 개발(JAD), 인터뷰, 설문 조사, 모델 기반 분석, 체크리스트, 재사용 가능한 요구 사항 유형 목록, 문서 검토	요구 사항 엔지니어가 선별한 이해관계자	보안 요구 사항에 따른 초기 선택
7	요구 사항을 단계별(시스템, 소프트웨어 등), 실제 요구 사항인지 또는 다른 제약 사항인지 여부로 분류	초기 요구 사항, 아키텍처	표준 분류를 사용한 작업 세션	요구 사항 엔지니어, 단계 수행에 필요한 다른 전문가	분류된 요구 사항

15 포커스 그룹: 시장 조사나 여론 조사를 위해 각 계층을 대표하도록 뽑은 소수의 사람들로 구성된 그룹 – 옮긴이

표 7.2 SQUARE 단계(계속)

단계		입력	기법	참여자	결과
8	요구 사항 우선순위 지정	분류된 요구 사항 및 위험 평가 결과	Triage[16], Win-Win 같은 우선순위 지정 방법	요구 사항 엔지니어가 선별한 이해관계자	우선순위를 지정한 요구 사항
9	요구 사항 검사	우선순위를 지정한 요구 사항, 정규 검사 기법 후보	Fagan[17], 동료 평가 같은 검사 방법(peer review)	검사 수행 조직	초기에 선택한 요구 사항, 의사 결정 프로세스 및 근거 문서

표 7.3 도입 회사가 새롭게 개발한 소프트웨어에 대한 전형적인 고객 역할만 하는 경우의 프로세스

단계		입력	기법	참여자	결과
1	용어 정의에 대한 합의	IEEE 및 다른 표준에 포함한 후보 용어 정리 목록	구조화된 인터뷰, 포커스 그룹	도입 조직, 도급업자	용어 정의에 대한 합의
2	자산 및 보안 목표 식별	정의, 후보 목표 목록, 비즈니스 동인, 정책 및 절차, 예시	특별 작업 세션, 설문 조사, 인터뷰	도입 조직, 도급업자	자산과 목표
3	보안 요구 사항 정의를 뒷받침할 아티팩트 개발	잠재적인 아티팩트(예: 시나리오, 오용 사례, 템플릿, 형식)	작업 세션	도급업자	필요한 아티팩트: 시나리오, 오용 사례, 모델, 템플릿, 형식
4	위험 평가 수행	오용 사례, 시나리오, 보안 목표	위험 평가 방법, 조직의 위험 수용 가능 수준 대비 예상되는 위험의 분석 (위협 분석 포함)	도급업자	위험 평가 결과
5	유도 기법 선택	목표, 정의, 후보 기법 목록, 이해관계자의 전문 지식, 조직 성향, 문화, 요구되는 보안 수준, 비용-이익 분석 등	작업 세션	도급업자	선택된 유도 기법

---

16 Triage: 우선순위를 정한 후 중요 정보를 가려내고 나머지는 버리는 방법 – 옮긴이
17 Fagan: 프로그램 코드, 명세서, 설계서 같은 개발 문서 내의 결함을 찾아내는 구조화된 프로세스 – 옮긴이

표 7.3 도입 회사가 새롭게 개발한 소프트웨어에 대한 전형적인 고객 역할만 하는 경우의 프로세스(계속)

단계		입력	기법	참여자	결과
6	보안 요구 사항 도출	아티팩트, 위험 평가 결과, 선택한 기법	합동 애플리케이션 개발(JAD), 인터뷰, 설문 조사, 모델 기반 분석, 체크리스트, 재사용 가능한 요구 사항 유형 목록, 문서 검토	도급업자	보안 요구 사항에 따른 초기 선택
7	요구 사항을 단계별(시스템, 소프트웨어 등), 실제 요구 사항인지 또는 다른 제약 사항인지 여부로 분류	초기 요구 사항, 아키텍처	표준 분류를 사용한 작업 세션	도급업자	분류된 요구 사항
8	요구 사항 우선 지정	분류된 요구 사항 및 위험 평가 결과	Triage, Win-Win 같은 우선순위 지정 방법	도급업자	우선순위를 지정한 요구 사항
9	요구 사항 검사	우선순위를 지정한 요구 사항, 정규 검사 기법 후보	Fagan, 동료 평가 같은 검사 방법	도급업자	초기에 선택한 요구 사항, 의사 결정 프로세스 및 근거 문서
10	도입 조직 측에서 수행하는 요구 사항 검토	초기에 선택한 요구 사항	전통적인 검토	도입 조직, 도급업자	최종 요구 사항

표 7.4 보안 요구 공학 프로세스를 알 수 없는 경우 적용 가능한 축약 프로세스

단계		입력	기법	참여자	결과
1	용어 정의에 대한 합의	IEEE 및 다른 표준에 포함된 후보 용어 정리 목록	구조화된 인터뷰, 포커스 그룹	도입 조직, 도급업자	용어 정의에 대한 합의
2	자산 및 보안 목표 식별	정의, 후보 목표 목록, 비즈니스 동인, 정책 및 절차, 예시	특별 작업 세션, 설문 조사, 인터뷰	도입 조직, 도급업자	자산과 목표
3	도급업자의 보안 요구 사항 식별	자산과 목표	도급업자가 선택한 요구 공학 접근법	도급업자	초기에 선택한 요구 사항, 의사 결정 프로세스 및 근거 문서
4	도입 조직 측에서 수행하는 요구 사항 검토	초기에 선택한 요구 사항	전통적인 검토	도입 조직, 도급업자	최종 요구 사항

표 7.5 COTS 소프트웨어 도입을 위한 프로세스

단계	입력	기법	참여자	결과
1	용어 정의에 대한 합의	IEEE 및 다른 표준에 포함된 후보 용어 정리 목록	구조화된 인터뷰, 포커스 그룹	도입 조직: 이해관계자, 보안 전문가	용어 정의에 대한 합의
2	자산 및 보안 목표 식별	정의, 후보 목표 목록, 비즈니스 동인, 정책 및 절차, 예시	특별 작업 세션, 설문 조사, 인터뷰	도입 조직: 이해관계자, 보안 전문가	자산과 목표
3	예비 보안 요구 사항 식별	자산과 목표	작업 세션	도입 조직: 보안 전문가	예비 보안 요구 사항
4	COTS 소프트웨어 패키지 정보 및 명세서 검토	자산, 목표, 예비 보안 요구 사항	다양한 패키지의 보안 기능을 연구한 후 이를 스프레드시트 같은 형태로 문서화	도입 조직: 보안 전문가, COTS 벤더 회사	다양한 패키지의 보안 기능을 담은 스프레드시트
5	보안 요구 사항 마무리	예비 보안 요구 사항, 다양한 패키지 기능	작업 세션: 스프레드시트를 사용해 예비 보안 요구 사항이 최종 수준에 도달하도록 정제 및 수정	도입 조직: 보안 전문가	최종 보안 요구 사항
6	트레이드오프 분석 수행	최종 보안 요구 사항, 보안 기능 스프레드시트	최종 보안 요구 사항과 관련된 COTS 제품의 트레이드오프 분석	도입 조직: 이해관계자, 보안 전문가	보안 요구 사항 관련 COTS 제품의 우선순위 목록
7	최종 제품 선택	보안 및 다른 주요 COTS 제품 기능과 관련된 COTS 제품의 우선순위 목록	트레이드오프 분석	도입 조직: 이해관계자	최종 COTS 제품 선택

사례3: COTS 소프트웨어 도입

COTS 소프트웨어 도입의 경우 조직은 소프트웨어에 필요한 요구 사항 목록을 개발하고 이 목록과 도입을 고려 중인 소프트웨어 패키지와 비교한다(표 7.5 참고). 조직은 다른 요구 사항과 함께 보안 요구 사항의 우선순위를 지정한다(Comella-Dorda 2004). 조직은 절충점과 트레이드오프를 찾아내고, 시스템 수준 요구 사항, 보안 정책 또는 물리 보안처럼 소프트웨어 자체의 범위를 벗어나는 영역의 보안 요구 사항을 일부 충족할 수 있는 방법을 고민해야 한다. 요구 사항 자체는 소프트웨어 개발 단계에 사용되는 세부 요구 사항보다는 보안 목표에 매칭되는 고수준 요구 사항 형식을 갖게 된다.

COTS 소프트웨어 도입에 있어 트레이드오프 분석을 최소한으로만 수행하고, 심지어 분석 수행 중에 보안 요구 사항 자체를 고려하지 않는 조직이 있다. 도입 조직은 갖추면 '도움이 되는' 보안 요구 사항과 '반드시' 갖춰야 할 요구 사항을 모두 고려해야 한다. 뿐만 아니라 특별히 제공되는 보안 기능을 검토하는 것은 도입 조직에 중요한 보안 요구 사항을 식별하는 데 도움이 된다.

7.4.3 요약

원래의 SQUARE 방법론은 광범위하게 문서화해 다양한 사례 연구와 초기 실험 프로젝트에서 사용됐다. 뿐만 아니라 여러 안정된 도구도 쉽게 찾아볼 수 있다. SQUARE를 위한 대학 수업 및 워크숍 자료도 존재한다. 도입을 위한 SQUARE는 최근에 개발된 것으로 아직 성숙 단계에 접어들지는 않았다. 우리는 이번 절에서 소프트웨어 도입 시 활용 가능한 대체 SQUARE 버전도 함께 다뤘다. 대학과 정부 기관에서 사용 가능한 프로토타입 도구에는 A-SQUARE가 있다. SQUARE 또는 A-SQUARE를 사용하는 조직은 초기 단계에서 보안 요구 사항을 성공적으로 처리하고, 보안 요구 사항 간과로 인한 운영상 보안 결함의 함정을 피해갈 수 있다.

A-SQUARE가 소프트웨어 도입 중에 보안 요구 사항 식별을 위해 사용하는 유일한 접근 방법이 아니라는 점을 주목해야 한다. 의사 결정 전에 반드시 현존하는 다른 방법론을 조사하고 살펴보기를 권장한다.

7.5 운영 역량(데브옵스)[18]

7.5.1 데브옵스란 무엇인가?

데브옵스는 소프트웨어 개발과 운영 커뮤니티(릴리스 엔지니어[19] 및 시스템 운영자)의 이름을 따서 만든 용어로, 이 두 가지 개별 커뮤니티에서 발생하는 새로운 관심사의 시너지 효과가 있는 융합이다. 데브옵스란 용어가 등장하기 이전에는 두 커뮤니티 모두 빠르고 신뢰할 수 있는 소프트웨어 배치 능력의 부재로 힘들었으며, 배치 결과를 해석하는 방식도 서로 달랐다. 소프트웨어 개발 관점에서 볼 때, 애자일[Agile] 팀은 소프트웨어 라이프 사이클의 통합, 인증, 개발 단계에 새로운 기능을 통합하려고 할 때 소프트웨어가 정상적으로 동작하지 않는 상황을 마주하게 된다. 운영 관점에서 볼 때 제품 출시 엔지니어는 불안정한 소프트웨어와 잦은 신규 버전 출시로 인해 어려움을 겪는다. 기능 장애 증상에는 개발[Dev]과 운영[Ops] 부서의 이질적 문화, 보안 및 복구 문제의 뒤늦은 발견으로 인한 지연, 에러에 취약하고 사람 집약적인 출시 프로세스가 있다.

이러한 문제는 소수의 실무자들로 하여금 유사 문제 해결을 위해 자신들이 프로젝트에 적용한 여러 실행 과제를 터놓고 이야기하도록 만든다. 이러한 논의는 궁극적으로 데브옵스 움직임으로 이어졌다. 2009년 플리커[Flickr] 사의 존 올스파우[John Allspaw]와 폴 해몬드[Paul Hammond]는 벨로시티[Velocity]에서 데브옵스의 초석이 되는 중요한 발표를 '하루에 10개가 넘는 배치 작업[10+ Deploys Per Day][20]이라는 주제로 발표해 운영 커뮤니티의 관심을 이끌었다. 그들은 높은 수준의 운영 안정성/회복력을 유지한 채로 개발 시간 주기를 단축할 수 있는 여러 실행 과제를 설명했다. 2009년 벨기에 출신 패트릭 드부와[Patrick Debois]와 미국 출신 앤드류 클레이 셰이퍼[Andrew Clay Shafer]가 처음으로 데브옵스라는 용어를 만들어냈다. 드브와는 2010년 겐트(벨기에 서북부에 위치한 도시)에서 DevOpsDay 이벤트를 처음으로 개최했다.

---

18 이번 절은 스테파니 벨로모(Stephany Bellomo)가 작성에 많은 도움을 줬다.

19 릴리스 엔지니어(release engineer): 완성된 소프트웨어를 운영할 수 있도록 소프트웨어 설치 및 환경을 구축해 주는 엔지니어 - 옮긴이

20 www.youtube.com/watch?v=LdOe18KhtT4

초창기 데브옵스는 클라우드 기반 정보 기술 시스템만 핵심 범위로 다뤘다. 하지만 점차 이 범위는 넓어졌다. 각 프로젝트에 사용한 특정 데브옵스 실행 과제를 지속가능성 관점에서 평가해 각 프로젝트 문맥에 맞게 조정해야 한다는 사실에 일종의 합의가 있었다. 우리는 임베디드와 항공 전자 제품, 자동차, 무기 시스템 같은 실시간 안전 필수 시스템을 포함한 비 IT 기반 시스템에 적용 가능한 데브옵스 실행 과제도 정립되기를 기대한다(Regan 2014).

데브옵스는 본질적으로 활동을 촉진시키는 개념의 그룹을 지칭하는 용어. 높은 차원에서 데브옵스는 크게 (1)개발 부서와 운영 부서 사이의 협업 (2)운영 효율성 및 효과성 향상이라는 두 개의 핵심 주제로 분류할 수 있다. 다음 절에서 이 주제를 본격적으로 다룰 것이다.

개발 부서와 운영 부서 사이의 협업

데브옵스는 조직의 분리 운영으로 진화한 개발 부서와 운영 부서 사이의 인위적인 장벽을 허무는 것이 핵심 목표다. 우리는 이 장벽을 '연통 배관stovepiping'이라고 정의한다. 연통 배관은 개발 팀의 '소프트웨어를 울타리 너머로 던져 버리는' 문화를 운영 팀에서 더 협동적이고 통합된 문화로 바꾸자는 생각이다. 울타리 양측에 위치한 두 부서의 이러한 장벽을 허물기 위한 데브옵스 권장 실행 과제에는 소프트웨어 설계 초기 단계부터 출시 담당 엔지니어를 참여시키고, 개발 후 주인 의식을 높이기 위해 새로운 기능 출시 이후에 소프트웨어 개발자에게 '고지 의무'를 할당해 제품을 지원하는 과정이 포함된다.

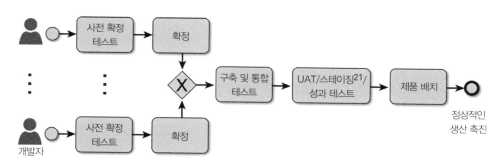

그림 7.1 배치 파이프라인 예시(Bass 2015)

---

21 스테이징(staging): 제품 배치 직전 마지막으로 실행하는 테스트 환경을 의미 – 옮긴이

운영 효율성 및 효율성 향상

효율성 향상을 향한 트렌드는 린Lean 원칙을 기반으로 하며(Nord 2012), 엔드 투 엔드end-to-end 배치 라이프 사이클의 효율성 및 효과성 향상에 주안점을 둔다. 데브옵스 커뮤니티가 채택한 린 원칙의 목표에는 낭비 최소화, 병목현상 제거, 피드백 시간 주기 속도 향상이 포함된다. 이를 위해 부서원이 데브옵스 개발 라이프 사이클을 거치면서 마주하는 다양한 단계 기능에 대한 판단 능력을 갖춰야 한다. 험블Humble과 팔리Farley가 쓴 유명한 저서인 『신뢰할 수 있는 소프트웨어 출시Continuous Delivery』(에이콘출판사, 2013)는 이러한 작업을 위한 배치 파이프라인 개념도를 소개한다(그림 7.1). 배치 파이프라인은 개별 기능이 개발 단계에서부터 테스팅을 거쳐 최종 제품화 단계에 도달할 때까지 발생하는 모든 병목 형상과 비효율성을 찾아내기 위한 멘탈 모델mental model을 제공한다.

많은 프로젝트에서 소프트웨어 출시는 위험도가 높은 이벤트였다. 이 때문에 많은 소프트웨어 프로젝트는 다양한 기능을 하나로 묶어 완성된 기능을 최종 사용자에게 전달하는 시간을 지연시켰다. 지속적인 출시는 소프트웨어가 일련의 자동화된 테스트/사전 배치 검증 작업을 통과한 뒤에 발생하는 기능/개발 변경 사항을 개별적으로 판단하고 배치하는 패러다임 변화를 의미한다. 우리는 다음 절에서 이 배치 파이프라인을 다시 한번 검토한다.

7.5.2 소프트웨어 보증 향상에 기여하는 데브옵스 실행 과제

이전 절에서는 데브옵스 운동의 등장 배경과 함께 관련 트렌드 및 개념을 간략히 소개했다. 이번 절에서는 실질적인 소프트웨어 보증(1장에서 정의한 용어) 수준 향상에 도움을 주는 최근의 데브옵스 실행 과제에 초점을 맞추며, 사이버 보안과 관련된 소프트웨어 보증을 중점적으로 다룬다.

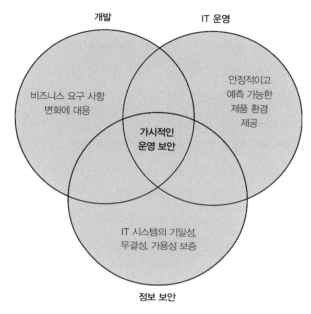

개발   IT 운영

비즈니스 요구 사항   안정적이고
변화에 대응   예측 가능한
                      제품 환경
        가시적인   제공
        운영 보안

        IT 시스템의 기밀성,
        무결성, 가용성 보증

정보 보안

그림 7.2 IT 운영, 개발, 정보 보안 목표 사이의 관계에 초점을 맞춘 가시적인 운영 보안 다이어그램

유명한 저서인 『Visible Ops Security』(IT Process Institute, 2008)에서 저자는 자연적인 긴장을 유발하는 개발 및 운영 부서 사이의 경쟁 목표를 설명한다(Kim 2008). 개발 부서는 비즈니스 요구 사항 변화에 빠르게 대응하도록 압박을 받는다. 이와 반대로 안정적이고, 안전하며, 신뢰 가능한 IT 서비스 유지의 책임을 담당하는 운영 부서에서는 위험 경감과 최소한의 변화를 선호한다. 이 책의 의도는 정보 보안InfoSec 부서 직원들을 데브옵스 프로젝트에 통합해 이러한 충돌을 줄이는 것이다(그림 7.2 참고).

『Visible Ops Security』 책에서는 정보 보안을 데브옵스 프로젝트에 통합하는 과정을 크게 네 단계로 나눴다(Kim 2008). 다음 절에서부터 이 네 단계를 활용해 보안 관련 데브옵스 실행 과제에 대한 논의를 구조화한다. DevOpsSec는 데브옵스 개념에 정보 보안을 통합해 확장한 용어다.

1단계: 정보 보안 전문가 통합

정보 보안 전문가를 데브옵스 프로젝트에 통합하는 궁극적인 목표는 바로 잠재적인 소프트웨어 보증 위험에 대한 가시성을 확보하는 것이다. 1단계에서 정보 보안 전문가들은 변화 관리, 접근 제어, 사고 처리 절차 같은 일상적인 운영 상황을 지원하는 프로세스를 분석하는 과정을 통해 환경 인지 능력을 갖춘다. 이러한 분석을 위해 정보 보안 전문가와 프로젝트 팀의 다른 인원들(개발자 및 운영 담당자) 사이의 지속적이고 신뢰할 수 있는 관계 형성과 함께 그림 7.2에 소개된 관심 사항에 대한 균형 조정이 필요하다. 뿐만 아니라 프로젝트 팀은 반드시 통합 전략을 수립해야 한다. 통합 전략에는 프로젝트의 시작부터 종료 시까지 정보 보안 담당자와 프로젝트 팀을 함께 배치하거나 교차 기능 및 매트릭스 형태의 통합 방식이 존재한다. 통합 전략에 관계 없이 정보 보안 부서는 조직 내의 새로운 연통 배관stovepipe[22]을 낳는 새로운 단일 DevOpsSec 팀을 만드는 것에 동조해선 안 된다.

2단계: 비즈니스 주도형 위험 분석

2단계는 비즈니스에 가장 중요한 요소를 이해하는 것으로 시작한다(2단계 주제의 핵심 내용). 팀원이 비즈니스 우선순위와 핵심 비즈니스 프로세스를 이해한 후에는 주요 자원 보호에 필요한 IT 통제 항목을 식별한다. 팀은 2단계에서 다양한 실행 과제를 적용해 보안 관심 사항을 처리할 수 있다. 예를 들어 위협 모델링 및 분석과 DevOpsSec 요구 사항 및 설계 분석을 활용할 수 있다. 우리는 다음 절에서 이러한 실행 과제를 다룰 것이다.

위협 모델링 및 분석

이 단계에서는 회복력을 갖춘 관리 모델Resilience Management Model 분석 방법(Caralli 2010)에 설명된 것과 같은 위험 분석 접근 방법을 적용해 주요 자원을 식별할 수 있다. 주요 자원에는 사람, 프로세스, 시설과 데이터베이스, 소프트웨어 프로세스, 환경 설정 파일처럼 시스템 아티팩트를 포함한다. 주요 자원을 식별한 후에 팀은 구조화된 분석 방법을 사용해 이러한 자산을 보호할 방법을 찾는다. 린Lean의 정신에 입각해서 볼 때, 조직의 가치를(여기서 말하

---

22 https://en.wikipedia.org/wiki/Stovepipe_system – 옮긴이

는 가치는 비즈니스 목적에 따라 달라질 수 있으며, 그 형태 또한 통화 자산, 사용자 만족도, 임무 목표 성취 등 다양한 형태를 가진다) 높여주는 비즈니스 프로세스와 관련된 자원 보호를 위한 위협 모델링 및 분석 활동에 특별한 관심을 가질 필요가 있다.

DevOpsSec 요구 사항 및 설계 분석

아키텍처 관점 설계 결정이 광범위한 의미를 내포하기 때문에, 정보 보안은 새로운 요구 사항 및 아키텍처 설계 결정에 대한 초기 검토를 고려해야 한다. 아키텍처 관점 설계 전략 형식에서 문맥을 고려한 설계 선택은 회복력과 보안을 바라보는 관점에 지대한 영향을 미친다. 예를 들어 배치 가능성 활성화를 위해 실제 소프트웨어 프로젝트에 사용한 아키텍처 전략을 연구한 최신 연구 자료에서는 장애 검출, 대체 작동, 복제, 캡슐화/지역화 전략을 포함한 여러 보안 관련 설계 전략 활용 가능성을 시사한다(Bellomo 2014). 정보 보안 전문 가는 실행 가능성 프로토타입을(문서 주도형 분석도 활용 가능) 활용해 고위험 아키텍처 변화 옵션을 실험하고, 새로운 설계 컨셉에 내재된 잠재적인 런타임 위협 노출을 분석할 수 있다.

3단계: 정보 보안 표준/통제 항목 통합 및 자동화

3단계의 목표는 정보 보안 표준 컴플라이언스 체크를 프로젝트와 빌드에 통합하고, 자동 화하는 과정을 통해 제품 출시 품질을 향상시키는 것이다. 효율성 향상을 위해 팀은 에러 에 민감한 수동 작업을 최대한 자동화한다. 개발 파이프라인 전반에 걸쳐 각 단계에 사용 가능한 여러 자동화 기법이 존재한다. 개발 파이프라인의 초기 단계에서 결함을 발견한다 면 그만큼 결함 처리를 위한 비용을 감소시킬 수 있다. 예를 들어 빌드 또는 체크인 단계에 서 발견한 시큐어 코딩 에러는 최소한의 영향과 함께 개발자가 빠르게 해결할 수 있지만, 동일한 작업도 나중에 수행하게 되면 해당 코드를 사용하는 다른 컴포넌트에도 영향을 미 칠 수 있다. 코드 파일, 런타임 소프트웨어 컴포넌트, 환경 설정 파일 같은 다양한 소프트 웨어 및 환경 아티팩트를 대상으로 자동화된 테스트를 수행 가능하다. 다양한 유형의 테스 트를 자동화할 수 있지만, 우리의 목표를 감안해 팀은 보안 분석 및 탐지 목적에 부합하는 자동화 분석에 초점을 맞춘다. 테스트 아티팩트는 배치 파이프라인의 다양한 단계에서 사용할 수 있다. 따라서 우리는 그림 7.1에서 소개한 단계에 따라 다음과 같은 정보 보안 자동화 테스트 내용을 구성했다.

사전 확정 테스트

코드 수준 보안 적합성 검사를 위해 팀은 코드 확인에 앞서 코드 또는 기타 아티팩트를 대상으로 정적 분석 테스트를 수행할 수 있다(그림 7.1에서는 코드 확인 작업을 '코드 확정'으로 표현). 데브옵스 문맥에 사용되는 범용 정적 분석 접근 방법에는 코드 복잡성 분석, 시큐어 코딩 표준 적합성 확인, IT/웹 시큐어 코딩 모범 사례 적합성 확인, 코드 수준 인증 통제/정책 위반 확인 작업이 포함된다. 이러한 테스트 수행 결과는 위험 분석을 위한 시스템의 전반적인 안정성에 대한 더 넓은 시야를 제공한다. 실제로 일부 프로젝트 팀에서는 정적 분석 테스트를 지속적인 빌드 및 통합 주기 내에 통합하는 경우도 있다.

빌드 및 통합 테스트

정적 분석뿐만 아니라, 갈수록 증가하는 전형적인 데브옵스 모범 사례는 보안 컴플라이언스 테스트를 지속적인 통합 빌드 주기에 통합시키는 과정도 포함한다. 이러한 자동화된 컴플라이언스 테스트는 개발자가 코드를 확인하고, 새로운 소프트웨어 빌드를 계획할 때마다 실행한다. 위반 사항이 발견될 경우 빌드는 실패하고, 해당 기능과 관련된 개발자는 그 즉시 관련 내용을 통지받는다. 이상적으로 결함이 다음 단계로 유입되는 것을 막기 위해 문제를 해결하기 전에는 다음 작업을 진행하지 않는다.

다음 트위터 사례 연구는 정보 보안 팀이 성공적으로 지속적인 빌드 및 통합 라이프 사이클에 보안 테스트를 통합한 성공적인 사례를 보여준다.

사용자 수용 테스팅/스테이징/성과 테스트

사용자 수용 테스트 및 성과 테스트는 다양한 정보 보안 통찰력을 제공해 준다. 사용자 수용 테스팅[UAT] 수행 중에 정보 보안 팀 구성원들은 실시간 사용 패턴 관찰을 통해 새로운 보안 관심 사항을 발견할 수 있다. 스테이징 환경이 실제 제품 환경 설정을 어느 정도 반영하므로, 정보 보안 팀은 런타임 환경 설정을 분석해 설계 문서에서는 발견이 힘든 취약점을 찾아낼 수 있다. 비기능적 테스트(예: 회복력, 성과, 확장성 테스트)는 혹독한 환경 속에서 시스템이 얼마나 잘 반응하고 동작하는지를 이해할 수 있는 통찰력을 제공한다. 뿐만 아니라

---

23 지니 킴(Gene Kim)이 작성한 "Here's How the Amazing Twitter InfoSec Team Helps DevOps" 글의 내용을 요약했다(http://itrevolution.com/heres-how-the-amazing-twitter-infosec-team-helps-devops/).

데브옵스 커뮤니티는 시스템 진화 과정에 있어 기밀성을 유지하기 위해 완벽하거나 거의 완벽한 테스트 커버리지 확보가 필요하다고 주장한다.

배치에서 제품화까지

여러 데브옵스 실행 과제를 통해 코드 배치 과정 중에도 보증 수준을 향상시킬 수 있다. 하지만 이러한 실행 과제에 대해 논의하기 전에, 먼저 배치 단계 이전에 반드시 수행해야 하는 실행 과제를 살펴보자. 예를 들어 코드형 인프라^{IaC, Infrastructure as Code}를 권장 실행 과제로 수행할 수 있다. IaC는 자동화된 스크립트와 도구를 사용해 인프라와 환경 권한을 설정하는 것을 의미한다. IaC 접근 방법을 사용하면 정보 보안 팀이 수동으로 개별 환경의 환경 설정 위반을 검사하는 것이 아닌 자동화 스크립트를 사용해 보안 통제 항목 적합성을 검사할 수 있도록 해주는 기반을 구축할 수 있다는 이점이 존재한다. 스크립트 기반 인프라를 구축하는 실제 사례는 수동 환경 설정 변경으로 인한 취약점을 최소화하며, 모든 환경에(예: 개발, 스테이징, 제품화) 걸친 동등한 수준의 환경 설정 강화를 도와준다. 정기적인 검사를 수행해 오픈소스 소프트웨어 패치가 최신화돼 있고, 제품 출시 이전에 알려진 취약점이 모두 처리된 것을 확인해야 한다.

사전 개발 환경 적합성 검사 결과 이상이 발견되지 않고 모든 테스트를 통과했다면, 이제 코드를 제품화할 단계에 진입했다고 볼 수 있다. 우리는 자동화된 스크립트를 사용해 코드를 제품화할 것을 강력히 권장한다. 여기에 사용하는 자동화된 스크립트와 관련 환경 설정 파일 또한 정보 보안 분석에 유용한 아티팩트가 될 수 있다. 정보 보안 팀원은 이 정보를 사용해 소프트웨어 배치 환경 설정이 사전에 승인된 설계 문서에 부합하는지 검증할 수 있다.

4단계: 지속적인 모니터링 및 개선

'가시적인 운영 보안'은 운영 커뮤니티의 지속적인 프로세스 개선과 모니터링 수용 필요성에 주안점을 둔다. 이어지는 절에서 우리는 이러한 요구 사항과 함께 최근 데브옵스 커뮤니티의 많은 관심을 받는 두 주제인 배치 파이프라인 메트릭과 시스템 상태 및 회복력 메트릭을 소개한다.

DevOpsSec과 프로세스 개선

지속적인 모니터링 및 개선은 소프트웨어 커뮤니티에서는 꽤 잘 알려진 실제 사례다. 하지만 일부 실무진들에 따르면 운영 커뮤니티에서 이러한 방향을 적용하려면 일정 수준의 제한이 뒤따른다. 「2015 IEEE Software Magazine Release Engineering」 특별판을 위한 인터뷰 진행 중에 우리는 구글, 페이스북, 모질라의 릴리스 엔지니어와 인터뷰를 진행했다. 그들은 조직 차원의 프로세스 개선으로의 전환을 위해선 릴리스 엔지니어들이 기존의 선별/체크리스트 기반 방식의 진행을(수년간 관리자들의 지지를 받아온 방식) 일상화된 프로세스 형태로 받아들이는 사고 방식의 변화가 필요하다고 설명했다. 정보 보안 관점에서 볼 때 이러한 변화는 매우 유용하며 필요한 방향이다. 불가능하지는 않더라도, 정보 보안 직원이 운영 프로세스가 임시 방편으로 진행될 때 이 과정의 안전성을 결정하는 것이 불가능하지는 않더라도 쉬운 일은 아니다.

배치 파이프라인 메트릭을 사용한 보안 병목 사항 최소화

데브옵스의 또 다른 핵심 개념은 바로 엔드 투 엔드 배치 파이프라인 주기 시간과 개별 단계 피드백 주기 시간을 모니터링하는 것이다. 개발, 운영, 보안 이해관계자들은 피드백 결과 모니터링을 통해 배치 파이프라인의 각 단계의 품질에 대한 통찰력을 얻을 수 있다. 각 단계에 사용되는 메트릭 예시를 그림 7.3에서 찾아볼 수 있다. 사전 확정 테스트 단계에서 DevOpsSec 이해관계자들은 정적 분석 코드 수준 시큐어 코딩 결과로부터 피드백을 받는다. 확정 단계에서 이해관계자들은 확정 실패에 대한 피드백을 받게 된다. 또 빌드 및 통합 단계와 테스팅 단계에서 이해관계자들은 자동화된 컴플라이언스 테스트에 대한 피드백을 받는다. 제품화를 위한 배치 단계에서 이해관계자들은 배치 주기 시간에(또는 배치 실패 및 롤백) 대한 피드백을 받는다. 제품화 단계에서 이해관계자들은 성과, 정전, 감사 로그에 대한 피드백을 받게 된다. 만약 이 피드백 연결 순환 중 하나라도 끊어지거나 배치를 지연시키는 병목점으로 발전된다면, 팀원은 반드시 해당 이슈 처리를 위한 분석을 수행해야 한다. 이러한 방법으로 DevOpsSec 팀은 대상에 특화된 메트릭을 확보하고, 지속적인 개발 주기 시간 향상 효과를 얻을 수 있으며, 실제 문제가 되는 요소에 집중할 수 있게 된다.

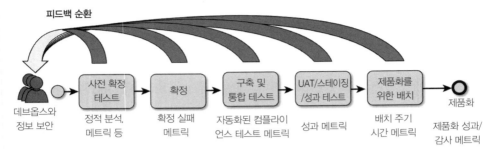

피드백 순환

데브옵스와 정보 보안 → 사전 확정 테스트 → 확정 → 구축 및 통합 테스트 → UAT/스테이징 /성과 테스트 → 제품화를 위한 배치 → 제품화

정적 분석, 메트릭 등 | 확정 실패 메트릭 | 자동화된 컴플라이언스 테스트 메트릭 | 성과 메트릭 | 배치 주기 시간 메트릭 | 제품화 성과/ 감사 메트릭

그림 7.3 배치 파이프라인 피드백 순환 및 메트릭

시스템 상태 및 회복력 메트릭

워크플로 효율성 향상에 대해 중점을 두기 때문에 핵심 데브옵스 실행 영역은 모니터링과 메트릭이다. 정보 보안 전문 영역에서 이러한 능력은 두 가지 이점이 있다. (1)초기 위험 분석 수행 과정에 있어 '상황 인지 능력' 향상을 위한 추가 데이터를 제공하고, (2)소프트웨어 제품화 이후 데브옵스 프로세스를 통해 생산되는 메트릭과 로그를 사이버 위협 분석에 사용 가능하다. 데브옵스 메트릭은 일반적으로 엔드 투 엔드 배치 주기 시간을 감소시키고, 시스템 성과/회복력을 향상시키는 목적으로 사용한다. 이러한 메트릭의 이점은 운영 메트릭을 가시화하고 유용하게 만드는 도구와 기법의 등장으로 이어졌다. 데브옵스 벤더 커뮤니티에서 지원하는, 데이터 가시성 향상을 위한 인기 메커니즘이 데브옵스 대시보드다. 데브옵스 대시보드는 보통 일련의 정형화된 메트릭과 커스텀 메트릭 구현 기능을 갖춘 도구를 의미한다. 대부분 대시보드는 임계치를 초과할 경우 관리자에게 경고를 보내도록 프로그래밍할 수 있으며, 일부 대시보드는 과거 시스템 사용량을 기준으로 최적의 임계치를 추천해 주는 경우도 있다.

데브옵스 대시보드의 핵심 입력 값은 경고와 로그 파일이다(예: 감사, 에러, 상태 로그). 전통적인 시스템 개발 환경과 마찬가지로, 로그 데이터는 보통 대시보드가 접근해 분석할 수 있도록 허용하는 정해진 경로에 저장된다. 전통적인 프로젝트 형식과 마찬가지로, 감사 로그(특히 권한 및 역할 변경에 대한 정보)는 정보 보안 분석에도 유용한 아티팩트로 활용 가능하다. 또한 이러한 로그 데이터는 정상 사용 패턴을 벗어난 데이터를 모니터링하는, 이상 징후 탐지 분석에 활용될 수도 있다. 운영 담당자는 이상 징후 탐지 분석 같은 접근 방법을 활용해 소프트웨어 반응성에서 사이버 공격까지 다양한 이슈를 모니터링할 수 있다. 실제로 2015년 6월에 열린 데브옵스 DC에서는 다양한 데브옵스 도구에서 생성된 메트릭을 활용해 정상 범위에서 벗어난 악성 행위 패턴을 파악하는 데 초점을 맞춘 정교한 알고리즘 개발에 대해 많은 논의가 있었다.

7.5.3 DevOpsSec 역량

이전 절에서는 소프트웨어 보증 촉진을 위한 여러 데브옵스 실행 과제를 소개했다. 이번에는 이러한 데브옵스 실행 과제를 뒷받침하기 위해 필요한 여러 정보 보안 역량 항목을 소개한다. 전통적인 정보 보안 역량 영역이라고 하더라도 데브옵스 프로젝트를 지원하는 강력한 기반을 제공할 필요가 있다. 하지만 자동화와 빠른 기능 전달에 초점을 맞춘 환경으로 인해 이 영역에는 추가 기술이(또는 기존 기술을 새롭게 채워야 하는 경우도 발생) 필요하다. 이어지는 절에서 우리는 DevOpsSec 특화 역량의 여러 사례를 소개한다. 일관성을 위해 앞서 소개한 네 단계에 맞춰 내용을 구성했다.

1단계: 정보 보안 전문가 통합

인력 기술 수준

성공적인 데브옵스 정보 보안 전문가라면 개발자와 운영 부서와의 신뢰 관계 형성 및 유지 능력을 반드시 갖춰야 한다. 또한 그림 7.2에서 소개한 경쟁 목표의 균형을 맞추는 방법도 알고 있어야 한다.

DevOpsSec 통합 전략

수년간 깊게 뿌리내린 정보 보안 운영 모델을 보유한 조직 문화를 하루 아침에 바꾸기는 어렵다. 성공적인 정보 보안 전문가라면 기회와 한계를 포함한 여러 조직의 상황을 이해해야 하며, 조직 환경에 맞는 성공적인 통합 전략을 수립할 수 있어야 한다. 때에 따라서 특정 환경에 딱 들어맞는 통합 전략을 위해 기존 전략을 수정하거나 새로운 전략을 만들어내는 창의력과 긍정적인 마음가짐도 필요할 수 있다.

일상적인 업무를 위한 보안 분석

일상 업무에 대한 상황 인지 능력을 확보하기 위해 데브옵스 정보 보안 전문가는 일상 업무 지원 관련 위험을 식별하고, 프로세스를 분석할 수 있는 기술이 필요하다. 이러한 기술과 프로세스는 변화 관리, 접근 제어, 사고 처리 절차에 내재된 보안 위험 같은 주제를 처리하는 능력을 포함한다.

2단계: 비즈니스 주도형 위험 및 보안 프로세스 분석

비즈니스 특성에 맞는 위협 모델링

정보 보안 전문가라면 반드시 주요 자산을 식별하고 보호하기 위한 위험/위협기반 분석 접근 방법을 적용할 수 있어야 한다. 이러한 요구 사항은 결코 새로운 것이 아니다. 하지만 데브옵스 관점에서 보면 해결이 필요한 몇 가지 새로운 도전 과제가 뒤따른다. 새로운 기능이 전달되는 주기가 매우 짧을 수도 있으며(예: 하루에 여러 번), 이러한 경우 정보 보안 전문가는 그 어느 때보다 빠르고 효율적인 위험 분석을 수행할 수 있어야 한다. 정보 보안 전문가에게 지속적으로 변화하는 소프트웨어는 움직이는 대상을 포착하는 일과 같다. 크고 방대한 위험 평가 작업 수행 시에도 놓치는 부분이 없어야 하므로, 반드시 운영 환경 문맥을 반영해 위험 분석 방법을 조정해야 한다. 뿐만 아니라 배치 파이프라인 자체는 운영상 회복력을 갖추고, 사이버 공격에 대해서도 저항력을 가져야 하는 일련의 통합 도구다. 데브옵스 프로젝트가 개발한 여러 소프트웨어 시스템에서 사용하는 가상화 환경이 배치되고 있으며, 소프트웨어의 비중이 점차 높아지는 상황이다(예: 가상 머신, 컨테이너 기술). 따라서 위험 평가의 범위는 소프트웨어 배치의 범위를 넘어서는 부분까지 확장할 필요가 있다. 배치 파이프라인과 소프트웨어를 돌리는 가시화된 인프라까지 위험 평가의 대상에 포함시켜야 할 수도 있다.

DevOpsSec 요구 사항 및 설계 분석

정보 보안 전문가는 빠르게 변화하는 환경 내에 존재하는 잠재적인 취약점을 발견하기 위해 빠르고 정확한 아키텍처 관점 설계를 검토할 능력을 갖춰야 한다. 이상적으로 데브옵스 팀에 통합된 정보 보안 전문가는 개발자들에게 자신들이 생각하는 설계 옵션에 대한 가이드를 제공할 수 있어야 한다. 예를 들어 보안 및 회복력을 보장하기 위한 설계 전략을 고려해야 한다.

3단계: 정보 보안 표준/통제 항목 통합 및 자동화

보안 도구 자동화

트위터 사례 연구에서도 소개했듯이 성공적인 데브옵스 정보 보안 전문가라면 최소한 보안 자동화 도구에서 나온 결과를 해석할 수 있거나, 자동화 도구 자체를 개발할 수 있는 기술적 역량을 갖춰야 한다. 개발 파이프라인의 모든 단계에 정보 보안 전문가가 자동화 도구 개발 및 설정을 통해 기여할 수 있는 부분이 많이 존재한다. 그림 7.3에서 보듯이 보안 관련 자동화 도구는 구축 및 통합 테스트와 UAT, 스테이징 및 성능 테스트, 사전 배치 테스트, 배치 후 이상 탐지 및 모니터링 영역을 포함한다.

환경 부합 여부 강제화

가상 머신 기술의 등장으로, 인프라 또한 하드웨어 중심에서 점차 소프트웨어 중심으로 흐름이 이전되고 있다. 이 변화는 자동화를 통한(일반적으로 스크립트를 사용) 인프라 환경을 가능하게 만들었다. 데브옵스 정보 보안 전문가들은 이러한 이점을 이해하고, 충분한 전문 기술과 위험에 대한 깊이 있는 이해를 갖춰야 한다. IaC로의 흐름 변화와 스크립트 중심 관리 운영은 환경 설정과 정책 부합 여부 검사를 더 쉽게 자동화할 수 있다는 이점을 제공한다. 이는 적합성 검사 도구가 자동화된 스크립트를 대상으로 검증 테스트를 수행할 수 있어 가능한 작업이다. 이와 같은 기능을 사용하면 인증 프로세스가 빨라지고, 환경 불일치/부적합과 관련된 취약성의 위험이 줄어든다.

패치와 오픈소스

이 책을 쓰는 시점에서 대다수 데브옵스 프로젝트는 여전히 IT 프로젝트이며, 오픈소스 컴포넌트와 함께 방대한 양의 COTS를(예: 가상 머신 소프트웨어, 컨테이너, 미들웨어, 데이터베이스, 라이브러리) 사용한다. 결과적으로 정보 보안 전문가는 이러한 기반을 활용해 모든 필수 보안 패치 적용 여부를 검증하고, 서드파티 소프트웨어에 존재하는 알려진 취약점을 완화할 수 있다.

4단계: 지속적인 모니터링 및 역량 향상

프로세스 제도화 및 지속적인 측정/모니터링

데브옵스 정보 보안 전문가는 프로세스 효율성 측정을 위한 충분한 기술을 갖춰야 하며, 필요한 경우 가이드와 지원을 제공해야 한다. 또한 프로세스 이탈 여부를 측정하고 결과를 해석할 수 있어야 한다.

보안 병목 현상 최소화를 위한 배치 프로세스 간소화

정보 보안 전문가는 반드시 정보 보안 프로세스 관련 병목 현상을 최소화하는 방향으로 엔드 투 엔드 배치 파이프라인 프로세스를 분석할 수 있어야 한다. 또한 기존의 정보 보안 작업(예: 수동 업무 자동화)의 효율성을 향상시키고 개선하는 데 도움을 주는 새로운 옵션을 제공할 창의력을 가져야 한다. 이 분석을 위해 정보 보안 전문가들은(그림 7.3의 왼쪽에 표시) 배치 라이프 사이클의 자연적인 부산물로 생성되는 메트릭을 이해하고, 데이터 중심의 개선 방안을 제안할 수 있어야 한다.

보안 분석을 위한 데브옵스 메트릭(예: 대시보드와 로그)

정보 보안 전문가는 대시보드에서 수집한 데이터와 로그 데이터를 활용해 시스템의 전체 건강 상태와 회복력에 대한 향상된 상황 인지 능력을 갖출 수 있어야 한다. 또한 확보 가능한 제품 메트릭을 이해하고, 필요한 경우 현재 진행 중인 사이버 위협 분석에 활용할 메트릭을 도출해낼 수 있어야 한다. 예를 들어 감사 로그는 특권 또는 역할 상승 공격 모니터링을 위한 유용한 아티팩트로 활용 가능하다.

7.6 악성코드 분석 활용[24]

지금도 매달 수백 개가 넘는 취약점이 새롭게 발견된다(NIST 2016). 익스플로잇 가능한 취약점은 보통 코드 결함 및 설계 결함 중 하나의 핵심 코드 결함에서 기인한다. 과거에는 두 결함 유형 모두 여러 사이버 공격에서 활용됐으며, 일부는 증상이 전 세계적으로 나타났다.

우리는 시스템 감염에 정교하고, 고급 기술을 필요로 하는 코드 내의 취약점을 '코드 결함'이라고 정의한다. 그 예로 버퍼 오버플로와 명령어 인젝션을 들 수 있다. '설계 결함'은 시스템 감염을 위한 공격 코드 제작에 정교한 기술을 필요로 하지 않는 시스템 내의 취약점을 일컫는다. 여기에는 인증서 검증 실패, 비인가 접근, 일반 사용자 계정에 대한 자동 루트 권한 할당, 암호화 부족, 취약한 단일 인증이 포함된다. 악성코드 익스플로잇malware exploit은 특정 취약점을 활용해 시스템을 공격하는 기법을 말한다.

유스케이스(Jacobson 1992)는 합법적인 시스템 사용자가 수행하는 시나리오를 나타낸다. 유스케이스는 보안 요구 사항을 포함해 이에 상응하는 요구 사항을 갖고 있다. 오용 사례 (Alexander 2003)는 공격자의 작업 수행 표현과 경감이 필요한 보안 위험을 강조한다. 남용 사례는 불특정 인원 또는 시스템에 피해를 끼칠 수 있는 주체가 수행한 행동의 순서를 표현한다. 익스플로이테이션Exploitation 시나리오는 종종 오용 사례 형식으로 문서화하는 경우가 있다. 문서화의 경우 오용 사례를 유스케이스와 나란히 다이어그램 형태로 문서화할 수도 있으며, 또는 유스케이스와 유사한 형태인 문자 형식으로 표현할 수도 있다.

소프트웨어 개발 라이프 사이클SDLC에 보안을 통합하기 위한 몇 가지 접근 방식이 문서화 돼 있다. 이러한 향상된 기능의 대부분은 요구 사항 수집 단계에서 시행 가능한 보안 정책을 정의하고, 설계 단계에서 시큐어 코딩 실제 사례를 정의하는 데 중점을 둔다. 이러한 방법이 도움이 되지만, 코드 결함을 기반으로 하는 사이버 공격은 여전히 진행 중이다.

---

24 이번 절은 낸시 미드와 호세 모랄레스, 그렉 앨리스(Greg Alice)가 작성에 많은 도움을 줬다.

마이크로소프트, 어도비, 오라클, 구글 같은 대기업들은 자신들이 내부적으로 사용하는 보안 라이프 사이클 실행 과제를 대중에 공개했다(Lipner 2005, Oracle 2014, Adobe 2014, Google 2012). 코드 우수성을 위한 소프트웨어 보증 포럼SAFECode, Software Assurance Forum for Excellence in Code 같은 공동 노력에서도 권장 실행 과제를 문서화하는 결과를 만들어냈다(Bits 2008). 이러한 실행 과제는 사실상 보안을 SDLC에 통합하는 표준에 가깝다고 볼 수 있다.

이러한 보안 접근 방식은 접근 제어, 읽기/쓰기 권한, 메모리 보호와 메모리 할당 제어 및 버퍼 오버플로 회피 같은 표준 시큐어 코딩 실행 과제 등의 보안 정책 자체의 신뢰성으로 인해 제한이 뒤따른다. 이러한 프로세스는 안전한 소프트웨어 제품을 개발하는 데는 도움이 될지 모르나, 수차례의 익스플로잇 성공 사례에 비춰볼 때 그리 효과적이지는 않다. 예를 들어 설계 검토, 위험 분석, 위협 모델링 같은 기법은 보통 방대한 양의 잘 알려진 사이버 공격 성공 사례와 관련 악성코드를 통해 얻은 경험은 반영하지 않는다.

광범위하고 잘 기록된 사이버 공격의 기록은 현재의 SDLC 모델을 향상시키는 데 사용할 수 있다. 더 구체적으로, 알려진 악성코드 샘플 분석을 통해 해당 악성코드가 취약점을 이용하는지 확인할 수 있다. 취약점 분석을 통해 해당 취약점의 원인이 코드 결함인지 설계 결함인지 판단하는 것도 가능하다.

설계 결함의 경우, 우리는 취약점으로 이어진 간과된 요구 사항을 찾아내는 시도를 할 수 있다. 이 작업을 익스플로잇 시나리오에 상응하는 오용 사례를 문서화하고, 여기에 대한 유스케이스를 생성하는 과정을 통해 수행할 수 있다. 이러한 유스케이스는 미래에 진행할 개발 작업에 적용돼야 할, 간과된 보안 요구 사항을 명시해 취약점 익스플로잇 공격으로 이어지는 유사 설계 결함 발생을 예방할 수 있게 도와준다. 이 악성코드 분석 적용 프로세스는 궁극적으로 새로운 유스케이스를 생성해내며, 이에 수반되는 보안 요구 사항은 미래에 개발할 시스템의 보안을 강화하는 데 도움을 준다.

7.6.1 코드 및 설계 결함 취약점

코드 결함과 설계 결함 유형 모두 익스플로잇 가능한 취약점으로 이어질 수 있다. '코드 결함'은 시스템을 위험에 빠뜨리는 정교한 코드 기반 익스플로잇이 필요한 코드 베이스 내의 약점을 나타낸다. 대표적인 예시로는 버퍼 오버플로와 명령어 인젝션 공격이 있다. 더 구체적으로, 코드 결함은 시큐어 코딩 기법을 적용하지 않고 작성한 소스 코드가 원인이 된다.

'설계 결함'은 시스템을 무력화시키기 위한 코드 기반 익스플로잇이 반드시 필요하지 않는 약점으로 인해 발생한다. 더 구체적으로 말하면 설계 결함은 간과된 보안 요건으로 인해 발생할 수 있다. 대표적인 예로는 인증서 검증 실패, 비인가 접근, 루트 계정이 아닌 일반 계정에 부여된 루트 권한, 암호화 부족, 취약한 단일 인증 사용이 있다. 일부 설계 결함의 경우 특별한 기술이 없이도 시스템을 위험에 빠뜨릴 수 있다. 소프트웨어 업데이트를 통한 취약점 익스플로잇 또는 교정 조치로 이어지는 프로세스를 그림 7.4에서 확인할 수 있다 (Mead 2014). 우리는 설계 결함으로 인한 취약점에 초점을 맞췄다. 이 경우 간과된 요구 사항을 미래 SDLC 주기에 적용 가능한 유스케이스 형태로 전환할 수 있다.

사이버 공격에 대한 수많은 문서와 연구 자료를 공개 소스에서 쉽게 구할 수 있다. 이번 절에서 사이버 공격을 가능하게 하고, 설계 결함에서 비롯된 공개된 익스플로잇 취약점 사례를 소개한다. 각 사례에서 악성코드가 사용한 취약점과 익스플로잇을 함께 설명한다. 또한 취약점을 일으킨 설계 결함의 원인이 되는 간과된 요구 사항도 함께 명시한다. 이러한 사례를 연구하고, 관련 악성코드를 분석하는 과정을 통해 SDLC 모델에 포함할 수 있는 유스케이스를 생성할 수 있다.

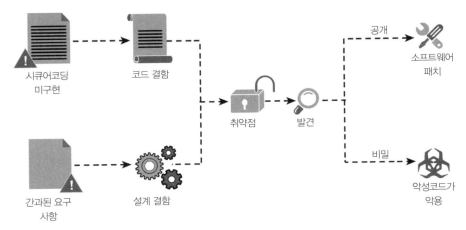

그림 7.4 취약점 생성

사례1: D-Link 라우터

2013년 10월 여러 D-Link 라우터 관리자 패널의 백도어에 비인가 접속을 허용하는 취약점이 발견됐다(Shywriter 2013, Graig 2013). 웹 서버 역할을 하는 각 라우터에 접근하려면 사용자 이름과 패스워드가 필요하다. 라우터 펌웨어 역공학을 한 결과, 웹 서버의 인증 로직 코드가 'xmlset_roodkcableoj2884ybtide'라는 문자 비교를 통해 관리자 패널에 대한 접근을 허가한다는 사실을 밝혀냈다.

사용자는 자신이 사용하는 브라우저의 user-agent 문자열만 'xmlset_roodkcableoj2884 ybtide'로 변경하면 접근 권한을 얻을 수 있었다. 흥미롭게도 문자열의 일부분을 거꾸로 하면 'editby04882joelbackdoor'라는 문자열이 나온다. 후에 이 문자열이 라우터에 저장된 환경 설정 유틸리티에 대한 접근을 자동으로 허가할 때 사용된다는 사실도 찾아냈다.

여러 유틸리티는 자동으로 여러 설정 값을 재구성해야 했으며, 관리자 패널 접근을 위해선 사용자 이름과 패스워드가 필요했다(사용자가 변경할 수 있음). 하드 코딩된 문자열 비교 코드는 이러한 유틸리티가 필요한 순간에 사용자 이름과 패스워드 없이도 웹 서버를 통해 라우터에 접근하고, 설정을 재구성할 수 있도록 보장하기 위해 삽입된 것이다.

내부적으로 저장된 환경 설정 유틸리티가 라우터의 웹 서버를 통해 관리자 패널에 접근을 요청하는 기능은 일반적으로 부사용자의 접근 허가에 사용되는 관계로, 애초에 존재해서는 안 되는 기능이었다. 내부적으로 저장된 전용 환경 설정 유틸리티와 라우터 펌웨어 사이의 비 웹서버 기반 통신 채널을 사용하면 여기에서 설명하는 특정 익스플로잇 공격을 막을 수는 있겠지만, 더 일반적인 해결책을 보장하는 대책 마련을 위해 추가 분석을 수행하는 것이 바람직하다.

사례2: 안드로이드 운영체제 시스템

2014년 Xing 등은(Xing 2014) 사용자의 인지 없이도 비특권 악성 애플리케이션이 특권과 속성을 도입할 수 있도록 허용하는 심각한 안드로이드 운영체제 시스템os 취약점을 발견했다. 안드로이드 패키지 관리자에서 발견된 이 취약점을 사용하면, 운영체제가 새로운 버전으로 업데이트되는 순간에 자동으로 공격을 수행할 수 있었다.

이미 구 버전 안드로이드 운영체제에 설치돼 있던 악성 애플리케이션은 최신 버전 안드로이드 OS에서만 도입이 가능한 특정 특권과 속성을 요청하게 된다. 운영체제가 최신 버전으로 업데이트 완료된 후에 사용자의 인지 없이 악성 애플리케이션의 요청이 자동으로 허가된다.

이 경우에는 안드로이드 OS 업그레이드 진행 시 이전에 설치된 애플리케이션이 사용자의 허가 없이 최신 버전 OS에 새롭게 도입된 특권과 속성 허가를 받을 수 없도록 제어하지 못한 것이 간과된 요구 사항이다.

사례3: 디지털 인증서

2013년 3월 분석전문가는 악성코드 제작자가 오로지 디지털 인증서 검증을 통과하기 위한 목적으로 합법적인 회사를 설립한 사례를 발견했다(Kitten 2013). 악성코드가 사용한 이 인증서는 정상적인 것으로 인증됐으며, 유효한 디지털 서명을 가진 채로 시스템에서 실행될 수 있었다.

실행 파일이 윈도우 같은 운영체제 시스템상에서 실행되는 순간, 디지털 서명의 유효성 검증 작업이 실행된다. 서명이 유효하지 않을 경우 사용자는 프로그램 실행을 할 수 없다는 경고 메시지와 함께 프로그램을 실행할 수 없게 된다. 유효한 디지털 서명을 확보한 상태에서 악성코드는 어떠한 경고 메시지 없이 시스템상에서 실행될 수 있다.

시스템상에서 바이너리 형태로 실행되는 것을 허용하기 위해 디지털 서명에 의존하는 것만으로는 더 이상 악성코드 감염을 막을 수 없다. 이 경우에는 디지털 서명 검증 시 다음과 같이 파일에 대한 실행 권한을 허가하기 전에 여러 보안 검증을 수행하지 않은 것이 간과된 요구 사항이다.

- 실행하려는 파일이 알려진 악성코드 목록에 포함됐는지 검사
- 실행하려는 파일이 이전에 시스템상에서 실행된 적이 있는지 조회
- 파일에 포함된 디지털 서명을 이 시스템에서 실행된 다른 합법적인 파일에서 본 적이 있는지 확인

여러 사례 조사

이번 절에서 소개한 각 사이버 공격 사례에서 요구 사항 도출 과정 중에 취약점을 식별했다면 충분히 예방할 수 있었다. 위험 분석 또는/및 좋은 소프트웨어 공학 기법을 사용한다면 팀은 소프트웨어를 사용하는 모든 상황을 식별하고, 각 사례에 맞는 적절한 대응을 고안해낼 수 있다. 필요하다면 이러한 사례를 일반화하고 적용하는 것도 가능하다.

다음 개요 항목을 발전시켜 요구 사항 명세로 활용할 수 있다.

- **사례1 가능한 모든 통신 채널을 식별**: 유효한 통신 채널을 할당하고, 특권을 부여하는 어떠한 다른 통신 채널도 허용해선 안 된다.
- **사례2 업그레이드 중에 자동으로 특권을 이전하지 말 것**: 애플리케이션 또는 추가 사용자가 특권을 허가받을 때 확인 양식을 요청한다.
- **사례3 실행 파일을 다수의 방법으로 검증**: 실행 파일을 실행하기 전에 사용자에게 다시 한번 확인받도록 기본적으로 설정한다.

앞서 언급한 특정 취약점 사례뿐만 아니라, 코드 결함 또는 설계 결함으로 인한 하나 이상의 취약점을 사용해 소프트웨어 시스템을 공격한 다른 사이버 공격 사례도 존재한다. 이러한 취약점은 공통 취약점 목록(Kitten 2013, MITRE 2014)을 사용해 계층형 구조 형태로 정의한다.

CWE는 소프트웨어 보안 취약점의 원인을 논의하고, 식별하고, 처리하기 위한 공통 언어를 제공한다. 이 취약점은 소스 코드, 시스템 설계 또는 시스템 아키텍처에서 찾을 수 있다. 개별 CWE는 단일 취약점 유형을 나타낸다. CWE의 일부는 간과된 요구 사항에서 비롯된 설계 결함으로 인해 발생하는 취약점이다. 설계 결함 CWE 중 일부는 표 7.6의 상단에 위치한 사례와 연관이 있다.

우리는 이전에 발생한 사이버 공격과 기본 CWE에서 얻은 교훈을 통해 간과된 요구 사항과 이로 인한 결과 보안 의미를 더 잘 이해하는 데 사용될 수 있다. 분석을 거쳐 대중에게 공개된 사이버 공격은 공격자들이 특정 취약점을 대상으로 어떻게 익스플로잇을 작성했는지 알 수 있게 한다. CWE는 사이버 공격의 바탕에 위치한 보안 결함을 더 잘 이해할 수 있도록 도와준다. 이 두 소스에서 얻은 정보를 결합해 설계 결함으로 이어지는 간과된 요구 사항을 포착해 내는 유스케이스 생성 및 포함에 활용할 수 있다.

7.6.2 악성코드 분석 중심 유스케이스

악성코드는 시스템을 무력화하기 위해 취약점을 이용한다. 취약점은 보통 소프트웨어 시스템 분석 또는 악성코드 샘플을 통해 찾아낼 수 있다. 소프트웨어 시스템 내에서 취약점이 발견되면 문서화한 뒤, 소프트웨어 업데이트를 통해 영향을 최소화한다.

공급 업체는 중요한 사용자에게 영향을 미치는 중요하다고 판단되는 취약점 정보를 대중에게 공개한다. OpenSSL Heartbleed 취약점을 대표적인 예로 들 수 있다(Wikipedia 2014a).

표 7.6 디자인 결함 CWE 사례(Mead 2014)

CWE 식별자	설명
CWE-306	핵심 함수에 대한 인증 미흡
CWE-654	보안 의사결정 시 단일 인증 수단에만 의존
CWE-295	부적절한 인증서 검증
CWE-326	불충분한 암호화 강도
CWE-357	위험한 행위에 대한 **불충분한** UI 경고

취약점은 보통 악성코드가 널리 퍼져 여러 시스템을 감염시킨 뒤에 수행하는 악성코드 분석을 통해 발견하게 된다. 분석한 악성코드 내에서 발견한 취약점이 제로 데이$^{Zero\text{-}day}$ 취약점인 경우가 종종 발생한다.

제로 데이(Wikipedia 2014b) 취약점은 악의적인 공격자들에 의해 은밀하게 발견되는 것으로, 오늘날의 보안 환경에 가장 큰 위협이 되고 있다. 악의적인 공격자들은 이러한 제로 데이 취약점을 은밀하게 보관하며, 오랜 기간 동안 악성코드에 활용한다. 악성코드 제작자들은 '제로 데이'를 활용하기 위해 익스플로잇을 정교하게 다듬을 시간이 필요하다. 제로 데이는 전통적인 보안 탐지 수단으로 발견하기가 매우 어려우며, 이러한 특성은 제로 데이의 심각성을 더 가중시킨다.

취약점 공격을 예방하는 한 가지 방법은 보안 라이프 사이클 모델을 구현하는 것이다. 이러한 모델은 이전에 설계 결함으로 인해 발생한 취약점에서 도출한 유스케이스를 포함하는 과정을 통해 더욱 강화할 수 있다. 취약점을 공격하는 악성코드를 분석하는 과정은 취약점 자체의 세부 내용을 파악할 수 있도록 해주며, 익스플로잇 구현의 세부 사항이라는 더 중요한 정보를 제공한다. 익스플로잇 세부 사항은 취약점 자체 뿐만 아니라 바탕에 있는 설계 결함에 대한 부가적인 통찰력을 제공한다.

이전 예제를 통해 표준 보안 라이프 사이클 실행 과제가 모든 잠재적인 공격 식별에 적합하지 않다는 사실을 발견할 수 있다. 잠재적인 공격은 반드시 요구 사항 수집 단계에서 처리돼야 한다(라이프 사이클의 모든 하위 단계 포함).

선택한 사례 연구는 악성코드 분석이 보안 라이프 사이클 실행 과제를 적용하더라도 정상적인 개발 과정에서는 식별이 어려운 필수 보안 요구 사항을 밝히는 데 도움이 된다는 것을 보여준다. 현재 시점에서 악성코드 분석을 통해 패치를 개발하고, 코딩 에러를 찾아낼 수 있으며, 필요한 경우 미래 보안 요구 사항 명세에 관련 내용을 반영할 수도 있다. 이 피드백 순환 작업이 실패할 경우 보안 요구 공학에 있어 심각한 결함이 발생해, 이전에 발생한 성공적인 공격으로부터 어떠한 것도 얻을 것이 없는 백지 상태에서 시작하게 된다. 우리는 악성코드 분석을 통해 정보를 얻기 위해 안전한 라이프 사이클 실행 과제를 상황에 맞게 수정할 것을 권장한다.

초기 배치 라이프 사이클 활동에 초점을 맞춘 기법을 조사하는 과정을 통해 악성코드 분석이 적용되는 방식을 이해할 수 있다. 우리는 단순히 현재 시스템에 필요한 패치 개발뿐만 아니라 미래에 진행할 보안 요구 공학의 피드백 순환에 악성코드 분석을 포함시키는 악성코드 분석 중심의 유스케이스를 만들어 내는 프로세스를 갖출 것을 권장한다(Mead 2014). 다음 단계를 사용해 이러한 프로세스를 구현할 수 있다(그림 7.5에도 표현돼 있음(Mead 2014)).

1. 정적 및 동적으로 악성코드 샘플을 분석

2. 악성코드가 코드 결함 또는 설계 결함에서 비롯한 취약점을 공격한다는 사실을 밝혀내는 분석

3. 설계 결함의 경우 오용 사례에 부합하는 익스플로이테이션 시나리오를 반드시 명시해야 함. 오용 사례 분석을 통해 간과된 유스케이스를 결정

4. 간과된 보안 요구 사항에 부합하는 간과된 유스케이스 식별

5. 유스케이스와 이에 상응하는 요구 사항 서술을 요구 사항 데이터베이스에 추가

6. 미래에 진행할 소프트웨어 개발 프로젝트에 요구 사항 데이터베이스 사용

1단계와 2단계는 악성코드 샘플을 분석하는 표준 접근 방법을 포함한다. 1단계와 2단계에서 사용하는 특정 분석 기법은 이 책의 범위를 넘어서는 부분이다. 2단계에서 취약점을 공격한 익스플로잇의 원인이 코드 결함 또는 설계 결함인지 확인하기 위한 분석을 수행한다.

일반적으로 취약점 소스는 익스플로잇 코드의 정밀 분석을 통해 찾아낼 수 있다. 물론 앞서 소개한 단계는 그 자체가 도전 과제인 악성코드 탐지 상황을 전제로 수행한다.

2단계는 익스플로잇 코드를 활용해 결함 유형을 결정하는 악성코드 분석의 이점을 실증하는 단계다. 악성코드 분석 없이 취약점 탐지 및 분석을 수행할 경우 익스플로잇 코드가 배제돼 결함 타입 식별이 쉽지 않을 수 있다.

3단계는 익스플로잇이 어떻게 오용 사례 형태로 전달되는지 자세히 설명한다. 이는 설계 결함으로 이어지는 간과된 유스케이스 확인 작업에 필요한 정보를 제공한다.

4단계에서 간과된 유스케이스는 설계 결함을 만들어낸 소프트웨어 시스템 생성 시점에 간과된 요구 사항에 무엇이 있었는지 판단하는 기반이 된다. 이러한 요구 사항은 소프트웨어 시스템의 원래 SDLC에 포함됐어야 하는 요구 사항이며, 이로 인해 익스플로잇된 취약점이 발생하게 되는 설계 결함의 생성을 사전에 방지했을 것이다.

5단계와 6단계는 미래 SDLC 주기에 사용할 간과된 유스케이스와 이에 상응하는 요구 사항을 기록한다. 이 프로세스는 취약점 익스플로잇 공격을 일으키는 간과된 요구 사항을 제공함으로써 간소화된 방식으로 미래의 SDLC 주기를 강화하는 데 사용한다. 미래 SDLC 주기에 이러한 요구 사항을 포함하면 익스플로잇 가능한 취약점 생성을 사전에 방지해 더 안전한 소프트웨어 시스템을 만들 수 있다.

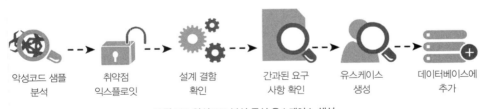

악성코드 샘플 분석 → 취약점 익스플로잇 → 설계 결함 확인 → 간과된 요구 사항 확인 → 유스케이스 생성 → 데이터베이스에 추가

그림 7.5 악성코드 분석 중심 유스케이스 생성

7.6.3 현재 상황 및 미래의 연구

우리는 7장에서 소개한 피드백 순환을 표준 실행 과제 형태로, 안전한 소프트웨어 개발 프로세스에 통합할 것을 권장한다. 우리는 앞서 이러한 피드백 순환을 지원하는 프로세스 단계를 설명했다. 연구원들은 보안 품질 요구 사항 공학^{SQUARE}을 연구하고 있으며, 이 내용을 악성코드 분석에 포함시키기 위한 수정안을 제안한다. 초기 연구에서 연구원들은 동일한 영역의 기존 시스템에 대한 성공적인 사전 공격을 완화하기 위해 개발된 요구 사항이, 현재 개발 중인 새로운 시스템의 고객에 의해 높은 우선순위를 받았다는 사실을 발견했다.

7장의 앞부분에서도 언급했듯이 추가 사례 연구를 통해 악성코드 샘플 분석 프로세스를 조사하고 제안할 수 있다. 안드로이드 모바일 장치에서 데이터를 훔치는 악성코드 샘플을 사용해 악성코드 익스플로잇이 사용한 익스플로잇 시나리오를 찾아낼 수 있다. 이러한 악성 익스플로잇의 영향을 조사한 결과, 모바일 애플리케이션 내의 설계 결함이 사용자 데이터에 악영향을 미칠 수 있음을 밝혀냈다. 우리는 설계 결함을 연구해 적용 가능한 오용 사례를 결정하고, 이러한 오용 사례를 사용해 미래에 개발할 모바일 애플리케이션에서 놓친 보안 요구 사항이 없는지 확인할 수 있다(Alice 2014; Mead 2015).

익스플로잇 보고서 강화 프로세스를 지원하기 위해 개발된 프로토타입 도구에는 오용 사례, 완화를 위한 유스케이스, 간과된 보안 요구 사항이 포함된다. 이러한 강화된 보고서는 향후 요구 사항 엔지니어들의 활용을 위해 데이터베이스에 저장한다. MORE 도구^{Malware} $^{Analysis\ Leading\ to\ Overlooked\ Security\ Requirements}$를 해당 사이트(www.cert.org/cybersecurity-engineering/research/security-requirements-elicitation.cfm)에서 다운로드할 수 있다.

악성코드가 종종 시스템 감염을 위해 플러그인 플러그 방식의 익스플로잇 키트(McGraw 2015)를 사용하는 경우가 있다. 익스플로잇 키트는 여러 취약점을 공격할 수 있는 익스플로잇을 포함한 소프트웨어를 지칭한다. 주로 서버에(익스플로잇 서버) 설치한 뒤 사용자가 악성 링크 또는 웹 페이지 또는 이메일을 클릭하면 요청을 공격 서버로 리다이렉트하는 방식으로 동작한다. 서버 접속 시 피해자 시스템을 대상으로 취약점 스캔 작업을 수행한다. 취약점을 발견할 경우 익스플로잇 키트는 자동으로 시스템 공격 및 악성코드 감염을 위해 해당 시스템에 적용 가능한 익스플로잇을 실행한다. 일반적으로 악성코드 자체에 익스플로잇을 포함하거나 익스플로잇의 힘을 빌리는 악성코드가 가장 먼저 시스템 감염에 사용된다. 익스플로잇 키트는 7장에서 소개하는 프로세스에 사용할 코드 샘플을 제공하는 별도의 분석이 필요한 영역에 속한다.

이제 이런 질문을 던져볼 수 있다. 제어 시스템 같은 특정 유형의 주요 시스템에서만 동작하는 악성코드 유형이 있을까? 과거 또는 현재 발생하는 악성코드 침해 사고를 분석하는 과정은 특정 유형의 애플리케이션을 대상으로 하는 익스플로잇 식별을 도와준다. 이러한 익스플로잇 유형을 알고 있는 것은 요구 사항 엔지니어들이 표준 오용 사례와 특정 애플리케이션 유형을 위한 필수 대응 방안을 마련하는 데 도움을 준다.

이러한 오용 사례는 해당 유스케이스 및 보안 요구 사항으로 다시 이어질 수 있다. 향후 시스템을 개발할 모든 개발자가 보안 요구 사항을 우선순위로 하고, 앞서 우리가 소개한 다양한 방법론을 적용하기를 기대해 본다. 하지만 임무 수행에 필수적인 시스템, 금융 시스템, 주요 기반시설 같은 필수 시스템의 경우 보안의 중요성을 인지하고, 개발 프로세스 전반에 걸친 투자를 아끼지 말아야 한다.

7.7 요약

우리는 앞서 위험 분석에서 시작해 관리/조직 모델, 공학/역량 모델, 갭 분석을 거쳐 궁극적으로 메트릭에 이르는 일련의 행동에 대해 소개했다. 7장에서는 별도로 고려할 가치가 있는 특별 추가 주제를 소개했다. 7장에서 소개한 모든 내용은 8장에서 다룰 사이버 보안 액션 플랜 개발 방법에 대한 사전 이해도를 높여준다.

8 장

요약 및 사이버 보안 공학
수행 능력 개선 계획 수립

8장에서 다루는 내용

8.1 소개
8.2 개선 계획 수립 시작하기
8.3 요약

8.1 소개

다음 주제는 변화하는 성숙도 단계와 서로 다른 용어를 보여주지만, 모두 다 보증된 시스템 구축에 중요한 역할을 한다.

효과적인 사이버 보안 공학은 소프트웨어 도입 및 개발 라이프 사이클에 보안을 통합하는 과정이 필요하다. 공학 관점에서 보안 업무를 효과적으로 처리하려면, 목표 보안 수준을 반드시 성립해야 한다. 위험 관리에는 시스템 내의 잠재적인 위협 및 취약점 식별과 함께 그들을 수용 또는 처리할지 결정하는 과정을 포함해야 한다. 사이버 보안 위험은 항상 존재하지만, 엔지니어는 시스템이 공격을 인지, 저항 및 회복하는 것뿐만 아니라 피하는 방법을 계획할 수 있어야 한다.

정확성과 컴플라이언스를 보장하는 메커니즘은 사이버 보안 전문 지식을 갖춘 팀과 개인이 적절하고 완전한 사이버 보안 요구 사항과 연결시킬 수 있다면 훌륭한 도구가 될 수 있다.

이 책의 전반에 걸쳐 우리는 실무자, 관리자, 교수진, 학생들이 라이프 사이클을 통해 사이버 보안 공학 문제를 해결할 수 있는 여러 가지 방법을 소개했다. 뿐만 아니라 1장에서 '위험, 신뢰할 수 있는 종속성, 상호작용, 공격자, 조정 및 잘 설계되고 역동적이며 측정 가능한 교육'에 소개한 핵심 원칙을 다루는 메커니즘도 소개했다. 위험 고려 사항은 라이프 사이클 전반에 걸친 의사 결정의 일부로 고려하며, 2장에서 소개한 보안 위험 보증 방법론 SERA 같은 방법론을 사용해 사이버 보안 위험 모델링 업무를 수행한다. 효과적인 사이버 보안을 위해 임무를 지원하는 기술 사이의 상호작용을 모니터링하고 관리한다. 기술 요소가 연결될 수 있다는 것이 반드시 적절한 선택을 가능케 하는 효과적인 사이버 보안 공학이 함께 따라간다는 의미는 아니다.

앞서 소개한 여러 장에서 사이버 보안 공학의 근본 원칙을 소개했다. 임무 위험을 개발하고 이해하는 내용과(2장) 사이버 보안 공학을 다루는 내용은(2장과 7장) 해당 분야에서 고려할 염려 사항을 다루는 메커니즘을 제공한다. 의존성 정의, 평가, 관리 수단, 통합을 위한 선택 사항과 보호 필요성을 연결, 상호작용 관리 메커니즘도 소개했다(3장). 교육은 우리가 다루는 모든 작업의 기반이 되며, 특별히 3장과 4장의 '공학 역량', 4장의 '갭 분석 수행'에서 중점적으로 다뤘다. 계획 수립은 여러 장에 걸쳐 소개했지만 핵심 내용은 3장부터 5장에서 다뤘다. 측정은 6장의 핵심 내용이다. 공격자 고려 사항도 여러 장에 걸쳐 소개했지만 대부분 내용은 라이프 사이클 초기 단계의 기술적 선택이 필요한 요구 사항 개발 관련 내용을 설명할 때 집중적으로 소개했다. 7장에서 소개한 A-SQUARE 방법론은 도입 업무 수행 중 훌륭한 보안 요구 사항 개발을 지원하는 핵심 역할을 담당한다.

하지만 이 내용만으로 사이버 보안 공학을 다 설명했다고 보기는 어렵다. 우리는 훌륭한 사이버 보안 공학 모델 및 방법이 실제로 활용되기를 원한다. 조직 또는 프로젝트마다 서로 다른 관점을 갖고, 개선 계획을 수립한다는 사실을 익히 알고 있다. 일부 조직은 사이버 보안 공학 전략 구현과 관련된 많은 업무를 이미 수행하고 있다. 이제 막 프로세스 반영을 생각하는 조직도 있을 것이다. 이 책에서 소개하는 내용은 새로운 사이버 보안 공학을 개발하거나 기존에 존재하는 프로세스를 개선하는 작업에 도움을 줄 수 있다. 앞서 언급했듯이 이 책을 구입한 독자에게는 우리의 온라인 교육 과정을 무료로 들을 수 있는 기회를 제공한다. '경영진을 위한 소프트웨어 보증' 과정은 시간이 부족한 관리자와 경영자들을 위한 소프트웨어 보증 관련 주제를 전반적으로 살펴볼 수 있는 훌륭한 내용을 제공한다. 교육을 수강하는 독자는 다음 주소와 제목으로 메일을 보내면 된다.

- stepfwd-support@cert.org
- RE: SwA Executive Course

이 밖에도 앞서 소개한 웹사이트에서 제공하는 내용과 참조 자료 또한 전략 수립에 활용할 수도 있다(사이버 보안 공학 웹사이트: http://www.cert.org/cybersecurity-engineering/).

이 책은 실제 사이버 보안 공학 전략 및 프로그램 구현의 순서에 맞게 구성했다.

- **위험 분석(2장)**: 라이프 사이클 보증을 향한 첫 번째 단계로, 임무 위험 진단MRD 및 SERA 같은 기법을 사용해 사이버 보안 위험 분석을 수행한다.
- **조직 차원의 역량(3장)**: 다음으로 관리를 용이하게 해주는 역량 식별 및 개발(여기에는 조직의 사이버 보안 처리 능력을 포함)한다.
- **공학 역량(4장)**: 공학 관점의 역량을 식별하고 개발해 다음 단계로 나아간다.
- **방법(5장)**: 사이버 보안 능력 벤치마킹 및 갭 분석 수행에 모델을 활용할 수 있다. SEI의 소프트웨어 보증 역량 모델 및 성숙도 모델 내 보안 구축BSIMM이 대표적인 사례다.
- **측정(6장)**: 측정은 사이버 보안 평가뿐만 아니라 성능 및 신뢰성 같은 다른 운영 요구 사항과의 적절한 균형 수립에 필요한 방법 및 메커니즘을 포함한다.

- **특별 주제(7장)**: 거버넌스, 조직 차원의 고려 사항, 공학 능력 같은 주제는 사이버 보안 공학에 대한 잘 계획되고 동적인 접근 방법을 제공하는 데 필요할 수 있다.

8.2 개선 계획 수립 시작하기

3장에서 우리는 초기 단계를 위해 개발한 성숙도 단계를 소개했다(Allen 2008). 8장에서는 이 책에서 소개한 접근 방법 분류에 이 성숙도 단계를 활용하는 방법을 소개한다.

- **L1**: 이 접근법은 이미 증명됐거나 널리 사용되는 접근 방법이 없는 상황에서 주제에 대해 생각할 수 있도록 도와준다. 이 영역의 의도는 인식 개선과 독자들이 문제 및 후보 대책에 대해 생각해볼 수 있도록 하는 것이다. 또한 제한된 환경 내에서 입증된 유망한 연구 결과도 함께 소개한다.
- **L2**: 이 접근법은 초기 시범 사용 시 필요한 실제 사례와 일부 성공적인 결과를 설명하는 실제 사례를 설명한다.
- **L3**: 이 접근법은 성공적으로 구축됐지만 산업체 및 정부 기관에 제한적으로 사용되는 실제 사례를 설명한다. 특정 업계에서는 이미 널리 사용되는 실제 사례일 수도 있다.
- **L4**: 이 접근은 성공적으로 배치됐고 널리 사용 중인 실제 사례를 소개한다. 독자들은 이 실제 사례를 바로 적용할 수 있다. 필요한 경우 경험 보고서와 사례 연구를 일반적으로 사용할 수 있다.

조직이 개선 계획을 개발한다면, 성숙도 단계를 사용해 더 높은 성숙도 단계의 접근 방법과 개선 계획이 안전하게 잘 동작하는지, 또는 다소 역량이 낮은 접근 방법을 사용해 위험을 처리할 수 있을지 평가하는 데 도움을 받을 수 있다. 성숙도 1단계 또는 2단계 같이 성숙도가 낮은 접근 방법의 경우, 조직 전체에 적용하기보다 다소 중요도가 떨어지는 시범 프로젝트에 먼저 적용해 보기를 권장한다. 표 8.1부터 8.6까지 각 장에서 소개한 접근 방법과 함께 성숙도 단계를 보여준다.

표 8.1 위험 분석(2장)

접근방법	설명	성숙도 단계
임무 위험 진단(MRD)	위험 관리 능력 부족을 포함한 운영 위험이 목표 달성을 위한 시스템 능력에 어떻게 영향을 미치는지 분석하는데 사용할 수 있음	3
운영상 위험 분석	계획과 실제를 비교	4
보안 공학 위험 분석(SERA)	각 시스템에 대한 보안 위험 정보 제공을 통해 임무에 부정적인 영향을 미치는 요소 파악에 도움을 줄 수 있음	2

표 8.2 관리 및 운영 모델(3장)

접근방법	설명	성숙도 단계
성숙도 모델 내 보안 구축(BSIMM)	실제 소프트웨어 보안 계획에 따라 수행한 활동을 수량화	4
CERT 회복력 관리 모델 회복력을 갖춘 기술적 솔루션 공학 프로세스 영역	회복력을 갖춘 소프트웨어 및 시스템 개발에 필요한 내용을 정의	사이버 보안 역량 성숙도 모델(C2M2) 및 DHS 사이버 회복력 검토(CRR) 같은 파생 모델이 포함된 경우 4
도입을 위한 CMMI(CMMI-ACQ)	조직이 개별 부서 또는 그룹의 관심을 초월하는 실제 사례와 용어를 통해 도입 프로세스 내 장애물을 피하거나 제거할 수 있도록 해 줌	3
CMMI 보증 프로세스 참조 모델	소프트웨어 보증을 다루기 위해 CMMI-DEV v1.2에 추가 사항 반영을 권장	2
개발을 위한 CMMI(CMMI-DEV)	제품 및 서비스에 적용된 개발 활동을 다루는 모범 사례로 구성	4
서비스를 위한 CMMI(CMMI-SVC)	성숙한 서비스 실제 사례 개발 및 개선을 위한 가이드 제공	4
바톨과 모스가 만든 DHS SwA 관리 작업	조직, 프로그램, 프로젝트 차원의 소프트웨어 보증 목적 및 목표 달성의 효율성을 측정하는 접근 방법을 제공	1
국제 프로세스 연구 협력단(IPRC) 로드맵	제품 품질로서 보안을 위한 연구 노드 및 연구 질문으로 구성	1
마이크로소프트 보안 개발 라이프 사이클(SDL)	개발 프로세스의 초기 및 모든 단계에 걸쳐 보안 및 프라이버시 도입	4

표 8.2 관리 및 운영 모델(3장)(계속)

접근방법	설명	성숙도 단계
오픈소스 웹 애플리케이션 보안 프로젝트(OWASP) 소프트웨어 보증 성숙도 모델(SAMM)	조직이 처한 특정 위험에 맞춘 소프트웨어 보안 전략 형성 및 구축을 돕는 오픈 프레임워크 제공	3
보증된 시스템 구축을 위한 SEI 프레임워크	고객과 연구원이 보증된 시스템 구축을 위한 보안 방법 및 연구 접근법을 선택하는 문제를 해결	1
마이크로소프트 SDL과 관련된 SEI 연구	CERT 연구와 Microsoft SDL 간의 연계성 검토	2와 3

표 8.3 공학 역량(4장)

접근방법	설명	성숙도 단계
DHS 역량 모델	역량 모델이 서로 어떻게 다른지 이해할 수 있는 통찰력을 제공	2
SEI 소프트웨어 보증 역량 모델	소프트웨어 보증 전문가의 역량을 평가하고, 개선할 수 있는 기반을 제공	2

표 8.4 갭 분석(5장)

접근방법	설명	성숙도 단계
성숙도 모델 내 보안 구축	실제 소프트웨어 보안 계획으로 수행한 활동을 벤치마크하고 수량화	4
SEI 소프트웨어 보증 역량 모델	소프트웨어 보증 전문가의 역량을 평가하고 개선할 수 있는 기반을 제공	2

표 8.5 메트릭(6장)

접근방법	설명	성숙도 단계
메트릭 프로그램 구축	제품의 개별 측면 및/또는 제품에 대한 운영 및 전략적 의사결정을 지원하는 프로세스 기능 데이터 수집	4
사이버 보안 공학을 위한 메트릭	추가 데이터 제공을 통해 초기 위험 분석 중 '상황 인지' 능력 향상 및 사이버 위협 분석에 데이터 활용	1

표 8.6 사이버 보안 공학의 특별 주제(7장)

접근방법	설명	성숙도 단계
데브옵스	두 개별 커뮤니티(소프트웨어 개발 커뮤니티와 운영 커뮤니티)의 관심 사항을 함께 해결하는 과정에서 시너지 효과를 얻을 수 있음	4
거버넌스	비즈니스 업무를 통해 얻고자 하는 명확한 기대 수준을 설정하고, 조직이 이러한 기대 수준을 충족할 수 있도록 지속적으로 보장하는 것	4
간과된 보안 요구 사항 식별을 위한 악성코드 분석	조직이 악성코드 분석을 통해 취약점으로 이어질 수 있는 보안 요구 사항을 초기 단계에 식별할 수 있는 방법을 도출; 간과된 요구 사항을 향후 개발 대상 시스템의 보안 요구사 항에 통합	1
도입을 위한 SQUARE(A-SQUARE)	조직이 보안 요구 사항에 역점을 두기 위해 개발보다 도입을 수행할 방법을 제공	2
표준	조직이 변화와 긴급 업데이트 작업을 원활하게 돕는 소프트웨어 및 하드웨어 설정에 대한 제어를 지속적으로 유지할 수 있도록 보장	사용하는 표준에 따라 달라짐

8.3 요약

사이버 보안 공학 전략 개발 자체를 고민하기보다 이것을 언제, 그리고 어떻게 구현할지를 고민해야 한다. 모든 것이 연결된 현대 사회에서 조직 및 프로젝트가 사이버 보안 공학을 다루기 위해 자신들의 환경에 맞는 계획을 수립하는 것이 필수 요소가 됐다. 한 명의 전문가로서 우리 스스로의 상황에 맞는 계획을 세워 사이버 보안 공학 역량을 계발해야 한다. 이 책을 통해 사이버 공학 역량 확보를 위한 여러 유용한 웹사이트, 경영진을 위한 개론 과정, 참고자료 및 유용한 도구를 얻을 수 있을 것이다.

참고자료

Abran 2004

Alain Abran, James W. Moore, Pierre Bourque, Leonard L. Tripp, 「Guide to the Software Engineering Body of Knowledge」, IEEE 컴퓨터 협회(www.computer.org/web/swebok/index), 2004

Adams 2015

Bram Adams, Stephany Bellomo, Christian Bird, Tamara Marshall-Keim, Foutse Khomh, Kim Moir, "The Practice and Future of Release Engineering: A Round-table with Three Release Engineers", 「IEEE Software: Special Issue on Release Engineering」, Volume 32, Number 2, Pages 42~49, March/April 2015

Adobe 2014

어도비 시스템즈, "Proactive Security", 어도브 시큐리티(www.adobe.com/security/proactive-efforts.html), 2014

Alberts 2002

Christopher Alberts, Audrey Dorofee, 「Managing Information Security Risks: The OCTAVE approach」, Addison-Wesley, http://resources.sei.cmu.edu/library/asset-view.cfm?assetID=30678, 2002

Alberts 2006

Christopher Alberts, "Common Elements of Risk", 카네기멜론대학교 소프트웨어 공학연구소 CMU/SEI-2006-TN-0142006((http://resources.sei.smu.edu/library/asset-view.cfm?assetID=7899), 2006

Alberts 2010

Christopher J. Alberts, Julia H. Allen, Robert W. Stoddard, "Integrated Measurement and Analysis Framework for Software Security", 카네기멜론대학교 소프트웨어 공학연구소, CMU/SEI-2010-TN-025((http://resources.sei.cmu.edu/library/asset-view.cfm?AssetID=9369), 2010

Alberts 2012a

Christopher Alberts, Audrey Dorofee, "Mission Risk Diagnostic(MRD) Method Description",..

카네기멜론대학교 소프트웨어 공학연구소, CMU/SEI-2012-TN-005(http://reousrces.sei.cmu.edu/library/asset-view.cfm?AssetID=10075), 2012

Alberts 2012b
Christopher J. Alberts, Julia H. Allen, Robert W. Stoddard, "Deriving Software Security Measures from Information Security Standards of Practice", 카네기멜론대학교 소프트웨어 공학연구소(http://reousrces.sei.cmu.edu/library/asset-view.cfm?assetID=28784), 2012

Alberts 2014
Christopher Alberts, Carol Woody, Audrey Dorofee, "Introduction to the Security Engineering Risk Analysis(SERA) Framework", 카네기멜론대학교 소프트웨어 공학연구소, CMU/SEI-2014-TN-025(http://reousrces.sei.cmu.edu/library/asset-view.cfm?AssetID=427321), 2014

Alexander 2003
Ian Alexander, "Misuse Cases: Use Cases with Hostile Intent", 「IEEE Software」, Volume 20, Number 1, Pages 58－66, January－February 2003

Alice 2014
Gregory Paul Alice, Nancy R. Mead, "Using Malware Analysis to Tailor SQUARE for Mobile Platforms", 카네기멜론대학교 소프트웨어 공학연구소, CMU/SEI-2014-TN-018(http://reousrces.sei.cmu.edu/library/asset-view.cfm?assetID=425994), 2014

Allen 2005
Julia H. Allen, "Governing for Enterprise Security", 카네기멜론대학교 소프트웨어 공학연구소, CMU/SEI-2005-TN-023(https://resources.sei.cmu.edu/library/asset-view.cfm?assetid=7453), 2005

Allen 2007
Julia H. Allen, Jody R. Westby, "Governing for Enterprise Security(GES) Implementation Guide", 카네기멜론대학교 소프트웨어 공학연구소, CMU/SEI-2007-TN-020(https://resources.sei.cmu.edu/library/asset-view.cfm?assetid=8251), 2007

Allen 2008
Julia H. Allen, Sean Barnum, Robert J. Ellison, Gary R. McGraw, Nancy R. Mead, 「Software Security Engineering: A Guide for Project Managers」, Addison-Wesley Professional, 2008

Allen 2011
Julia H. Allen, Pamela D. Curtis, "Measures for Managing Operational Resilience", 카네기멜론대학교 소프트웨어 공학연구소, CMU/SEI-2011-TR-019(https://resources.sei.cmu.edu/library/asset-view.cfm?AssetID=10017), 2011

ANSI 2008

미국 국립표준협회(ANSI) & 인터넷 보안 연합(ISA, Internet Security Alliance), "The Financial Impact of Cyber Risk: 50 Questions Every CFO Should Ask", www.isalliance.org/publications/, 2008

Axelrod 2004

C. Warren Axelrod, 「Outsourcing Information Security」, Artech House, 2004

Axelrod 2012

C. Warren Axelrod, 「Engineering Safe and Secure Software Systems」, Artech House, 2012

Babylon 2009

Babylon, Ltd. Definition of Framework(http://dictionary.babylon-software.com/framework/), 2016년 6월 15일 접속

Backus 1957

J. W. Backus, R. J. Beeber, S. Best, R. Goldbert, L. M. Haibt, H. L. Herrick, R. A. Nelson, D. Sayre, P. B. Sheridan, H. Stern, I. Ziller, R. A. Hughes, R. Nutt, 「The FORTRAN Automatic Coding System」, The Western Joint Computer Conference(http://archive.computerhistory.org/resources/text/Fortran/102663113.05.01.acc.pdf), 1957

Bartol 2008

Nadya Bartol, Booz Allen Hamilton, 「Practical Measurement Framework for Software Assurance and Information Security, Version 1.0」 Practical Software & Systems Measurement(www.psmsc.com/Prod_TechPapers.asp), 2008

Bartol 2009

Nadya Bartol, Bryan Bates, Karen M Goertzel, Theodore Winograd, 「Measuring Cyber Security and Information Assurance, State-of-the-Art Report(SOAR)」, Department of Defense—Information Assurance Technology and Assurance Center(https://buildsecurityin. us-cert.gov/sites/default/files/MeasuringCybersecurityIA.PDF), 2009

Basili 1984

Victor R. Basili, David M. Weiss, "A Methodology for Collecting Valid Software Engineering Data", 「IEEE Transactions on Software Engineering」, Volume SE-10, Number 6, Pages 728–738, November 1984

Basili 1988

Victor R. Basili, H. Dieter Rombach, The TAME Project: Towards Improvement-Oriented Software Environments", 「IEEE Transactions on Software Engineering」, Volume 14, Number 6, Pages 758–773, June 1988

Bass 2015
렌 베스, 잉그 웨버, 리밍 쭈, 『데브옵스: 아키텍트를 위한 첫 번째 데브옵스 지침서(DevOps: A Software Architect's Perspective)』, 에이콘출판사, 2016

Behrens 2012
Sandra Behrens, Christopher J. Alberts, Robin Ruefle, "Competency Lifecycle Roadmap: Toward Performance Readiness", 카네기멜론대학교 소프트웨어 공학연구소, CMU/SEI-2012-TN-020(https://resources.sei.cmu.edu/library/asset-view.cfm?assetid=28053), 2012

Bellomo 2014
Stephany Bellomo, Neil Ernst, Robert Nord, Rick Kazman, "Empirical Study of Three Projects Reaching for the Continuous Delivery Holy Grail", The 44th Annual IEEE/IFIP International Conference on Dependable Systems and Networks(https://resources.sei.cmu.edu/asset_files/conferencepaper/2014_021_001_424904.pdf), 조지아주 아틀란타, 2014년 6월

Bits 2008
Gunter Bitz 외, Stacy Simpson 편집, "Fundamental Practices for Secure Software Development: A Guide to the Most Effective Secure Development Practices in Use Today", SAFECode(http://safecode.org/wp-content/uploads/2018/01/SAFECode_Dev_Practices1108.pdf), 2008

Bosworth 2002
Seymour Bosworth, Michel E. Kabay, 『Computer Security Handbook, 4th edition』, John Wiley and Sons, 2002

Business Roundtable 2013
Business Roundtable(http://businessroundtable.org/resources/more-intelligent-more-effective-cybersecurity-protection), "More Intelligent, More Effective Cybersecurity Protection", 2013

Caralli 2016
Richard A. Caralli, Julia H. Allen, Pamela D. Curtis, David W. White, Lisa R. Young, "CERT Resilience Management Model, Version 1.0: Resilient Technical Solution Engineering", www.cert.org/resilience/products-services/cert-rmm/index.cfm, 2011

Caralli 2010
Richard A. Caralli, Julia H. Allen, David W. White, 『CERT Resilience Management Model: A Maturity Model for Managing Operational Resilience』, Addison-Wesley Professional, 2010

CCRA 2012
Common Criteria Recognition Arrangement(CCRA), "Common Criteria for Information

Technology Security Evaluation-Part1: Introduction and General Model, Version 3.1, Revision 4", CCMB-2012-09-001. www.commoncriteriaportal.org/files/ccfiles/CCPART1V3.1R3_marked_changes.pdf, 2012

CERN 2010
European Council for Nuclear Research(CERN). "Computer Security: Mandatory Security Baselines", 『CERN Computer Security Information』(http://security.web.cern.ch/security/rules/en/baselines.shtml), 2010

Charette 1990
Robert N Charatte, 『Application Strategies for Risk Analysis』, McGraw-Hill Book Company, 1990

Chew 2008
Elizabeth Chew, Marianne Swanson, Kevin Stine, Nadya Bartol, Anthony Brown, Will Robinson, 『Performance Measurement Guide for Information Security』, National Institute of Standards and Technology(http://csrc.nist.gov/publications/nistpubs/800-55-Rev1/SP800-55-rev1.pdf), 2008

Chung 2006
Lydia Chung, Frank Hung, Eric Hough, Don Ojoko-Adams, Nancy R. Mead, "Security Quality Requirements Engineering(SQUARE): Case Study Phase III", 카네기멜론대학교 소프트웨어 공학연구소, CMU/SEI-2006-SR-003(https://resources.sei.cmu.edu/library/asset-view.cfm?assetid=7799), 2006

CMMI Institute 2015
CMMI Institute(http://cmmiinstitute.com), 2015

CMMI Product Team 2010a
CMMI Product Team, "CMMI for Acquisition, Version 1.3", 카네기멜론대학교 소프트웨어 공학연구소, CMU/SEI-2010-TR-032(http://resources.sei.cmu.edu/library/asset-view.cfm?AssetID=9657), 2010

CMMI Product Team 2010b
CMMI Product Team, CMMI for Development, Version 1.3, 카네기멜론대학교 소프트웨어 공학연구소, CMU/SEI-2010-TR-033(https://resources.sei.cmu.edu/library/asset-view.cfm?AssetID=9661), 2010

CMMI Product Team 2010c
CMMI Product Team, CMMI for Services, Version 1.3, 카네기멜론대학교 소프트웨어 공학연구소 CMU/SEI-2010-TR-034(https://resources.sei.cmu.edu/library/asset-view.cfm?AssetID=9665), 2010

CMMI Product Team 2013
CMMI Product Team, "Security by Design with CMMI® for Development, Version 1.3", 카네기멜론대학교 소프트웨어 공학연구소(https://resources.sei.cmu.edu/asset_files/TechnicalReport/2010_005_001_15287.pdf), 2013

CNSS 2015
Committee on National Security Systems(CNSS), "Committee on National Security Systems(CNSS) Glossary", CNSSI 번호 4009. www.cnss.gov/CNSS/issuances/Instructions.cfm, 2015년 4월 개정

Coles 2015
Robert Coles, Sigal Barsad, Sheetal Mehta, 「Embedding a "Culture of Security" Is the Best Defense」, Knowledge@Wharton(http://knowledge.wharton.upenn.edu/article/embedding-culture-security-best-defense/), 2015

Comella−Dorda 2004
Santiago Comella-Dorda, John Dean, Grace Lewis, Edwin J. Morris, Tricia Oberndorf, Erin Harper, "A Process for COTS Software Product Evaluation", 카네기멜론대학교 소프트웨어 공학연구소, CMU/SEI-2003-TR-017(https://resources.sei.cmu.edu/library/asset-view.cfm?assetid=6701), 2004

Common Criteria 2016
"Common Criteria for Information Technology Security Evaluation", www.commoncriteriaportal.org, 2016

Craig 2013
Craig, "Reverse Engineering a D-Link Backdoor(blog post)", www.devttys0.com/2013/10/reverse-engineering-a-d-link-backdoor/, 2013년 10월 12일

Curtis 2002
Bill Curtis, William E. Hefley, Sally A. Miller, 「The People Capability Maturity Mode: Guidelines for Improving the Workforce」, Addison-Wesley Professional, 2001

Deloitte 2014
Deloitte, "2014 Board Practices Report: Perspective from the Boardroom", www2.deloitte.com/us/en/pages/regulatory/board-practices-report-perspectivesboardroom-governance.html, 2014

DHS 2008
U.S. Department of Homeland Security(DHS), "Software Assurance(SwA) Processes and Practices Working Group—Process Reference Model for Assurance Mapping to CMMI-DEV V1.2", https://buildsecurityin.us-cert.gov/swa/procwg.html, 2008

DHS 2010

U.S. Department of Homeland Security(DHS), "Software Assurance(SwA) Measurement Working Group", https://buildsecurityin.us-cert.gov/swa/measwg.html, 2010

DHS 2012

U.S. Department of Homeland Security(DHS), "Software Assurance Professional Competency Model", https://buildsecurityin.us-cert.gov/sites/default/files/Competency%20Model_Software%20Assurance%20Professional_%2010_05_2012%20final.pdf, 2012

DoD 2012

U.S. Department of Defense(DoD), "Department of Defense Instruction Number 5200.44— Protection of Mission Critical Functions to Achieve Trusted Systems and Networks(TSN)", DoD Instruction Number 5200.44, www.dtic.mil/whs/directives/corres/pdf/520044p.pdf, 2012

DoE 2014a

U.S. Department of Energy(DoE), "Electricity Subsector Cybersecurity Capability Maturity Model(ES-C2M2), Version 1.1", https://www.energy.gov/sites/prod/files/Electricity%20Subsector%20Cybersecurity%20Capabilities%20Maturity%20Model%20%28ES-C2M2%29%20-%20May%202012.pdf, 2014

DoE 2014b

U.S. Department of Energy(DoE), "Oil and Natural Gas Subsector Cybersecurity Capability Maturity Model (ONG-C2M2), Version 1.1", https://www.energy.gov/sites/prod/files/2014/03/f13/ONG-C2M2-v1-1_cor.pdf, 2014

DoLETA 2012

U.S. Department of Labor—Employment and Training Administration(DoLETA), "Information Technology Competency Model", www.careeronestop.org/CompetencyModel/competency-models/information-technology.aspx, 2012

Giorgini 2006

P. Giorgini, H. Mouratidis, N. Zannone, 「Modelling Security and Trust with Secure Tropos. Integrating Security and Software Engineering: Advances and Future Visions」, IGI Global(https://www.igi-global.com/chapter/modelling-security-trust-secure-tropos/24055), Pages 160 – 189, 2006

Google 2012

Google, 「Google's Approach to IT Security: A Google White Paper」(https://cloud.google.com/files/Google-CommonSecurity-WhitePaper-v1.4.pdf), 2012

Hadfield 2011
Steve Hadfield, Dino Schweitzer, David Gibson, Barry Fagin, Martin Carlisle, Jeff Boleng, Dave Bibighaus, "Defining, Integrating, and Assessing a Purposeful Progression of Cross-Curricular Initiatives into a Computer Science Program", Frontiers in Education Conference(http://archive. fie-conference.org/fie2011/papers/1545.pdf), Rapid City, South Dakota, October 2011

Hadfield 2012
Steve Hadfield, "Integrating Software Assurance and Secure Programming Concepts and Mindsets into an Undergraduate Computer Science Program", Department of Homeland Security Semi-Annual Software Assurance Forum McLean, Virginia. March 2012

Hilburn 2013a
Thomas B. Hilburn, Mark A. Ardis, Glenn Johnson, Andrew J. Kornecki, Nancy R. Mead, "Software Assurance Competency Model", 소프트웨어 공학연구소(https://resources.sei.cmu. edu/library/asset-view.cfm?assetid=47953), 카네기멜론대학교(CMU/SEI-2013-TN-004), 2013

Hilburn 2013b
Thomas B. Hilburn, Nancy R. Mead, "Building Security In: A Road to Competency", 「IEEE Security & Privacy(http://ieeexplore.ieee.org/xpl/articleDetails.jsp?reload=true&arnumb er=6630006)」, Volume 11. Number 5. Pages 89-92, September/October 2013

Howard 2006
Michael Howard, Steve Lipner, 「The Security Development Lifecycle」, Microsoft Press, 2006

Humphrey 1989
Watts S. Humphrey, 「Managing the Software Process」, Addison-Wesley Professional, 1989

IEEE 2000
IEEE, 「The Authoritative Dictionary of IEEE Standards Terms(The Seventh Edition)」(http:// ieeexplore.ieee.org/servlet/opac?punumber=4116785), 2000

IEEE-CS 2014
IEEE, "Software Engineering Competency Model, Version 1.0(SWECOM)"(www.computer. org/web/peb/swecom), 2014

IPRC 2006
International Process Research Consortium, 「A Process Research Framework」, 카네기멜론대학교 소프트웨어 공학연구소(https://resources.sei.cmu.edu/library/asset-view.cfm?assetid=30501), 2006

ISACA 2014
Information Systems Audit and Control Association, "Cybersecurity Fundamentals"Glossary(www.

isaca.org/pages/glossary.aspx), 2014

ISO/IEC 2007
International Organization for Standardization & International Electrotechnical Commission(ISO/IEC), "Systems and Software Engineering—Measurement Process(ISO/IEC 15939:2007)", 2007

ISO/IEC 2008a
International Organization for Standardization & International Electrotechnical Commission(ISO/IEC), "Information Technology—Security Techniques—Evaluation Criteria for IT Security—Part 2: Security Functional Components(ISO/IEC 15408-2:2008)", 2008

ISO/IEC 2008b
International Organization for Standardization & International Electrotechnical Commission(ISO/IEC), "Information Technology—Security Techniques—Evaluation Criteria for IT Security—Part 3: Security Assurance Components(ISO/IEC 15408-3:2008), 2008

ISO/IEC 2009
International Organization for Standardization & International Electrotechnical Commission(ISO/IEC), "Information Technology—Security Techniques—Evaluation Criteria for IT Security—Part 1: Introduction and General Model(ISO/IEC15408-1:2009)", 2009

ISO/IEC 2011
International Organization for Standardization & International Electrotechnical Commission(ISO/IEC), "Information Technology—Security Techniques—Application Security—Part 1: Overview and Concepts(ISO/IEC 27034-1:2011)", 2011

ISO/IEC 2013
International Organization for Standardization & International Electrotechnical Commission(ISO/IEC), "Information Technology—Security Techniques—Information Security Management Systems—Requirements(ISO/IEC 27001:2013)", 2013

ISO/IEC 2015
International Organization for Standardization & International Electrotechnical Commission(ISO/IEC), "Information Technology—Security Techniques—Application Security—Part 2: Organization Normative Framework(ISO/IEC 27034-2:2015)", 2015

ISSA 2014
Information Systems Security Association(ISSA), "Generally Accepted Information Security Principles, GAISP V3.0, Update Draft(https://citadel-information.com/wp-content/uploads/2010/12/issa-generally-accepted-information-security-practices-v3-2004.pdf)", 2014

ITGI 2006
IT Governance Institute(ITGI), "Information Security Governance: Guidance for Boards of Directors and Executive Management, 2nd ed", https://www.isaca.org/Knowledge-Center/Research/Documents/Information-Security-Govenance-for-Board-of-Directors-and-Executive-Management_res_Eng_0510.pdf, 2006

Jacobson 2008
Ivar Jacobson, 「Object-Oriented Software Engineering: A Use Case Driven Approach」, Addison-Wesley Professional, 2008

Jaquith 2007
Andrew Jaquith, 「Replacing Fear, Uncertainty, and Doubt」, Addison-Wesley Professional, 2007

Kelly 1998
Tim P. Kelly, 「Arguing Safety—A Systematic Approach to Managing Safety Cases」, University of York(www-users.cs.york.ac.uk/tpk/tpkthesis.pdf), 1998

Kelly 2004
Tim P. Kelly, Rob Weaver, 「The Goal Structuring Notation: A Safety Argument Notation」, Proceedings of the Dependable Systems and Networks 2004 Workshop on Assurance Cases(www-users.cs.york.ac.uk/tpk/dsn2004.pdf), Florence, Italy. July 2004

Khajenoori 1998
S. Khajenoori, T. Hilburn, I. Hirmanpour, R. Turner, A. Qasem, 「Software Engineering Competency Study: Final Report」, ERAU-FAA Project, Federal Aviation Administration. December 1998

Kim 2008
Gene Kim, Paul Love, George Spafford, 「Visible Ops Security」, IT Process Institute, Inc., 2008

Kissel 2013
Richard Kissel, 「Glossary of Key Information Security Terms(NISTIR 7298, Revision 2)」, U.S. Department of Commerce(https://www.nist.gov/publications/glossary-key-information-security-terms-1?pub_id=913810), 2013

Kitten 2013
Tracy Kitten, "Digital Certificates Hide Malware - Fraudsters' Fake Companies Fool Cert Authorities", BankInfoSecurity.com(www.bankinfosecurity.com/digital-certificates-hide-malware-a-5592/op-1), 2013년 3월 11일

Leveson 2004

Nancy Leveson, "A New Accident Model for Engineering Safer Systems", 「Safety Science(https://dspace.mit.edu/handle/1721.1/102747)」, Volume 42. Number 4. Pages 237–270, April 2004

Lipner 2005

Steven B. Lipner, Michael Howard, 「The Trustworthy Computing Security Development Lifecycle」(http://msdn.microsoft.com/en-us/library/ms995349.aspx), 2005년 3월

Lipner 2015

Steven B. Lipner, "Privacy and Security—Security Assurance—How Can Customers Tell They Are Getting It?", 「Communications of the ACM」, Volume 58. Number 11, Pages 24–26, November 2015

McGraw 2015

Gary McGraw, Sammy Migues, Jacob West, "Building Security In Maturity Model Version 6(BSIMM6)"(www.bsimm.com/download), 2015

Mead 2005

Nancy R. Mead, Eric Hough, Ted Stehney II, "Security Quality Requirements Engineering", 카네기멜론대학교 소프트웨어 공학연구소(https://resources.sei.cmu.edu/library/asset-view.cfm?assetid=7657), 2005

Mead 2010a

Nancy R. Mead, Julia H. Allen, Mark A. Ardis, Thomas B. Hilburn, Andrew J. Kornecki, Richard C. Linger, James McDonald, "Master of Software Assurance Reference Curriculum", 카네기멜론대학교 소프트웨어 공학연구소, CMU/SEI-2010-TR-005(https://resources.sei.cmu.edu/library/asset-view.cfm?assetid=9415), 2010

Mead 2010b

Nancy R. Mead, Julia H. Allen, "Building Assured Systems Framework", 카네기멜론대학교 소프트웨어 공학연구소, CMU/SEI-2010-TR-025(https://resources.sei.cmu.edu/library/asset-view.cfm?assetid=9611), 2010

Mead 2010c

Nancy R. Mead, Thomas B. Hilburn, Richard C. Linger, "Software Assurance Curriculum Project, Volume II: Undergraduate Course Outlines", 카네기멜론대학교 소프트웨어 공학연구소, CMU/SEI-2010-TR-019(https://resources.sei.cmu.edu/library/asset-view.cfm?assetid=9543), 2010

Mead 2011a

Nancy R. Mead, Julia H. Allen, Mark A. Ardis, Thomas B. Hilburn, Andrew J. Kornecki,

Richard C. Linger, "Software Assurance Curriculum Project Volume III: Master of Software Assurance Course Syllabi", 카네기멜론대학교 소프트웨어 공학연구소, CMU/SEI-2011-TR-013(https://resources.sei.cmu.edu/library/asset-view.cfm?assetid=9981), 2011

Mead 2011b
Nancy R. Mead, Elizabeth K. Hawthorne, Mark A. Ardis, "Software Assurance Curriculum Project, Volume IV: Community College Education", 카네기멜론대학교 소프트웨어 공학연구소, CMU/SEI-2011-TR-017(https://resources.sei.cmu.edu/library/asset-view.cfm?assetid=10009), 2011

Mead 2013a
Nancy R. Mead, Dan Shoemaker, "The Software Assurance Competency Model: A Roadmap to Enhance Individual Professional Capability", CERT, https://resources.sei.cmu.edu/library/asset-view.cfm?assetid=299147, 2013

Mead 2013b
Nancy R. Mead, Dan Shoemaker, Carol Woody, "Principles and Measurement Models for Software Assurance", 「International Journal of Secure Software Engineering」(www.igi-global.com/article/principles-measurement-models-software-assurance/76352), Volume 4, Number 1, April 2013

Mead 2014
Nancy R. Mead, Jose Andre Morales 「Using Malware Analysis to Improve Security Requirements on Future Systems」, IEEE International Requirements Engineering Conference Proceedings(http://ieeexplore.ieee.org/xpl/articleDetails.jsp?reload=true&arnumber=6890526), Pages 37 – 42, August 2014

Mead 2015
Nancy R. Mead, Jose Andre Morales, Gregory Paul Alice, "A Method and Case Study for Using Malware Analysis to Improve Security Requirements", 「International Journal of Secure Software Engineering」(www.igi-global.com/article/a-method-and-case-study-for-using-malware-analysis-to-improve-security-requirements/123452), Volume 6, Number 1, Pages 1 – 23, January – March 2015

Mellado 2007
Mellado Daniel, Fernández-Medina Eduardo, Piattini Mario, "A Common Criteria Based Security Requirements Engineering Process for the Development of Secure Information Systems", 「Computer Standards & Interfaces」, Volume 29, Number 2, Pages 244 – 253, February 2007

Microsoft 2010a

Microsoft, Microsoft Security Development Lifecycle(https://www.microsoft.com/en-us/securityengineering/sdl/), 2010

Microsoft 2010b

Microsoft, Microsoft Security Development Lifecycle Version 5.0, https://www.microsoft.com/en-us/download/details.aspx?id=29884, 2010

NIST 2008

National Institute of Standards and Technology(NIST), "Performance Measurement Guide for Information Security", http://nvlpubs.nist.gov/nistpubs/Legacy/SP/nistspecialpublication800-55r1.pdf, 2008

NIST 2014a

National Institute of Standards and Technology(NIST), "Assessing Security and Privacy Controls in Federal Information Systems and Organizations: Building Effective Assessment Plans", Special Publication 800-53A, http://nvlpubs.nist.gov/nistpubs/SpecialPublications/NIST.SP.800-53Ar4.pdf, December 2014

MITRE 2014

MITRE, "Common Weakness Enumeration: A Community-Developed Dictionary of Software Weakness Types", http://cwe.mitre.org, 2014

MITRE 2016

MITRE, "Making Security Measurable", http://measurablesecurity.mitre.org, June 14 2016

Moreno 2012

Ana M. Moreno, Maria-Isabel Sanchez-Segura, Fuensanta Medina-Dominguez, Laura Carvajal, "Balancing Software Engineering Education and Industrial Needs", 「The Journal of Systems and Software」, Volume 85, Issue 7, Pages 1607–1620, July 2012

NASA 2004

National Aeronautics and Space Administration(NASA), "Software Assurance Standard: NASA-STD-8739.8"(https://standards.nasa.gov/standard/nasa/nasa-std-87398), 2004

NASA 2016

National Aeronautics and Space Administration(NASA), "Systems Engineering Competencies"(https://www.nasa.gov/pdf/303747main_Systems_Engineering_Competencies.pdf), 2016

NDIA 1999

National Defense Industrial Association Test and Evaluation Division(NDIA), "Test and

Evaluation Public-Private Partnership Study"(http://www.ndia.org/divisions/test-and-evaluation), 1999

NIST 2013
National Institute of Standards and Technology(NIST), 「Security and Privacy Controls for Federal Information Systems and Organizations, Special Publication 800-53, Revision 4」(http://csrc.nist.gov/publications/PubsSPs.html#800-53), 2013

NIST 2014
National Institute of Standards and Technology(NIST), "Framework for Improving Critical Infrastructure Cybersecurity Version 1.0(www.nist.gov/cyberframework/index.cfm)", February 2014

NIST 2015
National Institute of Standards and Technology(NIST), 「Supply Chain Risk Management Practices for Federal Information Systems and Organizations, Special Publication 800-161」(https://csrc.nist.gov/publications/detail/sp/800-161/final), 2015

NIST 2016
NIST, "National Vulnerability Database"(https://nvd.nist.gov), 2016

Nord 2012
Robert Nord, Ipek Ozkaya, Raghvinder Sangwan, "Making Architecture Visible to Improve Flow Management in Lean Software Development", 「IEEE Software」, Volume 29. Number 5, Pages 33-39, September-October 2012

OMG 2013
Object Management Group(OMG), "How to Deliver Resilient, Secure, Efficient, and Easily Changed IT Systems in Line with CISQ Recommendations"(https://www.omg.org/news/whitepapers/CISQ_compliant_IT_Systemsv.4-3.pdf), 2013

Oracle 2014
Oracle, "Importance of Software Security Assurance"(https://www.oracle.com/corporate/security-practices/assurance/development/), 2014

Oracle 2016
Oracle, "Security Solutions"(www.oracle.com/us/technologies/security/overview/index.html), 2016

OWASP 2015
OWASP, "Open Web Application Security Project(OWASP)" OWASP SAMM Project(www.owasp.org/index.php/OWASP_SAMM_Project), 2015

OWASP 2016

Open Web Application Security Project(OWASP), "OWASP Secure Software Contract Annex"(www.owasp.org/index.php/OWASP_Secure_Software_Contract_Annex), March 2, 2016

Parker 2009

Donn B. Parker, "Making the Case for Replacing Risk-Based Security", 「Enterprise Information Security and Privacy」, Artech House, 2009

PCI Security Standards Council 2013

Payment Card Industry(PCI) Security Standards Council, "Payment Card Industry(PCI), Payment Application Data Security Standard, Requirements and Security Assessment Procedures, Version 3.0"(www.pcisecuritystandards.org/document_library), 2013

PCI Security Standards Council 2015

Payment Card Industry(PCI) Security Standards Council, "Payment Card Industry (PCI) Data Security Standard, Version 3.1"(www.pcisecuritystandards.org/document_library), 2015

Regan 2014

Colleen Regan, Mary Ann Lapham, Eileen Wrubel, Stephen Beck, Michael S. Bandor, "Agile Methods in Air Force Sustainment: Status and Outlook(CMU/SEI-2014-TN-009)", 카네기멜론 대학교 소프트웨어 공학연구소(https://resources.sei.cmu.edu/library/asset-view.cfm?assetid=312754), 2014

Royce 1970

Winston W. Royce, "Managing the Development of Large Software Systems", IEEE Western Electronic Show and Convention(WesCon), Los Angeles, California(August 1970), Not publicly available. Reprinted in ICSE '87 Proceedings of the 9th International Conference on Software Engineering, IEEE Computer Society Press, pp 328–338, March 1987

SAE 2004

SAE International, "Software Reliability Program Standard", JA1002_200401(http://standards.sae.org/ja1002_200401/), 2004

SAFECode 2010

SAFECode, "Software Assurance Forum for Excellence in Code(SAFECode)"(www.safecode.org), 2016

Salter 1974

Jerome H Saltzer, Michael D Schroeder, "The Protection of Information in Computer Systems", 「Communications of the ACM」, Volume 17, Issue 7, 1974

SANS 2015
SANS, "Information Security Policy Templates", 「SANS Information Security Training」(www.sans.org/security-resources/policies), November 8, 2015

Shoemaker 2013
Dan Shoemaker, Nancy R. Mead, "Software Assurance Measurement—State of the Practice", 카네기멜론대학교 소프트웨어 공학연구소, CMU/SEI-2013-TN-019(https://resources.sei.cmu.edu/library/asset-view.cfm?AssetID=72885), 2013

Shunn 2013
Arjuna Shunn, Carol Woody, Robert C. Seacord, Allen D. Householder, "Strengths in Security Solutions", 카네기멜론대학교 소프트웨어 공학연구소(https://resources.sei.cmu.edu/library/asset-view.cfm?AssetID=77878), 2013

Shywriter 2013
ShyWriter, "SECURITY ALERT: Back Door Found in D-Link Routers", Malwarebytes Forums(https://forums.malwarebytes.org/index.php?showtopic=134875), October 14, 2013

Stevens Institute of Technology 2009
Stevens Institute of Technology, "Graduate Software Engineering 2009(GSwE2009)—Curriculum Guidelines for Graduate Degree Programs in Software Engineering"(www.acm.org/binaries/content/assets/education/gsew2009.pdf), 2009

Swanson 1996
Marianne Swanson, Barbara Guttman, "Generally Accepted Principles and Practices for Securing Information Technology Systems", National Institute of Standards and Technology(https://csrc.nist.gov/publications/detail/sp/800-14/archive/1996-09-03), 1996

TechTarget 2015
TechTarget, "What Is Best Practice?", 「TechTarget SearchSoftwareQuality」(http://searchsoftwarequality.techtarget.com/definition/best-practice), November 8, 2015

Tippett 2002
Peter Tippett, "Calculating Your Security Risk", 「The Washington Post」(www.washingtonpost.com/wp-srv/liveonline/advertisers/viewpoint_tru120402.htm), December 4, 2002

TSI 2014
Trustworthy Software Initiative & British Standards Institution, "Software Trustworthiness—Governance and Management—Specification", PAS 754, British Standards Institution, 2009

Veracode 2012
Veracode, "Study of Software Related Cybersecurity Risks in Public Companies, Feature

Supplement of Veracode's State of Software Security Report"(https://info.veracode.com/state-of-software-security-volume-4-supplement.html), 2012

Warner 2014
Judy Warner, Adam J. Epstein, "Playing for Keeps: Keeping Your Cyber Issues in Check", 「NACD Magazine」(www.nacdonline.org/Magazine/Article.cfm?ItemNumber=11730), , September 25, 2014

Westby 2012
Jody R. Westby, "Governance of Enterprise Security Survey: CyLab 2012 Report—How Boards & Senior Executives Are Managing Cyber Risks", 카네기멜론대학교(https://www.globalcyberrisk.com/wp-content/uploads/2012/08/CMU-GOVERNANCE-RPT-2012-FINAL1.pdf), 2012

White House 2013
White House, "Executive Order 13636: Improving Critical Infrastructure Cybersecurity"(www.whitehouse.gov/the-press-office/2013/02/12/executive-order-improving-critical-infrastructure-cybersecurity), February 12, 2013

Wikipedia 2011a
Wikipedia, Morris Worm(http://en.wikipedia.org/wiki/Morris_worm), June 2011

Wikipedia 2011b
Wikipedia, IBM System/370(http://en.wikipedia.org/wiki/System/370), June 2011

Wikipedia 2014a
Wikipedia, Heartbleed(http://en.wikipedia.org/wiki/Heartbleed), April 2014

Wikipedia 2014b
Wikipedia, Zero-Day Attack(http://en.wikipedia.org/wiki/Zero-day_attack), April 2014

Wood 1999
Charles Cresson Wood, "Information Security Policies Made Easy: Version 7", 「Baseline Software」, 1999

Woody 2014
Carol Woody, Robert J. Ellison, William Nichols, "Predicting Software Assurance Using Quality and Reliability Measures", 카네기멜론대학교 소프트웨어 공학연구소(https://resources.sei.cmu.edu/library/asset-view.cfm?AssetID=428589), 2014

Xing 2014
Luyi Xing, Xiaorui Pan, Rui Wang, Kan Yuan, XiaoFeng Wang, "Upgrading Your Android,

Elevating My Malware: Privilege Escalation Through Mobile OS Updating", 2014 IEEE Symposium on Security and Privacy(http://www.ieee-security.org/TC/SP2014/papers/Upgra dingYourAndroid,ElevatingMyMalware_c_PrivilegeEscalationThroughMobileOSUpdating. pdf), 2014

참고문헌

Christopher J. Alberts, Audrey J. Dorofee, Ron Higuera, Richard L. Murphy, Julie A. Walker, Ray C. Williams 『Continuous Risk Management Guidebook』, 카네기멜론대학교 소프트웨어 공학연구소(https://resources.sei.cmu.edu/library/asset-view.cfm?assetid=30856), 7-9 페이지, 1996

Body of Knowledge and Curriculum to Advance Systems Engineering(BKCASE), BKCASE(www.bkcase.org), June 29, 2016

Mary Beth Chrissis, , Mike Konrad, Michele Moss, "Ensuring Your Development Processes Meet Today's Cyber Challenges", 『CrossTalk』(www.crosstalkonline.org/issues/marchapril-2013.html, March/April 2013), Volume 26 Number 2, Pages 29-33, March/April 2013

Committee on National Security Systems(CNSS), "National Information Assurance(IA) Glossary", CNSSI Number 4009(https://www.dni.gov/files/NCSC/documents/nittf/CNSSI-4009_National_Information_Assurance.pdf), 2010

Golnaz Elahi, Eric Yu, Nicola Zannone, "A Vulnerability-Centric Requirements Engineering Framework: Analyzing Security Attacks, Countermeasures, and Requirements Based on Vulnerabilities", 『Requirements Engineering Journal』(http://dl.acm.org/citation.cfm?id=1731695), Volume 15, Number 1, Pages 41-62, March 2010

Robert J Ellison, John B Goodenough, Charles B Weinstock, Carol Woody, "Evaluating and Mitigating Software Supply Chain Security Risks", 카네기멜론대학교 소프트웨어 공학연구소, CMU/SEI-2010-TN-016(https://resources.sei.cmu.edu/library/asset-view.cfm?assetid=9337), 2010

Charles Haley, Robin Laney, Jonathan Moffett, Bashar Nuseibeh, "Security Requirements Engineering: A Framework for Representation and Analysis", 『IEEE Transactions on Software Engineering』(http://ieeexplore.ieee.org/xpl/articleDetails.jsp?arnumber=4359475), Volume 34, Number 1, Pages 133-153, January-February 2008

Watts S Humphrey, 『A Discipline for Software Engineering』, Addison-Wesley Professional, 1995

Ivar Jacobson, Harold Bud Lawson, ⌜Software Engineering in the Systems Context—Addressing Frontiers, Practice and Education⌟, College Publications, Kings College, London(www.collegepublications.co.uk/systems/?00007), 2016

Michael Krigsman, "Six Types of IT Project Failure", ⌜TechRepublic⌟(https://www.techrepublic.com/blog/tech-decision-maker/six-types-of-it-project-failure/), September 29, 2009

Meredith Levinson, "Project Management: The 14 Most Common Mistakes IT Departments Make", ⌜CIO⌟(www.cio.com/article/2434788/project-management/project-management--the-14-most-common-mistakes-itdepartments-make.html), July 23, 2008

Nancy R. Mead, Thomas B. Hilburn, "Building Security In: Preparing for a Software Security Career", ⌜IEEE Security & Privacy⌟(http://ieeexplore.ieee.org/xpl/articleDetails.jsp?tp=&arnumber=6682937), Volume 11, Number 6, Pages 80–83, , November–December 2013.

Samuel A. Merrell, Andrew P. Moore, James F. Stevens, "Goal-Based Assessment for the Cybersecurity of Critical Infrastructure", 2010 IEEE International Conference on Technologies for Homeland Security(http://ieeexplore.ieee.org/stamp/stamp.jsp?tp=&arnumber=5655090), Pages 84–88, 2010

MITRE, "Common Attack Pattern Enumeration and Classification"(http://capec.mitre.org), June 29, 2016

Open Web Application Security Project(OWASP), "Software Assurance Maturity Model: A Guide to Building Security into Software Development"(www.opensamm.org), June 29, 2016

Jose Romero-Mariona, "Secure and Usable Requirements Engineering", 24th IEEE/ACM International Conference on Automated Software Engineering(http://ieeexplore.ieee.org/xpl/articleDetails.jsp?arnumber=5431703), Pages 703–706, 2009

Alec Sharp, Patrick McDermott, "Workflow Modeling: Tools for Process Improvement and Application Development, 2nd ed", Artech House, 2008

U.S. Department of Defense, "Information Assurance Workforce Improvement Program", DoD 8570.01-M(https://fas.org/irp/doddir/dod/m8570_01.pdf), 2005

WEA 사례 연구: 임무 스레드를 사용한 보안 위험 평가[1]

캐롤 우디 박사, 크리스토퍼 알버트

시스템을 위한 시스템의 중요성

오늘날 우리가 하는 모든 일에는 시스템과 소프트웨어 기술이 필요하다. 자동차, 비행기, 식당, 상점, 전화, 가전제품, 엔터테인먼트는 기술에 광범위하게 의존한다. 이러한 기능의 대부분은 복잡한 네트워크, 데이터 및 소프트웨어 상호작용을 통해 원하는 기능을 처리하기 위해 독립된 이종 시스템 간의 협업 기능을 수행하는 시스템을 위한 시스템에서 지원된다. 무선 긴급 경보WEA 서비스가 이러한 시스템을 위한 시스템의 좋은 예다.

WEA는 특정 지역, 주, 영토, 연방 공공 안전 조직이 지리적으로 한정된 영역의 대중에게 문자 경보를 보내는 시스템을 의미한다. 미국 국토안보부 과학기술국DHS S&T은 연방재난관리청FEMA, 연방통신위원회FCC, 상업용 모바일 서비스 공급자CMSPs와 협력해 WEA 배포를 통한 공공 안전을 강화하기 위해 전국의 비상 관리기관이 이동통신사를 통해 공개 배포를 위한 알림을 제출할 수 있게 한다. 비상 경보 발생 주체는 다음과 같은 세 가지 유형의 메시지를 전송할 수 있다.

---

1   2014년 9월/10월 CrossTalk에서 공개한 내용

- 미 대통령이 국가의 특정 지역 또는 국가 전체에 전달하는 대통령 경보
- 긴급 위협 경보
- ABMER 경보[2]

CMSPs는 FEMA의 통합 공공 경보 및 경고 시스템[IPAWS]에서 발생한 경보를 셀 통신 기술을 사용해 모바일 폰으로 전달하며, 다른 무선 음성 및 데이터 서비스와 달리 긴급 메시지 발생 중에는 로그가 기록되지 않는다. WEA가 지원되는 모바일 폰을 갖고 있는 고객들은 긴급 상황 발생 시 해당 지역 내에 있을 경우 자동으로 긴급 메시지를 받는다.

경보 발생 주체는 이미 긴급 경보 시스템, 고속도로 신호 시스템, 인터넷 웹사이트, 전화 연결 시스템, 경보 채널로 널리 사용하는 방식을 활용한 광범위한 경보 전달 능력을 보유하고 있다. 그림 A.1에서 보는 WEA 시스템은 이러한 옵션을 모바일 장치로 확장했다. FEMA는 모바일 디바이스에 메시지를 분배할 수 있는 경보 제공 시스템에 필요한 승인과 함께 메시지 구조를 확립했다. 수많은 경보 발생 주체는 다른 분배 채널 활용을 위해 이미 구축한 시스템에 이 기능을 탑재하는 계획을 세웠다.

『System Engineering Handbook』에서 시스템을 위한 시스템 개발(유지 관리) 시 고려해야 하는 해결 과제를 설명한다(Haskins 2010).

- 각 참여 시스템은 독립적으로 운영한다.
- 각 참여 시스템은 자체적인 업데이트, 강화, 대체 주기를 갖는다.
- 원하는 기능의 전체 성능은 상호작용에 관여하는 다양한 시스템의 종류에 따라 달라지며, 사전 파악이 어렵다.
- 표준 부재 또는 충돌은 참여 시스템 간 데이터 교환 설계를 복잡하고 유지하기 어렵게 만들 수 있다.

---

2   AMBER(America's Missing Broadcast Emergency Response): 어린이가 실종됐을 경우 미국과 캐나다, 대한민국에서 다양한 매체를 통해 대중들에게 즉시 그 사실을 알리는 시스템 – 옮긴이

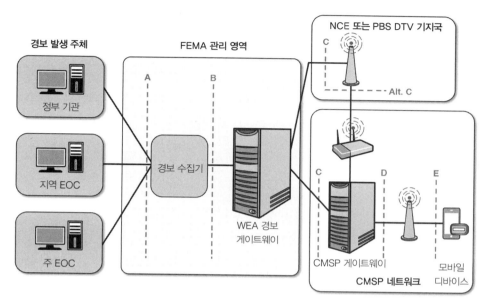

그림 A.1 WEA 시스템을 위한 시스템

- 각 참여 시스템은 고유의 환경을 가지며, 여러 요구 사항 사이의 조화, 예산 제한, 일정, 인터페이스, 업그레이드는 시스템을 위한 시스템의 기대 능력에 큰 영향을 미칠 수 있다.

- 모호한 경계선은 혼란과 에러를 일으킬 수 있다. 그 누구도 실제로 인터페이스를 소유하지 않지만, 최소한 참여자들 중 한 명은 일정 수준의 공통 이해 수준 확보를 위해 리더십을 발휘할 필요가 있다.

- 각 시스템이 성장하고, 확장되며, 오래될수록 지속적인 조정이 필요하기 때문에, 시스템을 위한 시스템은 결코 완성되지 않는다.

공공 안전 담당자와 경보 수신인들은 모두 WEA 기능을 신뢰할 수 있기를 바라며, 이를 위해선 경보가 제때 정확하게 발생한다는 확신이 필요하다. 효과적인 보안은 이러한 신뢰 관계를 지탱하는 데 중요한 요소로 작용한다. 공격자가 거짓 경보를 생성하고, 정상 경보를 지연, 파괴, 또는 변조하는 위험은 심각한 문제를 초래할 수 있다. 이러한 공격 행위는 경보 발생 조직의 핵심 임무뿐만 아니라 시민들의 목숨과 자산을 위험에 빠뜨릴 수 있다.

미국 국토안보부 과학기술국은 카네기멜론대학교의 소프트웨어 공학연구소에 속한 보안 전문가 팀에게 이러한 문제점을 분석하고, WEA 경보 발생 조직의 보안 우려를 평가할 수단을 찾는 연구를 의뢰했다. 연구팀은 보안 위험 평가에 활용 가능한 시스템을 위한 시스템 가시성 확보를 위한 수단으로 임무 스레드 분석 방법^{mission thread analysis}을 선택했다.

이 분석 방법은 경보 발생 조직이 다음과 같은 주요 보안 질문을 처리하기 위한 준비가 필요하다(Allen 2008).

- 경보 발생 조직에서 보호할 대상은 무엇인가? 왜 그것을 보호해야 하는가? 보호되지 않을 경우 어떠한 일이 발생하는가?
- 경보 발생 조직에서 예방해야 할 의도치 않은 결과는 무엇인가? 그 결과의 비용은 어떻게 되는가? 조치 수단 적용 전까지 어느 정도 수준의 혼란 상황을 견딜 수 있는가?
- 어떻게 경보 발생 조직이 잔여 위험을 결정하고, 효과적으로 관리할 수 있는가?

여기에 더해 경보 발생 주체는 계획된 보안 선택 사항 보장과 기타 다른 의무 표준 준수를 위한 지역, 주, 연방 차원의 준수 사항을 고려할 필요가 있다.

임무 스레드 분석 준비

SEI 보안 전문 지식을 바탕으로 초기 질문을 모아 경보 발생 조직이 현재 환경에 대한 정보 수집과 WEA 준비(또는 새로운 기술 역량 확보)를 도울 수 있다.

경보 발생 조직은 다음 질문에 대한 대답을 구성해야 한다.

- 우리가 구현하려는 WEA 능력은 무엇인가(발행하려는 경보 유형, 지정학적 경보 발생 범위)?
- WEA 추가를 위해 기존 능력을 확장할 수 있는가? 또는 새로운 능력을 추가할 필요가 있는가?

- 현재 운영 환경 내에 훌륭한 보안 실제 사례이 적용돼 있는가? 우리의 계획에 영향을 미치는 보안 문제 발생 기록이 있는가?

- 현재 자원을 활용할 것인가(기술과 인력)? 아니면 새로운 자원이 필요한가?

조직이 반드시 평가해야 하는 운영상 보안 같은 핵심 기능과 대상 운영 문맥의 체계를 갖추기 위해 위 질문에 대한 답변을 준비해야 한다. 각 조직은 WEA 능력에 녹일 서로 다른 도입 기술 및 서비스, 내부 개발 컴포넌트, 기존에 보유 중인 운영 능력을 보유하고 있다. 임무 스레드를 사용하면 이러한 질문에 대한 응답을 관리하고, 이를 시스템 설계자, 시스템 및 소프트웨어 엔지니어 및 이해관계자가 공유하고 수정할 수 있는, 시각적으로 매력적인 형식으로 표현할 수 있다.

임무 스레드는 특정 조건에서 기대되는 행동 전달에 필요한 기술 및 인적 자원을 설명하고, 위험 요소가 될 수 있는 잠재적인 문제를 식별하고 분석하는 기반을 제공하는 일련의 엔드 투 엔드 단계다. 각 미션 단계에서 기대되는 행위, 결과, 자산 항목을 모은다. 모든 컴포넌트가 예상하는 운영상 사용에 적절히 대응한다는 확신은 시스템이 공격을 받는 상황에서도 의도된 기능을 수행한다는 신뢰 수준을 높일 수 있다(Ellison 2008).

임무 스레드는 의도와 상관없이 컴포넌트 시스템의 실패 가능성과 실패가 어느 정도 미션에 영향을 주는지 찾아내고 평가할 수 있는 수단을 제공한다. 다음으로 WEA 예시는 SEI가 보안 분석을 위해 임무 스레드를 사용한 방식을 설명한다.

WEA 임무 스레드 사례

임무 스레드 분석은 운영 임무 스레드 개발에서 시작한다. WEA의 경우 일반적으로 경보 필요성을 결정하는 것부터 시작해 휴대폰 소유주에게 경보를 전달하기까지 25단계가 소요된다.

1. 최초 응답자는 승인된 장치(휴대폰, 이메일, 라디오 등)를 통해 지역 경보 당국에 연

락을 취해 발생한 이벤트가 WEA를 사용해 경보 전달, 취소, 갱신 및 정보 전달이 필요한 상황 조건에 부합함을 알린다.

2. 지역 경보 당국(담당자)은 최초 응답자로부터 전달받은 전화 또는 이메일의 합법성을 판단한다.

3. 지역 경보 당국은 경보 발생 시스템(AOS) 운영자에게 최초 응답자가 제공한 정보를 사용해 경보를 발생, 취소, 갱신할 것을 지시한다.[3]

4. AOS 운영자 로그가 AOS에 기록된다.

5. AOS 로그온 절차에 운영자 세션의 감사 활동을 활성화한다.

6. AOS 운영자는 메시지 경보, 취소, 갱신 메뉴에 들어간다.

7. AOS는 메시지를 공통 경보 프로토콜(CAP, WEA 입력 표준)에 부합하는 형태로 변환한다.

8. 지역 확정을 위해 두 번째 운영자가 CAP 준수 메시지를 서명한다.

9. AOS는 메시지를 IPAWS 긴급 네트워크 게이트를 위한 오픈 플랫폼(IPAWS Open Platform for Emergency Network Gateway)에 전송한다.

10. IPAWS-OPEN 게이트웨이는 메시지를 검증하고,[4] 상태 정보를 AOS에 반환한다.

11. AOS 운영자는 상태 정보를 읽어와 필요한 경우 응답한다.

12. 메시지 검증이 완료된 후, IPAWS-OPEN 게이트웨이가 WEA 경보 수집기에 메시지를 전송한다.

13. WEA 경보 수집기는 메시지를 검증하고, IPAWS-OPEN 게이트웨이에 상태 정보를 반환한다.

14. IPAWS-OPEN 게이트웨이는 상태 정보를 처리하고, 필요한 경우 응답한다.

15. 필요한 경우 WEA 경보 수집기는 추가 메시지를 처리한다.

---

3 가끔 경보 담당자와 AOS 운영자가 동일한 경우도 발생한다.
4 이 단계 목록에서 메시지 확인은 인증을 포함하고, 메시지의 형식이 올바른지 확인한다.

16. 메시지 검증이 완료된 후, WEA 경보 수집기는 경보 메시지를 연방 경보 게이트웨이에 전송한다.

17. 연방 경보 게이트웨이는 메시지를 검증하고, WEA 경보 수집기에 상태 정보를 반환한다.

18. WEA 경보 수집기는 상태 정보를 처리하고, 필요한 경우 응답한다.

19. 메시지 검증이 완료된 후, 연방 경보 게이트웨이는 메시지를 CMAC[Commercial Mobile Alert for Interface C](인터페이스 C를 위한 상업 모바일 경보) 형식으로 변환한다.

20. 연방 경보 게이트웨이는 CMSP 게이트웨이에 메시지를 전송한다.

21. CMSP 게이트웨이는 상태 정보를 연방 경보 게이트웨이에 반환한다.

22. 연방 경보 게이트웨이는 상태 정보를 처리하고, 필요한 경우 응답한다.

23. CMSP 게이트웨이는 CMSP 기반시설에 메시지를 전송한다.

24. CMSP 기반시설은 지정된 영역에 위치한 모바일 디바이스에 브로드캐스트 형태로 메시지를 전송한다.

25. 모바일 디바이스 사용자(응답자)는 경보 메시지를 받는다.

이 단계 중 많은 부분이 실제 기술을 포함하지는 않지만, 임무에 대한 보안 위험을 충분히 표현할 수 있다. 실패 모드, 효과 분석(Stamatis 2003) 같은 다른 기법과 달리 임무 스레드 분석은 시스템 자체의 기능 외에도 인력과 기술의 상호작용을 고려할 수 있다. 또한 대부분 보안 평가는 개별 시스템 실행 부분만 고려한다. 하지만 효과적인 운영 임무 실행을 위해선 반드시 조직과 시스템 경계선을 완전히 교차 검증해야 한다. 보안을 위한 임무 스레드 분석 사용은 각 참여 시스템이 안전하고, 임무 실행에 참여한 모든 참여 주체에 위험이 되지 않는다는 확신을 할 수 있어야 한다.

그림 A.2는 WEA 임무 스레드의 전반적인 그림을 보여주며, 앞서 소개한 목록의 번호와 이에 해당하는 시스템 영역과의 연결을 보여준다. 성공적인 완료를 위해 그림의 행을 구성하는 네 개의 주요 시스템 영역(경보 발생기, FEMA IPAWS 시스템, CMPS, 휴대폰 수신자)의 결함 없는 실행이 필요하다. 각 영역은 독립적으로 운영하며, 경보 전송 시에만 연결된다.

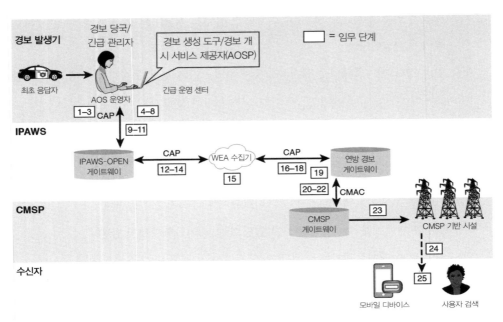

그림 A.2 WEA 임무 스레드 다이어그램

WEA 보안 분석

그림 A.2에 소개된 임무 스레드를 사용해, 발생 가능한 보안 위협을 통해 잠재적인 보안 염려 사항을 식별할 수 있다. WEA 사례의 경우 SEI는 위협 평가를 위해 STRIDE 위협 모델을 선택했다. 마이크로소프트 사가 개발한 STRIDE는 스푸핑Spoofing, 데이터 변조 Tampering with data, 부인 방지Repudiation, 정보 유출Information disclosure, 서비스 거부Denial of service 및 권한 상승Elevation of privilege(Microsoft 2013) 같은 총 6가지의 보안 관련 주요 범주를 고려한다. 이 위협 방식의 이름은 각 보안 관련 사항의 첫 글자에서 따온 것이다(Howard 2006). STRIDE를 적용하는 방법에 대한 예시로, 경고 발생기에서 FEMA 시스템으로의 두 가지 주요 시스템 영역에 걸친 전환을 나타내는 임무 스레드 4~9 단계에 초점을 맞추고, 시스템 간의 상호작용이 안전하지 않을 경우 미션 실패 가능성을 제공한다. 표 A.1은 선택한

표 A.1 선택한 WEA 임무 스레드 단계에 대한 STRIDE 분석

단계	자산	STRIDE 위협 식별[a] 예시
4. AOS 운영자가 경보 발생 시스템에 로그를 기록	• 한 명 • 서버(유효한 계정/인증 정보) • 로그온 절차 • 로그온 애플리케이션 • 데이터베이스 내의 사용자이름/패스워드 데이터 • 로그온 소프트웨어, 서버, AOS 사이의 통신	S: 신원을 알 수 없는 개인이 AOS 운영자 정보에 로그온을 시도 R: AOS 운영자가 로그인한 사실을 부인 I: 키로거 또는 패킷 스니퍼를 사용해 로그온 정보 수집 D: AOS 운영자의 계정이 등록돼 있지 않거나 서버가 다운 E: 신원을 알 수 없고 허가되지 않은 개인이 성공적인 로그인 수행
5. AOS 로그온 절차에 운영자 세션의 감사 활동을 활성화	• 감사 애플리케이션 • 감사 절차 • 계정부터 감사 애플리케이션까지의 통신 • 로컬 또는 원격 저장소	T: 부적절하게 추가, 삭제, 변조된 로그 기록 I: 기밀 데이터를 포함한 로그 기록 유출 D: 전체 또는 서버 로그에 접근 불가
6. AOS 운영자는 메시지 경보, 취소, 갱신 메뉴에 진입	• 한 명 • 경보 스크립트 • 스크립트 작성 절차 • GUI 애플리케이션 • GUI 애플리케이션과 경보 발생 소프트웨어 사이의 통신(서버와 애플리케이션 포함)	T: 에러를 포맷하면 잘못된 메시지가 생성됨 D: 스크립트를 사용할 수 없거나 오염됨
7. AOS에서 IPAWS에 필요한 CAP 준수 형식으로 메시지 변환	• 변환 애플리케이션	T: AOS와 서버 사이에서 데이터 변경 D: 서버 다운
8. 지역 확정을 위해 두 번째 운영자가 CAP 준수 메시지를 서명	• 서명 입력 애플리케이션 • 서명 검증 애플리케이션 • 사용자별 공개/개인 키 쌍	S: 디지털 서명 위/변조 R: 사용자가 서명하지 않았다고 주장 D: 서버 다운으로 키 배포가 이뤄지지 않거나 키가 만료돼 메시지 전송이 안 됨
9. AOS는 메시지를 IPAWS 긴급 네트워크 게이트를 위한 오픈 플랫폼에 전송	• IPAWS에 안전하게 연결된 애플리케이션 • AOS와 IPAWS 인증에 사용하는 정보	S: AOS CAP 메시지 위/변조 또는 IPAWS 게이트웨이가 공격받아 사이트 재전송 T: 메시지 내의 데이터가 변조됨 I: 메시지가 암호화되지 않고 자격 정보가 노출 D: IPAWS-OPEN 게이트웨이 다운

[a] S: 스푸핑, T: 데이터 변조, R: 부인 방지, I: 정보 유출, D: 서비스 거부, E: 권한 상승

단계에 대한 STRIDE 분석 결과를 보여준다.

각 단계에서 팀은 STRIDE 위협이 해당 단계에서 사용되는 각 자산을 손상시킬 수 있는 방법을 결정하기 위해 단계 실행에 중요한 기술 자산을 분석했다(Howard 2006). 보안 및 소프트웨어 전문가와 운영 임무와 관련이 있는 담당자가 반드시 분석에 참여해야 한다. 보안 및 소프트웨어 전문가들은 분석 과정 중 문제가 될 소지가 있는 부분과 각 실패로 인한 잠재적 영향 수준에 대한 지식을 보유하고 있다. 운영 실행에 대한 이러한 많은 지식과 경험은 분석 시나리오가 현실적이고 유효하다는 사실을 보장한다. 관련 문서로 임무 스레드 개발을 시작할 수도 있지만, 문서는 실제가 아닌 이상적인 운영 환경을 전제로 하는 경향이 있다는 사실을 염두에 둬야 한다. 효과적인 보안 위험 분석은 현실 운영 정보에 대한 접근이 필요하다.

이 입력을 바탕으로, 보안 전문가는(운영 보안 훈련 및 경험을 가진 개인) 임무 스레드로 이어질 수 있는 최소한 두 가지 이상의 보안 위험을 식별한다.

- AOS 단계 4를 사용해 개인에 대한 인증
- 단계 8의 경보 수집기에 제공이 승인된 경보에 적용한 디지털 서명의 검증 및 보호

이러한 위험을 심도 있게 분석하고, 경보 발생 주체가 보안 위험을 구체화하는 방법에 대한 이해를 돕기 위해 각 특정 위험에 대한 임무 스레드를 수집했다. 그림 A.3은 WEA 운영 임무 스레드 분석에서 두 번째 보안 위험을(디지털 서명의 유효성) 설명하는 위험 시나리오의 큰 그림을 보여준다. 이어지는 단락에서 공격자가 보안 위협을 구체화하는 방법과 경보 발생 조직이 위협 완화 전략을 고려하는 이유를 설명한다.

악의적인 의도를 가진 외부의 공격자는 유효한 인증서를 입수한 후 이것을 이용해 불법 CAP 준수 메시지를 전송하기로 결심했다. 공격자의 목표는 사람들에게 위험한 위치를 알려줘 물리적이고 정신적인 피해를 입히는 것이다. 이 공격의 핵심은 경보 발생 주체가 발행한 유효한 인증서를 잡아내는 것이다. 공격자는 유효한 인증서 탈취를 위해 두 가지 전략을 개발했다. 첫 번째 전략은 경보 발생 주체를 직접 공격하는 것이다. 두 번째 전략은

AOS 판매회사를 공략하는 것이다. 판매회사를 공략하는 것이 공격자에게 조금 더 이득이 될 수 있다. AOS 소프트웨어를 공급하는 판매회사의 수는 그리 많지 않다. 그 결과 각 판매회사는 많은 수의 인증서를 통제하는 역할을 수행하고 있다. 침해를 당한 판매회사은 공격자들에게 많은 조직을 공격할 기회를 제공한다.

어떠한 전략을 사용하더라도, 공격자는 익스플로잇 가능한 기술 또는 절차 내의 취약점을 탐색하게 된다. 예를 들어 공격자는 다음과 같이 인증서를 공격에 노출시키는 취약점 발견을 시도한다.

- 인증서 접근 모니터링 부재
- 인증서 전송 및 저장 시 인증서에 대한 암호화 통제 부족
- 역할 기반 인증서 접근 제어 부족

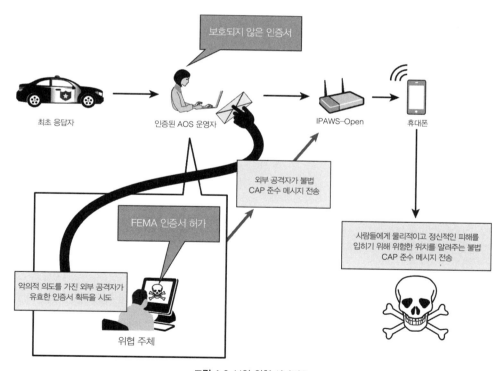

그림 A.3 보안 위험 시나리오

이 밖에도 공격자가 사회 공학 기법을 사용해 인증서를 확보하는 것도 가능하다. 공격자는 경보 발생 주체 또는 판매 조직에 속한 특정인이 합법적인 인증서에 대한 접근 권한을 제공하거나 공격자의 인증서 획득을 도와주는 유용한 정보를 제공하도록 유도한다.

인증서 획득은 단순한 노력만으로는 불가능하다. 공격자는 반드시 이 중간 단계의 목표를 달성하기 위해 충분한 기술을 갖추고, 동기가 충만해야 한다. 하지만 일단 이 시나리오가 성공만 한다면 합법적인 CAP 준수 메시지 전송 준비가 완료됐다고 봐도 무방하다. 공격자는 CAP 준수 메시지를 구성하는 방법을 정의한 문서화된 정보를 공개 데이터베이스에서 쉽게 얻을 수 있다.

이 위험에서 공격자의 목표는 사람들에게 해가 되는 메시지를 전송하는 것이다. 공격자는 공격 여파 최대화를 위해 사람들이 즉각 반응할 수 있는 날씨, 재난 같은 임박한 사건을 활용한다. 사람들은 다른 채널을 통해 WEA 메시지를 확인하는 경향이 있기 때문에, 임박한 이벤트에 맞춰 공격하면 공격자의 지시를 따를 가능성이 높아진다. 이 시나리오는 공격자가 연결한 이벤트의 심각도에 의존하며, 심한 경우 재앙 수준의 결과를 낳을 수 있다.

임무 스레드 분석을 통해 운영 실행과 보안 전문 지식을 통합해 운영 보안 위험 상황을 완벽하게 설명하고 분석할 수 있다. 실제로 여러 운영 실행 환경의 변형이 존재하지만, 모든 경우의 수를 모두 고려하는 것은 불필요하다. 대표 사례 구축을 통해 운영 임무의 시작에서 마지막 부분까지 발생 가능한 전체적인 위험 관점을 확보하는 것만 하더라도 충분히 보안 위험 식별에 도움이 된다는 사실이 이미 증명됐다.

결론

운영 및 보안 전문가가 공유하고 분석할 수 있는 잘 설명된 임무 스레드를 개발하는 과정은 누락되거나 불완전한 요구 사항은 물론 보안 문제 및 잠재적 실패에 기여할 수 있는 시스템 및 소프트웨어 경계 전반에 걸친 상호작용, 잘못된 가정, 이해의 차이를 발견할 수 있는 기회를 제공한다(Ellison 2008).

임무 스레드 분석은 각 단계 실행에 필요한 기술 및 인적 자산과 함께 각 임무 단계를 연결하고, 임무 실행에 직접 영향을 주는 잠재적인 보안 위협과의 연결을 설명하는 프레임워크를 제공한다. 임무 스레드 다이어그램과 표는 도입, 개발, 운영 지원을 포함한 여러 분야의 운영 및 기술 전문가들이 쉽게 검토하고, 검증 가능한 형태로 정보를 구조화한다. 임무 스레드 보안 분석은 시스템을 위한 시스템이 운영 보안 환경에 맞게 적절하게 동작할 것이라는 신뢰 수준 향상을 위해, 개선된 보안 위험 식별을 가능하게 하는 효과적인 도구로 활용할 수 있다.

참고자료

Allen 2008
Julia H. Allen, Sean Barnum, Robert J. Ellison, Gary R. McGraw, Nancy R. Mead, 『Software Security Engineering: A Guide for Project Managers』, Addison-Wesley, 2008

Ellison 2008
Robert J. Ellison, John B. Goodenough, Charles B. Weinstock, Carol Woody, "Survivability Assurance for System of Systems", 카네기멜론대학교 소프트웨어 공학연구소, CMU/SEI-2008-TR-008(https://resources.sei.cmu.edu/library/asset-view.cfm?assetid=8693), 2008

FEMA 2015
"Wireless Emergency Alerts", Federal Emergency Management Agency(http://www.fema.gov/wireless-emergency-alerts), June 21, 2015

Haskins 2010
Cecilia Haskins, 『Systems Engineering Handbook: A Guide for System Life Cycle Processes and Activities, version 3.2』, Revised by Kevin Forsberg, M. Krueger, R. Hamelin. International Council on Systems Engineering(INCOSE), 2010

Howard 2006
Michael Howard, Steve Lipner, 『The Security Development Life Cycle』, Microsoft Press, 2006

Microsoft 2013
Microsoft, "The STRIDE Threat Model", 「Microsoft Developer Network」(http://msdn.microsoft.com/en-US/library/ ee823878%28v=cs.20%29.aspx), 7 June 2013

Stamatis 2003
D. H. Stamatis, 『Failure Mode and Effect Analysis: FMEA from Theory to Execution(2nd edition)』, ASQ Quality Press, 2003

성숙도가 추가된 MSwA 지식 체계

다음 내용은 「Master of Software Assurance Reference Curriculum Report」(Mead 2010a)에서 참고한 것으로, 각 지식 체계 구성 요소에 성숙도 단계를 추가했다.

1. 라이프 사이클 전반에 걸친 보증

결과: 수료 시 보증 기술 및 방법론을 라이프 사이클 프로세스와 혁신적인 시스템 개발, 시스템 또는 서비스 획득을 위한 개발 모델에 통합할 수 있다.

1.1 소프트웨어 라이프 사이클 프로세스

1.1.1 신규 개발[L4]

완전한 소프트웨어 시스템 개발과 관련된 프로세스

1.1.2 통합, 조립, 배포[L4]

소프트웨어 시스템 신규 개발 또는 수정의 최종 단계와 관련된 프로세스

1.1.3 운영과 지속적인 개선[L4]

시간 경과에 따른 소프트웨어 제품의 작동 및 변경을 안내하는 프로세스

1.1.4 도입, 공급 및 서비스[L3]

소프트웨어 시스템의 도입, 공급 또는 서비스를 지원하는 프로세스

1.2 소프트웨어 보증 프로세스 및 실제 사례

    1.2.1 프로세스 및 실제 사례 평가[L3]

        보증 프로세스 및 실제 사례 평가에 사용되는 방법론, 절차 및 도구

    1.2.2 SDLC 단계에 소프트웨어 보증 통합[L2/3]

        전형적인 라이프 사이클 단계에 보증 실제 사례 통합(예: 요구 공학, 아키텍처 및 설계, 코딩, 테스트, 발전, 도입 및 사용 중단)

2. 위험 관리

결과: 수료 시 위험분석 및 트레이드오프 평가를 수행하고, 보안 대책의 우선순위를 결정할 수 있다.

2.1 위험 관리 개념

    2.1.1 유형 및 분류[L4]

        다양한 종류의 위험(예: 비즈니스, 프로젝트, 기술)

    2.1.2 가능성, 영향력, 심각도[L4]

        위험 분석의 기본 요소

    2.1.3 모델, 프로세스, 메트릭[L4][L3-메트릭]

        위험 관리에 사용되는 모델, 프로세스 및 메트릭

2.2 위험 관리 프로세스

    2.2.1 식별 [L4]

        프로젝트와 관련된 위험 식별 및 분류

    2.2.2 분석 [L4]

        식별된 각 위험의 가능성, 영향력 및 심각도 분석

    2.2.3 계획 [L4]

        위험 회피 및 완화를 다루는 위험 관리 계획

    2.2.4 모니터링 및 관리 [L4]

        위험 발생 모니터링 및 평가와 위험 완화 관리

2.3 소프트웨어 보증 위험 관리

    2.3.1 취약점 및 위협 요소 식별 [L3]

        취약점 및 위협 위험에 대한 위험 분석 기법의 적용

    2.3.2 소프트웨어 보증 위험 분석 [L3]

        존재하는 시스템 및 새로운 시스템 모두에 대한 위험 분석

    2.3.3 소프트웨어 보증 위험 완화 [L3]

        소프트웨어 보증 위험 계획 및 완화

    2.3.4 소프트웨어 보증 프로세스 및 실무 평가 [L2/3]

        위험 회피 및 완화의 일부로 적절한 소프트웨어 보증 프로세스 및 실제 사례의 식별과 사용 평가

3. 보증 평가

결과: 수료 시 보증 운영 업무의 효율성을 분석 및 검증하고, 보안 대책에 대한 감사 가능한 증거를 생성할 수 있다.

3.1 보증 평가 개념

    3.1.1 보증의 기준 단계: 정량적인 경우 허용 오차[L1]

        특정 소프트웨어 애플리케이션, 애플리케이션 집합 또는 소프트웨어 의존 시스템(및 동일한 허용 오차)에 대한 필요 또는 희망 보증 수준의 수립 및 설명

    3.1.2 평가 방법[L2/3]

        보안 요구 사항 검증

        위험 분석

        위협 분석

        취약점 평가 및 검사[L4]

        보증 증거

        위와 같은 다양한 방법을 사용해 평가 중인 소프트웨어 또는 시스템이 허용 오차 내에서 충분히 안전한지 판단할 수 있는 방법에 대한 지식

3.2 보증 평가 측정

    3.2.1 라이프 사이클 단계별 제품 및 프로세스 측정[L1/2]

        주어진 라이프 사이클 단계에 적합한 소프트웨어 보증 요구 수준 검증에 사용 가능한 핵심 제품 및 프로세스 측정 방법의 정의 및 개발

    3.2.2 3.1.1에서 정의된 라이프 사이클 단계별 기준선을 테스트하는 다른 성과 지표[L1/2]

        주어진 라이프 사이클 단계에 적합한 소프트웨어 보증 요구 수준 검증에 사용 가능한 추가 성과 지표의 정의 및 개발

    3.2.3 측정 프로세스 및 프레임워크[L2/3]

        소프트웨어 보증 측정 프로세스 및 프레임워크의 범위와 이를 소프트웨어 보증과 SDLC 단계 통합에 활용하는 방법과 관련한 지식

    3.2.4 비즈니스 생존 가능성 및 운영 연속성[L2]

        비즈니스 생존 가능성 및 운영 연속성 요구 사항을 충족시키는 소프트웨어/시스템의 능력을 구체적으로 설명할 수 있는 성과 지표의 정의 및 개발

3.3 보증 평가 프로세스(3.1.1에서 정의된 기준을 증명하는 방법을 수집 및 보고)

    3.3.1 사전에 수립한 기준선과 선택한 측정 값 비교[L3]

        핵심 제품 및 프로세스 측정과 성능 지표를 분석해 이 값이 사전에 정의된 기준선 기준으로 허용 수준 내에 있는지 분석

    3.3.2 허용 범위를 벗어난 정도를 식별[L3]

        사전에 정의된 기준선과 비교할 때 허용 범위를 벗어난 측정 값과 이 차이를 줄일 수 있는 방법을 개발하는 능력을 식별

4. 보증 관리

결과: 수료 시 소프트웨어 보증, 보증 업무 총괄, 표준 이해, 규정 준수, 비즈니스 연속성 계획, 지속적인 최신 보안 기술 습득 능력을 확보할 수 있다.

4.1 보증을 위한 비즈니스 사례 만들기

    4.1.1 가치 및 비용/이익 모델, 비용 및 손실 회피, 투자 회수[L3]

소프트웨어 보증 사례 구축을 지원하는 강력한 비용/이익 주장을 개발하고, 전달하기 위한 재정 기반 접근 방식, 방법, 모델 및 툴의 적용

4.1.2 위험 분석[L3]

소프트웨어 보증 사례 구축을 지원하는 비용/이익 주장 개발에 사용할 수 있는 위험 분석 방법 노하우

4.1.3 규정 준수[L3]

소프트웨어 보증 사례 구축을 지원하는 비용/이익 주장 개발에 사용할 수 있는 법률, 규정, 표준, 정책과의 부합 여부를 확인할 수 있는 지식

4.1.4 비즈니스 영향/니즈 분석[L3]

비즈니스 영향 및 요구 분석을 통해 비즈니스 연속성 및 생존 가능성을 지원하는 소프트웨어 보증 사례 구축을 지원하는 비용/이익 주장을 개발하는 방법에 대한 지식

4.2 보증 관리

4.2.1 라이프 사이클 전반에 걸친 프로젝트 관리[L3]

정규 소프트웨어 개발 프로젝트 관리 기술의 확장 영역으로, 소프트웨어 및 시스템 보증 노력을 주도하는 방법에 대한 지식

4.2.2 다른 지식 단위의 통합[L2/3]

특정 소프트웨어 개발 또는 도입 프로젝트와 관련된 특정 지식 단위에서 소프트웨어 보증 사례 식별, 분석 및 선택

4.3 보증을 위한 컴플라이언스 고려 사항

4.3.1 법률 및 규정[L3]

선택한 법률 및 규정이 특정 소프트웨어 개발 또는 도입 프로젝트와 관련이 있는지를 파악하고, 컴플라이언스 준수 여부를 설명할 수 있는 방법에 대한 지식

4.3.2 표준[L3]

선택한 표준이 특정 소프트웨어 개발 또는 도입 프로젝트와 관련이 있는지

를 파악하고, 컴플라이언스 준수 여부를 설명할 수 있는 방법에 대한 지식

4.3.3 정책[L2/3]

소프트웨어 보증 사례의 채택을 가속화하기 위해 조직 정책을 개발, 구축
및 사용 방법과 컴플라이언스 준수를 증명하는 방법에 대한 지식

5. 시스템 보안 보증

결과: 수료 시 새로운 보안 시스템과 기존 시스템에 효과적인 보안 기술 및 방법론을
통합할 수 있다.

5.1 새롭게 개발하거나 도입한 여러 시스템용 소프트웨어

5.1.1 컴퓨터 집중적인 핵심 인프라의 보안 및 안전 측면[L2]

은행 및 금융, 에너지 생산 및 유통, 통신 및 운송 시스템 같은 주요 인프
라 시스템 관련 안전 및 보안 위험에 대한 지식

5.1.2 잠재적인 공격 방법[L3]

공격자가 시스템 설계 또는 구현의 약점을 악용해 해당 소프트웨어와 관
련된 소프트웨어 또는 데이터를 손상시킬 수 있는 다양한 방법에 대한 지식

5.1.3 소프트웨어 위협 분석[L3]

특정 운영 환경 및 도메인에서 취약한 상태에 놓이는 소프트웨어 위협에
대한 분석

5.1.4 방어 방법[L3]

레이어, 접근 제어, 권한, 침입 탐지, 암호화 및 코드 검토 체크리스트 같
은 적절한 대응책 강구

5.2 다양한 운영 체제(기존) 시스템

5.2.1 예전부터 줄곧 사용해 온 잠재적인 운영상 공격 방법[L4]

응용 프로그램 또는 시스템 운영에 방해하는 데 사용된 공격을 재현할 수
있는 능력과 지식

5.2.2 운영 환경에 대한 위험 분석[L3]

특정 운영 환경 및 도메인에서 취약해질 수 있는 소프트웨어 위협에 대한 분석

5.2.3 접근 제어, 권한 및 인증 설계 및 계획[L3]

접근 제어 및 인증 설계 및 계획

5.2.4 물리 및 개인적 환경을 위한 보안 방법론[L4]

위험을 다룰 수 있는 물리적 접근 제한, 경비원, 배경 조사 및 인사 모니터링 방법에 대한 지식

5.3 소프트웨어 시스템 생성, 도입 및 운영에 대한 윤리 및 무결성

5.3.1 윤리, 윤리 강령 및 법적 제약 개요[L4]

공격과 예방 방법에 대한 지식을 갖춘 사람들이 윤리적 및 전문적 행동의 소프트웨어 공학 코드(ACM 2016)를 참고해 자신들의 능력을 합법적이고 윤리적으로 사용할 수 있도록 만드는 방법에 대한 지식

5.3.2 컴퓨터 공격 사례 연구[L3]

다양한 실제 보안 사건 및 조사 분석과 관련된 법적 및 윤리적 고려 사항에 대한 지식

6. 시스템 기능 보증

결과: 수료 시 신규 및 기존 소프트웨어 시스템 기능의 요구 사항 적합성을 확인하고, 악성 콘텐츠를 밝히는 능력을 갖출 수 있다.

6.1 보증 기술

6.1.1 기술 평가[L3]

보증된 소프트웨어 기능 및 보안 생성 관련 기술적 환경, 언어, 도구의 수용 능력 및 제한 사항을 평가

6.1.2 기술 개선[L3]

프로젝트 제약 조건 내에서 필요에 따라 기술 개선 권고

6.2 보증된 소프트웨어 개발

6.2.1 개발 방법론[L2/3]

보증된 소프트웨어 개발을 위한 시스템 요구 사항, 사양, 아키텍처, 설계,
구현, 검증 및 테스트에 사용할 엄격한 방법론

6.2.2 품질 속성[L3 – 특성에 따라]

소프트웨어 품질 속성 및 이를 달성하는 방법

6.2.3 유지 보수 방법론[L3]

소프트웨어 유지 보수 및 발전의 보증 측면

6.3 보증된 소프트웨어 분석

6.3.1 시스템 분석[L2 아키텍처, L3/4 네트워크, 데이터 베이스(ID 관리, 접근 제어)]

보증 속성을 위한 시스템 아키텍처, 네트워크 및 데이터베이스 분석

6.3.2 구조 분석[L3]

기존 소프트웨어의 로직을 구조화해 이해 용이성 및 변경 용이성 향상

6.3.3 기능 분석[L2/3]

기능성 및 보안 속성 결정을 위해 기존 소프트웨어 역공학

6.3.4 방법론 및 도구 분석 [L3]

소프트웨어 분석을 위한 방법론 및 도구의 기능 및 제한 사항

6.3.5 보증 테스트 [L3]

소프트웨어 보증을 위한 테스트 방법, 계획 및 결과 평가

6.3.6 보증 근거 [L2]

감사 가능한 보증 근거 개발

6.4 도입 단계의 보증

6.4.1 도입한 소프트웨어의 보증[L2]

요구 사항 개발과 전달된 기능 및 보안을 보증하는 내용을 포함하는 공급
망[1], 공급회사, 오픈 소스를 통해 도입한 소프트웨어의 보증

---

1 소프트웨어 보안 공급망 위험에 대한 자세한 내용은 SEI 보고서 "Evaluating and Mitigating Software Supply Chain Security Risks"(Ellison 2010)를 참고

6.4.2 소프트웨어 서비스 보증[L3]

   서비스 공급자 및 모니터링 컴플라이언스와 함께 기능성 및 보안을 위한
   서비스 수준 합의 내용 개발

7. 시스템 운영 보증

결과: 수료 시 시스템 운영상 보안을 모니터링 및 평가하고 새로운 위협에 대처할 수
있는 능력을 갖출 수 있다.

7.1 운영 절차

   7.1.1 비즈니스 목표[L3]

   시스템 보증 업무 내에서 비즈니스 목표 및 전략 계획 수립의 역할

   7.1.2 보증 절차[L3]

   시스템 운영을 위한 보안 정책 및 절차 생성

   7.1.3 보증 교육 [L4]

   안전한 시스템 운영 환경 내에서 사용자 및 시스템 관리자를 위한 훈련 과
   정 선택

7.2 운영 모니터링

   7.2.1 모니터링 기술[L4]

   모니터링 기술의 기능 및 한계, 시스템, 서비스, 조직원을 위한 모니터링
   및 통제 시스템의 환경 설정 또는 도입

   7.2.2 운영 평가[L4]

   시스템 및 서비스 기능성 및 보안과 관련된 운영 모니터링 결과 평가

   7.2.3 운영 유지 보수[L3]

   보증된 기능과 보안을 유지하면서 운영 시스템의 유지 보수 및 발전

   7.2.4 악성코드 분석[L2/3]

   악성 콘텐츠 평가 및 보안 대책 적용

7.3 시스템 통제

7.3.1 부정 사례 대응[L3/4]

운영 시스템 사고, 실패 및 침입에 대한 효과적인 대응 계획 수립 및 실행

7.3.2 비즈니스 생존 가능성[L3]

적대적 환경에서 비즈니스 생존 가능성 및 운영 지속성 유지(결과3, 보증 평가 참조)

참고자료

ACM 2016

Association of Computing Machinery & Institute of Electrical and Electronics Engineers. "Software Engineering Code of Ethics and Professional Practice", 「Association of Computing Machinery」(http://www.acm.org/about/se-code), 2016년 6월 9일

Ellison 2010

Robert J. Ellison, John B. Goodenough, Charles B. Weinstock, Carol Woody, "Evaluating and Mitigating Software Supply Chain Security Risks", 카네기멜론대학교 소프트웨어 공학연구소, CMU/SEI-2010-TR-016(https://resources.sei.cmu.edu/library/asset-view.cfm?assetid=9337), 2010

Mead 2010

Nancy R. Mead, Julia H. Allen, Mark A. Ardis, Thomas B. Hilburn, Andrew J. Kornecki, Richard C. Linge, James McDonald, "Software Assurance Curriculum Project Volume I: Master of Software Assurance Reference Curriculum", 카네기멜론대학교 소프트웨어 공학연구소, CMU/SEI-2010-TR-005(https://resources.sei.cmu.edu/library/asset-view.cfm?assetid=9415), 2010

소프트웨어 보증 커리큘럼 프로젝트

2009년 SEI는 소프트웨어 보증 커리큘럼 프로젝트에 착수했다. 프로젝트는 SwA 교육과정 가이드라인을 향상시키기 위한 목표에 부합하는 문서 4개를 개발했다(표 C.1 참조).

표 C.1 소프트웨어 보증 커리큘럼 프로젝트 문서

문서	설명
I권: 소프트웨어 보증 참조 석사 과정 커리큘럼	소프트웨어 보증 석사 학위 과정(MSwA) 프로그램 수립 및 개정을 위한 자료 제공: 커리큘럼 개발 지침, 대학원생 성과, 추천하는 학생 준비 과정, SwA 지식 체계(BoK), 고급 MSwA 커리큘럼 아키텍처 및 구현 가이드 라인을 제공
II권: 학부 과정 개요	7개 학부 SwA 과정을 위한 강의 계획표 제공: 컴퓨터 과학 I 및 II, 컴퓨터 보안 입문, 소프트웨어 품질 보증, 소프트웨어 보증 분석 및 소프트웨어 보증 최종 프로젝트. 각 강좌에는 강좌 설명, 필수 지식, 학습 목표 및 주제 목록, 강의 출처, 강좌 제공 기능 및 강좌 평가 기능이 포함
III권: 소프트웨어 보증 석사 과정 강의 계획서	9개 대학원 과정 SwA 과정을 위한 강의 계획서 제공: 보증 관리, 시스템 운영 보증, 보증된 소프트웨어 분석, 보증된 소프트웨어 개발 1, 2 및 3, 보증 평가, 시스템 보안 보증, 소프트웨어 보증 기반 경험. 강의 계획서는 제II권의 강의 계획과 유사하며, 그 외에도 주간 수업의 일정, 참고 도서 및 수업 외 과제를 포함
IV권: 지역 대학 교육	지역 대학 학생들에게 적합한 6개 SwA 과정 강의 계획서 제공: 컴퓨터 과학 I, II 및 III, 컴퓨터 보안 소개, 코딩 보안, 보증된 소프트웨어 엔지니어링 입문

표 C.1에 나열된 과정은 구현 단계에서 시큐어 코딩과 SwA를 넘어선 내용이다. 이 과정은 요구 사항 분석, 아키텍처 및 모듈 설계, 구현, 테스트 그리고 운영 및 유지 관리의 일환으로 라이프 사이클 전반에 걸친 보안 문제를 다룬다. 대학원 과정에서는 관리 및 프로세스, 요구 공학, 디자인, 설계, 테스트 및 유지 같은 전통적인 분야의 SwA 주제가 포함된다. 여기에는 보안 정책 및 보안 기능 요구 사항 같은 SwA 주제(소프트웨어를 손상시키는 공격 방법, 소프트웨어에 대한 위협 분석, 접근 제어, 권한, 침입 탐지 및 암호화 같은 적절한 대응책, 접근 제어, 권한 및 인증을 위한 설계 및 계획)가 포함된다.

기존에는 SwA의 지식 체계가 존재하지 않았기 때문에, 새로운 체계를 수립하는 것이 프로젝트 팀의 첫 임무 중 하나였다. 소프트웨어 보안 보고서, 서적 및 기사를 광범위하게 검토한 후 기업 및 정부 SwA 전문가와의 설문 조사 및 토론을 거쳐 SwA 핵심 지식 체계를 개발했다.^CorBoK CorBoK는 소프트웨어 시스템 도입, 개발, 운영 및 진화와 관련된 SwA 실제 사례의 다양한 범위를 포함한다. CorBoK는 표 C.1의 제Ⅱ권, 제Ⅲ권 및 제Ⅳ권에 열거된 교육 과정의 핵심 내용을 담고 있다. 표 C.2는 CorBoK의 주요 구성 요소 및 지식 영역^KAs을 나열하고, 각 KA와 관련된 주요 MSwA 학생 성과를 보여준다.

표 C.2 SwA CorBoK 지식 영역

지식 영역	MSwA 학생 성과
라이프 사이클 전반에 걸친 보증	신규 또는 진화된 시스템 개발, 시스템 또는 서비스 도입을 위해 보증 기술과 방법을 라이프 사이클 프로세스 및 개발 모델에 통합할 수 있는 능력
위험 관리	위험 분석 및 트레이드오프 평가를 수행하고, 보안 방법의 우선순위를 매길 수 있는 능력
보증 평가	보증 운영의 효율성을 분석 및 검증하고, 보안 대책에 대한 감사 증거를 생성할 수 있는 능력
보증 관리	소프트웨어 보증을 위한 비즈니스 사례를 작성, 보증 노력을 이끌어 내고, 표준 이해, 규정 준수, 비즈니스 연속성 계획 및 보안 기술에 대한 최신 정보 제공하는 능력
시스템 보안 보증	효과적인 보안 기술 및 방법론을 신규 및 기존 시스템에 통합할 수 있는 능력
시스템 기능 보증	신규 및 기존 소프트웨어 시스템 기능이 요구 사항에 일치하는지 확인하고, 악성 콘텐츠를 파악하는 능력
시스템 운영 보증	시스템 운영 보안 업무를 모니터링 및 평가하고, 새로운 위협에 대처할 수 있는 능력

프로젝트 팀은 KA를 바탕으로 MSwA 교육과정 아키텍처를 만들었다(표 C.3 참조). 소프트웨어 공학 과정이 SwA 특정 주제를 통합할 수 있다는 이유로, 이 아키텍처는 소프트웨어 공학 석사 학위 프로그램과도 호환된다고 볼 수 있다. 표 C.3의 MSwA 핵심 내용과 기반 경험은 3권 문서에 소개된 과정을 열거한다. 전체적으로 이 내용은 표 C.2에 열거된 모든 지식 영역을 포함한다. 아키텍처는 표 C.2에 언급된 결과를 전달하는 프로그램의 구조적 기반을 제공한다. 물론 프로그램은 SwA 지식 체계와 표 C.3에 나열된 바와 같이 다른 조직 및 교육 과정을 사용한 결과를 포함할 수도 있다. 또한 표 C.3은 학생들의 MSwA 이해에 필요한 세 가지 영역인 컴퓨팅 기반, 소프트웨어 엔지니어링 및 보안 엔지니어링 영역을 소개한다. 1권에서는 이러한 영역의 세부적인 내용까지 자세히 설명한다.

표 C.3 소프트웨어 보증 석사 커리큘럼 아키텍처

커리큘럼 요소	지식 영역
사전 지식	컴퓨팅 기초 소프트웨어 공학 보안 공학
MSwA 핵심	보증 관리 시스템 운영 보증 소프트웨어 보증 분석론 소프트웨어 보증 개발 1, 2, 3 보증 평가 시스템 보안 보증
선택 과목	선택한 영역에서 보증과 관련된 과목
기반 경험	프로젝트

소프트웨어 보증 역량 모델 할당[1]

표 D.1은 각 역량 단계와 효율성 속성에 맞는 지식 및 기술 설명과 함께 CorBoK 지식 영역과 그 하위 유닛을 보여준다. 각 단계는 이전 단계를 기반으로 한다. L1에 할당된 내용은 L1에서 L5까지 모두 적용되며, L2에 할당된 내용은 L2에서 L5까지 모두 적용되는 식이다. 단계별 설명은 각 단계에 설명된 역량 활동을 나타낸다.

표 D.1 SwA 역량 할당

지식/기술/효율성		
KA	**유닛**	**역량 활동**
라이프 사이클 전반에 걸친 보증	소프트웨어 라이프 사이클 프로세스	L1: 할당된 작업에 적용되는 정의된 프로세스의 부분 이해 및 실행
		L2: 소규모 내부 프로젝트를 위해 정의된 라이프 사이클 소프트웨어 프로세스 적용 업무를 관리
		L3: 중소 규모 프로젝트를 위한 신규 개발, 도입, 운영, 개선 같은 다양한 라이프 사이클 활동을 이끌고 평가
		L4: 라이프 사이클 단계별로 기존 SwA 사례 선택 및 적용을 포함하여, 대규모 프로젝트에 정의된 라이프 사이클 소프트웨어 프로세스의 애플리케이션 관리
		L5: 특정 조직 또는 도메인 요구 사항 및 제약 조건에 부합하는 라이프 사이클 프로세스를 분석, 설계하며, 개선하는 업무

---

1 이번 장은 우리의 공동 작업자 마크 아르디스(Mark Ardis), 글렌 존슨(Glenn Johnson), 앤드류 코네키(Andrew Kornecki)가 만든 SEI의 소프트웨어 보증 역량 모델에 대한 공헌 내용이 포함돼 있다.

지식/기술/효율성		
KA	**유닛**	**역량 활동**
라이프 사이클 전반에 걸친 보증	소프트웨어 보증 프로세스 및 업무	L1: 보증 프로세스와 업무를 평가하는 데 사용되는 방법, 절차 및 도구에 대한 일반적인 인식을 소유
		L2: 보증 프로세스와 업무 평가를 위한 방법, 절차, 도구를 적용
		L3: 보증 업무를 라이프 사이클 단계에 통합하는 작업을 관리
		L4: 조직 내에서 수행 중인 모든 프로젝트의 라이프 사이클 보증 프로세스와 업무를 선택하고 통합을 관리
		L5: 보증 평가 결과를 분석해 여러 라이프 사이클 단계에 적용 가능한 최적의 실행 과제를 결정
위험 관리	위험 관리 개념	L1: 위험 분석의 기본 요소를 이해
		L2: 위험 분석 수행 방법을 설명
		L3: 소규모 내부 프로젝트를 위한 위험 관리에 사용되는 모델, 프로세스, 측정 기준을 결정
		L4: 모든 규모의 프로젝트를 위한 위험 관리에 사용되는 모델, 프로세스, 측정 기준을 개발
		L5: 조직 전반에 걸쳐 위험 관리 개념 사용 및 적용의 효율성 분석
	위험 관리 프로세스	L1: 조직 차원의 위험 관리 프로세스를 설명
		L2: 프로젝트와 관련된 위험을 식별 및 분류
		L3: 프로젝트에 대해 확인된 각 위험의 가능성과 영향력 및 심각한 위험을 분석. 중소 규모 프로젝트의 위험 관리를 계획하고 모니터링
		L4: 대규모 프로젝트를 위한 위험 관리를 계획하고 모니터링
		L5: 조직 전반에 걸친 위험 관리 업무를 분석하고 강화하는 프로그램을 개발
	소프트웨어 보증 위험 관리	L1: 취약점과 위협 위험 대응을 위한 위험 분석 기법을 설명
		L2: 취약점과 위협 위험에 위험 분석 기술을 적용
		L3: 소규모 시스템을 위한 소프트웨어 보증 위험 분석 및 위험 완화 계획 수립
		L4: 신규 또는 기존에 존재하는 시스템을 위한 소프트웨어 보증 위험 분석 및 완화 계획 수립
		L5: 조직 전반에 걸친 소프트웨어 보증 프로세스와 업무를 평가하고 개선 사항을 제안

지식/기술/효율성		
KA	유닛	역량 활동
보증 평가	보증 평가 개념	L1: 보증 평가 활동을 위한 도구 및 문서 지원 제공
		L2: 보증 평가 활동 지원
		L3: 평가 중인 소프트웨어/시스템이 허용 범위 내에서 충분히 안전한지 결정하기 위해 다양한 보증 평가 방법론을 적용(보안 요구 사항, 위험 분석, 위협 분석, 취약점 평가 및 스캔, 보증 근거 등을 검증)
		L4: 특정 소프트웨어 애플리케이션, 애플리케이션 집합, 애플리케이션 의존 시스템을 위한 요구 또는 희망 보증 수준을 수립하고 명시
		L5: 보증 평가 방법론과 기술 모범 사례를 조사, 분석, 추천
	보증 평가 측정	L1: 보증 평가 측정 활동을 위한 도구 및 문서 지원 제공
		L2: 보증 평가 측정 활동 지원
		L3: 보증 평가 측정 활동 구현
		L4: 요구되는 소프트웨어 보증 수준 검증에 사용할 수 있는 성능 지표와 핵심 제품 및 프로세스 측정 방식을 결정하고 분석, 어떤 소프트웨어 보증 측정 프로세스와 프레임워크가 소프트웨어 보증 업무를 라이프 사이클 단계 통합에 활용 가능한지 결정
		L5: 보증 평가 측정 모범 사례를 조사, 분석, 추천
보증 관리	보증을 위한 비즈니스 사례 구축	L1: 비즈니스 사례 분석의 필요성 이해
		L2: 기존 데이터에 비즈니스 사례 트레이드오프 분석을 적용하고, 사례의 타당성을 결정
		L3: 필요한 데이터를 식별 및 수집하고, 비즈니스 사례를 생산
		L4: 정교한 비즈니스 사례 분석을 수행
		L5: 새로운 비즈니스 사례 분석 접근 방법을 개발하는 연구 수행
	보증 관리	L1: 라이프 사이클에서 보증의 중요성을 이해
		L2: 소프트웨어 보증 관리 업무를 지원
		L3: 소프트웨어 보증 업무 및 측정 구축 관련 소규모 소프트웨어 보증 프로젝트를 관리
		L4: 소프트웨어 보증 업무 및 측정 구축 관련 중/대규모 프로젝트 관리
		L5: 보증 관리를 위한 새로운 방법론을 개발
	보증을 위한 컴플라이언스 고려 사항	L1: 컴플라이언스의 중요성을 이해하고, 법과 규정에 대한 이해 능력 구비
		L2: 알려진 컴플라이언스 고려 사항, 법, 정책을 프로젝트에 적용
		L3: 정규 프로젝트를 위한 컴플라이언스 활동 주도
		L4: 복잡한 프로젝트를 위한 컴플라이언스 활동을 주도하고, 표준 및 정책 활동에 참여
		L5: 표준 및 정책 개발 활동을 주도, 새로운 표준과 정책을 제안

지식/기술/효율성		
KA	**유닛**	**역량 활동**
시스템 보안 보증	여러 애플리케이션에 사용할 신규 개발 및 새롭게 도입한 소프트웨어	L1: 주요 기반 시설 시스템 관련 안전 및 보안 위험에 대한 지식 보유(예: 금융, 에너지 생산 및 분배, 통신, 운송 시스템)
		L2: 공격자가 시스템 설계 또는 구현상에 존재하는 약점을 공격해 소프트웨어 또는 소프트웨어와 관련된 데이터를 공격하는 다양한 방법을 설명
		L3: 레이어, 접근 제어, 특권, 침입 탐지, 암호화, 코드 리뷰 체크리스트 같은 소프트웨어 보증 대응 방안 적용
		L4: 특정 운영 환경 및 도메인 특성 내에 존재하는 취약점을 공격하는 소프트웨어에 대한 위협 분석
		L5: 보안 위험 및 공격 방법론에 대한 연구를 수행하고, 이를 이용해 관련 위험 및 공격 대응에 사용하는 기법 수정 및 생성을 지원
	다양한 운영(기존) 시스템	L1: 애플리케이션 또는 시스템 운영 방해에 사용된 공격에 대한 지식 보유
		L2: 게이트, 잠금, 보호, 배후 조사가 어떻게 위험 처리에 도움이 되는지 이해
		L3: 접근 제어 및 인증 설계 및 계획 수립
		L4: 특정 운영 환경 및 도메인에서 가장 취약해지는 소프트웨어에 대한 위협을 분석
		L5: 보안 위험과 공격 방법론에 대한 연구를 수행하고, 이를 이용해 관련 위험 및 공격 대응에 사용하는 기법 수정 및 생성을 지원
	소프트웨어 시스템 생성, 도입, 운영에 필요한 윤리와 무결성	L1: 공격 및 예방 방법론에 정통한 사람이 어떻게 법적, 윤리적으로 자신들의 능력을 사용하는지에 대한 지식 보유
		L2: 다양한 과거의 이벤트 및 사건 조사를 분석하는 과정에 수반되는 법적, 윤리적 고려 사항에 대한 지식 보유
		L3: 법적, 윤리적 가이드라인을 따라 소프트웨어 시스템을 생성 및 유지 보수
		L4: 소프트웨어 보안을 위한 윤리 행위에 책임 역할을 수행
		L5: 윤리 및 법적 문제에 대한 교육에 사용할 새로운 사례 연구 생성
시스템 기능 보증	보증 기술	L1: 시스템 기능 보증에 사용하는 기술의 일반적인 인식 보유
		L2: 시스템 기능 보증 결정을 위한 보증 기술 적용
		L3: 기능 보증 프로세스 내에서 선택한 기술의 통합 관리
		L4: 특정 프로젝트를 위해 선택한 기술 사용에 대한 의사 결정을 선택 및 가이드
		L5: 보증 기술 분석 및 새로운 기술 개발에 기여

지식/기술/효율성		
KA	유닛	역량 활동
시스템 기능 보증	보증된 소프트웨어 개발	L1: 개발 프로세스 내에서 보증의 중요성을 이해 L2: 기능 보증에 도움이 되는 개발 업무에 참여 L3: 소규모 프로젝트의 기능 보증 프로세스 개발을 주도 L4: 대규모 프로젝트의 특정 보증 프로세스 사용에 대한 의사 결정을 선택 및 가이드 L5: 보증된 개발 프로세스 분석 및 새로운 프로세스 개발에 기여
	보증된 소프트웨어 분석	L1: 소프트웨어 개발에 분석적 접근 방법 사용이 필요함을 이해하고, 이를 지원하는 도구를 사용 L2: '소규모' 구조화 및 기능 분석을 위해 선택된 특정 방법론을 적용 L3: '대규모' 구조화 및 기능 분석을 위해 선택된 특정 방법론을 적용하는 프로젝트를 주도 L4: 보증 테스트 및 감사 가능한 보증 증거 개발을 수행하는 개발 팀을 주도 L5: 보증 테스트 및 감사 가능한 보증 증거 개발을 가능하게 하는 신규 방법론 및 기법을 개발
	도입 단계의 보증	L1: 내부 소프트웨어, 계약 소프트웨어, 상용 소프트웨어(COST), 서비스 형태의 소프트웨어 내 위험 식별의 필요성을 이해 L2: 계약 소프트웨어, 상용 소프트웨어, 서비스 형태의 소프트웨어 도입 시 위험을 정의하고 분석, 완화 전략을 사용 테스트 수행, 통합 업무 이전에 위험 식별 L3: 도입 단계에서 다양한 공급망을 관리하고, 위험 완화를 위한 대책을 적용, 조직 내부 정책과 동등하거나 그 이상의 보안 대책을 사용하도록 판매회사에 요구 L4: 안전하지 않은 소프트웨어 도입 방지를 위해 정책, 프로세스, 도구, 언어를 제공해 도입 팀을 이끎 L5: 광범위한 정책, 계획 수립 및 L1-L4 인원, 모든 소프트웨어 개발 라이프 사이클 이해관계자, 조달 팀을 대상으로 교육을 진행해 안전하지 않은 소프트웨어 도입에서 조직을 보호
시스템 운영 보증	운영 절차	L1: 시스템 보증에서 비즈니스 목표와 전략적 계획 수립의 역할을 이해 L2: 시스템 운영에 필요한 보안 정책 및 절차 생성을 지원 L3: 지정된 시스템의 운영에 필요한 보안 정책과 절차를 생성 L4: 지정된 시스템의 운영에 필요한 보안 정책과 절차 생성을 위한 프로세스와 절차 정의 L5: 시스템 운영에 필요한 보안 정책과 절차 결정을 위한 모범 사례를 조사, 분석, 추천

지식/기술/효율성		
KA	유닛	역량 활동
시스템 운영 보증	운영 모니터링	L1: 시스템 운영 모니터링 및 제어 도구 설치 및 사용에 대한 지원
		L2: 시스템, 서비스, 조직원을 위한 모니터링 및 통제 기능 도입, 환경 설정 또는 설치를 지원
		L3: 시스템 및 서비스 기능성과 보안, 악성 컨텐츠 및 대응 방안 적용 관련 운영 모니터링 결과를 평가
		L4: 보증된 기능성 및 보안을 유지한 상태에서 운영 시스템을 유지보수하고 진화시키는 업무를 주도
		L5: 시스템 및 서비스 기능성과 보안 관련 운영 모니터링을 위한 모범 사례를 조사, 분석, 추천
	시스템 통제	L1: 시스템 운영 모니터링 및 제어 도구 설치 및 사용에 대한 지원 제공
		L2: 운영 시스템 사고, 실패, 침입에 대한 효과적인 대응책 구현을 지원
		L3: 운영 시스템 사고, 실패, 침입에 대한 효과적인 대응책 구현
		L4: 비즈니스 생존 가능성 유지 및 적대적 환경에서의 운영 지속성을 포함해 운영 시스템 사고, 실패, 침입에 대한 효과적인 대응책 마련을 주도하고 계획을 수립
		L5: 비즈니스 생존 가능성 및 적대적 환경에서의 운영 지속성을 포함해 운영 시스템 사고, 실패, 침입 관련 시스템 통제를 위한 모범 사례를 조사, 분석, 추천

SwA 역량 매핑 제안

모델을 개발했을 때 검토 프로세스의 일환으로 여러 조직에서 실제 조직의 직무를 역량 모델 지정에 매핑했다. 이는 모델 지정이 단순히 이론적으로만 가능한 것이 아니라 실제 조직에도 적용이 가능함을 보여주는 중요한 관점을 제공한다. 관련 매핑 예시는 표 E.1와 E.2에서 확인할 수 있다.

표 E.1 (ISC)[2] 애플리케이션 보안 이사회의 SwA 역량 매핑 제안 — 초기 직무 타이틀 목록

지식/기술/효율성			행위 지표
KA	유닛	직무 타이틀	
라이프 사이클 전반에 걸친 보증	소프트웨어 라이프 사이클 프로세스	L1: 애플리케이션 보안 분석가	2 — 중급 3 — 고급
		L2: 애플리케이션 보안 엔지니어	2 — 중급 3 — 고급
		L3: 소프트웨어 아키텍트	3 — 고급
		L4: 애플리케이션 보안 아키텍트, 선임 소프트웨어 아키텍트, 정보 보증 아키텍트	3 — 고급 4 — 전문가
		L5: 소프트웨어 팀 리더, 수석 보안 아키텍트	4 — 전문가

지식/기술/효율성			행위 지표
KA	유닛	직무 타이틀	
라이프 사이클 전반에 걸친 보증	소프트웨어 보증 프로세스 및 실행	L1: QA 분석가	2 — 중급 3 — 고급
		L2: QA 엔지니어	2 — 중급 3 — 고급
		L3: 선임 QA 엔지니어	3 — 고급 4 — 전문가
		L4: 책임 QA 엔지니어	3 — 고급 4 — 전문가
		L5: 수석 QA 엔지니어, QA 엔지니어 관리자	4 — 전문가
위험 관리	위험 관리 개념	L1: 정보 보증 분석가	2 — 중급 3 — 고급
		L2: 정보 보증 분석가 2	2 — 중급 3 — 고급
		L3: 정보 보증 엔지니어	2 — 중급 3 — 고급
		L4: 정보 보증 아키텍트	3 — 고급
		L5: 책임 정보 보증 아키텍트, 정보 보증 관리자	4 — 전문가
	위험 관리 프로세스	L1: 정보 보증 분석가	2 — 중급 3 — 고급
		L2: 정보 보증 엔지니어	2 — 중급 3 — 고급
		L3: 정보 보증 아키텍트	3 — 고급
		L4: 제품 관리자	3 — 고급
		L5: 책임 정보 보증 아키텍트, 정보 보증 관리자	3 — 고급 4 — 전문가

지식/기술/효율성			행위 지표
KA	**유닛**	**직무 타이틀**	
위험 관리	소프트웨어 보증 위험 관리	L1: 정보 보증 분석가	2 — 중급 3 — 고급
		L2: 정보 보증 엔지니어	2 — 중급 3 — 고급
		L3: 정보 보증 아키텍트	3 — 고급
		L4: 제품 관리자	3 — 고급
		L5: 책임 정보 보안 아키텍트, 정보 보증 관리자	3 — 고급 4 — 전문가
보증 평가	보증 평가 개념	L1: 정보 보증 분석가	2 — 중급 3 — 고급
		L2: 정보 보증 엔지니어	2 — 중급 3 — 고급
		L3: 정보 보증 아키텍트	3 — 고급
		L4: 제품 관리자	3 — 고급
		L5: 책임 정보 보증 아키텍트, 정보 보증 아키텍트	3 — 고급 4 — 전문가
	보증 평가를 위한 측정	L1: 정보 보증 분석가	2 — 중급 3 — 고급
		L2: 정보 보증 엔지니어	2 — 중급 3 — 고급
		L3: 정보 보증 아키텍트	3 — 고급
		L4: 제품 관리자	3 — 고급
		L5: 책임 정보 보증 아키텍트, 정보 보증 아키텍트	3 — 고급 4 — 전문가

표 E.1 (ISC)² 애플리케이션 보안 이사회의 SwA 역량 매핑 제안 — 초기 직무 타이틀 목록(계속)

지식/기술/효율성			행위 지표
KA	유닛	직무 타이틀	
보증 평가	보증 평가 프로세스	L1: 정보 보증 분석가	2 — 중급 3 — 고급
		L2: 정보 보증 엔지니어	2 — 중급 3 — 고급
		L3: 정보 보증 아키텍트	3 — 고급
		L4: 제품 관리자	3 — 고급
		L5: 책임 정보 보증 아키텍트, 정보 보증 아키텍트	3 — 고급 4 — 전문가
보증 관리	보증을 위한 비즈니스 사례 구축	L1: 정보 보증 분석가	2 — 중급 3 — 고급
		L2: 정보 보증 엔지니어	2 — 중급 3 — 고급
		L3: 정보 보증 아키텍트	3 — 고급
		L4: 제품 관리자	3 — 고급
		L5: 책임 정보 보증 아키텍트, 정보 보증 아키텍트	3 — 고급 4 — 전문가
	보증 관리	L1: 정보 보증 분석가	2 — 중급 3 — 고급
		L2: 정보 보증 엔지니어	2 — 중급 3 — 고급
		L3: 정보 보증 아키텍트	3 — 고급
		L4: 제품 관리자	3 — 고급
		L5: 책임 정보 보증 아키텍트, 정보 보증 아키텍트	3 — 고급 4 — 전문가

지식/기술/효율성			행위 지표
KA	**유닛**	**직무 타이틀**	
보증 관리	보증을 위한 컴플라이언스 고려 사항	L1: 정보 보증 분석가, 정보 보안 분석가	2 — 중급 3 — 고급
		L2: 정보 보증 엔지니어, 정보 보안 엔지니어	2 — 중급 3 — 고급
		L3: 정보 보증 아키텍트, 정보 보안 아키텍트	3 — 고급
		L4: 제품 관리자	3 — 고급
		L5: 책임 정보 보증 아키텍트, 정보 보증 아키텍트, 책임 정보 보안 아키텍트	3 — 고급 4 — 전문가
시스템 보안 보증	다양한 애플리케이션을 위해 새롭게 개발하거나 도입한 소프트웨어를 위한 직무	L1: 소프트웨어 개발자, 소프트웨어 프로그래머, QA 분석가, 소프트웨어 구현가	2 — 중급 3 — 고급
		L2: QA 엔지니어, 소프트웨어 엔지니어, 요구 사항 엔지니어, 프로그래머 1	1 — 초급 2 — 중급 3 — 고급
		L3: 프로그래머 2, 프로그래머 3, 책임 QA, QA 엔지니어 2	2 — 중급 3 — 고급
		L4: 선임 소프트웨어 개발자, 선임 소프트웨어 엔지니어, 선임 소프트웨어 아키텍트	3 — 고급 4 — 전문가
		L5: 책임 소프트웨어 엔지니어, 책임 소프트웨어 개발자	3 — 고급 4 — 전문가
	다양한 운영 시스템을 위한 직무(기존)	L1: 소프트웨어 개발자, 소프트웨어 프로그래머, QA 분석가, 소프트웨어 구현가	2 — 중급 3 — 고급
		L2: QA 엔지니어, 소프트웨어 엔지니어, 요구 사항 엔지니어, 프로그래머 1	1 — 초급 2 — 중급 3 — 고급
		L3: 프로그래머 2, 프로그래머 3, 책임 QA, QA 엔지니어 2	2 — 중급 3 — 고급
		L4: 선임 소프트웨어 개발자, 선임 소프트웨어 엔지니어, 선임 소프트웨어 아키텍트	3 — 고급 4 — 전문가
		L5: 책임 소프트웨어 엔지니어, 책임 소프트웨어 개발자	3 — 고급 4 — 전문가

지식/기술/효율성			행위 지표
KA	**유닛**	**직무 타이틀**	
시스템 보안 보증	소프트웨어 시스템 개발, 도입, 운영에 필요한 윤리와 무결성	L1: 정보 보증 분석가	2 — 중급 3 — 고급
		L2: 정보 보증 엔지니어	2 — 중급 3 — 고급
		L3: 정보 보증 아키텍트	3 — 고급
		L4: 제품 관리자	3 — 고급
		L5: 책임 정보 보증 아키텍트, 정보 보증 아키텍트	3 — 고급 4 — 전문가
시스템 기능 보증	보증 기술	L1: QA 분석가	2 — 중급 3 — 고급
		L2: QA 엔지니어, QA 분석가 2	2 — 중급 3 — 고급
		L3: 선임 QA 엔지니어, QA 엔지니어 2, QA 분석가 3	3 — 고급
		L4: 책임 QA 엔지니어	3 — 고급
		L5: 수석 QA 엔지니어	4 — 전문가
	보증된 소프트웨어 개발	L1: 소프트웨어 개발자, 소프트웨어 프로그래머, QA 분석가, 소프트웨어 구현가	2 — 중급 3 — 고급
		L2: QA 엔지니어, 소프트웨어 엔지니어, 요구 사항 엔지니어, 프로그래머 1	2 — 중급 3 — 고급
		L3: 프로그래머 2, 프로그래머 3, 책임 QA, QA 엔지니어 2	2 — 중급 3 — 고급
		L4: 선임 소프트웨어 개발자, 선임 소프트웨어 엔지니어, 선임 소프트웨어 아키텍트	3 — 고급
		L5: 책임 소프트웨어 엔지니어, 책임 소프트웨어 개발자	3 — 고급 4 — 전문가

지식/기술/효율성			행위 지표
KA	유닛	직무 타이틀	
시스템 기능 보증	보증된 소프트웨어 분석	L1: 소프트웨어 개발자, 소프트웨어 프로그래머, QA 분석가, 소프트웨어 구현가	2 — 중급 3 — 고급
		L2: QA 엔지니어, 소프트웨어 엔지니어, 요구 사항 엔지니어, 프로그래머 1	2 — 중급 3 — 고급
		L3: 프로그래머 2, 프로그래머 3, 책임 QA, QA 엔지니어 2	2 — 중급 3 — 고급
		L4: 선임 소프트웨어 개발자, 선임 소프트웨어 엔지니어, 선임 소프트웨어 아키텍트	3 — 고급
		L5: 책임 소프트웨어 엔지니어, 책임 소프트웨어 개발자	3 — 고급
	도입 단계의 보증	L1: 소프트웨어 개발자, 소프트웨어 프로그래머, QA 분석가, 소프트웨어 구현가	2 — 중급 3 — 고급
		L2: QA 엔지니어, 소프트웨어 엔지니어, 요구 사항 엔지니어, 프로그래머 1	2 — 중급 3 — 고급
		L3: 프로그래머 2, 프로그래머 3, 책임 QA, QA 엔지니어 2	2 — 중급 3 — 고급
		L4: 선임 소프트웨어 개발자, 선임 소프트웨어 엔지니어, 선임 소프트웨어 아키텍트	3 — 고급
		L5: 책임 소프트웨어 엔지니어, 책임 소프트웨어 개발자	3 — 고급
시스템 운영 보증	운영 절차	L1: 소프트웨어 개발자, 소프트웨어 프로그래머, QA 분석가, 소프트웨어 구현가	2 — 중급 3 — 고급
		L2: QA 엔지니어, 소프트웨어 엔지니어, 요구 사항 엔지니어, 프로그래머 1	2 — 중급 3 — 고급
		L3: 프로그래머 2, 프로그래머 3, 책임 QA, QA 엔지니어 2	2 — 중급 3 — 고급
		L4: 선임 소프트웨어 개발자, 선임 소프트웨어 엔지니어, 선임 소프트웨어 아키텍트	3 — 고급
		L5: 책임 소프트웨어 엔지니어, 책임 소프트웨어 개발자	3 — 고급

지식/기술/효율성			행위 지표
KA	유닛	직무 타이틀	
시스템 운영 보증	운영 모니터링	L1: 운영 분석가	2 ─ 중급 3 ─ 고급
		L2: 운영 엔지니어	2 ─ 중급 3 ─ 고급
		L3: 운영 엔지니어 2	2 ─ 중급 3 ─ 고급
		L4: 선임 운영 엔지니어	3 ─ 고급
		L5: 책임 운영 엔지니어	3 ─ 고급
	시스템 제어	L1: 운영 분석가	2 ─ 중급 3 ─ 고급
		L2: 운영 엔지니어	2 ─ 중급 3 ─ 고급
		L3: 운영 엔지니어 2	2 ─ 중급 3 ─ 고급
		L4: 선임 운영 엔지니어	3 ─ 고급
		L5: 책임 운영 엔지니어	3 ─ 고급

표 E.2 (ISC)² 애플리케이션 보안 이사회의 SwA 역량 매핑 제안 — 포괄적인 직무 타이틀 목록

지식/기술/효율성			행위 지표
KA	**유닛**	**직무 타이틀**	
라이프 사이클 전반에 걸친 보증	소프트웨어 라이프 사이클 프로세스	L1: 수용 능력 테스터, 주임 정보 보증 엔지니어, 프로그래머 1	1 — 초급 2 — 중급
		L2: 애플리케이션 보안 분석가, 애플리케이션 보안 엔지니어, 정보 보증 분석가, 정보 보증 엔지니어, 유지보수 엔지니어, 프로그래머 2, QA 엔지니어, 릴리스 엔지니어, 소프트웨어 개발자, 소프트웨어 구현가, 기술 지원 엔지니어, 통합 엔지니어, 테스트 엔지니어	2 — 중급 3 — 고급
		L3: 컨설턴트 아키텍트, 컨설팅 엔지니어, 정보 보증 아키텍트, 프로그래머 3, 요구 사항 엔지니어, 소프트웨어 아키텍트, 소프트웨어 관리자, 소프트웨어 팀 리더, 선임 정보 보증 엔지니어, 선임 프로그래머, 선임 소프트웨어 분석가, 선임 소프트웨어 개발자, 선임 소프트웨어 엔지니어, 애플리케이션 보안 아키텍트, 보안 제어 평가자	3 — 고급
		L4: 정보 보증 관리자, 책임 소프트웨어 엔지니어, 수석 정보 보증 엔지니어, 수석 소프트웨어 엔지니어, 제품 관리자, 프로젝트 관리자, 선임 소프트웨어 아키텍트	3 — 고급 4 — 전문가
		L5: 최고 정보 보증 엔지니어, 최고 소프트웨어 엔지니어	4 — 전문가
	소프트웨어 보증 프로세스 및 실행	L1: 수용 능력 테스터, 주임 정보 보증 엔지니어, 프로그래머 1	1 — 초급 2 — 중급
		L2: 애플리케이션 보안 분석가, 애플리케이션 보안 엔지니어, 정보 보증 분석가, 정보 보증 엔지니어, 유지보수 엔지니어, 프로그래머 2, QA 엔지니어, 릴리스 엔지니어, 소프트웨어 개발자, 소프트웨어 구현가, 기술 지원 엔지니어, 통합 엔지니어, 테스트 엔지니어	2 — 중급 3 — 고급
		L3: 컨설턴트 아키텍트, 컨설팅 엔지니어, 정보 보증 아키텍트, 프로그래머 3, 요구 사항 엔지니어, 소프트웨어 아키텍트, 소프트웨어 관리자, 소프트웨어 팀 리더, 선임 정보 보증 엔지니어, 선임 프로그래머, 선임 소프트웨어 분석가, 선임 소프트웨어 개발자, 선임 소프트웨어 엔지니어, 애플리케이션 보안 아키텍트, 보안 제어 평가자	3 — 고급
		L4: 정보 보증 관리자, 책임 소프트웨어 엔지니어, 수석 정보 보증 엔지니어, 수석 소프트웨어 엔지니어, 제품 관리자, 프로젝트 관리자, 선임 소프트웨어 아키텍트	3 — 고급 4 — 전문가
		L5: 최고 정보 보증 엔지니어, 최고 소프트웨어 엔지니어	4 — 전문가

지식/기술/효율성			행위 지표
KA	유닛	직무 타이틀	
위험 관리	위험 관리 개념	L1: 수용 능력 테스터, 주임 정보 보증 엔지니어, 프로그래머 1	1 — 초급 2 — 중급
		L2: 애플리케이션 보안 분석가, 애플리케이션 보안 엔지니어, 정보 보증 분석가, 정보 보증 엔지니어, 유지보수 엔지니어, 프로그래머 2, QA 엔지니어, 릴리스 엔지니어, 소프트웨어 개발자, 소프트웨어 구현가, 기술 지원 엔지니어, 통합 엔지니어, 테스트 엔지니어	2 — 중급 3 — 고급
		L3: 컨설턴트 아키텍트, 컨설팅 엔지니어, 정보 보증 아키텍트, 프로그래머 3, 요구 사항 엔지니어, 소프트웨어 아키텍트, 소프트웨어 관리자, 소프트웨어 팀 리더, 선임 정보 보증 엔지니어, 선임 프로그래머, 선임 소프트웨어 분석가, 선임 소프트웨어 개발자, 선임 소프트웨어 엔지니어, 애플리케이션 보안 아키텍트, 보안 제어 평가자	3 — 고급
		L4: 정보 보증 관리자, 책임 소프트웨어 엔지니어, 수석 정보 보증 엔지니어, 수석 소프트웨어 엔지니어, 제품 관리자, 프로젝트 관리자, 선임 소프트웨어 아키텍트	3 — 고급 4 — 전문가
		L5: 최고 정보 보증 엔지니어, 최고 소프트웨어 엔지니어	4 — 전문가
	위험 관리 프로세스	L1: 수용 능력 테스터, 주임 정보 보증 엔지니어, 프로그래머 1	1 — 초급 2 — 중급
		L2: 애플리케이션 보안 분석가, 애플리케이션 보안 엔지니어, 정보 보증 분석가, 정보 보증 엔지니어, 유지보수 엔지니어, 프로그래머 2, QA 엔지니어, 릴리스 엔지니어, 소프트웨어 개발자, 소프트웨어 구현가, 기술 지원 엔지니어, 통합 엔지니어, 테스트 엔지니어	2 — 중급 3 — 고급
		L3: 컨설턴트 아키텍트, 컨설팅 엔지니어, 정보 보증 아키텍트, 프로그래머 3, 요구 사항 엔지니어, 소프트웨어 아키텍트, 소프트웨어 관리자, 소프트웨어 팀 리더, 선임 정보 보증 엔지니어, 선임 프로그래머, 선임 소프트웨어 분석가, 선임 소프트웨어 개발자, 선임 소프트웨어 엔지니어, 애플리케이션 보안 아키텍트, 보안 제어 평가자	3 — 고급
		L4: 정보 보증 관리자, 책임 소프트웨어 엔지니어, 수석 정보 보증 엔지니어, 수석 소프트웨어 엔지니어, 제품 관리자, 프로젝트 관리자, 선임 소프트웨어 아키텍트	3 — 고급 4 — 전문가
		L5: 최고 정보 보증 엔지니어, 최고 소프트웨어 엔지니어	4 — 전문가

지식/기술/효율성			행위 지표
KA	유닛	직무 타이틀	
위험 관리	소프트웨어 보증 위험 관리	L1: 수용 능력 테스터, 주임 정보 보증 엔지니어, 프로그래머 1	1 — 초급 2 — 중급
		L2: 정보 보증 분석가, 정보 보증 엔지니어, 유지보수 엔지니어, 프로그래머 2, QA 엔지니어, 릴리스 엔지니어, 소프트웨어 개발자, 소프트웨어 구현가, 지원 엔지니어, 통합 엔지니어, 테스트 엔지니어	2 — 중급 3 — 고급
		L3: 애플리케이션 보안 분석가, 애플리케이션 보안 엔지니어, 컨설턴트, 컨설턴트 아키텍트, 컨설팅 엔지니어, 정보 보증 아키텍트, 프로그래머 3, 요구 사항 엔지니어, 소프트웨어 아키텍트, 소프트웨어 관리자, 소프트웨어 팀 리더, 선임 정보 보증 엔지니어, 선임 프로그래머, 선임 소프트웨어 분석가, 선임 소프트웨어 개발자, 선임 소프트웨어 엔지니어, 애플리케이션 보안 아키텍트, 보안 제어 평가자	3 — 고급
		L4: 정보 보증 관리자, 책임 소프트웨어 엔지니어, 수석 정보 보증 엔지니어, 수석 소프트웨어 엔지니어, 제품 관리자, 프로젝트 관리자, 선임 소프트웨어 아키텍트	3 — 고급 4 — 전문가
		L5: 최고 정보 보증 엔지니어, 최고 소프트웨어 엔지니어	4 — 전문가
보증 평가	보증 평가 개념	L1: 수용 능력 테스터, 주임 정보 보증 엔지니어, 프로그래머 1	1 — 초급 2 — 중급
		L2: 정보 보증 분석가, 정보 보증 엔지니어, 유지보수 엔지니어, 프로그래머 2, QA 엔지니어, 릴리스 엔지니어, 소프트웨어 개발자, 소프트웨어 구현가, 지원 엔지니어, 통합 엔지니어, 테스트 엔지니어	2 — 중급 3 — 고급
		L3: 애플리케이션 보안 분석가, 애플리케이션 보안 엔지니어, 컨설턴트, 컨설턴트 아키텍트, 컨설팅 엔지니어, 정보 보증 아키텍트, 프로그래머 3, 요구 사항 엔지니어, 소프트웨어 아키텍트, 소프트웨어 관리자, 소프트웨어 팀 리더, 선임 정보 보증 엔지니어, 선임 프로그래머, 선임 소프트웨어 분석가, 선임 소프트웨어 개발자, 선임 소프트웨어 엔지니어, 애플리케이션 보안 아키텍트, 보안 제어 평가자	3 — 고급
		L4: 정보 보증 관리자, 책임 소프트웨어 엔지니어, 수석 정보 보증 엔지니어, 수석 소프트웨어 엔지니어, 제품 관리자, 프로젝트 관리자, 선임 소프트웨어 아키텍트	3 — 고급 4 — 전문가
		L5: 최고 정보 보증 엔지니어, 최고 소프트웨어 엔지니어	4 — 전문가

지식/기술/효율성			행위 지표
KA	유닛	직무 타이틀	
보증 평가	보증 평가를 위한 측정	L1: 수용 능력 테스터, 주임 정보 보증 엔지니어, 프로그래머 1	1 — 초급 2 — 중급
		L2: 정보 보증 분석가, 정보 보증 엔지니어, 유지보수 엔지니어, 프로그래머 2, QA 엔지니어, 릴리스 엔지니어, 소프트웨어 개발자, 소프트웨어 구현가, 지원 엔지니어, 통합 엔지니어, 테스트 엔지니어	2 — 중급 3 — 고급
		L3: 애플리케이션 보안 분석가, 애플리케이션 보안 엔지니어, 컨설턴트, 컨설턴트 아키텍트, 컨설팅 엔지니어, 정보 보증 아키텍트, 프로그래머 3, 요구 사항 엔지니어, 소프트웨어 아키텍트, 소프트웨어 관리자, 소프트웨어 팀 리더, 선임 정보 보증 엔지니어, 선임 프로그래머, 선임 소프트웨어 분석가, 선임 소프트웨어 개발자, 선임 소프트웨어 엔지니어, 애플리케이션 보안 아키텍트, 보안 제어 평가자	3 — 고급
		L4: 정보 보증 관리자, 책임 소프트웨어 엔지니어, 수석 정보 보증 엔지니어, 수석 소프트웨어 엔지니어, 제품 관리자, 프로젝트 관리자, 선임 소프트웨어 아키텍트	3 — 고급 4 — 전문가
		L5: 최고 정보 보증 엔지니어, 최고 소프트웨어 엔지니어	4 — 전문가
	보증 평가 프로세스	L1: 수용 능력 테스터, 주임 정보 보증 엔지니어, 프로그래머 1	1 — 초급 2 — 중급
		L2: 정보 보증 분석가, 정보 보증 엔지니어, 유지보수 엔지니어, 프로그래머 2, QA 엔지니어, 릴리스 엔지니어, 소프트웨어 개발자, 소프트웨어 구현가, 지원 엔지니어, 통합 엔지니어, 테스트 엔지니어	2 — 중급 3 — 고급
		L3: 애플리케이션 보안 분석가, 애플리케이션 보안 엔지니어, 컨설턴트, 컨설턴트 아키텍트, 컨설팅 엔지니어, 정보 보증 아키텍트, 프로그래머 3, 요구 사항 엔지니어, 소프트웨어 아키텍트, 소프트웨어 관리자, 소프트웨어 팀 리더, 선임 정보 보증 엔지니어, 선임 프로그래머, 선임 소프트웨어 분석가, 선임 소프트웨어 개발자, 선임 소프트웨어 엔지니어, 애플리케이션 보안 아키텍트, 보안 제어 평가자	3 — 고급
		L4: 정보 보증 관리자, 책임 소프트웨어 엔지니어, 수석 정보 보증 엔지니어, 수석 소프트웨어 엔지니어, 제품 관리자, 프로젝트 관리자, 선임 소프트웨어 아키텍트	3 — 고급 4 — 전문가
		L5: 최고 정보 보증 엔지니어, 최고 소프트웨어 엔지니어	4 — 전문가

지식/기술/효율성			행위 지표
KA	유닛	직무 타이틀	
보증 관리	보증을 위한 비즈니스 사례 구축	L1: 주임 정보 보증 엔지니어	1 — 초급 2 — 중급
		L2: 정보 보증 분석가, 정보 보증 엔지니어	2 — 중급 3 — 고급
		L3: 애플리케이션 보안 분석가, 애플리케이션 보안 엔지니어, 컨설턴트, 컨설턴트 아키텍트, 컨설팅 엔지니어, 정보 보증 아키텍트, 요구 사항 엔지니어, 소프트웨어 아키텍트, 선임 정보 보증 엔지니어, 선임 프로그래머, 선임 소프트웨어 분석가, 선임 소프트웨어 개발자, 애플리케이션 보안 아키텍트	3 — 고급
		L4: 정보 보증 관리자, 수석 정보 보증 엔지니어, 수석 소프트웨어 엔지니어, 제품 관리자, 프로젝트 관리자, 선임 소프트웨어 아키텍트	3 — 고급 4 — 전문가
		L5: 최고 정보 보증 엔지니어, 최고 소프트웨어 엔지니어	4 — 전문가
	보증 관리	L1: 수용 능력 테스터, 주임 정보 보증 엔지니어	1 — 초급 2 — 중급
		L2: 애플리케이션 보안 분석가, 애플리케이션 보안 엔지니어, 정보 보증 분석가, 정보 보증 엔지니어, 유지보수 엔지니어, QA 엔지니어, 릴리스 엔지니어, 소프트웨어 구현가	2 — 중급 3 — 고급
		L3: 컨설턴트 아키텍트, 컨설팅 엔지니어, 정보 보증 아키텍트, 프로그래머 3, 요구 사항 엔지니어, 소프트웨어 아키텍트, 소프트웨어 관리자, 소프트웨어 팀 리더, 선임 정보 보증 엔지니어, 선임 프로그래머, 선임 소프트웨어 분석가, 선임 소프트웨어 개발자, 선임 소프트웨어 엔지니어, 애플리케이션 보안 아키텍트	3 — 고급
		L4: 정보 보증 관리자, 책임 소프트웨어 엔지니어, 수석 정보 보증 엔지니어, 수석 소프트웨어 엔지니어, 제품 관리자, 프로젝트 관리자, 선임 소프트웨어 아키텍트	3 — 고급 4 — 전문가
		L5: 최고 정보 보증 엔지니어, 최고 소프트웨어 엔지니어	4 — 전문가

표 E.2 (ISC)² 애플리케이션 보안 이사회의 SwA 역량 매핑 제안 — 포괄적인 직무 타이틀 목록(계속)

지식/기술/효율성			행위 지표
KA	유닛	직무 타이틀	
보증 관리	보증을 위한 컴플라이언스 고려 사항	L1: 주임 정보 보증 엔지니어	1 — 초급 2 — 중급
		L2: 애플리케이션 보안 분석가, 애플리케이션 보안 엔지니어, 정보 보증 분석가, 정보 보증 엔지니어	2 — 중급 3 — 고급
		L3: 컨설턴트 아키텍트, 컨설팅 엔지니어, 정보 보증 아키텍트, 프로그래머 3, 요구 사항 엔지니어, 소프트웨어 아키텍트, 소프트웨어 관리자, 소프트웨어 팀 리더, 선임 정보 보증 엔지니어, 선임 프로그래머, 선임 소프트웨어 분석가, 선임 소프트웨어 개발자, 선임 소프트웨어 엔지니어, 애플리케이션 보안 아키텍트	3 — 고급
		L4: 정보 보증 관리자, 책임 소프트웨어 엔지니어, 수석 정보 보증 엔지니어, 수석 소프트웨어 엔지니어, 제품 관리자, 프로젝트 관리자, 선임 소프트웨어 아키텍트	3 — 고급 4 — 전문가
		L5: 최고 정보 보증 엔지니어, 최고 소프트웨어 엔지니어	4 — 전문가
시스템 보안 보증	다양한 애플리케이션을 위해 새롭게 개발하거나 도입한 소프트웨어를 위한 직무	L1: 수용 능력 테스터, 주임 정보 보증 엔지니어, 프로그래머 1	1 — 초급 2 — 중급
		L2: 애플리케이션 보안 분석가, 애플리케이션 보안 엔지니어, 정보 보증 분석가, 정보 보증 엔지니어, 유지보수 엔지니어, 프로그래머 2, QA 엔지니어, 릴리스 엔지니어, 소프트웨어 개발자, 소프트웨어 구현가, 기술 지원 엔지니어, 통합 엔지니어, 테스트 엔지니어	2 — 중급 3 — 고급
		L3: 컨설턴트 아키텍트, 컨설팅 엔지니어, 정보 보증 아키텍트, 프로그래머 3, 요구 사항 엔지니어, 소프트웨어 아키텍트, 소프트웨어 관리자, 소프트웨어 팀 리더, 선임 정보 보증 엔지니어, 선임 프로그래머, 선임 소프트웨어 분석가, 선임 소프트웨어 개발자, 선임 소프트웨어 엔지니어, 애플리케이션 보안 아키텍트, 보안 제어 평가자	3 — 고급
		L4: 정보 보증 관리자, 책임 소프트웨어 엔지니어, 수석 정보 보증 엔지니어, 수석 소프트웨어 엔지니어, 제품 관리자, 프로젝트 관리자, 선임 소프트웨어 아키텍트	3 — 고급 4 — 전문가
		L5: 최고 정보 보증 엔지니어, 최고 소프트웨어 엔지니어	4 — 전문가

지식/기술/효율성			행위 지표
KA	유닛	직무 타이틀	
시스템 보안 보증	다양한 운영 시스템을 위한 직무 (기존)	L1: 수용 능력 테스터, 주임 정보 보증 엔지니어, 프로그래머 1	1 ─ 초급 2 ─ 중급
		L2: 애플리케이션 보안 분석가, 애플리케이션 보안 엔지니어, 정보 보증 분석가, 정보 보증 엔지니어, 유지보수 엔지니어, 프로그래머 2, QA 엔지니어, 릴리스 엔지니어, 소프트웨어 개발자, 소프트웨어 구현가, 기술 지원 엔지니어, 통합 엔지니어, 테스트 엔지니어	2 ─ 중급 3 ─ 고급
		L3: 컨설턴트 아키텍트, 컨설팅 엔지니어, 정보 보증 아키텍트, 프로그래머 3, 요구 사항 엔지니어, 소프트웨어 아키텍트, 소프트웨어 관리자, 소프트웨어 팀 리더, 선임 정보 보증 엔지니어, 선임 프로그래머, 선임 소프트웨어 분석가, 선임 소프트웨어 개발자, 선임 소프트웨어 엔지니어, 애플리케이션 보안 아키텍트, 보안 제어 평가자	3 ─ 고급
		L4: 정보 보증 관리자, 책임 소프트웨어 엔지니어, 수석 정보 보증 엔지니어, 수석 소프트웨어 엔지니어, 제품 관리자, 프로젝트 관리자, 선임 소프트웨어 아키텍트	3 ─ 고급 4 ─ 전문가
		L5: 최고 정보 보증 엔지니어, 최고 소프트웨어 엔지니어	4 ─ 전문가
	소프트웨어 시스템 개발, 도입, 운영에 필요한 윤리와 무결성	L1: 수용 능력 테스터, 주임 정보 보증 엔지니어, 프로그래머 1	1 ─ 초급 2 ─ 중급
		L2: 애플리케이션 보안 분석가, 애플리케이션 보안 엔지니어, 정보 보증 분석가, 정보 보증 엔지니어, 유지보수 엔지니어, 프로그래머 2, QA 엔지니어, 릴리스 엔지니어, 소프트웨어 개발자, 소프트웨어 구현가, 기술 지원 엔지니어, 통합 엔지니어, 테스트 엔지니어	2 ─ 중급 3 ─ 고급
		L3: 컨설턴트 아키텍트, 컨설팅 엔지니어, 정보 보증 아키텍트, 프로그래머 3, 요구 사항 엔지니어, 소프트웨어 아키텍트, 소프트웨어 관리자, 소프트웨어 팀 리더, 선임 정보 보증 엔지니어, 선임 프로그래머, 선임 소프트웨어 분석가, 선임 소프트웨어 개발자, 선임 소프트웨어 엔지니어, 애플리케이션 보안 아키텍트, 보안 제어 평가자	3 ─ 고급
		L4: 정보 보증 관리자, 책임 소프트웨어 엔지니어, 수석 정보 보증 엔지니어, 수석 소프트웨어 엔지니어, 제품 관리자, 프로젝트 관리자, 선임 소프트웨어 아키텍트	3 ─ 고급 4 ─ 전문가
		L5: 최고 정보 보증 엔지니어, 최고 소프트웨어 엔지니어	4 ─ 전문가

지식/기술/효율성			행위 지표
KA	**유닛**	**직무 타이틀**	
시스템 기능 보증	보증 기술	L1: 수용 능력 테스터, 주임 정보 보증 엔지니어, 프로그래머 1	1 — 초급 2 — 중급
		L2: 애플리케이션 보안 분석가, 애플리케이션 보안 엔지니어, 정보 보증 분석가, 정보 보증 엔지니어, 유지보수 엔지니어, 프로그래머 2, QA 엔지니어, 릴리스 엔지니어, 소프트웨어 개발자, 소프트웨어 구현가, 기술 지원 엔지니어, 통합 엔지니어, 테스트 엔지니어	2 — 중급 3 — 고급
		L3: 컨설턴트 아키텍트, 컨설팅 엔지니어, 정보 보증 아키텍트, 프로그래머 3, 요구 사항 엔지니어, 소프트웨어 아키텍트, 소프트웨어 관리자, 소프트웨어 팀 리더, 선임 정보 보증 엔지니어, 선임 프로그래머, 선임 소프트웨어 분석가, 선임 소프트웨어 개발자, 선임 소프트웨어 엔지니어, 애플리케이션 보안 아키텍트, 보안 제어 평가자	3 — 고급
		L4: 정보 보증 관리자, 책임 소프트웨어 엔지니어, 수석 정보 보증 엔지니어, 수석 소프트웨어 엔지니어, 제품 관리자, 프로젝트 관리자, 선임 소프트웨어 아키텍트	3 — 고급 4 — 전문가
		L5: 최고 정보 보증 엔지니어, 최고 소프트웨어 엔지니어	4 — 전문가
	보증된 소프트웨어 개발	L1: 수용 능력 테스터, 주임 정보 보증 엔지니어, 프로그래머 1	1 — 초급 2 — 중급
		L2: 애플리케이션 보안 분석가, 애플리케이션 보안 엔지니어, 정보 보증 분석가, 정보 보증 엔지니어, 유지보수 엔지니어, 프로그래머 2, QA 엔지니어, 릴리스 엔지니어, 소프트웨어 개발자, 소프트웨어 구현가, 기술 지원 엔지니어, 통합 엔지니어, 테스트 엔지니어	2 — 중급 3 — 고급
		L3: 컨설턴트 아키텍트, 컨설팅 엔지니어, 정보 보증 아키텍트, 프로그래머 3, 요구 사항 엔지니어, 소프트웨어 아키텍트, 소프트웨어 관리자, 소프트웨어 팀 리더, 선임 정보 보증 엔지니어, 선임 프로그래머, 선임 소프트웨어 분석가, 선임 소프트웨어 개발자, 선임 소프트웨어 엔지니어, 애플리케이션 보안 아키텍트, 보안 제어 평가자	3 — 고급
		L4: 정보 보증 관리자, 책임 소프트웨어 엔지니어, 수석 정보 보증 엔지니어, 수석 소프트웨어 엔지니어, 제품 관리자, 프로젝트 관리자, 선임 소프트웨어 아키텍트	3 — 고급 4 — 전문가
		L5: 최고 정보 보증 엔지니어, 최고 소프트웨어 엔지니어	4 — 전문가

지식/기술/효율성			행위 지표
KA	**유닛**	**직무 타이틀**	
시스템 기능 보증	보증된 소프트웨어 분석	L1: 수용 능력 테스터, 주임 정보 보증 엔지니어, 프로그래머 1	1 — 초급 2 — 중급
		L2: 애플리케이션 보안 분석가, 애플리케이션 보안 엔지니어, 정보 보증 분석가, 정보 보증 엔지니어, 유지보수 엔지니어, 프로그래머 2, QA 엔지니어, 릴리스 엔지니어, 소프트웨어 개발자, 소프트웨어 구현가, 기술 지원 엔지니어, 통합 엔지니어, 테스트 엔지니어	2 — 중급 3 — 고급
		L3: 컨설턴트 아키텍트, 컨설팅 엔지니어, 정보 보증 아키텍트, 프로그래머 3, 요구 사항 엔지니어, 소프트웨어 아키텍트, 소프트웨어 관리자, 소프트웨어 팀 리더, 선임 정보 보증 엔지니어, 선임 프로그래머, 선임 소프트웨어 분석가, 선임 소프트웨어 개발자, 선임 소프트웨어 엔지니어, 애플리케이션 보안 아키텍트	3 — 고급
		L4: 정보 보증 관리자, 책임 소프트웨어 엔지니어, 수석 정보 보증 엔지니어, 수석 소프트웨어 엔지니어, 제품 관리자, 프로젝트 관리자, 선임 소프트웨어 아키텍트	3 — 고급 4 — 전문가
		L5: 최고 정보 보증 엔지니어, 최고 소프트웨어 엔지니어	4 — 전문가
	도입 단계의 보증	L1: 수용 능력 테스터, 주임 정보 보증 엔지니어, 프로그래머 1	1 — 초급 2 — 중급
		L2: 애플리케이션 보안 분석가, 애플리케이션 보안 엔지니어, 정보 보증 분석가, 정보 보증 엔지니어, 유지보수 엔지니어, 프로그래머 2, QA 엔지니어, 릴리스 엔지니어, 소프트웨어 개발자, 소프트웨어 구현가, 기술 지원 엔지니어, 통합 엔지니어, 테스트 엔지니어	2 — 중급 3 — 고급
		L3: 컨설턴트 아키텍트, 컨설팅 엔지니어, 정보 보증 아키텍트, 프로그래머 3, 요구 사항 엔지니어, 소프트웨어 아키텍트, 소프트웨어 관리자, 소프트웨어 팀 리더, 선임 정보 보증 엔지니어, 선임 프로그래머, 선임 소프트웨어 분석가, 선임 소프트웨어 개발자, 선임 소프트웨어 엔지니어, 애플리케이션 보안 아키텍트	3 — 고급
		L4: 정보 보증 관리자, 책임 소프트웨어 엔지니어, 수석 정보 보증 엔지니어, 수석 소프트웨어 엔지니어, 제품 관리자, 프로젝트 관리자, 선임 소프트웨어 아키텍트	3 — 고급 4 — 전문가
		L5: 최고 정보 보증 엔지니어, 최고 소프트웨어 엔지니어	4 — 전문가

지식/기술/효율성			행위 지표
KA	**유닛**	**직무 타이틀**	
시스템 운영 보증	운영 절차	L1: 주임 정보 보증 엔지니어	1 — 초급 2 — 중급
		L2: 정보 보증 분석가, 보증 엔지니어, 유지보수 엔지니어, QA 엔지니어, 릴리스 엔지니어, 기술 지원 엔지니어	2 — 중급 3 — 고급
		L3: 애플리케이션 보안 분석가, 애플리케이션 보안 엔지니어, 컨설팅 엔지니어, 소프트웨어 관리자, 소프트웨어 팀 리더, 선임 정보 보증 엔지니어	3 — 고급
		L4: 정보 보증 관리자, 수석 정보 보증 엔지니어, 수석 소프트웨어 엔지니어, 제품 관리자, 프로젝트 관리자	3 — 고급 4 — 전문가
		L5: 최고 정보 보증 엔지니어, 최고 소프트웨어 엔지니어	4 — 전문가
	운영 모니터링	L1: 주임 정보 보증 엔지니어	1 — 초급 2 — 중급
		L2: 정보 보증 분석가, 정보 보증 엔지니어, 유지보수 엔지니어, 프로그래머 2, QA 엔지니어, 릴리스 엔지니어, 소프트웨어 개발자, 소프트웨어 구현가, 기술 지원 엔지니어, 통합 엔지니어, 테스트 엔지니어	2 — 중급 3 — 고급
		L3: 애플리케이션 보안 분석가, 애플리케이션 보안 엔지니어, 컨설턴트, 컨설턴트 아키텍트, 컨설팅 엔지니어, 정보 보증 아키텍트, 프로그래머 3, 요구 사항 엔지니어, 소프트웨어 아키텍트, 소프트웨어 관리자, 소프트웨어 팀 리더, 선임 정보 보증 엔지니어, 선임 프로그래머, 선임 소프트웨어 분석가, 선임 소프트웨어 개발자, 선임 소프트웨어 엔지니어, 애플리케이션 보안 아키텍트	3 — 고급
		L4: 정보 보증 관리자, 책임 소프트웨어 엔지니어, 수석 정보 보증 엔지니어, 수석 소프트웨어 엔지니어, 제품 관리자, 프로젝트 관리자, 선임 소프트웨어 아키텍트	3 — 고급 4 — 전문가
		L5: 최고 정보 보증 엔지니어, 최고 소프트웨어 엔지니어	4 — 전문가

표 E.2 (ISC)² 애플리케이션 보안 이사회의 SwA 역량 매핑 제안 — 포괄적인 직무 타이틀 목록(계속)

지식/기술/효율성			행위 지표
KA	유닛	직무 타이틀	
시스템 운영 보증	시스템 제어	L1: 주임 정보 보증 엔지니어	1 — 초급 2 — 중급
		L2: 정보 보증 분석가, 정보 보증 엔지니어, 유지보수 관리자, 기술 지원 엔지니어	2 — 중급 3 — 고급
		L3: 애플리케이션 보안 분석가, 애플리케이션 보안 엔지니어, 컨설팅 엔지니어, 정보 보증 아키텍트, 소프트웨어 관리자, 선임 정보 보증 엔지니어, 선임 프로그래머, 선임 소프트웨어 분석가, 선임 소프트웨어 엔지니어, 애플리케이션 보안 아키텍트, 보안 제어 평가자	3 — 고급
		L4: 정보 보증 관리자, 책임 소프트웨어 엔지니어, 수석 정보 보증 엔지니어, 수석 소프트웨어 엔지니어	3 — 고급 4 — 전문가
		L5: 최고 정보 보증 엔지니어, 최고 소프트웨어 엔지니어	4 — 전문가

참고자료

Hilburn 2013

Thomas B. Hilburn, Mark A. Ardis, Glenn Johnson, Andrew J. Kornecki, Nancy R. Mead, "Assurance Competency Model", 카네기멜론대학교 소프트웨어 공학연구소, CMU/SEI-2013-TN-004(https://resources.sei.cmu.edu/library/asset-view.cfm?assetid=47953), 2013

BSIMM 평가 최종 보고서

2016년 4월 1일

발주처:

FakeFirm

123 Fake Street

Anytown, USA 12345

수행 기관:

Cigital, Inc.

21351 Ridgetop Circle

Suite 400

Dulles, VA 20166

Cigital, Inc
21351 Ridgetop Circle
Suite 400
Dulles, VA 20166
전화번호: + 1 (703) 404-9293
www.cigital.com

목차

그림 목차

서문

목적

본 문서는 Cigital 사가 FakeFirm을 대상으로 수행한 BSIMM 평가의 최종 보고 내용을 담고 있다.

대상

본 문서는 소프트웨어 보안 그룹^{SSG}을 책임자 및 관련 소프트웨어 보안 계획^{SSI} 활동에 참여하는 인원들을 대상으로 한다.

문의

다음은 본 평가 관련 질문에 답변을 줄 수 있는 핵심 Cigital 직원 연락처 목록이다.

이름	직급	연락처	이메일
M. Consultant	관리 컨설턴트	703-555-1212	mconsultant@cigital.com
Sammy Migues	부장	703-404-5830	smigues@cigital.com
M. Principal	관리 부장	703-555-1212	mprincipal@cigital.com

1. 요약

성숙도 모델 내에 보안 구축^{BSIMM}은 다양한 소프트웨어 보안 계획^{SSI, Software Security Initiative}의 종합적인 활동을 포착할 수 있는 관찰 기반 접근 방법으로 만들어진 특별한 도구다. SSI는 경영진의 지원 하에 안전한 소프트웨어 구축, 도입, 운영, 유지보수를 목표로 하는 모든 활동으로 구성된 능동적인 노력이다. SSI는 회사의 비즈니스 목표를 안전하게 보장하기 위한 소프트웨어 공학 프로세스와 관련된 위험과 비용 사이의 균형을 조절하는 능력을 구비하게 한다. 또한 SSI는 고객들이 회사의 소프트웨어 사용 만족도를 보장하는 동시에 소프트웨어가 관련 규정, 법, 감사 요구 사항을 충족하도록 보장한다.

BSIMM 구축을 위해 우리는 9개 회사의 소프트웨어 보안 준수 노력을 평가한 2008년 데이터를 조사하고 분석한 후, 이 자료를 토대로 BSIMM1을 구축했다. 2015년 9월 우리는 여러 수직 시장[1] 내의 다양한 규모의 104개 회사를 대상으로 BSIMM 평가를 수행했다. 당시 모델의 현실 반영을 위해 현재 상황을 반영하는 활동을 추가하거나 옮기는 과정을 통해 모델을 지속적으로 조정했다. 오래된 데이터는 제거하고 지속적으로 모델을 최신화했다. 따라서 BSIMM은 소프트웨어 보안 분야의 현실을 반영하는, 실제 실제 사례를 포함하는 유일하고 유용한 도구라고 말할 수 있다.

BSIMM6에는 78개의 회사가 참여했다. BSIMM의 유용성을 확실히 하기 위해 이 중 26개 회사는 두 개의 BSIMM 평가를 거쳤으며, 10개 회사는 셋 이상의 평가를 진행했다. 세부 계획은 조금씩 달랐으나, 모든 평가는 BSIMM이 중점적으로 보는 부분과 많은 내용을 공유했다. 따라서 이 평가는 범용 척도 역할로써 SSI 지도부의 전략적인 계획을 촉진시키며, 이를 활용해 어떠한 SSI도 측정할 수 있다. 더 일반적인 용어로, 우리는 이러한 SSI 리더를 소프트웨어 보안 그룹^{SSG, Software Security Group}이라고 부른다.

---

[1] 수직 시장(vertical market)이란 비슷한 방법을 사용해 비슷한 제품이나 서비스들을 개발하는 특정 산업이나 기업들의 그룹을 말한다. 수직 시장의 광범위한 예로는 보험, 부동산, 금융, 제조업, 소매, 수송, 병원, 그리고 정부 등이 있다. – 옮긴이

다음 그림 F.1은 우리가 BSIMM의 기반으로 사용한 소프트웨어 보안 프레임워크[SSF]를 보여준다. 프레임워크는 크게 거버넌스, 인텔리전스, SSDL 접점, 배치 같은 네 개의 도메인을 포함한다. BSIMM 역사와 SSF 도메인에 대한 더 자세한 내용은 'Appendix A: BSIMM 배경'을 참고하기 바란다.

BSIMM6 내의 112개 소프트웨어 보안 활동을 종합적으로 포함하는 12개의 실제 사례은 (예: 전략 및 메트릭) 네 개의 SSF 도메인 범위 내에 속한다. 각 실제 사례 내에서 우리는 모든 참여자에 걸친 관찰 빈도를 바탕으로 이러한 활동을 크게 세 단계로 분류했다. 관련 활동과 단계 할당을 포함한 각 실제 사례별 요약 내용은 'Appendix B: BSIMM 활동'을 참고하기 바란다. 관련 웹사이트(http://bsimm.com)에서 BSIMM 보고서의 광범위한 활동 명세 내용을 찾아볼 수 있다. BSIMM은 관찰 기반 모델로, 우리의 연구 성과를 지속적으로 기록하기 때문에 세부 활동 내용은 시간이 지나면서 조금씩 달라질 수 있음에 유의하기 바란다.

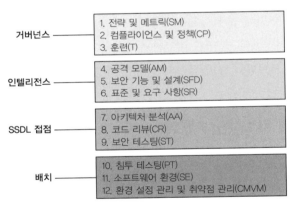

그림 F.1 BSIMM 소프트웨어 보안 프레임워크

어떠한 입증 자료를 기반으로 하더라도, 시간이 제한된 상황에서는 세부적인 비즈니스 프로세스 분석이 어렵다. 하지만 BSIMM 평가표[score card]가 감사 결과나 보고서 역할을 하지 못하다는 사실을 이해하는 것이 중요하다. BSIMM 평가표는 단순히 BSIMM 렌즈를 통해 바라본 현재 소프트웨어 보안 노력의 스냅샷에 불과하다. 평가표의 가치는 BSIMM6 자체

가 동일한 방식을 사용한 235개의 평가 수행 내용을 토대로 하며, 모든 결과를 지속적으로 서로 비교한 결과라는 사실에서 찾아볼 수 있다.

FakeFirm 사 평가 기간 중에 Cigital 사는 다양한 소프트웨어 보안 역할 담당자와 인터뷰를 진행했다. 필요한 경우 주어진 주제를 명확히 하는 아티팩트^{artifact}를 검토하기도 했다. 다음으로 우리 팀은 112개 BSIMM6 활동 중 FakeFirm 사에서 관찰된 요소에 대해 만장일치에 도달할 때까지 결과 데이터를 분석했다. 우리는 우리에게 주어진 최종 관찰 목록을 통해 이 보고서 담긴 데이터 결과를 생산해낼 수 있었다. 이러한 지식은 SSG 소유주에게 다른 실세계 SSI와 자신들의 실행 계획을 비교해 보고, 회사의 노력을 고도화하는 데 도움이 되는 전략적인 단계를 명확히 할 수 있다.

2016 4월에 진행한 BSIMM 평가에서 Cigital은 11명과 인터뷰를 진행했다. 이 시점에 애플리케이션 보안 팀$^{AST, Application Security Team}$으로 알려진 FakeFirm 사의 소프트웨어 보안 그룹^{SSG}은 활동한 지 2년 정도 됐으며, 팀원으로 5명의 정규직 직원이 일하고 있었다. AST의 리더는 FakeFirm의 최고 경영자까지 이어지는 보고 라인(책임자(AST 리더) → CISO → CIO → CEO)을 따르고 있었다. 현재는 'S-SDLC 위험 관리자들'이라고 불리는 여섯 명의 인원이 AST의 위성 조직 내에 존재한다. AST와 위험 관리자들은 250개의 애플리케이션 포트폴리오를 개발, 도입, 관리하는 850명의 개발자들을 지원한다. FakeFirm 사는 엑셀을 활용해 소프트웨어 포트폴리오와 현재 목록이 완료되지 않았음을 추적한다.

FakeFirm 사는 다양한 비즈니스 유닛 외부에 위치한 기업 그룹 내의 AST를 중앙화했다. AST는 테스팅 기대 수준 수립을 위한 SDLC의 시작 단계와 테스팅 수행을 위한 SDLC의 마지막 단계에 위치한 두 개의 소프트웨어 보안 게이트가 있는 문서화된 보안 SDLC 형식으로, 소프트웨어 보안 거버넌스에 대한 고수준 접근 방식을 구현했다. 하지만 이 시점에서 게이트에 대한 고수는 자발적으로 이뤄진다. AST는 일부 시큐어 코딩 표준을 포함하는 정책과 표준으로 SDLC를 보완한다. AST는 FakeFirm 사가 소프트웨어 관련 프라이버시 및 컴플라이언스 목표를 달성할 수 있도록 법무, 위험, 컴플라이언스 관련 그룹과도 직접적으로 업무를 진행한다. 또한 운영체제 시스템, 서버, 디바이스 보안 통제를 명세하고 유지하기 위해 IT 부서와도 협업한다. 신규 개발자, 테스터, 아키텍트는 조직 적응 기간에 간단한 개인 세션을 통해 소프트웨어 보안 훈련을 받는다. AST는 경영진과 다른 그룹에 대한 지원 업무도 수행하지만, 이 경우 비공식적인 미팅 또는 데이터 공유를 통해서만 업무를 진행한다.

AST는 아키텍처 분석, 침투 테스팅, 정적 분석을 통해 소프트웨어 보안 결함을 식별하기 위해 엔지니어링 팀과 직접적으로 협력한다. AST가 이러한 노력을 중앙 집중적인 형태로 진행하는 반면, 대부분 노동은 아웃 소싱 형태로 진행한다. AST는 보통 공격 인텔리전스의 이점을 활용해 이러한 테스팅을 강화한다. 프로세스는 대부분 보안 결함에 할당된 심각도 단계를 부여하도록 하며, AST는 이러한 보안 결함을 추적해 개선 계획을 수립한다.

이 밖에 관심을 가져야 할 또 다른 주요 SSI 특징은 다음과 같다.

- 맞춤형 규칙을 사용하는 비교적 성숙한 정적 소스 코드 분석 프로세스
- FakeFirm 사의 소프트웨어를 대상으로 하는 공격에 대한 정보 획득 및 개발자 훈련 프로그램을 만들어 내는 성숙한 프로세스
- 품질 보증 프로세스에 포함된 웹 애플리케이션 프로그램에 대한 블랙 박스 보안 테스트로 개발 주기 동안 보안 결함을 잡을 수 있음
- 벤더 계약에서만 제한적으로 사용하는 소프트웨어 보안 책임을 위한 서비스 수준의 합의를 담은 표준 문건
- "모든 것이 중요하다."와 비공식적이며 효과적으로 동일시되는 데이터 분류

이와 같은 FakeFirm 사의 소프트웨어 보안 노력을 토대로, Cigital 사는 이번 평가에서 총 37개의 BSIMM 활동을 관찰했다. 그림 F.2의 회색 음영 부분은(e북에서는 파란색) 12개 SSF 실제 사례에 걸쳐 발견된 활동의 분포를 백분율로 정규화한 결과를 보여준다. 예를 들어 우리가 주어진 실제 사례 내에서 절반의 활동을 관찰했다면, 차트 값은 50%로 표현될 것이다. 비교를 위해 전체 BSIMM6 참여기업의 정규화된 평균값을 밝은 회색(e북에서는 주황색) 영역으로 표시했다.

시각화를 돕기 위해 그림 F.3에서는 동일한 데이터를 막대그래프로 표현했다.

그림 F.1의 SSF가 BSIMM 토대를 형성한다는 사실을 기억해 보자. SSF는 12개의 실제 사례으로 구성되며, 각 실제 사례는 전체 112개로 구성된 여러 BSIMM 활동을 포함한다. BSIMM 평가를 마친 후에 우리는 112개 중 실제 관찰된(이번 평가의 경우 37개) 활동 개수를 보여주는 평가표를 만들었다. 비교를 위해 그림 F.4에서는 각 그룹의 SSI 평균 점수와 함께 BSIMM6 데이터 풀 내의 78개 회사의 점수 분포를 함께 보여준다.

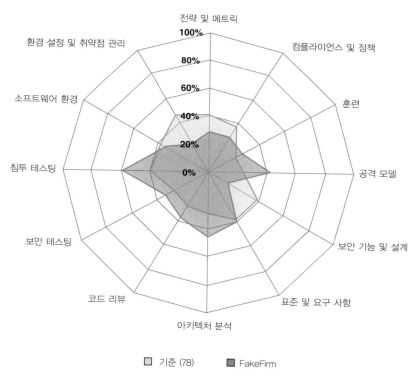

그림 F.2 각 BSIMM 실제 사례에서 관찰된 활동을 정규화된 형태로 표현한 결과(스파이더 그래프)

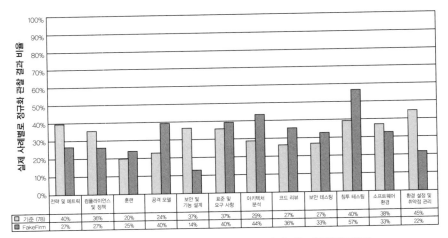

	전략 및 메트릭	컴플라이언스 및 정책	훈련	공격 모델	보안 및 기능 설계	표준 및 요구 사항	아키텍처 분석	코드 리뷰	보안 테스팅	침투 테스팅	소프트웨어 환경	환경 설정 및 취약점 관리
기준 (78)	40%	36%	20%	24%	37%	37%	29%	27%	27%	40%	38%	45%
FakeFirm	27%	27%	25%	40%	14%	40%	44%	36%	33%	57%	33%	22%

그림 F.3 각 BSIMM 실제 사례에서 관찰된 활동의 정규화 비율(막대그래프)

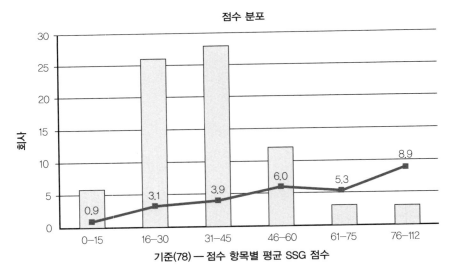

그림 F.4 BSIMM6 평가 점수 분포

계획 수립 관점에서 볼 때, 우리의 경험은 SSF 실제 사례 전반에 걸쳐 분산된 노력을 하는 편이 더 낫다는 것을 보여준다. 또한 우리는 단일 회사 내에서 112개 활동이 모두 관찰된 것을 본 적이 없으며, 이러한 수치가 합리적인 목표가 될 수도 없다는 사실을 명심해야 한다. 회사 입장에서는 항상 기준 활동 선택을 중심으로, 필요에 따라 SSI 항목에 자원을 할당해야 한다.

BSIMM 평가가 현재 진행 중인 소프트웨어 보안 활동 목록을 편견 없이 보여준다고 하더라도, 이 특정 목표에 집중하는 단일 검토만으로는 SSI의 충분하고 효과적인 완전한 측정을 기대하기는 어렵다. 이를 위해선 추가 데이터와 분석이 필요하다.

이어지는 절에서 Cigital은 FakeFirm 사의 BSIMM 평가 결과를 보여주는 추가 내용을 제공한다. FakeFirm은 이 결과를 활용해 SSI 개선에 도움을 줄 수 있는 권장 사항을 도출할 수 있다.

2. 데이터 수집

BSIMM 평가는 현재 소프트웨어 보안 활동을 묘사하는 평가표를 객관적으로 생성해 내며, 이를 통해 내부 분석, 의사결정 지원, 예산 책정에 도움을 줄 수 있다. 이러한 정보를 수집하기 위해 Cigital 사는 자사의 SSI에 대한 FakeFirm의 접근 방식과 실행을 자세히 이해하기 위해 인터뷰를 진행했다. 또한 주요 소프트웨어 보안 프로세스를 설명하는 아티팩트도 검토했다. 다음으로 Cigital 사는 결과 데이터를 분석해 112 활동 중 관찰된 각 소프트웨어 보안 활동에 대한 BSIMM 평가표 형태로 점수를 부여했다.

일반적으로 우리는SSG 소유주와 그 또는 그녀의 보고 라인을 대상으로 인터뷰를 진행했다. 우리는 이러한 규칙을 SSI를 계획하고, 개시하고, 실행에 직접적으로 참여하는 사람들을 인터뷰할 때도 동일하게 적용했다. 관련 직원들은 SSG 경영 스폰서, 비즈니스 분석, 아키텍처, 개발, 테스팅, 운영, 감사, 위험 및 컴플라이언스를 포함한 여러 역할을 수행할 수 있다.

이 BSIMM평가를 위해 Cigital 사는 다음 인원들과 인터뷰를 진행했다.

- 개인, CIO
- 개인, CISO 및 SSG 리더
- 개인, SSG 소속원
- 개인, SSG 소속원
- 개인, SSG 소속원
- 개인, 보안 아키텍트 책임자
- 개인, 보안 운영 책임자
- 개인, 품질 평가 책임자
- 개인, 모바일 개발 책임자
- 개인, 웹 개발 책임자
- 개인, 위험 및 컴플라이언스

3. 최고점

'Appendix B: BSIMM 활동'에서 보는 것처럼, 112개 BSIMM6 활동은 각각 1,2,3단계에 할당된다. Cigital은 인터뷰 데이터를 사용해 평가표를 만들고, 12개 BSIMM 실제 사례에서 가장 높은 단계로 관찰된 활동을 '최고점$^{high-water\ mark}$'으로 기록한 차트를 만들었다. 우리는 아주 간단한 알고리즘으로 최고점을 할당했다. 만약 주어진 실제 사례에서 3단계 활동이 관찰됐다면, 1단계 또는 2단계 활동 관찰 여부에 상관없이 숫자 '3'을 할당했다. 우리는 2, 1, 0단계 활동에 대해서도 동일한 원칙을 적용했다.

그림 F.5는 FakeFirm사의 최고점과 BSIMM6 참여 회사의 평균 최고점을 비교한 결과를 보여 준다. 스파이더 다이어그램은 실제 사례별로 오직 하나의 데이터만 보여줄 수 있으며, 이는 소프트웨어 보안 노력을 제대로 표현해 주지 못한다. 하지만 이 관점은 여러 회사, 동일 회사 내의 비즈니스 유닛을 지속적으로 비교하는 유용한 지표로 활용 가능하다.

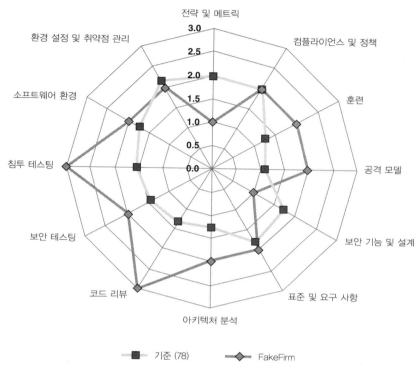

그림 F.5 78개 BSIMM6 회사의 평균과 비교한 실제 사례별 최고점

밝은 회색 박스 선으로 둘러싸인 영역은(e북에서는 녹색) BSIMM6 참여 회사가 달성한 0~3 단계 평균 최고점을 나타낸다.

어두운 회색 다이아몬드 모양의 선으로 둘러싸인 영역은(e북에서는 파랑색) FakeFirm 사가 달성한 0~3 단계 평균 최고점을 나타낸다.

모든 BSIMM6 참여 회사의 평균 최고점과 비교해 볼 때, FakeFirm의 최고점은 훈련, 공격 모델, 아키텍처 분석, 코드 리뷰, 침투 테스팅 분야에서 평균치 이상을 웃도는 사실을 확인할 수 있다. FakeFirm 사는 컴플라이언스 및 정책, 표준 및 요구 사항, 보안 테스팅, 소프트웨어 환경, 환경 설정 관리 및 취약점 관리 영역에서 평균치에 근접한 최고점을 나타낸다. 전략 및 메트릭과 보안 기능 및 설계 영역의 최고점은 평균치에 미치지 못한다.

4. BSIMM 실제 사례

그림 F.5의 스파이더 그래프는 각 BSIMM 실제 사례 내에서 최고점에 도달한 항목만 보여준다는 점을 기억해 보자. 그룹을 비교하거나 시간 경과에 따라 변화를 시각화하는 데 유용하지만, 단일 실제 사례에서 단일 최고 단계의 활동만 수행하고 다른 활동은 거의 없거나 전혀 없는 경우 스파이더 그래프가 실제 사례 내의 실제 노력을 정확히 반영하지 못할 수 있다.

이러한 한계점을 극복하고 추가 분석을 용이하게 하기 위해, FakeFirm에서 관찰된 37개 BSIMM6 을 자세하게 보여주는 두 개의 그림을 추가로 제공한다. 이러한 유형의 그림은 관찰된 활동을 각각의 실제 사례에 수직적으로 분리한 다음, 각 단계에 수평적으로 분리해 표시함으로써 '활동 밀도activity density'를 분명히 한다.

그림 F.6 은 CIgital에서 관찰될지도 모르는 몇 개 되지 않거나 전혀 관련이 없는, 낮은 단계의 활동과 함께 높은 단계의 활동을 명확히 하기 위한 실제 사례별 분석에 도움을 준다. 종적 실제 사례 관점에서 볼 때, FakeFirm 사는 코드 리뷰와 침투 테스팅의 두 실제 사례 영역에서 '3'단계 최고점을 달성했다. 침투 테스팅 내에서는 실제 사례 성숙도를 나타내는 낮은 단계의 활동을 다수 관찰할 수 있었지만, 코드 리뷰 내에서는 다수의 낮은 레벨 활동을 관찰하지 못했다. 이와 유사하게 FakeFirm 사는 8개 실제 사례 영역에서 '2'단계 최고점을 달성했으며, 이 중 훈련, 공격 모델, 소프트웨어 환경, 환경 설정 관리 및 취약점 관리 영역을 제외한 네 개의 실제 사례 영역에서 다수의 낮은 단계 활동을 관찰했다. 우리는 FakeFirm 사가 '1'단계 최고점을 달성한 두 개의 실제 사례 중 보안 기능 및 설계 영역을 제외한 나머지 하나에서 다수의 활동을 관찰했다.

그림 F.7은 현재 SSI가 기본적으로 1단계 활동을 포함하지 않음을 강조하기 위해 단계별 분석 수행 결과를 보여준다. 소프트웨어 보안 기반을 수평적인 관점으로 살펴보면, 1단계의 모든 실제 사례 영역에서 활동이 수행 중임을 확인할 수 있지만, 훈련, 공격 모델, 보안 기능 및 설계, 소프트웨어 환경, 환경 설정 관리 및 취약점 관리 영역에서는 다수의 1단계 활동을 관측하지 못했다. 우리는 표준 및 요구 사항을 제외한 거의 모든 실제 사례 영역에서 하나의 2단계 활동을 관측할 수 있었다. 3단계 활동이 관찰된 두 개의 실제 사례 영역에서는 단일 활동만 관찰됐다.

추가 단계의 분석을 돕기 위해 Cigital 사는 다른 회사와 비교 가능한 데이터와 관찰된 각 활동에 대한 데이터를 포함하는 평가표를 제공한다.

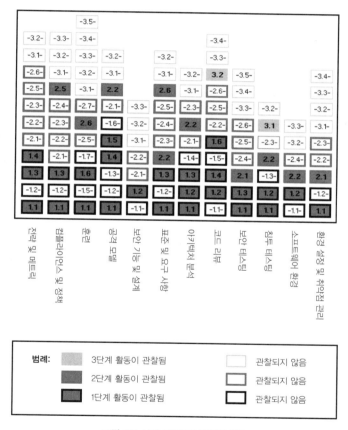

그림 F.6 실제 사례별로 관찰된 활동

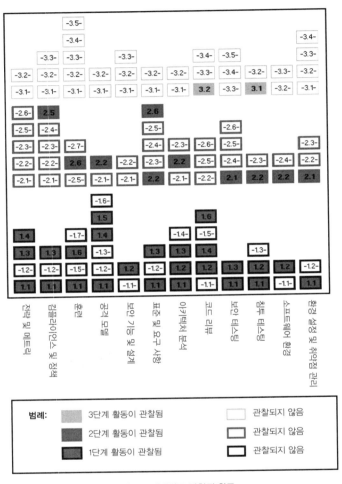

그림 F.7 단계별로 관찰된 활동

5. BSIMM 평가표

그림 F.8은 FakeFirm 사의 SSI에 대한 자세한 정보를 제공한다. 주로 이 평가 기간 동안 Cigital이 관찰한 37개 활동을 'FakeFirm'으로 표기한 네 개의 열에 나열한다. 'BSIMM6 회사' 열에서 평가표는 Cigital이 관찰한 각 회사의(78개 중) 활동 개수를 제공한다. 다음 페이지에 있는 표에서 더 자세한 설명을 확인할 수 있다. 추가로 'Appendix B: BSIMM 활동'에서 각 BSIMM 활동과 관련된 약어를 찾아볼 수 있다(예: SM1.3은 '경영진 교육'을 의미).

FakeFirm 사의 BSIMM6 평가표 관찰된 활동: 37

	거버넌스			인텔리전스			SSDL 접점			배치	
활동	BSIMM6 회사	FakeFirm	활동	BSIMM6 회사	FakeFirm	활동	BSIMM6 회사	FakeFirm	활동	BSIMM6 회사	FakeFirm
전략 및 메트릭			**공격 모델**			**아키텍처 분석**			**침투 테스팅**		
[SM1.1]	41	1	[AM1.1]	17	1	[AA1.1]	67	1	[PT1.1]	69	1
[SM1.2]	40		[AM1.2]	51		[AA1.2]	29	1	[PT1.2]	47	1
[SM1.3]	36	1	[AM1.3]	31		[AA1.3]	22	1	[PT1.3]	47	
[SM1.4]	66	1	[AM1.4]	8	1	[AA1.4]	46		[PT2.2]	20	1
[SM2.1]	36		[AM1.5]	46	1	[AA2.1]	12		[PT2.3]	17	
[SM2.2]	29		[AM1.6]	11		[AA2.2]	9	1	[PT3.1]	10	1
[SM2.3]	30		[AM2.1]	6		[AA2.3]	13		[PT3.2]	8	
[SM2.5]	17		[AM2.2]	8	1	[AA3.1]	6				
[SM2.6]	29		[AM3.1]	4		[AA3.2]	1				
[SM3.1]	15		[AM3.2]	2							
[SM3.2]	7										
컴플라이언스 및 정책			**보안 기능 및 설계**			**코드 리뷰**			**소프트웨어 환경**		
[CP1.1]	45	1	[SFD1.1]	61		[CR1.1]	18		[SE1.1]	37	
[CP1.2]	61		[SFD1.2]	59	1	[CR1.2]	53	1	[SE1.2]	69	1
[CP1.3]	41	1	[SFD2.1]	24		[CR1.4]	55	1	[SE2.2]	31	1
[CP2.1]	19		[SFD2.2]	39		[CR1.5]	24		[SE2.4]	25	
[CP2.2]	23		[SFD3.1]	8		[CR1.6]	27	1	[SE3.2]	10	
[CP2.3]	25		[SFD3.2]	11		[CR2.2]	7		[SE3.3]	5	
[CP2.4]	29		[SFD3.3]	2		[CR2.5]	20				
[CP2.5]	33	1				[CR2.6]	16				
[CP3.1]	18					[CR3.2]	3	1			
[CP3.2]	11					[CR3.3]	5				
[CP3.3]	6					[CR3.4]	3				
훈련			**표준 및 요구 사항**			**보안 테스팅**			**환경 설정 및 취약점 관리**		
[T1.1]	59	1	[SR1.1]	57		[ST1.1]	61	1	[CMVM1.1]	71	1
[T1.5]	26		[SR1.2]	50		[ST1.3]	66	1	[CMVM1.2]	73	
[T1.6]	17	1	[SR1.3]	52	1	[ST2.1]	24	1	[CMVM2.1]	64	1
[T1.7]	36		[SR2.2]	27	1	[ST2.4]	8		[CMVM2.2]	61	
[T2.5]	10		[SR2.3]	21		[ST2.5]	10		[CMVM2.3]	31	
[T2.6]	15	1	[SR2.4]	19		[ST2.6]	11		[CMVM3.1]	4	
[T2.7]	6		[SR2.5]	20		[ST3.3]	4		[CMVM3.2]	6	
[T3.1]	3		[SR2.6]	23	1	[ST3.4]	4		[CMVM3.3]	6	
[T3.2]	3		[SR3.1]	6		[ST3.5]	5		[CMVM3.4]	3	
[T3.3]	3		[SR3.2]	11							
[T3.4]	8										
[T3.5]	4										

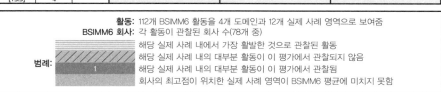

활동: 112개 BSIMM6 활동을 4개 도메인과 12개 실제 사례 영역으로 보여줌
BSIMM6 회사: 각 활동이 관찰된 회사 수(78개 중)

범례:
해당 실제 사례 내에서 가장 활발한 것으로 관찰된 활동
해당 실제 사례 내의 대부분 활동이 이 평가에서 관찰되지 않음
해당 실제 사례 내의 대부분 활동이 이 평가에서 관찰됨
회사의 최고점이 위치한 실제 사례 영역이 BSIMM6 평균에 미치지 못함

그림 F.8 기준 데이터와 함께 표현한 BSIMM 평가표

다음은 그림 F.8에 소개된 평가표에 대한 설명을 보여준다.

활동 열	BSIMM6에 포함된 각 112개 활동을 나열함 각 활동의 이름은 Appendix B를 참고하거나 http://bsimm.com에서 긴 설명이 담긴 대화형 차트를 확인할 수 있다.
BSIMM6 회사 열	활동이 관찰된 BSIMM6 참여 회사 수를 보여주며, 현재 데이터 풀에서 활동이 퍼져 나간 정도를 확인할 수 있다.
FakeFirm 열	평가 기간 중에 관찰된 각 활동에 '1'로 표기
	각 BSIMM6 실제 사례 내에서 가장 활발한 것으로 관찰된 활동
	다음을 포함해 FakeFirm에서 관찰된 일반적인 활동을 나타낸다. • SM1.4: 게이트 위치 식별, 필요한 아티팩트 수집 • T1.1: 인식 훈련 제공 • SR1.1: 보안 표준 생성 • AA1.1: 보안 기능 검토 수행 • CR1.4: 수동 검토와 함께 자동화 도구 사용 • ST1.3: 보안 요구 사항 및 보안 기능과 함께 테스트 수행 • PT1.1: 문제 식별을 위해 외부 침투 테스터 고용 • SE1.2: 호스트 및 네트워크 보안 기본 대책이 갖춰져 있음
	다음을 포함해 FakeFirm에서 관찰되지 않은 일반적인 활동을 나타낸다. • CP1.2: PII 의무 사항 식별 • AM1.2: 데이터 분류 규칙 또는 목록 생성 • SFD1.1: 보안 기능 구축 및 공표 • CMVM1.2: 운영 모니터링 중에 발견된 소프트웨어 버그를 식별하고, 이를 개발에 다시 통보
	FakeFirm 사의 최고점이 현재 참여자들의 평균에 미치지 못하는 실제 사례를 강조(FakeFirm 사의 최고점이 그림 F.5의 데이터 풀 '안에' 위치), 다음 항목이 여기에 해당한다. • 전략 및 메트릭, 컴플라이언스 및 정책, 보안 기능 및 설계, 환경 설정 관리 및 취약점 관리

이 평가표는 Cigital 사가 BSIMM으로 측정한 소프트웨어 보안 활동에 초점을 맞춘 결과라는 사실을 명심해야 한다. 주어진 활동을 단순히 관찰하는 것, 또는 부족한 관찰은 본질적으로 좋거나 나쁜 것과는 무관하다. 관찰한 활동이 충분하고 효과적임을 판단하려면 FakeFirm 사의 비즈니스 목표, 프로세스, 소프트웨어에 대한 깊은 분석이 필요하다. 이러한 분석 결과는 현재 SSI에 대한 전략적 이해를 더 넓고 깊게 만드는 초석이 될 수 있다.

6. 종적 분석

그림 F.9는 FakeFirm 사가 각 실제 사례 영역에서 도달한 단계를 요약하고, 금융 산업[1] 분야의 BSIMM6 참여 회사와 종적으로 비교한 결과를 보여준다.

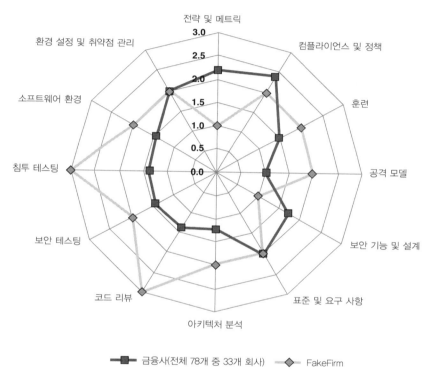

그림 F.9 참여 회사의 실제 사례별 최고점을 종적으로 비교한 결과

어두운 회색 박스 선으로 둘러싸인 영역은(e북에서는 빨강색) BSIMM6 참여 회사가 달성한 0~3단계 평균 최고점을 종적으로 보여준다.

밝은 회색 삼각형 선으로 둘러싸인 영역은(e북에서는 파랑색) FakeFirm 사가 달성한 0~3단계 평균 최고점을 나타낸다.

BSIMM6에 참여한 모든 금융 회사의 평균 최고점과 비교한 결과, FakeFirm 사는 훈련, 공격 모델, 아키텍처 분석, 코드 리뷰, 보안 테스팅, 침투 테스팅, 소프트웨어 환경 분야에서 평균치를 웃도는 것으로 확인됐다. 컴플라이언스 및 정책, 표준 및 요구 사항, 환경 설정 및 취약점 관리 영역에서는 평균치에 근접한 수치를, 전략 및 메트릭과 보안 기능 및설계 영역에서는 평균치에 미치지 못하는 것을 확인할 수 있다.

전체 BSIMM 데이터와 비교한 그림 F.5의 평균과 비교해볼 때, 가장 주목할 만한 변화는 바로 최고점 평균이 전체 데이터 풀$^{\text{BSIMM Earth}}$보다 금융 회사에서 훨씬 더 높게 나타난 전략 및 메트릭, 컴플라이언스 및 정책, 훈련, 표준 및 요구 사항 영역과 가장 낮은 평균을 기록한 소프트웨어 환경 영역이다.

그림 F.10은 FakeFirm 사의 SSI에 대한 자세한 정보를 제공한다. 핵심적으로 그림은 평가 기간 동안 Cigital이 관찰한 37개 활동을 'FakeFirm'으로 표기한 네 개의 열에 나열했다. 'BSIMM6 FI' 열에서 평가표는 Cigital이 금융 회사에서(33개 중) 관찰한 활동 개수를 제공한다.

FakeFirm 사의 BSIMM6 평가표 　　　　관찰된 활동: 37

거버넌스

전략 및 메트릭

활동	BSIMM6 회사	FakeFirm
[SM1.1]	21	1
[SM1.2]	16	
[SM1.3]	17	1
[SM1.4]	30	1
[SM2.1]	19	
[SM2.2]	14	
[SM2.3]	10	
[SM2.5]	12	
[SM2.6]	17	
[SM3.1]	10	
[SM3.2]		

컴플라이언스 및 정책

활동	BSIMM6 회사	FakeFirm
[CP1.1]	22	1
[CP1.2]	25	
[CP1.3]	23	1
[CP2.1]	12	
[CP2.2]	11	
[CP2.3]	10	
[CP2.4]	16	
[CP2.5]	14	1
[CP3.1]	16	
[CP3.2]	6	
[CP3.3]	3	

훈련

활동	BSIMM6 회사	FakeFirm
[T1.1]	27	1
[T1.5]	15	
[T1.6]	6	1
[T1.7]	20	
[T2.5]	3	
[T2.6]	8	1
[T2.7]	1	
[T3.1]	1	
[T3.2]	1	
[T3.3]	0	
[T3.4]	5	
[T3.5]	1	

인텔리전스

공격 모델

활동	BSIMM6 회사	FakeFirm
[AM1.1]	7	1
[AM1.2]	27	
[AM1.3]	16	
[AM1.4]	1	1
[AM1.5]	23	1
[AM1.6]	1	
[AM2.1]	2	
[AM2.2]	1	1
[AM3.1]	0	
[AM3.2]	0	

보안 기능 및 설계

활동	BSIMM6 회사	FakeFirm
[SFD1.1]	29	
[SFD1.2]	27	1
[SFD2.1]	11	
[SFD2.2]	15	
[SFD3.1]	5	
[SFD3.2]	5	
[SFD3.3]	0	

표준 및 요구 사항

활동	BSIMM6 회사	FakeFirm
[SR1.1]	29	1
[SR1.2]	23	
[SR1.3]	21	1
[SR2.2]	15	1
[SR2.3]	11	
[SR2.4]	5	
[SR2.5]	11	
[SR2.6]	12	1
[SR3.1]	2	
[SR3.2]	6	

SSDL 접점

아키텍처 분석

활동	BSIMM6 회사	FakeFirm
[AA1.1]	29	1
[AA1.2]	8	1
[AA1.3]	7	1
[AA1.4]	25	
[AA2.1]	5	
[AA2.2]	1	1
[AA2.3]	4	
[AA3.1]	2	
[AA3.2]	0	

코드 리뷰

활동	BSIMM6 회사	FakeFirm
[CR1.1]	9	
[CR1.2]	26	1
[CR1.4]	21	1
[CR1.5]	7	
[CR1.6]	13	1
[CR2.2]	2	
[CR2.5]	10	
[CR2.6]	8	
[CR3.2]	2	1
[CR3.3]	2	
[CR3.4]	3	

보안 테스팅

활동	BSIMM6 회사	FakeFirm
[ST1.1]	28	1
[ST1.3]	28	1
[ST2.1]	13	1
[ST2.4]	4	
[ST2.5]	3	
[ST2.6]	0	
[ST3.3]	1	
[ST3.4]	0	
[ST3.5]	1	

배치

침투 테스팅

활동	BSIMM6 회사	FakeFirm
[PT1.1]	31	1
[PT1.2]	23	1
[PT1.3]	18	
[PT2.2]	3	
[PT2.3]	6	
[PT3.1]	1	1
[PT3.2]	3	

소프트웨어 환경

활동	BSIMM6 회사	FakeFirm
[SE1.1]	18	
[SE1.2]	31	1
[SE2.2]	10	
[SE2.4]	5	
[SE3.2]	0	
[SE3.3]	1	

환경 설정 및 취약점 관리

활동	BSIMM6 회사	FakeFirm
[CMVM1.1]	31	1
[CMVM1.2]	31	
[CMVM2.1]	30	1
[CMVM2.2]	25	
[CMVM2.3]	13	
[CMVM3.1]	0	
[CMVM3.2]	2	
[CMVM3.3]	3	
[CMVM3.4]	0	

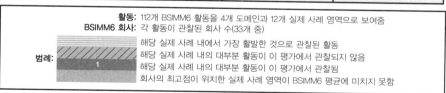

활동: 112개 BSIMM6 활동을 4개 도메인과 12개 실제 사례 영역으로 보여줌
BSIMM6 회사: 각 활동이 관찰된 회사 수(33개 중)

범례:
해당 실제 사례 내에서 가장 활발한 것으로 관찰된 활동
해당 실제 사례 내의 대부분 활동이 이 평가에서 관찰되지 않음
해당 실제 사례 내의 대부분 활동이 이 평가에서 관찰됨
회사의 최고점이 위치한 실제 사례 영역이 BSIMM6 평균에 미치지 못함

그림 F.10 종적 데이터로 보는 BSIMM 평가표

다음은 그림 F.10에 소개된 평가표에 대한 설명을 보여 준다.

활동 열	BSIMM6에 포함된 각 112개 활동을 나열함
	각 활동의 이름은 Appendix B를 참고하거나 http://bsimm.com에서 긴 설명이 담긴 대화형 차트를 확인할 수 있다.
BSIMM6 회사 열	활동이 관찰된 BSIMM6 참여 회사 개수를 보여주며, 현재 데이터 풀에서 활동이 퍼져 나간 정도를 확인할 수 있다.
FakeFirm 열	평가 기간 중에 관찰된 각 활동에 '1'로 표기
⬜	각 BSIMM6 실제 사례 내에서 가장 활발한 것으로 관찰된 활동
▨	다음을 포함해 FakeFirm에서 관찰된 일반적인 활동을 나타낸다. • SM1.4: 게이트 위치 식별, 필요한 아티팩트 수집 • T1.1: 인식 훈련 제공 • SR1.1: 보안 표준 생성 • AA1.1: 보안 기능 검토 수행 • CR1.2: SSG가 애드 혹(ad hoc) 리뷰를 수행하도록 조치 • ST1.3: 보안 요구 사항 및 보안 기능과 함께 테스트 수행 • PT1.1: 문제 식별을 위해 외부 침투 테스터 고용 • SE1.2: 호스트 및 네트워크 보안 기본 대책이 갖춰져 있음
⬛	다음을 포함해 FakeFirm에서 관찰되지 않은 일반적인 활동을 나타낸다. • CP1.2: PII 의무 사항 식별 • AM1.2: 데이터 분류 규칙 또는 목록 생성 • SFD1.1: 보안 기능 구축 및 공표 • CMVM1.2: 운영 모니터링 중에 발견된 소프트웨어 버그를 식별하고, 이를 개발에 다시 통보
⬜	FakeFirm 사의 최고점이 현재 참여자들의 평균에 미치지 못하는 실제 사례를 강조(FakeFirm 사의 최고점이 그림 F.9의 데이터 풀 '안에' 위치), 다음 항목이 여기에 해당한다. • 전략 및 메트릭, 컴플라이언스 및 정책, 보안 기능 및 설계, 환경 설정 관리 및 취약점 관리

7. 결론

FakeFirm은 소프트웨어 보안 향상과 관련된 가장 중요한 단일 활동을 수행하고 있었다. 회사는 리소스 확보와 함께 조직 차원의 변화를 이끌어낼 수 있는 열정적인 소프트웨어 보안 그룹을 보유하고 있었다.

모든 BSIMM6 참여자의 평균 최고점과 비교해볼 때, FakeFirm은 훈련, 공격 모델, 아키텍처 분석, 코드 리뷰, 침투 테스팅 분야에서 평균치를 웃도는 값을 기록했다. 컴플라이언스 및 정책, 표준 및 요구 사항, 보안 테스팅, 소프트웨어 환경, 환경 설정 및 취약점 관리 영역에서는 평균치에 근접한 값을, 전략 및 메트릭, 보안 기능 및 설계 영역에서는 최고점이 평균치에 미치지 못하는 것으로 확인됐다.

종적 실제 사례 관점에서 볼 때 FakeFirm은 코드 리뷰, 침투 테스팅의 두 개 영역에서 '3' 단계 최고점을 달성했다. 침투 테스팅에서 우리는 실제 사례의 성숙도를 암시하는 다수의 낮은 단계 활동을 관찰할 수 있었으나, 코드 리뷰에서는 그러한 활동을 찾아볼 수 없었다. 이와 유사하게 FakeFirm은 여덟 개 실제 사례 영역에서 2단계 최고점을 달성했으며, 그중 네 개의 실제 사례 영역인 훈련, 공격 모델, 소프트웨어 환경, 환경 설정 및 취약점 관리를 제외한 나머지 영역에서 다수의 낮은 단계 활동을 관찰할 수 있었다. 우리는 FakeFirm이 1단계 최고점을 달성한 두 개의 실제 사례 중 보안 기능 및 설계 영역에서 이례적으로 다수의 활동을 관찰했다.

수평 소프트웨어 보안 기반 관점에서 우리는 모든 실제 사례 영역에서 1단계 활동을 관찰했으나, 훈련, 공격 모델, 보안 기능 및 설계, 소프트웨어 환경, 환경 설정 관리 및 취약점 관리 내에서 다수의 1단계 활동을 관찰하지 못했다. 우리는 12개의 실제 사례 중 9개 영역에서 2단계 활동을 관찰했다. 하지만 표준 및 요구 사항을 제외한 거의 모든 실제 사례 영역에서 단 하나의 2단계 활동도 관찰하지 못했다. 두 개의 실제 사례 영역에서 3단계 활동을 관찰했으며, 각 영역에서는 단일 활동만 관찰됐다.

FakeFirm은 BSIMM 평가 데이터를 사용해 SSI를 확장하고 심화하기 위해 다음 중 하나 이상을 선택할 수 있다.

- 12개의 공통 활동 중 나머지 네 개의 활동을 시작하는 것이 적절한지 결정한다(그림 F.8에서 슬래시로 표시한 부분).
- 1SSI를 위해 더 완전한 위험, 컴플라이언스, 니즈 분석을 수행한다. 이러한 분석의 결과는 광범위한 하향식 향상을 위한 더 큰 전략으로 이어질 수 있다.

- 충분성, 효율성 및 성숙도에 초점을 맞춘 소프트웨어 보안 비즈니스 프로세스 분석을 수행한다. 이러한 분석 결과는 효율을 높이고, 비용을 절감하는 전술적 변화를 불러올 수 있다.
- 요구 사항, 설계, 코드, 하나 이상의 주요 애플리케이션을 위해 배치된 모듈 같은 일련의 SDLC 아티팩트를 자세히 분석하는 업무를 의뢰한다. 발견된 소프트웨어 보안 결함의 원인(예: 주어진 BSIMM 활동의 부족)을 결정하는 것은 상향식 SSI 강화로 이어질 수 있다.

앞에 언급된 일반적인 선택과는 독립적이지만, 유사한 환경에서의 경험을 토대로 우리는 다음과 같이 FakeFirm 사의 SSI 개선을 위해 선택 가능한 옵션을 제안한다.

- **안전한 소프트웨어 개발 라이프 사이클**^{SDLC}: FakeFirm 사는 두 개의 보안 게이트를 포함하는 SDLC 오버레이를 생성했다. 하나는 '구축 허가'이며, 다른 하나는 '배치 허가'다. 하지만 SSG는 모든 개발 프로젝트에 참여하지 않았다. 게다가 소프트웨어 보안 게이트는 대규모, 주요 프로젝트에서도 선택적으로 적용됐다. 지금부터 12개월 동안 FakeFirm 사는 SSG가 모든 개발 및 소프트웨어 도입 프로젝트를 놓치지 않고 관여할 수 있도록 보장하는 프로세스 개선 대책을 마련하고 실행해야 한다. 이와 동시에 FakeFirm은 SDLC 보안 게이트의 다양한 측면을 고려한 의무 컴플라이언스를 단계화해야 한다. 예를 들어 주어진 기간 내에 주요 보안 결함을 의무적으로 완화하는 작업은 즉시 적용해야 하지만, 중간 또는 높은 위험도를 갖는 보안 결함 완화의 경우 여러 달에 거쳐 적용해도 크게 문제되지 않는다. 이와 유사하게 정적 분석과 침투 테스팅을 모든 주요 애플리케이션의 의무 사항으로 빠르게 적용해야 하며, 12개월에서 18개월 내에는 모든 애플리케이션을 대상으로 이를 적용해야 한다.
- **인벤토리**: FakeFirm은 확실한 애플리케이션 목록, 개인 식별 정보^{PII}, 또는 오픈 소스 소프트웨어를 갖고 있지 않다. 자산 목록이 불확실한 상황이라면 모든 소프트웨어가 다양한 SDLC 게이트를 통해 적절하게 흘러가도록 보장하는 과정은 매우 복잡해진다. 데이터 분류 전략이 없다면 프로젝트를 우선순위화하고, PII 목록

을 효과적으로 만드는 것은 불가능하다. FakeFirm은 SSG의 권한 범위 내에 있는 모든 애플리케이션을 설명하는 목록 확보 계획을 즉각 개시하고, 각 애플리케이션에 중요도 점수를 책정하고, 데이터 단계와 연관 지어야 한다. 향후 12개월 동안 조직에서 사용 중인 모든 오픈 소스 소프트웨어와 각 애플리케이션의 현재 보안 수준을 포함할 수 있도록 목록의 영역을 확장한다. 뿐만 아니라, FakeFirm은 각 애플리케이션을 대상으로 소프트웨어 보안 포기 정보 포함 작업을 시작해야 한다.

- **훈련**: FakeFirm은 보안 인식 개선을 위한 소프트웨어 보안 훈련 프로그램을 보유하고 있다. 하지만 오직 현장 교육, 개발자만을 대상으로 하며, 정해진 시간에만 교육을 운영하고 있었다. 향후 6개월 동안 FakeFirm은 요구 시 교육, 역할 기반 소프트웨어 보안 훈련을 SDLC에 참여하는 모든 담당자를 대상으로 진행해야 한다. 이러한 계획은 전반적인 보안 인식 개선뿐만 아니라, 요구 사항 분석, 아키텍처, 개발, 테스팅 같은 주요 공학 역할에 필요한 기술 수준을 높이는 데 도움을 준다. FakeFirm은 통합 개발 환경IDE 기반 도구를 사용해 개발자 환경에 맞는 훈련 프로그램을 제공할 수 있는지 조사해야 한다.

우리의 경험에 비춰볼 때 특정 실제 사례에 초점을 맞추기보다 SSF 실제 사례 전반에 고루 투자를 하는 것이 더 좋다. 또한 그 어떠한 조직에서도 112개 활동 모두를 관찰한 적이 없으며, 이러한 것은 이상적인 목표도 아니라는 사실을 명심해야 한다. 회사는 기준이 되는 회사 선택을 토대로 필요에 맞게 SSI의 자원을 할당해야 한다.

Appendix A: BSIMM 배경

BSIMM은 어떻게 만들어진 것일까?

성숙도 모델 내에 보안 구축BSIMM은 현실 세계의 소프트웨어 보안 계획을 다년간 연구한 결과다. 우리는 어도비Adobe, 애트나Aetna, ANDA, 오토데스크Autodesk, 아메리카 은행Bank of

America, 블랙 나이트 파이낸셜 서비스^{Black Knight Financial Services}, BMO 파이낸셜 그룹^{BMO Financial Group)}, 박스^{Box}, 캐피탈 원^{Capital One}, 시스코^{Cisco}, 시티 그룹^{Citi-group}, 코메리카^{Comerica}, 크립토그래피 리서치^{Cryptography Research}, 디파지터리 트러스트 및 클리어링 코퍼레이션 ^{Depository Trust and Clearing Corporation}, 엘라본^{Elavon}, EMC, 앱실론^{Epsilon}, 엑스페리언^{experian}, 패니 메이^{Fannie Mae}, 피델리티^{Fidelity}, F-시큐어^{F-Secure}, HP 포티파이^{HP Fortify}, HSBC, 인텔 시큐리티^{Intel Security}, JP모건 체이스 & 컴퍼니^{JPMorgan Chase & Co}, 레노버^{Lenovo}, 링크드인^{LinkedIn}, 마크 & 스펜서^{Marks & Spencer}, 맥케슨^{McKesson}, 넷앱^{NetApp}, 넷수트^{NetSuite}, 뉴스타^{Neustar}, 노키아 ^{Nokia}, 엔비디아^{NVIDIA}, 페이팔^{PayPal}, 피어슨 러닝 테크놀로지^{Pearson Learning Technologies}, 퀄컴 ^{Qualcomm}, 랙스페이스^{Rackspace}, 세일즈포스^{Salesforce}, 시멘스^{Siemens}, 소니 모바일^{Sony Mobile}, 시 만텍^{symantex}, 어드바이저리 보드^{The Advisory Board}, 홈 디포^{The Home Depot}, 트래인라인^{Trainline}, 탐 탐^{TomTom}, U.S 은행^{U.S. Bank}, 밴가드^{Vanguard}, 비자^{Visa}, 브이엠웨어^{VMware}, 웰스 파고^{Wells Fargo}, 제파이어 헬쓰^{Zephyr Health}를 포함한 78개 회사의 소프트웨어 보안 계획에서 관찰된 데이터 를 기반으로 모델을 구축했다.

다양한 조직의 실제 사례를 정량화하는 과정을 통해 우리는 각 조직만이 갖는 유일한 변화 뿐만 아니라 여러 조직이 가지는 공통점을 설명했다. 우리의 목표는 소프트웨어 보안 커뮤 니티 계획을 확장하고, 수행하고, 자기 자신의 계획을 측정하는 것을 돕는 데 있다. BSIMM은 '어떻게'를 다루는 가이드도, 만병통치약도 아니다. 그보다 현재 최신 소프트웨 어 보안을 반영하는 참고 자료로 쓰일 수 있다.

우리는 소프트웨어 보안 프레임워크(SSF, 그림 F.1 참고)를 인터뷰의 기초 자료로 사용해 회 사를 관찰했다. SSF는 네 개의 도메인과 12개의 실제 사례로 구성된다.

- 거버넌스 도메인에서 전략 및 메트릭 실제 사례는 계획 수립, 역할 및 책임 할당, 소프트웨어 보안 목표 식별, 예산 결정, 메트릭 및 게이트 식별을 아우른다. 컴플 라이언스 및 정책 실제 사례는 PCI DSS와 HIPAA 같은 컴플라이언스 계획을 위 한 통제 항목을 식별, 통제 COTS 및 아웃 소싱 소프트웨어 위험을 돕기 위한 서 비스 수준 합의와 같은 계약상 통제 항목을 개발, 조직 차원의 소프트웨어 보안

정책 설정, 정책에 대한 감사에 주안점을 둔다. 소프트웨어 개발자와 아키텍트의 보안에 대한 지식이 부족한 관계로, 훈련은 소프트웨어 보안에서 항상 매우 중요한 역할을 담당해 왔다.

- 인텔리전스 도메인은 조직 차원의 리소스를 만들어낸다. 이 리소스는 크게 세 가지 실제 사례 영역으로 세분화할 수 있다. 공격 모델은 공격자처럼 생각하는 데 사용되는 정보를 포착해낸다. 위협 모델링, 남용 사례 개발 및 정제, 데이터 분류, 기술 중심 공격 패턴. 보안 기능 및 설계 실제 사례는 주요 보안 통제에(다음 실제 사례에 정의된 표준에 부합) 사용 가능한 보안 패턴 생성, 이러한 통제를 위한 미들웨어 프레임워크 구축, 그 밖에 다른 능동 보안 가이드 생성 및 발행 책임을 맡고 있다. 표준 및 요구 사항 실제 사례는 조직 내부의 분명한 보안 요구 사항 도출, 권장 COTS 설정, 주요 보안 통제를 위한 표준 구축(인증, 입력 값 검사 등과 같은), 사용 중인 기술을 위한 보안 표준 생성, 표준 리뷰 보드 생성 작업을 포함한다.

- SSDL 접점 도메인은 아마도 이 네 도메인 중 가장 친숙한 영역일 것이다. 이 도메인은 SDLC에 통합된 필수 소프트웨어 보안 모범 사례를 포함한다. 아키텍처 분석과 코드 리뷰는 주요 소프트웨어 보안 능력이다. 아키텍처 분석은 소프트웨어 아키텍처를 간략한 그림으로 요약하고, 위험 및 위협 목록을 적용하고, 검토를 위한 프로세스를(STRIDE 또는 아키텍처 위험 분석 같은) 채용하고, 조직을 위한 평가 및 완화 대책을 구축하는 작업을 아우른다. 코드 리뷰 실제 사례는 코드 리뷰 도구, 맞춤형 룰 개발, 다양한 역할별 도구 사용을 위한 맞춤 프로필(예: 개발자와 감사), 수동 분석, 추적/측정 결과를 포함한다. 보안 테스팅 실제 사례는 보안을 표준 품질 보증 프로세스에 통합하는 것을 포함한 출시 전 테스팅과 관련이 있다. 이 실제 사례에는 블랙박스 보안 도구를 QA에서 사용하는 스모크 테스트[2] 형태로 사용, 위험 기반 화이트 박스 테스팅, 공격 모델 적용, 코드 커버리지 분석을 포함한다. 보안 테스팅은 구축 단계에서 발생하는 취약점에 초점을 맞춘다.

- 이와는 대조적으로 개발 도메인 내에서 침투 테스팅 실제 사례는 더욱 더 많은 외부 표준을 포함한다(보안 전문가들이 수행하는 형태의 테스팅). 침투 테스팅은 최종 환

---

2 스모크 테스트(Smoke Test) 관련 내용은 'https://zetawiki.com/wiki/스모크_테스트'를 참고 – 옮긴이

경 설정 단계에 존재하는 취약점에 초점을 맞추며, 발견된 취약점은 곧바로 결함 관리 및 완화 과정을 거친다. 소프트웨어 환경 실제 사례는 OS 및 플랫폼 패치, 웹 애플리케이션 방화벽, 설치 및 환경 설정 문서화, 애플리케이션 모니터링, 변화 관리, 최종 코드 서명 같은 환경 요소를 고려한다. 마지막으로 환경 설정 관리 및 취약점 관리 실제 사례는 애플리케이션 패치 및 업데이트, 버전 관리, 결함 추적 및 완화, 사고 처리에 중점을 둔다.

BSIMM의 목적은 무엇인가?

BSIMM은 실제 소프트웨어 보안 계획에 의해 수행된 활동을 수량화한다. 이러한 계획이 다양한 방법론과 용어를 사용하는 관계로, BSIMM은 모든 계획을 일관된 방식으로 설명할 수 있는 프레임워크가 필요하다. 우리의 소프트웨어 보안 프레임워크^{SSF} 및 활동 설명은 소프트웨어 보안 계획의 핵심 요소 설명을 위한 공통 문법을 제공하며, 덕분에 다양한 용어를 사용하는 계획 비교, 다양한 규모의 운영, 다양한 수직 시장 존재, 다양한 업무 환경 생성이 가능해진다.

소프트웨어 보안 향상은 거의 항상 조직 차원의 업무 방식을 변화하는 것과 관련이 있는 관계로(하루 아침에 바뀔 수 없다), 우리는 우리의 연구 성과를 성숙도 모델 형태로 분류했다. 우리는 모든 조직이 동일한 보안 목표 달성이 필요하지 않다는 사실을 이해하지만, 모든 조직이 동일한 측정 기준을 사용하면 얻을 수 있는 이득이 많다고 믿는다.

우리는 소프트웨어 보안 계획이 동작하는 방식을 학습하고, 사람들이 자신의 소프트웨어 보안 계획을 생성 또는 향상시킬 방법을 찾을 수 있도록 리소스를 제공하기 위해 BSIMM을 만들었다. 일반적으로 모든 회사는 높은 목표를 염두에 두고 소프트웨어 보안 계획을 수립한다. 소프트웨어 보안을 위한 회사의 비즈니스 목표가 다음 내용을 포함한다면 BSIMM이 훌륭한 선택지가 될 수 있다.

- 위험 관리 의사결정 통지
- 소프트웨어 보안 업무와 관련된 모든 사람이 무엇을 '해야 옳은 것인지' 명확히 하는 것

- 표준과 반복 가능한 프로세스를 통해 비용 감소
- 코드 품질 향상

목표를 명확히 하고 메트릭과 함께 실제 사례를 조직의 계획에 맞추는 과정을 통해 BSIMM을 소프트웨어 보안 계획 자가 평가를 도와주는 측정 도구로 활용할 수 있다.

왜 BSIMM6라 부르는가?

BSIMM은 2008년부터 수집한 데이터로 만든 '관찰형' 모델이다. 즉 규범 모델보다 서술 모델에 가깝다. BSIMM은 무엇을 해야 하는지를 말하지 않는다. 대신에 BSIMM 커뮤니티가 하는 일을 말해줄 뿐이다. 다르게 표현하자면 BSIMM은 일반적인 문제에 대해 특정 위원회가 정의한 일련의 '모범 사례'를 보여주지 않는다. 대신에 BSIMM은 진보적인 회사들이 매일 수행하는 '실제 사례'를 소개한다. 우리는 거의 매년 모델을 업데이트하며, BSIMM6는 여섯 번째 업데이트 버전을 의미한다.

새롭게 도입한 용어는 무엇인가?

명명법은 컴퓨터 보안과 소프트웨어 보안 분야에서 항상 문제가 된다 BSIMM에서 사용하는 여러 용어는 나름의 특별한 의미를 가지며, 다음은 가장 중요한 몇 가지 용어를 보여준다.

- **활동**: 실제 사례의 일환으로 SSG가 수행하거나 가능하게 하는 행동으로, 우리는 행동을 세 단계로 나눴다. 각 활동은 목표와 직접적인 연관이 있다.
- **도메인**: 소프트웨어 보안 프레임워크의 주요 네 그룹 중 하나로, 도메인에는 거버넌스, 인텔리전스, SSDL 접점, 배치가 있다.
- **실제 사례**[practice]: BSIMM 활동의 12개 범주 중 하나로, 소프트웨어 보안 프레임워크의 각 도메인은 세 개의 실제 사례 영역을 가진다. 각 실제 사례 영역 내의 활동은 성숙도에 따라 크게 세 단계로 구분한다.
- **위성 조직**[satellite]: 소프트웨어 보안을 자주 마주하게 되고 소프트웨어 보안 계획에 의해 조직되고 관리되는 관련 및 참여 개발자, 아키텍트, 소프트웨어 관리자, 테스터 그룹

- **시큐어 소프트웨어 개발 라이프 사이클**[SSDL]: 소프트웨어 보안 체크포인트 및 활동과 통합된 SDLC
- **보안 개발 라이프 사이클**[SDL]: 마이크로소프트 사에서 자신들의 시큐어 보안 개발 라이프 사이클을 칭하는 용어
- **소프트웨어 보안 프레임워크**[SSF, Software Security Framework]: 12개의 실제 사례와 네 개의 도메인으로 구성된 BSIMM의 기본 구조
- **소프트웨어 보안 그룹**[SSG]: 소프트웨어 보안 업무 수행과 활성화 책임을 맡고 있는 내부 그룹. 우리는 SSG 구성을 소프트웨어 보안 계획의 한 단계로 사용 중인 조직을 관찰한 바 있다.
- **소프트웨어 보안 계획**: 조화로운 방식으로 소프트웨어 보안 활동을 조직에 녹이고, 측정하고, 관리하고, 진화시키는 조직 차원의 프로그램. 기업 소프트웨어 보안 프로그램이라는(『Software Security』의 10장 참조) 용어로도 잘 알려져 있다.

BSIMM을 어떻게 사용하는가?

BSIMM은 소프트웨어 보안 수준을 측정하는 도구다. BSIMM을 사용하는 가장 좋은 방법은 조직에서 현재 보유한 데이터로 만든 자체 계획과 비교 및 대조해 보는 것이다. 이를 통해 조직의 목표와 목적을 명확히 하고, 이를 위해 추가로 필요한 활동을 BSIMM에서 이끌어낼 수 있다.

BSIMM 데이터는 모델에서 설명하는 12개의 실제 사례 영역에 속하는 다양한 활동을 수행하는 과정을 통해, 높은 성숙도를 가진 계획이 여러 영역을 고르게 고려할 수 있음을 보여준다. 또한 모델은 성숙된 소프트웨어 보안 계획이 시간이 지나면서 진화하고, 변화하며, 개선되는 모습을 설명해 준다.

소프트웨어 보안을 조직 업무에 녹이는 작업은 신중한 설계가 필요하며, 항상 조직 차원의 큰 변화가 수반된다. BSIMM을 소프트웨어 보안 계획의 기반으로 사용하면 모델에 녹아 있는 다년간의 경험을 활용할 수 있다. 이 경우 BSIMM이 설명하는 활동의 구현을 조직의 여건에 맞게 조정한다(목표를 신중히 고려). 그 어떤 조직도 BSIMM에서 소개하는 모든 활동

을 수행할 수 없음을 유의하기 바란다.

다음은 BSIMM을 활용하는 일반적인 사례를 보여준다.

- 여러 회사, 유닛, 시장 등을 비교하는 작업을 용이하게 도와주는 측정 도구
- 지속적인 보안 계획 개선을 측정하는 하나의 방법
- 현재 소프트웨어 보안 활동에 대한 객관적인 정보 수집 및 이를 활용한 예산 책정과 변화 주도
- 판매회사, 비즈니스 파트너, 도입 회사 등의 소프트웨어 보안 성숙도를 이해하는 하나의 방법
- 소프트웨어 보안 분야의 발전 트렌드를 이해하는 하나의 방법
- 이슈와 해결책을 논의하는 사설 커뮤니티의 일원이 되는 하나의 방법

누가 BSIMM을 사용하는가?

BSIMM은 소프트웨어 보안 계획을 생성하고 실행하는 책임자들에게 필요한 모델이다. 우리는 성공적인 소프트웨어 보안 계획이 보통 조직의 가장 위치에 있는 사람에게 직속 보고를 하는 고위 임원의 주도 하에 이뤄진다는 사실을 발견했다. 이들은 우리가 소프트웨어 보안그룹이라고 부르는 내부 조직을 이끌고, BSIMM에 소개된 활동을 실행하고 촉진하는 책임을 지고 있다. 우리는 SSI와 SSG 리더십을 염두에 두고 BSIMM 모델을 작성했다.

어떻게 소프트웨어 보안 계획을 수립하는가?

주된 관심사는 소프트웨어 보안 계획을 위한 운영 업무를 관리하고, 리소스를 확보하며, 정치적인 문제를 처리하기 위한 고위 임원을 찾아 권한을 부여하는 것이다. 개발자와 그들의 관리자가 시작하고 주도하는 풀뿌리 접근 방식Grassroots approach [3]은 아주 낮은 성취만을 달성할 수 있을 뿐이다. 마찬가지로 기존 네트워크 보안 그룹이 주도하는 계획은 개발자 그룹과의 의견 차이로 문제 상황으로 이어질 수 있다. 적절한 고위 임원을 찾아 그 또는 그녀에게 소프트웨어 보안을 직접 맡기면 책임과 권한이라는 큰 두 가지 관리 염려 사항을

---

3 아래에서부터 변화를 불러오는 방식 - 옮긴이

모두 해결할 수 있다. 또한 조직 차원의 근본적이고 활기찬 소프트웨어 보안 문화를 형성할 수 있다.

고위 임원 다음으로 소프트웨어 보안 계획에 가장 중요한 요소는 바로 소프트웨어 보안 그룹이다. BSIMM에 참여한 78개 회사는 모두 SSG를 보유하고 있었다. SSG 없이 BSIMM에서 소개하는 활동을 성공적으로 수행하는 일은 거의 찾아볼 수 없으며(적어도 우리의 관찰 결과로는 찾을 수 없었다), 따라서 BSIMM 활동 적용 시 가장 먼저 SSG을 생성해야 한다. 가장 훌륭한 SSG 소속원 후보는 바로 소프트웨어 보안 인력이지만, 해당 인력을 확보하기 힘든 경우가 종종 발생한다. 조직 내에 소프트웨어 보안 전문 인력이 없다면, 좋은 개발자를 확보한 후 이들에게 보안을 가르치는 방법을 사용하면 된다.

우리가 관찰한 78개 회사 중 두 개의 회사는 완전한 형태의 SSG 구조를 갖추지 않았지만(SSG를 구성할 방법이 없음을 의미), 공통 기능이라고 부를 만한 요소를 관찰할 수 있었다. 조직 내의 높은 위치에 있는 SSG는 기술적 SDLC 의무 사항, 운영 의무 사항, 또는 내부 비즈니스 유닛의 필요에 의해 형성된다. 일부 SSG는 회사의 여러 조직에 분포된 형태를 가지며, 집중적이고 정책 중심으로 형성된 형태도 존재한다. 우리가 연구한 모든 SSG 조직을 살펴보면 종종 공통적으로 '하위 그룹subgroup' 형태가 존재하는 것을 발견할 수 있다. 이들 하위 그룹에는 정책, 전략, 메트릭을 전담하는 그룹, 도구, 침투 테스팅, 미들웨어 개발 및 지도를 다루는 내부 '서비스' 그룹(독립적인 형태로도 존재), 침해 사고 대응 그룹, 훈련 프로그램 개발 및 전달을 담당하는 그룹, 외부 마케팅 및 커뮤니케이션 그룹, 벤더 담당 그룹이 있다.

물론 다음과 같이 모든 이해관계자는 나름의 중요한 역할을 맡고 있다.

- 개발자, 아키텍트 및 그들의 관리자와 같이 구축을 담당하는 사람들은 반드시 보안 공학을 실천해 구축 시스템의 방어 수준을 높이고, 보안 구멍에 취약하지 않도록 보장해야 한다. SSG는 BSIMM에 설명된 활동 수행 시 이 구축 담당자들과 직접 소통해야 한다. 조직이 어느 정도 성숙된 후에는 보통 SSG가 구축 담당자들에게 권한을 부여해 자체적으로 대부분의 BSIMM 활동을 수행하고, 특별한 경우 또

는 관리가 필요한 경우에만 SSG의 도움을 받도록 주도한다. 이번 BSIMM 버전에서 우리는 실제 사례 영역 내의 활동 관련 목표 책임 소지를 명확히 하는 특별한 경우를 제외하곤, SSG 또는 개발자, 테스터 중 누가 활동 수행 주체인지 명시적으로 언급하지 않았다. 조직 환경과 업무 부담 및 자체 소프트웨어 라이프 사이클을 고려해 적절한 접근 방법을 고안해야 한다.

- 정기 테스팅과 검증을 담당하는 테스터들은 자신들이 담당한 영역의 보안 문제를 예의 주시해야 한다. 보안 테스팅 실제 사례 중 일부 BSIMM 활동은 QA가 직접 수행할 수 있다.

- 운영 담당자들은 합리적인 수준의 네트워크를 설계하고, 방어하며, 지속적으로 성능을 유지해야 한다. SSF의 배치 도메인에서 볼 수 있듯이, 소프트웨어가 출하, 배치, 또는 다른 방식으로 고객과 파트너사에 전달됐다고 하더라도 소프트웨어 보안이 끝나는 것은 아니다.

- 관리자들은 현대 시스템의 분산 속성을 이해하고 최소한의 권한 원칙을 실천해야 하며, 특히 클라우드 형태의 시스템에 연결됐거나 제공 중인 애플리케이션을 다룰 때는 더욱 신중을 가해야 한다.

- 기간 업무[LOB, Line Of Business] 소유자와 프로젝트 관리자를 포함한 경영자와 중간 관리자들은 보안 설계 및 분석에 대한 초기 투자가 사용자의 제품 신뢰도에 어떤 영향을 미치는지 이해해야 한다. 비즈니스 요구 사항은 명시적으로 보안 니즈를 처리해야 한다. 오늘날 거의 모든 규모의 비즈니스에서 업무에 소프트웨어를 사용한다. 소프트웨어 보안은 곧 비즈니스 필수 요소다.

- COTS, 맞춤형 소프트웨어, 소프트웨어 서비스를 공급자를 포함한 벤더는 제품이 안전한 SDLC의 결과물로 만들어졌다는 사실을 보증하는 데 도움을 주는 리뷰(vBSIMM 같은)와 SLA에 의존도가 점차 높아지고 있다.

현재의 나는 BSIMM 그룹의 일원인가?

BSIMM 프로젝트에 참여하는 회사는 자체적인 BSIMM 커뮤니티를 형성했다. 대상이 제한된 사설 메일링 리스트는 참여 기업의 SSG 리더가 동일한 문제에 직면한 사람들이 해결책을 함께 고민하고, 이미 해당 문제를 겪은 사람들과 전략을 논의하며, 커리어 성장 영역에서 앞서간 사람들 중에서 멘토를 찾고, 함께 어려운 문제를 해결해 나갈 수 있도록 해 준다.

또한 BSIMM 커뮤니티는 소프트웨어 보안 계획에 대한 이야기를 나눌 수 있도록 각 회사에서 모인 대표자들로 구성된 비공개 사설 컨퍼런스를 매년 개최한다.

BSIMM 웹사이트(http://bsimm.com)에는 컨퍼런스, 작업 그룹, 메일링 리스트 연구에서 나온 일부 정보를 공개하는 자격 BSIMM 커뮤니티 섹션을 포함하고 있다.

Appendix B: BSIMM 활동

Appendix B에서는 각 12개 BSIMM 실제 사례 영역의 활동을 요약한 표를 제공한다.

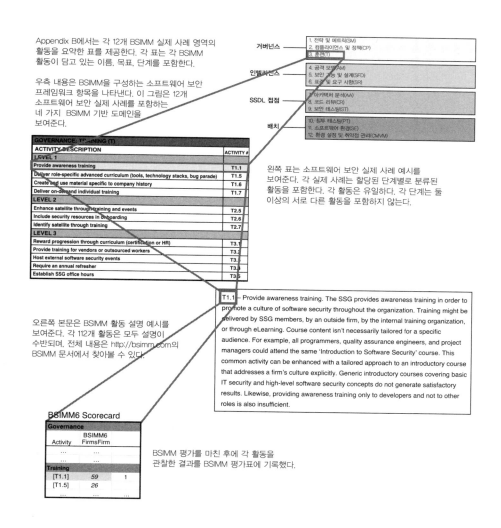

Appendix B에서는 각 12개 BSIMM 실제 사례 영역의
활동을 요약한 표를 제공한다. 각 표는 각 BSIMM
활동이 담고 있는 이름, 목표, 단계를 포함한다.

우측 내용은 BSIMM을 구성하는 소프트웨어 보안
프레임워크 항목을 나타낸다. 이 그림은 12개
소프트웨어 보안 실제 사례를 포함하는
네 가지 BSIMM 기반 도메인을
보여준다.

거버넌스 —
1. 전략 및 메트릭(SM)
2. 컴플라이언스 및 정책(CP)
3. 훈련(T)

인텔리전스 —
4. 공격 모델(AM)
5. 보안 기능 및 설계(SFD)
6. 표준 및 요구 사항(SR)

SSDL 접점 —
7. 아키텍처 분석(AA)
8. 코드 리뷰(CR)
9. 보안 테스팅(ST)

배치 —
10. 침투 테스팅(PT)
11. 소프트웨어 환경(SE)
12. 환경 설정 및 취약점 관리(CMVM)

GOVERNANCE: TRAINING (T)	
ACTIVITY DESCRIPTION	**ACTIVITY #**
LEVEL 1	
Provide awareness training	T1.1
Deliver role-specific advanced curriculum (tools, technology stacks, bug parade)	T1.5
Create and use material specific to company history	T1.6
Deliver on-demand individual training	T1.7
LEVEL 2	
Enhance satellite through training and events	T2.5
Include security resources in onboarding	T2.6
Identify satellite through training	T2.7
LEVEL 3	
Reward progression through curriculum (certification or HR)	T3.1
Provide training for vendors or outsourced workers	T3.2
Host external software security events	T3.3
Require an annual refresher	T3.4
Establish SSG office hours	T3.5

왼쪽 표는 소프트웨어 보안 실제 사례 예시를
보여준다. 각 실제 사례는 할당된 단계별로 분류된
활동을 포함한다. 각 활동은 유일하다. 각 단계는 둘
이상의 서로 다른 활동을 포함하지 않는다.

오른쪽 본문은 BSIMM 활동 설명 예시를
보여준다. 각 112개 활동은 모두 설명이
수반되며, 전체 내용은 http://bsimm.com의
BSIMM 문서에서 찾아볼 수 있다.

T1.1 – Provide awareness training. The SSG provides awareness training in order to
promote a culture of software security throughout the organization. Training might be
delivered by SSG members, by an outside firm, by the internal training organization,
or through eLearning. Course content isn't necessarily tailored for a specific
audience. For example, all programmers, quality assurance engineers, and project
managers could attend the same 'Introduction to Software Security' course. This
common activity can be enhanced with a tailored approach to an introductory course
that addresses a firm's culture explicitly. Generic introductory courses covering basic
IT security and high-level software security concepts do not generate satisfactory
results. Likewise, providing awareness training only to developers and not to other
roles is also insufficient.

BSIMM6 Scorecard

Governance		
Activity	BSIMM6 FirmsFirm	
...	...	
...	...	
Training		
[T1.1]	59	1
[T1.5]	26	
...	...	...

BSIMM 평가를 마친 후에 각 활동을
관찰한 결과를 BSIMM 평가표에 기록했다.

할당된 단계는 활동 식별자 이름 뒤에 붙인다(예: SM "2".1 은 2단계 전략 및 메트릭 활동을 의미). 각 활동에 대한 자세한 내용은 https://www.bsimm.com/download/ 사이트의 BSIMM 문서에서 확인할 수 있다(회원가입 불필요). 활동별 단계 할당은 BSIMM 데이터 풀의 발생 빈도에서 기인한다. 가장 많은 빈도를 보이는 활동은 보통 1단계에서 관찰되며, 빈도가 가장 낮은 활동은 3단계에서 관찰된다. 시간이 지나면서 변경되는 BSIMM 데이터 풀은 단계에 할당된 활동 등급 상승 또는 하강으로 이어질 수 있다(2단계에서 3단계 상승 또는 2단계에서 1단계로 하강).

활동이 새로운 단계로 이동할 때, 이전 식별자를 새로운 식별자로 대체한다. 예를 들어 XX2.2가 2단계로 상승되면, XX2.2는 더 이상 재사용하지 않는다.

각 BSIMM 활동은 유일하다. 예를 들어 하나의 활동이 SSG 업무의 80퍼센트 정도가 필요하고, 또 다른 활동은 동일한 작업에 대해 더 높은 비중의 업무가 필요한 경우는 존재하지 않는다. 따라서 추가 활동을 관찰하지 못하는 상황에서 전체 소요된 전체 노력과 관계없이 하나의 실제 사례 영역에 속한 하나 또는 두 가지 활동에만 초점을 맞추는 것은 전체 BSIMM 점수 개선에 아무런 도움이 되지 못한다.

해당 분야에서 새로운 소프트웨어 보안 활동을 관찰하면, 이는 모델에 포함할 신규 활동 후보가 된다. 후보 활동이 아직 모델에 포함되지 않았음이 확인된다면, 이전에 수집한 데이터와 함께 BSIMM 메일링 리스트를 통해 해당 활동을 수행할지도 모르는 회사에 질의를 보낸다. 다수의 회사에서 긍정적인 응답이 올 경우, 제안된 활동을 자세히 살펴본 뒤 이를 기존 모델에 반영할 방법을 찾아낸다. 응답이 하나의 회사에서만 왔다면, 해당 활동을 특수한 상황에서만 수행하는 것으로 표기한다. 뿐만 아니라 후보 활동이 기존에 존재하는 활동을 모사하거나 단순 개선하는 것에 그칠 경우 고려 사항에서 제외한다. 여러 회사에서 해당 활동을 수행 중이며, 단순히 기존에 존재하는 활동을 개선한 결과가 아닐 경우 다음 버전 BSIMM에 활동 반영을 고려한다.

다음은 초기 BSIMM 모델부터 적용된 모든 변경 내용을 보여준다. BSIMM에서 BSIMM2로 업데이트되면서 변경된 내용은 다음과 같다.

- T2.3 연간 개선 요구는 T3.4로 상승

- CR1.3은 모델에서 제거

- CR2.1 수동 검토와 병행해 자동화 도구 사용 항목은 CR1.4로 하강

- SE2.1 코드 보호 사용은 SE3.2로 상승

- SE3.1 코드 서명 사용은 SE2.4로 하강

BSIMM2에서 BSIMM3로 업데이트되면서 변경된 내용은 다음과 같다.

- SM1.5 메트릭 식별 및 초기 예산 책정은 SM2.5로 상승

- SM2.4 보안 서약 요구는 SM1.6으로 하강

- AM2.3 공격 인텔리전스 수집은 AM1.5로 하강

- ST2.2 테스트 수행을 위해 서술 보안/보안 기능 허용은 ST1.3로 하강

- PT2.1 침투 테스팅 도구를 사용한 내부 점검은 PT1.3으로 하강

BSIMM3에서 BSIMM4로 업데이트되면서 변경된 내용은 다음과 같다.

- T2.1 역할 기반 커리큘럼은 T1.5로 하강

- T2.2 회사 훈련 기록은 T1.6으로 하강

- T2.4 요구 기반 CBT는 T1.7로 하강

- T1.2 신규 인력 보안 리소스는 T2.6으로 상승

- T1.4 훈련을 통한 위성 조직 식별은 T2.7로 상승

- T1.3 업무 시간은 T3.5으로 상승

- AM2.4 공격에 대해 토론하는 내부 포럼 구축은 AM1.6로 하강

- CR2.3 코드 리뷰 의무화는 CR1.5로 하강

- CR2.4 중앙 집중 방식의 보고 사용은 CR1.6으로 하강

- ST1.2 QA에 보안 결과 공유는 ST2.4로 상승

- SE2.3 애플리케이션 행위 모니터링 및 진단 사용은 SE3.3로 상승

- CR3.4 자동화된 악성코드 탐지를 모델에 추가

- CMVM3.3 소프트웨어 위기 상황 시뮬레이션을 모델에 추가

BSIMM4에서 BSIMM-V로 업데이트되면서 변경된 내용은 다음과 같다.

- SFD2.3 조직 내부에서 성숙된 설계 패턴 발견 및 발행은 SFD3.3로 상승
- SR2.1 벤더와 표준 협의는 SR3.2로 상승
- CR3.1 맞춤형 룰셋 기반 자동화된 도구 사용은 CR2.6으로 하강
- ST2.3 적대적 보안 테스트 기능(남용 사례) 구축 및 적용은 ST3.5로 상승
- CMVM3.4 버그 바운티 프로그램 운영을 모델에 추가

BSIMM-V에서 BSIMM6 업데이트되면서 변경된 내용은 다음과 같다.

- SM1.6 보안 서약 요구는 SM2.6으로 상승
- SR1.4 시큐어 코딩 표준 생성은 SR2.6으로 상승
- ST3.1 QA 자동화에 보안 테스트 포함은 ST2.5로 상승
- ST3.2 애플리케이션 API에 맞춘 퍼즈 테스팅 수행은 ST2.6으로 하강

다음은 각 BSIMM6 실제 사례 영역에 포함된 활동을 보여주는 표다.

a

거버넌스: 전략 및 메트릭(SM)			
활동 설명	활동 #	관찰	참여 %
1단계			
프로세스(역할, 책임, 계획) 공표 후 필요 시 개선	SM1.1	41	53%
전파 역할 생성 및 내부 마케팅 수행	SM1.2	40	51%
경영진 교육	SM1.3	36	46%
게이트 위치 식별, 필수 아티팩트 수집	SM1.4	66	85%
2단계			
소프트웨어 보안 데이터를 내부적으로 배포	SM2.1	36	46%
측정과 예외 추적을 통해 게이트 강화	SM2.2	29	37%
위성 조직 형성 및 확대	SM2.3	30	38%
메트릭 식별 및 이를 통한 예산 책정	SM2.5	17	22%
보안 서약 요구	SM2.6	29	37%
3단계			
포트폴리오 관점에서 내부 추적 애플리케이션 사용	SM3.1	15	19%
외부 마케팅 프로그램 실행	SM3.2	7	9%

b

거버넌스: 컴플라이언스 및 정책(CP)			
활동 설명	활동 #	관찰	참여 %
1단계			
규제 압박 통합	CP1.1	45	58%
PII 의무 사항 식별	CP1.2	61	78%
정책 생성	CP1.3	41	53%
2단계			
PII 데이터 목록 식별	CP2.1	19	24%
컴플라이언스 관련 위험을 위한 보안 서약 요구	CP2.2	23	29%
컴플라이언스를 위한 통제 수단 구현 및 추적	CP2.3	25	32%
모든 벤더와 소프트웨어 보안 협약 문서 작성	CP2.4	29	37%
컴플라이언스 및 프라이버시 의무사항에 대한 경영진 인식 제고	CP2.5	33	42%
3단계			
규제 맞춤 자료 생성	CP3.1	18	23%
벤더에 정책 강제화	CP3.2	11	14%
SSDL 데이터로부터 정책에 피드백을 주도록 마련	CP3.3	6	8%

c

거버넌스: 훈련(T)			
활동 설명	활동 #	관찰	참여 %
1단계			
인식 제고 훈련	T1.1	59	76%
역할 특정 고급 커리큘럼 전달(도구, 기술 스택, 버그 목록)	T1.5	26	33%
회사 기록과 관련된 자료 생성 및 활용	T1.6	17	22%
요구 시 개별 훈련 진행	T1.7	36	46%
2단계			
훈련과 이벤트를 통해 위성 조직 강화	T2.5	10	13%
신규 직원 훈련에 보안 리소스 포함	T2.6	15	19%
훈련을 통한 위성 조직 식별	T2.7	6	8%
3단계			
커리큘럼을 통한 진전 보상(자격증 또는 인사고과)	T3.1	3	4%
벤더 또는 외주 인력을 위한 훈련 제공	T3.2	3	4%
외부 소프트웨어 보안 이벤트 주최	T3.3	3	4%
정기 개선 요구	T3.4	8	10%
SSG 업무 시간 책정	T3.5	4	5%

d

거버넌스: 공격 모델(AM)			
활동 설명	활동 #	관찰	참여 %
1단계			
발생 가능성이 가장 높은 상위 N개의 공격 목록 구축 및 유지	AM1.1	17	22%
데이터 분류 계획 및 목록 생성	AM1.2	51	65%
잠재적인 공격자 식별	AM1.3	31	40%
공격 시나리오 수집 및 배포	AM1.4	8	10%
공격 인텔리전스 수집 및 사용	AM1.5	46	59%
공격에 대한 논의를 위해 내부 포럼 주최	AM1.6	11	14%
2단계			
잠재적인 공격자 관련 공격 패턴 및 남용 사례 구축	AM2.1	6	8%
기술 중심 공격 패턴 생성	AM2.2	8	10%
3단계			
새로운 공격 방법을 개발하는 연구 팀 보유	AM3.1	4	5%
공격자가 하는 행위를 자동화하는 도구 생성 및 사용	AM3.2	2	3%

거버넌스: 보안 기능 및 설계(SFD)			
활동 설명	활동 #	관찰	참여 %
1단계			
보안 기능 구축 및 발간	SFD1.1	61	78%
SSG가 아키텍처 구축에 참여	SFD1.2	59	76%
2단계			
설계 시 보안을 고려한 미들웨어 프레임워크와 공통 라이브러리 구축	SFD2.1	24	31%
어려운 설계 문제 해결을 위한 SSG 역량 생성	SFD2.2	39	50%
3단계			
보안 설계 패턴 승인 및 유지를 위한 검토 이사회 및 중앙 위원회 형성	SFD3.1	8	10%
승인된 보안 기능 및 프레임워크 사용 요구	SFD3.2	11	14%
조직 내에서 성숙된 설계 패턴 발견 및 발간	SFD3.3	2	3%

인텔리전스: 표준 및 요구 사항(SR)			
활동 설명	활동 #	관찰	참여 %
1단계			
보안 표준 생성	SR1.1	57	73%
보안 포털 생성	SR1.2	50	64%
컴플라이언스 제약사항을 요구 사항으로 해석	SR1.3	52	67%
2단계			
표준 검토 이사회 생성	SR2.2	27	35%
기술 스택을 위한 표준 생성	SR2.3	21	27%
오픈 소스 식별	SR2.4	19	24%
SLA 표준 문안 생성	SR2.5	20	26%
시큐어 코딩 표준 사용	SR2.6	23	29%
3단계			
오픈 소스 위험 통제	SR3.1	6	8%
벤더와 표준 논의	SR3.2	11	14%

SSDL 접점: 아키텍처 분석(AA)			
활동 설명	활동 #	관찰	참여 %
1단계			
보안 기능 검토 수행	AA1.1	67	86%
고위험 애플리케이션을 위한 설계 검토 수행	AA1.2	29	37%
SSG가 설계 검토 작업을 이끌도록 조치	AA1.3	22	28%
애플리케이션 순위 책정을 위해 위험 설문지 사용	AA1.4	46	59%
2단계			
AA 프로세스 정의 및 사용	AA2.1	12	15%
표준화된 아키텍처 설명	AA2.2	9	12%
SSG를 AA 자원 또는 멘토로 활용할 수 있도록 조치	AA2.3	13	17%
3단계			
소프트웨어 아키텍트가 설계 검토 작업을 이끌도록 조치	AA3.1	6	8%
표준 아키텍처 패턴에 분석 결과를 반영	AA3.2	1	1%

SSDL 접점: 코드 리뷰(CR)			
활동 설명	**활동 #**	**관찰**	**참여 %**
1단계			
상위 N 개의 버그 목록 사용(선별된 실제 데이터)	CR1.1	18	23%
SSG가 애드 혹(ad hoc) 검토를 수행할 수 있도록 조치	CR1.2	53	68%
수동 리뷰와 함께 자동화된 도구 사용	CR1.4	55	71%
모든 프로젝트에서 코드 리뷰를 의무화	CR1.5	24	31%
지식 순환 흐름을 닫고 훈련을 권장하기 위한 중앙화 된 보고 사용	CR1.6	27	35%
2단계			
코딩 표준 강화	CR2.2	7	9%
도구 멘토 할당	CR2.5	20	26%
맞춤형 룰셋 기반 자동화된 도구 사용	CR2.6	16	21%
3단계			
작업장 구축	CR3.2	3	4%
전체 코드베이스에서 특정 버그를 제거하는 역량 구축	CR3.3	5	6%
악성코드 탐지 자동화	CR3.4	3	4%

SSDL 접점: 보안 테스팅(ST)			
활동 설명	**활동 #**	**관찰**	**참여 %**
1단계			
QA가 가장자리/경계 값 검사 테스팅을 지원하도록 보장	ST1.1	61	78%
보안 요구 사항 및 보안 기능 테스트 주도	ST1.3	66	85%
2단계			
블랙박스 보안 도구를 QA 프로세스에 통합	ST2.1	24	31%
QA와 보안 결과를 공유	ST2.4	8	10%
QA 자동화에 보안 테스트 포함	ST2.5	10	13%
애플리케이션 API에 맞춘 퍼즈 테스팅 수행	ST2.6	11	14%
3단계			
위험 분석 결과 테스트 주도	ST3.3	4	5%
코드 커버리지 분석 활용	ST3.4	4	5%
적대적 보안 테스트 기능(남용 사례) 구축 및 적용 시작	ST3.5	5	6%

SSDL 접점: 침투 스팅(PT)			
활동 설명	**활동 #**	**관찰**	**참여 %**
1단계			
외부 침투 테스터를 활용해 문제 발견	PT1.1	69	88%
결과를 결함 관리 및 완화 시스템에 전달	PT1.2	47	60%
침투 테스팅 도구를 내부에 적용	PT1.3	47	60%
2단계			
침투 테스터에게 모든 가용 정보 제공	PT2.2	20	26%
애플리케이션 커버리지를 위해 주기적인 침투 테스트 일정 수립	PT2.3	17	22%
3단계			
외부 침투 테스터를 활용해 심층 분석 수행	PT3.1	10	13%
ssg가 침투 테스팅 도구 및 스크립트를 커스터마이징하도록 지원	PT3.2	8	10%

배치: 소프트웨어 환경(SE)			
활동 설명	활동 #	관찰	참여 %
1단계			
애플리케이션 입력값 모니터링 활용	SE1.1	37	47%
호스트 및 네트워크 보안 기본 수단 배치 보장	SE1.2	69	88%
2단계			
설치 가이드 배포	SE2.2	31	40%
코드 서명 사용	SE2.4	25	32%
3단계			
코드 보호 사용	SE3.2	10	13%
애플리케이션 행위 모니터링 및 진단 사용	SE3.3	5	6%

배치: 구성설정 관리 및 취약점 관리(CMVM)			
활동 설명	활동 #	관찰	참여 %
1단계			
침해 사고 대응 인터페이스 생성	CMVM1.1	71	91%
운영 모니터링 과정에서 소프트웨어 결함 식별 및 개발에 다시 전달	CMVM1.2	73	94%
2단계			
긴급 코드베이스 대응 지원	CMVM2.1	64	82%
패치 프로세스를 통해 운영 중에 발생한 소프트웨어 버그 추적	CMVM2.2	61	78%
애플리케이션 운영 목록 개발	CMVM2.3	31	40%
3단계			
운영 중에 발생한 모든 소프트웨어 버그 발생 조치	CMVM3.1	4	5%
운영 중에 소프트웨어 버그 발생 예방을 위해 SSDL 강화	CMVM3.2	6	8%
소프트웨어 위기 상황 시뮬레이션	CMVM3.3	6	8%
버그 바운티 프로그램 운영	CMVM3.4	3	4%

Cigital 사는

Cigital은 세계 최대 애플리케이션 보안 기업 중 하나다. 우리는 전통적인 보안 테스팅 서비스를 뛰어 넘어 비즈니스를 이끌어 가는 애플리케이션에 존재하는 취약점을 발견, 개선, 예방할 수 있도록 조직을 지원한다. 애플리케이션 보안에 대한 우리의 전체적인 접근법은 관리된 서비스, 전문 서비스, 특정 니즈에 맞춘 제품 사이의 균형을 맞출 수 있게 한다. 우리의 업무는 테스트가 종료돼도 끝나지 않는다. 우리의 전문가들은 완화 가이드, 프로그램 설계 서비스, 안전한 애플리케이션 구축 및 유지를 스스로 수행할 수 있도록 돕는 훈련을 제공한다.

이러한 우리의 능동적인 방식은 고객들의 비용을 감소시키고, 시장 진출을 앞당기며, 변화하는 즈니스 압박 및 위협에 빠르게 대응하고, 가장 필요한 부분에 자원을 집중시킬 수 있도록 돕는다. Cigital 사의 관리 서비스는 고객의 유연성을 최대화할 뿐만 아니라, 운영 중 발생 가능한 마찰과 추가 비용을 감소시킨다. Cigital 사는 성공적인 소프트웨어 보안 계획 수립이 필요한 어떠한 규모의 조직, 보안 전문 영역, 실천 과제에도 적용 가능한 서비스를 제공한다.

Cigital은 워싱턴 D.C 근처에 본사를 두고 있으며, 미국의 여러 지역과 런던, 인도에도 지사를 두고 있다.

더 자세한 정보가 궁금한 독자는 www.Cigital.com을 방문하길 바란다.

라이프 사이클 활동, 보안 리소스, 소프트웨어 보증 원칙 측정

측정 수단은 소프트웨어 시스템 또는 소프트웨어 보증이 충분히 고려된 제품 구축을 위한 수행 단계 정당화를 위해 선택한다. 각 라이프 사이클 단계에서 샘플링하는 것은 기대 수준 충족 여부를 결정하는 방법 중 하나다. 표 G.1은 이러한 측정 예시를 보여준다. 보안을 책임지는 자원과 인터뷰를 수행하는 과정은 표 G.2에 열거된 유용한 데이터 요청을 위한 증거 및 예시 질문을 제공한다.

표 G.3을 사용해 소프트웨어 보증을 위한 원칙이 라이프 사이클 내의 보안 활동을 통해 적절하게 처리되는지 확인할 수 있다. 또한 이 원칙은 라이프 사이클이 소프트웨어 보증을 적절히 다루고 있다는 근거 자료를 제공하기 위해 수집될 수 있는 측정 값을 나타낼 수 있다(표 G.4).

표 G.1 라이프 사이클 단계 측정 예시

라이프 사이클 단계	소프트웨어 보안 측정 예시
요구 공학	• 요구 사항 특화 행동을 반영하는 관련 소프트웨어 보안 원칙의 비율(주어진 개발 프로젝트를 위한 필수 보안 원칙이 이미 선택돼 있다고 가정할 때) • 명세서 포함 이전에 분석에 종속된 보안 요구 사항의 비율(위험, 실행 가능성, 비용-이익, 성능 트레이드오프) • 공격 패턴, 남용/오용 사례, 다른 위협 모델링 및 분석 수단을 통해 밝혀낸 보안 요구 사항 비율
아키텍처 및 설계	• 공격 벡터 분석 및 측정에 종속된 아키텍처/설계 컴포넌트의 비율 • 아키텍처 위험 분석에 종속된 아키텍처/설계 컴포넌트의 비율 • 보안 설계 패턴으로 처리 가능한 고가치 보안 통제 비율
코딩	• 알려진 취약점 및 약점 발견을 위한 정적 및 동적 분석에 영향을 받는 소프트웨어 컴포넌트 비율 • 코딩 중에 발견된 아키텍처와 설계 단계 또는 요구 사항 명세 단계에서 주입된 결함의 비율 • 관리 연속성 검증, 프로그램 조작 방지, 코드 서명 같은 코드 무결성 및 처리 절차가 적용되는 소프트웨어 컴포넌트의 비율
테스팅	• 코딩 중에 발견된 아키텍처와 설계 단계 또는 요구 사항 명세 단계에서 주입된 결함의 비율 • 여러 테스팅 접근 방법으로(기능상, 위험 기반, 퍼징, 침투, 블랙박스, 화이트 박스, 코드 커버리지 등) 표출된 보안 요구 사항을 충족하는 소프트웨어 컴포넌트 비율 • 공격 패턴, 남용/오용 사례, 기타 지정된 위협 모델링 및 분석 수단에 따라 필요한 수준의 공격 저항 및 회복력을 입증한 소프트웨어 컴포넌트 비율

표 G.2 소프트웨어 보안을 위한 질문 유형[1]

	보안 위험 초점 영역	원칙
1	프로그램 보안 목표	프로그램의 보안 목표가 현실적이고 달성 가능한가?
2	보안 계획	시스템 개발 및 배치 계획이 보안을 충분히 처리하고 있는가?
3	계약	파트너, 협업사, 협력업체, 공급자들과의 계약 방식이 보안을 충분히 처리하는가?
4	보안 프로세스	시스템을 개발 및 구축하기 위해 사용되는 프로세스에 보안이 충분히 통합돼 있는가?
5	보안 업무 스행	보안 관련 업무 및 활동 수행이 충분하고 효율적으로 수행되는가?
6	보안 업무 조정	프로그램 내부의 보안 활동이 적절히 조정되는가?
7	외부 인터페이스	파트너사, 협력사, 협력업체, 공급자들의 산출물이 보안 요구 사항을 충족하는가?
8	조직 내부 및 외부 조건	조직 내부 및 외부 조건이 보안 업무 및 활동 완성에 도움이 되는가?
9	이벤트 관리	프로그램이 잠재적인 이벤트와 소프트웨어 보안 목표 달성에 영향을 주는 환경 변화를 식별하고 관리하는가?
10	보안 요구 사항	요구 사항이 보안을 충분히 처리하는가?
11	보안 아키텍처 및 설계	아키텍처 및 설계가 보안을 충분히 처리하는가?
12	코드 보안	코드가 안전하게 작성되는가?
13	통합 시스템 보안	통합 시스템이 보안을 충분히 처리하는가?
14	장벽 적용	고객/사용자가 시스템의 보안 기능에 접근하는 것을 적절히 제안하는가?
15	운영 보안 컴플라이언스	시스템 설계가 보안 정책, 법, 규정에 부합하는가?
16	운영 보안 준비	시스템 보안 수준을 지속적으로 유지하기 위한 준비가 돼 있는가?
17	제품 보안 위험 관리	제품 보안 위험 관리에 대한 조치가 충분한가?

---

1 "Integrated Measurement and Analysis Framework for Software Security"(Alberts 2010)에서 참고

표 G.3 보안 위험 초점과 소프트웨어 보안 원칙 매핑 결과[2]

	보안 위험 초점 영역	원칙	
1	프로그램 보안 목표	6	잘 계획되고 동적임, 1번과 4번 원칙에도 영향을 받음
2	보안 계획	6	잘 계획되고 동적임, 1번 원칙에도 영향을 받음
3	계약	2	상호작용, 1번과 3번 원칙에도 영향을 받음
4	보안 프로세스	6	잘 계획되고 동적임, 1번과 3번 원칙에도 영향을 받음
5	보안 업무 수행	3,5,7	신뢰하는 의존성, 조정, 교육(권한 위임), 측정 가능함, 1번과 3번 원칙에도 영향을 받음
6	보안 업무 조정	3,5	신뢰하는 의존성, 조정, 교육(권한 위임), 1번과 2번 원칙에도 영향을 받음
7	외부 인터페이스	2	상호작용, 1번과 3번 원칙에도 영향을 받음
8	조직 내부 및 외부 조건	1,5	위험, 조정 및 교육, 6번과 7번 원칙에도 영향을 받음
9	이벤트 관리	4,6	공격자, 잘 계획되고 동적임, 7번 원칙에도 영향을 받음
10	보안 요구 사항	1,6,7	위험, 잘 계획되고 동적임, 측정 가능함, 2번과 4번 원칙에도 영향을 받음
11	보안 아키텍처 및 설계	1,6,7	위험, 잘 계획되고 동적임, 측정 가능함, 2번과 4번 원칙에도 영향을 받음
12	코드 보안	1,6,7	위험, 잘 계획되고 동적임, 측정 가능함, 2번과 4번 원칙에도 영향을 받음
13	통합 시스템 보안	1,6,7	위험, 잘 계획되고 동적임, 측정 가능함, 2번과 4번 원칙에도 영향을 받음
14	장벽 적용	5	조정 및 교육
15	운영 보안 컴플라이언스	1,6,7	위험, 잘 계획되고 동적임, 측정 가능함, 2번과 4번 원칙에도 영향을 받음
16	운영 보안 준비	5	조정 및 교육
17	제품 보안 위험 관리	1	위험, 7번 원칙에도 영향을 받음

---

2 "Principles and Measurement Models for Software Assurance"(Mead 2013b)에서 참고

표 G.4 증거의 7가지 원칙[3]

원칙	설명
위험	• 범주화한 활성 및 비활성 위협 개수 • 위협 범주별로 보고된 사건 • 범주별 위협이 발생할 가능성 • 범주별 위협의 영향으로 인한 재정 및/또는 인적 안전성 예측
상호작용(이 범주는 보증 문제의 위험을 증가시키는 복잡도 단계를 나타냄)	• 컴포넌트 개수 • 컴포넌트별 다른 컴포넌트와의 상호작용 • 기술 컴포넌트별 다른 기술과의 상호작용 • 개별 인터페이스별 사람-컴퓨터의 상호작용
신뢰하는 의존성	• 공급망 내에 존재하는 하위 계약의 단계 수(즉 하위계약자가 차례로 계약을 수행하는 경우에 달라지는 활동의 깊이) • 단계별 공급자 수 • 단계별 공급자 사이의 계층 구조 및 동일 계층 의존성 • 단계별 공급만 내에 신뢰하는 공급자의 수
공격자의 관심을 측정	• 유형/범주별로 성공했거나 시도된 공격 횟수 • 잠재적인 피해 수준별 공격 횟수 • 컴포넌트별 공격 횟수 • 회사 웹사이트 마비 같이 즉각적인 피해로 이어질 수 있는 위협의 수 • 기능 요소(FP)별 결함 수
조정	• 이해관계자들의 중요도에 따라 범주화되고 우선순위화한 취약점 수 • 소유주별로 할당된 완화 대책의 수 • 복잡도를 나타내는 컴포넌트 기준 제품의 인터페이스 수 • 배치된 완화 대책 대비 제품 위협의 수
잘 계획되고 동적임	• 운영 보증 관리하에 배치된 취약점 수 • 대책이 할당되고 구현된 애플리케이션 취약점 식별 수 • 모니터링에서 발견된 위협 중 제거된 결함 비율 • 컴포넌트별 표준 기간 동안 발견된 결함의 밀집도
측정 가능성	• 운영 보증 관리 제어에 사용된 측정 수 • 기술 작업 지원에 사용된 측정 수 • 컴포넌트/소프트웨어 제품/시스템을 위한 효율적인 결함 제거 • 라이프 사이클 단계별로 사용된 측정 및 유형 수

3　"Common Weakness Enumeration: A Community-Developed of Software Weakness Types"(MITRE 2014)

부록 G 라이프 사이클 활동, 보안 리소스, 소프트웨어 보증 원칙 측정 | 353

참고자료

Alberts 2010
Christopher J. Alberts, Julia H. Allen, Robert W. Stoddard, "Integrated Measurement and Analysis Framework for Software Security", 카네기멜론대학교 소프트웨어 공학연구소, CMU/SEI-2010-TN-025(https://resources.sei.cmu.edu/library/asset-view.cfm?AssetID=9369), 2010

Mead 2013
Nancy R. Mead, Dan Shoemaker, Carol Woody, "Principles and Measurement Models for Software Assurance", 「International Journal of Secure Software Engineering」, Volume 4, Number 1, April 2013

MITRE 2014
MITRE, "Common Weakness Enumeration: A Community-Developed of Software Weakness Types"(http://cwe.mitre.org/), June 9, 2016

찾아보기

사이버 보안 공학

소프트웨어 공학과 정보 보안

발 행 | 2019년 7월 15일

지은이 | 낸시 R. 미드 · 캐롤 C. 우디
옮긴이 | 서 준 석 · 송 미 선

펴낸이 | 권 성 준
편집장 | 황 영 주
편 집 | 양 아 영
　　　　배 혜 진
디자인 | 박 주 란

에이콘출판주식회사
서울특별시 양천구 국회대로 287 (목동)
전화 02-2653-7600, 팩스 02-2653-0433
www.acornpub.co.kr / editor@acornpub.co.kr

한국어판 © 에이콘출판주식회사, 2019, Printed in Korea.
ISBN 979-11-6175-325-6
http://www.acornpub.co.kr/book/cyber-security-engineering

이 도서의 국립중앙도서관 출판시도서목록(CIP)은 서지정보유통지원시스템 홈페이지(http://seoji.nl.go.kr)와
국가자료공동목록시스템(http://www.nl.go.kr/kolisnet)에서 이용하실 수 있습니다.(CIP제어번호: CIP2019026073)

책값은 뒤표지에 있습니다.